U0667388

权威·前沿·原创

皮书系列为
"十二五""十三五"国家重点图书出版规划项目

B

BLUE BOOK

智库成果出版与传播平台

人权蓝皮书

BLUE BOOK OF
CHINA'S HUMAN RIGHTS

中国人权事业发展报告 *No. 10*
（2020）

ANNUAL REPORT ON CHINA'S HUMAN RIGHTS No. 10
(2020)

中国人权研究会编

主　编／李君如

副主编／常　健

社会科学文献出版社
SOCIAL SCIENCES ACADEMIC PRESS（CHINA）

图书在版编目（CIP）数据

中国人权事业发展报告. NO. 10, 2020/李君如主
编. -- 北京：社会科学文献出版社，2020. 10
　（人权蓝皮书）
　ISBN 978 - 7 - 5201 - 7501 - 2

　Ⅰ. ①中… 　Ⅱ. ①李… 　Ⅲ. ①人权 - 研究报告 - 中国
- 2020 　Ⅳ. ①D621. 5

中国版本图书馆 CIP 数据核字（2020）第 204017 号

人权蓝皮书

中国人权事业发展报告 No. 10（2020）

主　　编／李君如
副 主 编／常　健

出 版 人／谢寿光
组稿编辑／刘骁军
责任编辑／易　卉
文稿编辑／张　娇

出　　版／社会科学文献出版社·集刊分社　（010）59367161
　　　　　地址：北京市北三环中路甲 29 号院华龙大厦　邮编：100029
　　　　　网址：www. ssap. com. cn
发　　行／市场营销中心（010）59367081　59367083
印　　装／三河市东方印刷有限公司

规　　格／开 本：787mm × 1092mm　1/16
　　　　　印 张：32. 75　字 数：494 千字
版　　次／2020 年 10 月第 1 版　2020 年 10 月第 1 次印刷
书　　号／ISBN 978 - 7 - 5201 - 7501 - 2
定　　价／168. 00 元

本书如有印装质量问题，请与读者服务中心（010 - 59367028）联系

▲▲ 版权所有 翻印必究

主要编撰者简介

李君如 男，研究员，博士生导师，中国人权研究会副会长，原中共中央党校副校长，第十届全国政协委员、第十一届全国政协常委，国务院政府特殊津贴享受者。曾发表《中国在人权事业上的历史性进步》《人权实现及其评估方法研究》《社会建设与人权事业》《"十二五"规划与中国人权事业发展》《中国的文化变革与人权事业的进步》《中国梦，中国人民的人权梦》《在全面推进法治中全面保障人权》等学术论文，曾获联合国艾滋病规划署颁发的"艾滋病防治特殊贡献奖"。

常　健 男，博士，教授，博士生导师，中国人权研究会常务理事，南开大学人权研究中心（国家人权教育与培训基地）主任，国务院政府特殊津贴享受者。曾出版《人权的理想·悖论·现实》《当代中国权利规范的转型》《效率、公平、稳定与政府责任》《中国公共冲突化解的机制、策略和方法》《社会治理创新与诚信社会建设》《中国人权保障政策研究》《公共领域冲突管理体制研究》等学术专著，主编或参与《中国共产党如何解决人权问题》、《中国特色人权发展道路研究》、《当代中国人权保障》、《公务员人权培训教师用书》、《公务员人权培训学员用书》、《人权知识公民读本》、《中国人权建设60 年》、《中国人权在行动》（2003—2004、2005、2006—2007、2008—2009、2010、2011、2012、2013 年）、《公共冲突管理评论》（2014、2015、2016、2017 年）、《公共冲突管理》、《领导学教程》、《欧美哲学通史（现代哲学卷)》，参与翻译《人权百科全书》，主译《领导学》《公共部门管理》《公用事业管理》，在专业学术期刊发表学术论文130 余篇。

人权蓝皮书工作室：南开大学人权研究中心

摘　要

这是有关中国人权事业发展的第十本蓝皮书，重点分析研究 2019 年中国人权事业的最新进展。

全书包括总报告、专题报告、调研报告和个案研究以及附录。

总报告重点讨论了中国人权 70 年发展对世界人权事业的贡献。

18 篇专题报告聚焦于 2019 年中国人权事业各领域的发展状况。生存权和发展权栏目包括 2 篇研究报告，分别分析了脱贫攻坚和电力普惠服务促进贫困人口脱贫。新设立的数字化与人权保障栏目包括 4 篇报告，分别分析了 2019 年互联网领域的人权保障、大数据时代中国的个人信息保护、未成年人网络保护、智慧养老在中国的发展。在经济、社会和文化权利方面，共有 6 篇报告，分别涉及促进就业、公租房建设、生殖健康权、文化权利、垃圾分类、中国企业履行社会责任。在公民权利和政治权利方面，有 1 篇报告，讨论了城市居民对司法机关保障公民权利的信任度。在特定群体的人权保障方面，共有 3 篇报告，分别涉及防止未成年人遭受性侵、设置儿童督导员和儿童主任、妇女平等就业权保障。在人权立法和国际合作方面有 2 篇报告，分别涉及 2019 年中国的人权立法和在人权领域的国际合作与交流。

在调研报告和个案研究部分，共有 3 篇报告，分别涉及南疆深度贫困地区精准扶贫、智能教育与儿童教育权利的保障、天津市妇女就业保障机制。

2 篇附录分别是 2019 年中国人权大事记以及 2019 年制定、修订或修改的与人权直接相关的法律法规。

所有作者本着严肃认真的科学态度撰写了上述报告，对 2019 年中国人权事业的发展进行了如实描述，既概括了取得的进步，也分析了存在的问题。同时，在充分研究的基础上，展望了各人权领域发展的前景，并提出了进一步促进人权保障的对策建议，体现了蓝皮书权威性、前沿性、原创性、实证性、前瞻性、时效性的要求。

目 录

Ⅰ 总报告

Ⅱ 专题报告

Ⅲ　调研报告和个案研究

Ⅳ 附录

皮书数据库阅读**使用指南**

总 报 告

General Report

B.1
中国人权70年发展对世界的贡献

李君如　常　健*

摘　要:　中华人民共和国成立70年，是中国人权事业发展的70年，也是中国为世界人权事业进步做出贡献的70年。中国人权保障水平的大幅提升改善了占世界人口六分之一的中国人民的人权状况，中国尊重和保障人权的理念、道路及其经验对许多国家具有一定的借鉴意义，中国积极建言和推动全球人权治理体系变革，并采取一系列实际行动参与联合国人权保障工作。

关键词:　全球人权治理　中国人权发展　世界人权发展

---

*　李君如，中国人权研究会副会长，中共中央党校（国家行政学院）原副校长，研究员，博士生导师；常健，中国人权研究会常务理事，南开大学人权研究中心主任，南开大学周恩来政府管理学院教授、博士生导师。

2019 年是中华人民共和国成立 70 年，是新中国人权事业发展的 70 年，也是中国为世界人权事业进步做出贡献的 70 年。70 年来，中国人权保障水平大幅提升，在尊重和保障人权方面提出了重要的理念，走出了成功的发展道路，其经验对许多其他国家具有一定的借鉴意义。与此同时，中国采取一系列实际行动支持联合国人权保障工作，并积极建言和推动全球人权治理体系的变革。

一　大幅改善占世界人口六分之一的中国人民的人权状况

中华人民共和国成立以来，中国人民的人权保障水平出现了历史性的提升，这意味着世界六分之一的人口的人权状况得到了根本性改善。

首先，新中国成立之前，中国曾经是世界上贫困人口最多的国家，大多数人口连维持基本生存的粮食、安全饮用水、住房、医疗、养老都得不到保障。中国农村贫困人口（按照 2010 年贫困标准）由 1978 年的 7.7 亿人减少至 2019 年的 551 万人，农村贫困发生率由 1978 年的 97.5% 下降至 2019 年的 0.6%，对全球减贫贡献率超过 70%。[①] 世界银行发布的数据显示，按照每人每天 1.9 美元的国际贫困标准，从 1981 年末到 2015 年末，全球贫困发生率累计下降 32.2 个百分点，年均下降 0.9 个百分点，而中国同期贫困发生率累计下降了 87.6 个百分点，年均下降 2.6 个百分点。[②] 具体来看，第一，中国从根本上消除了饥饿，持续提高了人民的营养水平。中国的粮食总产量由 1949 年的 11318 万吨提高到 2019 年的 66384 万吨，耕地灌溉面积由

[①] 国务院新闻办公室：《为人民谋幸福：新中国人权事业发展 70 年》（白皮书），2019 年 9 月 2 日，国务院新闻办公室网站，http://www.scio.gov.cn/zfbps/32832/Document/1665072/1665072.htm，国家统计局：《中华人民共和国 2019 年国民经济和社会发展统计公报》，2020 年 2 月 28 日，国家统计局网站，http://www.stats.gov.cn/tjsj/zxfb/202002/t20200228_1728913.html。

[②] 张翼：《新中国成立 70 周年成就系列报告显示——贫困人口大幅减少为世界提供中国方案》，《光明日报》2019 年 8 月 13 日，第 02 版，中央政府网，http://www.gov.cn/xinwen/2019-08/13/content_5420809.htm。

1949 年的 1594 万公顷扩大到 2019 年的 6837 万公顷，谷物、肉类、花生、茶叶、水果等产量连续多年位居世界第一。第二，中国于 2009 年提前 6 年完成联合国千年发展目标提出的"饮水不安全人口减少一半"的目标。2005 年至 2018 年，全国累计解决 5.2 亿农村居民和 4700 多万农村学校师生的饮水安全问题。第三，中国大幅改善了城乡居民住房条件。2018 年，城镇居民人均住房建筑面积由 1956 年的 5.7 平方米增加到 39.0 平方米，增长 5.8 倍；农村居民人均住房建筑面积由 1978 年的 8.1 平方米增加到 47.3 平方米，增长 4.8 倍。第四，中国提前完成联合国千年发展目标确定的指标，2018 年，人均预期寿命从新中国成立之初的 35 岁提高到 77 岁，孕产妇死亡率由新中国成立前的 1500/10 万下降到 18.3/10 万，婴儿死亡率由新中国成立前的 200‰下降到 6.1‰。第五，中国建立起世界上覆盖人口最多的社会保障制度。截至 2019 年末，全国参加基本养老保险人数 96748 万人，参加基本医疗保险人数 135436 万人，参加失业保险人数 20543 万人，参加工伤保险人数 25474 万人，参加生育保险人数 21432 万人，共有 861 万人享受城市最低生活保障，3456 万人享受农村最低生活保障，439 万人享受农村特困人员救助供养，全年临时救助 918 万人次。[1] 联合国秘书长古特雷斯在给"2017 减贫与发展高层论坛"所发贺信中盛赞中国减贫方略，称"精准减贫方略是帮助最贫困人口、实现 2030 年可持续发展议程宏伟目标的唯一途径。中国已实现数亿人脱贫，中国的经验可以为其他发展中国家提供有益借鉴"。[2]

其次，新中国成立之前，中国曾经是一个缺乏发展条件的国家，与人的发展相关的工作权、受教育权、文化权、参与权、知情权等更是缺乏相应的保障条件。经过 70 年的不懈努力，中国人的发展权得到了前所未有的实现。

---

① 国务院新闻办公室：《为人民谋幸福：新中国人权事业发展 70 年》（白皮书），2019 年 9 月 2 日，国务院新闻办公室网站，http://www.scio.gov.cn/zfbps/32832/Document/1665072/1665072.htm；国家统计局：《中华人民共和国 2019 年国民经济和社会发展统计公报》，2020 年 2 月 28 日，国家统计局网站，http://www.stats.gov.cn/tjsj/zxfb/202002/t20200228_1728913.html。
② 张翼：《改革开放 40 年：我国农村贫困人口减少 7.4 亿人》，《光明日报》2018 年 9 月 4 日，第 12 版，光明网，http://news.gmw.cn/2018-09/04/content_30963585.htm。

中国的人类发展指数从 1980 年的 0.423 提高到 2018 年的 0.758，[1] 从低人类发展水平国家跃升至高人类发展水平国家。在 1990 年处于低人类发展水平组别的 47 个国家中，中国是目前唯一跻身高人类发展水平组的国家。[2] 具体来看，第一，中国劳动者的各项权利得到充分保障。1949 年末，城镇失业率高达 23.6%。到 2019 年，城镇登记失业率为 3.6%，调查失业率为 5.2%。劳动者工资支付保障、同工同酬、休息休假、职业安全卫生、女性劳动者特别保护、依法参加和组织工会、参与企事业单位民主管理等各项权利得到依法保障。第二，在受教育权利方面，中国实施教育优先发展战略。新中国成立之初，小学净入学率和初中毛入学率仅分别为 20% 和 3%，高校在校生仅有 11.7 万人，全国 80% 的人口是文盲。2018 年，学前三年毛入园率达 81.7%，小学学龄儿童净入学率达 99.95%，初中阶段毛入学率达 100.9%，高等教育毛入学率达 48.1%。2019 年，九年义务教育巩固率为 94.8%，高中阶段毛入学率为 89.5%。第三，在文化权利方面，从 1949 年到 2019 年底，全国的公共图书馆由 55 个增加到 3189 个，文化馆由 896 个增加到 3325 个，博物馆由 21 个增加到 3410 个。[3] 巴基斯坦欧亚世纪研究所所长穆罕默德·阿凡·沙赫扎德在第二届"南南人权论坛"上指出："中国在减贫、发展和保障人权方面所做的努力，为地区和世界人权事业发展作出了极大贡献。"[4]

再次，新中国成立之前，中国曾经是一个民众缺乏参与公共事务机会的

---

[1] 《联合国人类发展指数公布，香港列第 4，中国内地第 85》，2019 年 12 月 11 日，新浪网，http://news.sina.com.cn/c/2019-12-11/doc-iihnzhfz5102766.shtml。

[2] 国务院新闻办公室：《改革开放 40 年中国人权事业的发展进步》（白皮书），2018 年 12 月，国务院新闻办网站，http://www.scio.gov.cn/zfbps/ndhf/37884/Document/1643348/1643348.htm。

[3] 国务院新闻办公室：《为人民谋幸福：新中国人权事业发展 70 年》（白皮书），2019 年 9 月 2 日，国务院新闻办公室网站，http://www.scio.gov.cn/zfbps/32832/Document/1665072/1665072.htm；国家统计局：《中华人民共和国 2019 年国民经济和社会发展统计公报》，2020 年 2 月 28 日，国家统计局网站，http://www.stats.gov.cn/tjsj/zxfb/202002/t20200228_1728913.html。

[4] 王慧：《凝聚共识，推动人权事业健康发展——记"2019·南南人权论坛"》，2019 年 12 月 12 日，中国人权网，http://www.humanrights.cn/html/2019/1_1212/47028.html。

国家，公民的表达权、参与权、知情权、监督权都得不到保障。经过 70 年不懈努力，中国在保障公民表达权、参与权、知情权和监督权方面建立和实施了一系列有效的制度。在参与权方面，中国建立并不断完善以城乡村（居）民自治为核心，以民主选举、民主协商、民主决策、民主管理、民主监督为主要内容的基层群众自治制度。与此同时，建立了广泛、多层次、制度化的协商民主体系。在知情权方面，中国建立并不断完善政府信息公开制度，各级政府都建立了用于公开信息的门户网站，并通过政府公报、新闻发布会、微信、微博等工具及时发布公共信息，主动回应社会关切问题；还设置专门的信息公开申请受理机构，安排专人负责公民信息公开申请的处理和回复，使公民可以以申请获取需要的信息。① 在司法信息公开方面，截至 2019 年 2 月，中国审判流程信息公开网公开案件信息 3.7 亿项，中国庭审公开网直播庭审 259 万件，中国裁判文书网公开文书 6382 万份，访问量 226 亿次。人民检察院案件信息公开网自 2014 年 10 月 1 日开通以来，公开案件程序性信息 928 万余件，发布重要案件信息 58 万余条，公开法律文书 386 万余份。②

最后，新中国成立之前，中国曾经是一个缺乏法治的国家，公民的各项权利得不到有效的保障。经过 70 年的不懈努力，中国建立并不断完善人权的法治保障。"文化大革命"后，中国本着实事求是精神，依法全面清理和纠正侵犯人权的冤假错案。在健全法制进程中，立法法规定，有关犯罪和刑罚、对公民政治权利的剥夺和限制人身自由的强制措施和处罚、司法制度等事项，只有全国人大及其常委会有权立法。刑法确立罪刑法定原则、适用刑法人人平等原则、罪责刑相适应原则，刑事诉讼法将"尊重和保障人权"写入总则，明确规定无罪推定原则、非法证据排除规则，既依法打击侵犯公民生命、健康、自由、财产等权利的犯罪行为，又重视保护犯罪嫌疑人、被

---

① 姜明安：《中国政府信息公开制度的发展趋势》，《比较法研究》2017 年第 2 期。
② 国务院新闻办公室：《为人民谋幸福：新中国人权事业发展 70 年》（白皮书），2019 年 9 月 2 日，国务院新闻办公室网站，http：//www.scio.gov.cn/zfbps/32832/Document/1665072/1665072.htm。

告人和罪犯依法享有的人权。选举法、集会游行示威法、民族区域自治法以及宗教、信访、出版、社团登记等方面的行政法规，对保障公民及其政治权利作出了明确规定。国家安全法、反间谍法、反恐怖主义法、网络安全法、国家情报法、核安全法等法律，为维护公民人身财产安全、公共安全和国家安全提供了坚实的法制保障。① 2013 年至 2019 年 3 月，各级人民法院依法对 5876 名被告人宣告无罪，确保无罪的人不受刑事追究；再审改判刑事案件 8568 件；各级人民法院审结国家赔偿案件 61978 件。2013 年至 2018 年，全国法律援助机构共组织办理法律援助案件 778.8 万余件，受援 847.5 万余人次，提供法律咨询 4526.8 万余人次。②

二 中国保护人权的理念和经验对许多国家具有一定的借鉴意义

中华人民共和国成立 70 年来在促进人权保护方面的成功实践，形成了一些具有重要指导意义的理念，积累了许多有益的经验。这些人权发展的理念和经验不仅对指导中国未来的人权实践发挥重要的作用，而且也是世界人权思想宝库中的宝贵财富，可以为其他国家促进人权带来新的启发。首届"南南人权论坛"通过《北京宣言》时指出："中国从国情出发推进人权事业发展，以生存权和发展权为首要的基本人权，坚持全面的、发展的人权观，不仅自身人权事业发展取得巨大成就，也为世界人权事业发展作出了重大贡献，提供了中国经验。"③

---

① 国务院新闻办公室：《改革开放 40 年中国人权事业的发展进步》（白皮书），2018 年 12 月 12 日，国务院新闻办公室网站，http：//www.scio.gov.cn/zfbps/ndhf/37884/Document/1643348/1643348.htm。
② 国务院新闻办公室：《为人民谋幸福：新中国人权事业发展 70 年》（白皮书），2019 年 9 月 2 日，国务院新闻办公室网站，http：//www.scio.gov.cn/zfbps/32832/Document/1665072/1665072.htm。
③ 《首届"南南人权论坛"〈北京宣言〉》，2017 年 12 月 8 日，中国人权网，http：//www.humanrights.cn/html/2017/1_1208/33415.html。

总结 70 年来中国促进人权发展的实践，可以发现下列理念和经验具有一定普遍性意义。

（一）将人的自由全面发展作为人权的最高价值追求

什么是尊重和保障人权要实现的目标？中国人权白皮书指出："促进人的自由全面发展是人权的最高价值追求。"① 尊重和保障人权是为了确立人的主体地位；促进人权事业发展从根本上说是为了实现人的发展，为每个人实现自身的潜能创造条件；全面和协调地促进人权发展，就是要使每个人的自由发展成为一切人自由发展的条件，让每个人都能更有尊严地发展自我和奉献社会，共同享有人生出彩的机会，共同享有梦想成真的机会。

这一理念获得了许多发展中国家的支持。首届"南南人权论坛"通过的《北京宣言》第 4 条明确指出："人的尊严不仅涉及人的自由，而且关系人的全面发展。"②

（二）根据国情选择适合自身的人权发展道路

中国在 70 年的人权实践中深切体会到，人权发展道路的选择一定要结合本国的国情。习近平在 2015 年 9 月 16 日致"2015·北京人权论坛"的贺信中指出："中国共产党和中国政府始终尊重和保障人权。长期以来，中国坚持把人权的普遍性原则同中国实际相结合，不断推动经济社会发展，增进人民福祉，促进社会公平正义，加强人权法治保障，努力促进经济、社会、文化权利和公民、政治权利全面协调发展，显著提高了人民生存权、发展权的保障水平，走出了一条适合中国国情的人权发展道路。"③ 各国发展阶段、

---

① 国务院新闻办公室：《为人民谋幸福：新中国人权事业发展 70 年》（白皮书），2019 年 9 月 2 日，国务院新闻办公室网站，http：//www. scio. gov. cn/zfbps/32832/Document/1665072/1665072. htm。

② 《首届"南南人权论坛"〈北京宣言〉》，2017 年 12 月 8 日，中国人权网，http：//www. humanrights. cn/html/2017/1_ 1208/33415. html。

③ 《习近平致"2015·北京人权论坛"的贺信》，2015 年 9 月 16 日，新华网，http：//www. xinhuanet. com/politics/2015 -09/16/c_ 1116583281. htm。

经济发展水平、文化传统、社会结构不同，所面临的人权发展任务和应采取的人权保障方式也会有所不同。只有将人权的普遍性原则同各国实际相结合，才能有效地促进人权的实现。① 中国根据本国的国情和人民的实际需要推进中国人权事业发展，基于中国特色社会主义的制度优势，立足中国处于并将长期处于社会主义初级阶段的基本国情，主动适应人民的发展要求有计划、有步骤、分阶段地促进人权事业发展进步。②

中国的上述主张和原则获得了很多国家的赞赏和认同。汤加总检察长办公室高级法律顾问阿卡内西·艾米琳·卡托阿在第二届"南南人权论坛"上表示，没有放之四海而皆准的人权道路，各国应根据自己的国情选择合适的人权发展道路。③ 南非姆贝基非洲领导力研究所研究员谭哲理在参加首届"南南人权论坛"时指出，"我们应当向中国学习，按照本国国情和人民的需求来推进人权事业。在如何将人权的普遍性与特殊性相结合方面，中国为我们树立了榜样"。④ 首届"南南人权论坛"通过的《北京宣言》第1条指出："为确保对人权的普遍认可和遵行，人权的实现必须考虑区域和国家情境，考虑政治、经济、社会、文化、历史和宗教背景。人权事业发展必须也只能按照各国国情和人民需要加以推进。各国应坚持人权的普遍性和特殊性相结合的原则，从国情出发选择适合本国实际的人权发展道路或保障模式。"⑤

---

① 国务院新闻办公室：《为人民谋幸福：新中国人权事业发展70年》（白皮书），2019年9月2日，国务院新闻办公室网站，http://www.scio.gov.cn/zfbps/32832/Document/1665072/1665072.htm。

② 国务院新闻办公室：《改革开放40年中国人权事业的发展进步》（白皮书），2018年12月12日，国务院新闻办公室网站，http://www.scio.gov.cn/zfbps/ndhf/37884/Document/1643348/1643348.htm。

③ 马海燕：《南南合作以发展促人权》，2019年12月12日，中国人权网，http://www.humanrights.cn/html/2019/1_1212/47033.html。

④ 黄小希、孙奕、丁小溪：《标注全球人权事业发展的"中国刻度"——写在首届"南南人权论坛"闭幕之际》，2017年12月11日，中国人权网，http://www.humanrights.cn/html/2017/1_1211/33419.html。

⑤ 《首届"南南人权论坛"〈北京宣言〉》，2017年12月8日，中国人权网，http://www.humanrights.cn/html/2017/1_1208/33415.html。

（三）优先促进生存权和发展权，带动其他各项人权协调发展

中国主张将生存权和发展权置于优先地位。习近平在 2018 年致纪念《世界人权宣言》发表 70 周年座谈会的贺信中指出，中国"把生存权、发展权作为首要的基本人权，协调增进全体人民的经济、政治、社会、文化、环境权利"。[①] 新中国成立 70 年来，中国始终把解决人民的生存权、实现人民的发展权作为第一要务，"以促进和保护生存权、发展权为先导，协调推动公民权利、政治权利、社会权利、文化权利和特殊群体权利的保障"。[②]这与近代中国长期遭受外来侵略、积贫积弱的苦难经历有密切的联系，它使中国人民深刻认识到，生存权和发展权是首要的基本人权，是享有其他人权的前提和基础。[③] 贫穷是实现人权的最大障碍。没有物质资料的生产和供给，人类其他一切权利的实现都是非常困难或不可能的。[④] 与此同时，中国也主张，"实现生存权和发展权是广大发展中国家在人权领域的最优先任务"[⑤]；并且倡导国际社会"应以 2030 年可持续发展议程为新起点，充分尊重发展中国家优先实现生存权和发展权的要求"[⑥]。

中国的这一主张获得了发展中国家的普遍赞同。首届"南南人权论坛"通过的《北京宣言》第 3 条指出："生存权和发展权是首要的基本人权。

---

① 魏哲哲：《人民幸福生活是最大的人权》，2018 年 12 月 11 日，第 04 版。

② 中国向联合国人权理事会提交的《国家人权报告》，2013 年 8 月 5 日，联合国文件：A/HRC/WG. 6/17/CHN/1，第 2 页。

③ 国务院新闻办公室：《改革开放 40 年中国人权事业的发展进步》（白皮书），2018 年 12 月 12 日，国务院新闻办公室网站，http：//www. scio. gov. cn/zfbps/ndhf/37884/Document/1643348/1643348. htm。

④ 国务院新闻办公室：《为人民谋幸福：新中国人权事业发展 70 年》（白皮书），2019 年 9 月 2 日，国务院新闻办公室网站，http：//www. scio. gov. cn/zfbps/32832/Document/1665072/1665072. htm。

⑤ 《常驻联合国副代表王民大使在第 69 届联大三委人权议题一般性辩论上的发言》，2014 年 10 月 29 日，中华人民共和国常驻联合国代表团网站，https：//www. fmprc. gov. cn/ce/ceun/chn/zgylhg/shhrq/liandawanwei1/t1205516. htm。

⑥ 《常驻联合国代表刘结一大使在第 70 届联大三委人权议题一般性辩论中的发言》，2015 年 10 月 30 日，中华人民共和国常驻联合国代表团网站，https：//www. fmprc. gov. cn/ce/ceun/chn/lhghywj/t1310846. htm。

发展权的主体是人民。为实现人类整体利益的最大化，应坚持个人发展权与集体发展权相统一，使各国人民拥有平等的发展机会，充分实现发展权。发展中国家应当特别重视保障人民的生存权和发展权，特别是获得相当的生活水准、足够的食物、衣着、安全饮用水、住房的权利，获得安全、工作、受教育的权利，以及健康权利和社会保障权利等。国际社会应将消除贫困和饥饿等作为首要任务，着力解决发展不平衡不充分不可持续问题，为发展中国家人民发展权的实现创造更多有利条件。"① 在联合国人权理事会第 40 届会议审议中国的人权状况时，纳米比亚代表希望中国分享在实施发展权方面的经验和最佳做法。② 2019 年 9 月 27 日，人权理事会再次以压倒性多数通过不结盟运动和中国共同提出的发展权决议（第 43/23 号）。决议重申发展权是一项普遍和不可剥夺的权利，指出发展权对充分实现 2030 年可持续发展议程至关重要，消除贫困是促进和实现发展权的关键，是实现可持续发展的必要条件。决议呼吁各国坚持多边主义，加强国际合作，全面落实《发展权利宣言》，促进全球发展伙伴关系，消除发展的障碍，实现发展权。③

（四）"以发展促人权"的推动路径

在人权的推动方式上，中国选择了"以发展促人权"的路径。习近平在致"2015·北京人权论坛"的贺信中指出："对各国人民而言，发展寄托着生存和希望，象征着尊严和权利"；"唯有发展，才能消除冲突的根源。唯有发展，才能保障人民的基本权利。唯有发展，才能满足人民对美好生活

---

① 《首届"南南人权论坛"〈北京宣言〉》，2017 年 12 月 8 日，中国人权网，http：//www. human rights. cn/html/2017/1_ 1208/33415. html。

② Human Rights Council, Report of the Human Rights Council on Its Fortieth Session（A/HRC/40/2），3 June 2019, p. 127.

③ United Nations Human Rights Council, 42nd Session of the Human Rights Council：Resolutions, Decisions and President's Statements, https：//www. ohchr. org/EN/HRBodies/HRC/RegularSessions/Session42/Pages/ResDecStat. aspx.

的热切向往"。① 在 2016 年 12 月 4 日致"纪念《发展权利宣言》通过 30 周年国际研讨会"的贺信中，习近平指出："发展是人类社会永恒的主题。联合国《发展权利宣言》确认发展权利是一项不可剥夺的人权。作为一个拥有 13 亿多人口的世界最大发展中国家，发展是解决中国所有问题的关键，也是中国共产党执政兴国的第一要务。"② 中国代表团在联合国人权理事会发言中指出，"当人们谈到人权问题时，往往忽略发展在保护和促进人权方面的重要性和关键作用。发展关乎国计民生，百姓福祉，最终目标是改善和提高全体人民的生活质量、维护人的尊严、实现人的价值追求，从而更好地保护和促进人权。经济增长、减贫、社会保障、卫生和教育服务、残疾人、妇女、儿童、老年人和土著人权利保障、青年人就业、环境保护、应对气候变化等，都只能通过发展寻求解决"。③

"以发展促人权"的理念得到了联合国人权机制的认同。在联合国人权理事会第 40 届会议审议中国的人权状况时，马里代表赞扬中国通过实施经济和社会发展第十三个五年规划促进和保护经济、社会和文化权利所取得的重要进展，欢迎中国在实施第三期国家人权行动计划和反家暴法以及废除劳动教养制度方面取得的进步。④ 毛里求斯赞扬中国努力和倡导包容性公平增长，指出中国采取了一系列措施建设一个与 2030 年可持续发展议程相一致的公正、公平和繁荣的中国社会，并采取了各种旨在保护人权的措施，涵盖立法措施、减贫、健康、环境保护和国际合作。⑤ 缅甸代表指出，中国在人

---

① 《习近平致"2015·北京人权论坛"的贺信》，2015 年 9 月 16 日，新华网，http://www. xinhuanet. com/politics/2015 - 09/16/c_ 1116583281. htm。

② 《习近平致"纪念〈发展权利宣言〉通过 30 周年国际研讨会"的贺信》，2016 年 12 月 4 日，新华网，http://www. xinhuanet. com/politics/2016 - 12/04/c_ 1120048817. htm。

③ 《马朝旭大使在人权理事会第 33 次会议代表近 140 个国家就"发展促人权"问题发表共同发言》，2016 年 9 月 17 日，中华人民共和国常驻联合国日内瓦办事处和瑞士其他国际组织代表团网站，http://www. china - un. ch/chn/hyyfy/t1398078. htm。

④ Human Rights Council, Report of the Human Rights Council on Its Fortieth Session (A/HRC/40/2), 3 June 2019, p. 126.

⑤ Human Rights Council, Report of the Human Rights Council on Its Fortieth Session (A/HRC/40/2), 3 June 2019, p. 126.

权发展方面的成功全面确保了其公民的各项人权，分享中国的经验将有助于其他国家和地区推进人权发展。①

（五）"以减贫享人权"的有力举措

中国在实现生存权和发展权的保障方面，最重要的举措就是消除贫困。国际社会的共识是：极端贫困阻碍充分和有效享有人权，消除一切形式和表现的贫困，包括极端贫困，是一项重大全球挑战。中国代表团在联合国人权理事会发言中指出："极端贫穷阻碍人民充分有效地享有人权"②；"消除贫困是世界最重要的人权事业之一"③；"贫困问题是当今世界面临的严峻挑战，不仅严重阻碍发展中国家经济发展和社会进步，也是地区冲突、恐怖主义蔓延和环境恶化等问题的根源之一。消除贫困事关各国人民最基本的生存和发展权利，是各国尤其是发展中国家经济和社会发展的首要考量，也是各国实现可持续发展的前提"④。经过 70 年的不懈努力，中国成为世界上减贫人口最多的国家，是第一个完成联合国千年发展目标减贫目标的发展中国家。

中国在消除贫困方面所采取的积极措施和取得的成效，受到了发展中国家的普遍赞赏。在联合国人权理事会第 40 届会议审议中国的人权状况时，莫桑比克代表赞赏中国在人权发展方面所取得的巨大成就，指出中国使 7 亿多乡村地区人口摆脱了贫困，并赞赏中国以整体性方式促进人权的普及并专

---

① Human Rights Council, Report of the Human Rights Council on Its Fortieth Session（A/HRC/40/2）, 3 June 2019, p. 127.

② 《中国代表团在人权理事会第 25 次会议议题 8 一般性辩论中的发言》，2014 年 3 月 24 日，中华人民共和国常驻联合国日内瓦办事处和瑞士其他国际组织代表团网站，http://www.china - un.ch/chn/hyyfy/t1140297.htm。

③ 《中国代表团在人权理事会第 29 次会议与极端贫困、反恐中保护人权问题特别报告员对话时的发言》，2015 年 6 月 22 日，中华人民共和国常驻联合国日内瓦办事处和瑞士其他国际组织代表团网站，http://www.china - un.ch/chn/hyyfy/t1275177.htm。

④ 《中国代表团三秘卢毓辉在第 70 届联大二委议题 24："消除贫穷和其他发展问题"的发言》，2015 年 10 月 15 日，中华人民共和国常驻联合国代表团网站，https://www.fmprc.gov.cn/ce/ceun/chn/lhghywj/t1306033.htm。

注于人民的福祉、和平和发展。① 荷兰代表注意到中国在促进经济权利和使许多人摆脱贫困方面的巨大进步。② 尼日利亚代表也注意到中国通过其经济政策成功地使广大的人口摆脱贫困，从而保障他们充分享有各项人权。③ 菲律宾代表也欢迎中国将促进社会经济发展、减贫、打击恐怖主义和加强国际合作置于优先位置。④ 古巴常驻联合国日内瓦代表团参赞利桑德拉·阿斯蒂亚萨兰·阿瑞斯在第二届"南南人权论坛"上称赞中国在脱贫工作中取得的成效，她说："作为发展中国家，中国和古巴有很多相似之处，两国共同致力于消除贫困，为人民谋福祉。中国脱贫工作成效非常显著，其他发展中国家可以从其成功经验中获益。"⑤ 几内亚比绍国家电台信息部主任巴卡尔·卡马拉在第二届"南南人权论坛"上指出："中国在促进人权、尊重人民的基本需求、创造有效条件以满足此类需求方面起了很好的示范作用。在过去几年的时间中，中国在共产党的领导下开创了一种扶贫及开放模式，该模式推动了不发达国家（尤其是非洲）的发展。中国政府采取的这一开放模式为全世界社会和平的共同发展做出了重大贡献。中国的扶贫战略应成为所有不发达国家（尤其是诸如非洲之类的正在突破发展道路的国家）的一种榜样。"⑥

（六）"以安定护人权"的保障方式

人权不仅需要靠发展来推动，而且需要安定的国内和国际社会环境来保障。中国代表团在联合国人权理事会发言中指出，需要"以安全促人权"，

---

① Human Rights Council, Report of the Human Rights Council on Its Fortieth Session (A/HRC/40/2), 3 June 2019, p. 126.

② Human Rights Council, Report of the Human Rights Council on Its Fortieth Session (A/HRC/40/2), 3 June 2019, p. 127.

③ Human Rights Council, Report of the Human Rights Council on Its Fortieth Session (A/HRC/40/2), 3 June 2019, p. 127.

④ Human Rights Council, Report of the Human Rights Council on Its Fortieth Session (A/HRC/40/2), 3 June 2019, p. 128.

⑤ 王聪：《拉美专家学者表示中国为推动国际人权事业发展做出积极贡献》，2019年12月12日，中国人权网，http://www.humanrights.cn/html/2019/1_1212/47060.html。

⑥ 〔几内亚比绍〕巴卡尔·卡马拉：《新中国成立以来中国对人权事业的贡献》，载国务院新闻办公室、外交部《2019·南南人权论坛论文集》，2019年12月10~11日，第21页。

因为"战乱、冲突和地区动荡是导致大规模侵犯人权的根源","一国人权事业的发展也离不开安全稳定的国内环境"。[①] 在国际人权领域,中国强调和平对于人权的重要意义,积极参与和平权问题工作组的工作。中国代表团在联合国人权理事会发言中指出,"和平成为各国人民的共同期待,也是促进和保障人权的根本前提和基础"[②];"没有和平与发展,人权就成为无本之木。应致力于维护持久和平,实现共同发展,为促进和保护人权提供坚实基础"[③];"多数情况下,战争和冲突是造成人道主义灾难和侵犯人权的根源。致力于维护地区和世界稳定,和平解决国际和国内争端,避免不经安理会授权及违反当事国意志的武装介入,是保护人权的最有力保障"[④];"只有维护和平,防止战争,消除暴力和冲突,人权才能得到根本保障"[⑤];"应维护有利于保障人权的和平环境,通过和平方式解决国际争端"[⑥]。

中国"以安定护人权"的理念和经验,获得了许多发展中国家的认同。马达加斯加参议院副议长库鲁·克里斯托夫·洛朗·罗杰在第二届"南南

① 《坚持合作共赢 共促人权发展——俞建华大使在人权理事会第 37 次会议高级别会议一般性辩论中的发言》,2018 年 3 月 1 日,中华人民共和国常驻联合国日内瓦办事处和瑞士其他国际组织代表团网站,https://www.fmprc.gov.cn/ce/cegv/chn/hyyfy/t1538414.htm。

② 《刘华特别代表在人权理事会第 34 次会议代表中国和非洲组做"维护和平,促进和保护人权"共同发言》,2017 年 2 月 28 日,中华人民共和国常驻联合国日内瓦办事处和瑞士其他国际组织代表团网站,http://www.china-un.ch/chn/hyyfy/t1442034.htm。

③ 《常驻联合国日内瓦办事处和瑞士其他国际组织代表马朝旭大使在人权理事会第 34 次会议做"完善全球人权治理,推进国际人权事业"共同发言》,2017 年 3 月 20 日,中华人民共和国常驻联合国日内瓦办事处和瑞士其他国际组织代表团网站,http://www.china-un.ch/chn/hyyfy/t1447149.htm。

④ 《马朝旭大使在人权理事会第 32 次会议"纪念人权理事会十周年"高级别专题讨论会上的共同发言稿:加强对话与合作促进和保护普遍认可的人权》,2016 年 6 月 14 日,中华人民共和国常驻联合国日内瓦办事处和瑞士其他国际组织代表团网站,http://www.china-un.ch/chn/hyyfy/t1371850.htm。

⑤ 《中国代表团在人权理事会第 29 次会议议题 5 一般性辩论中的发言》,2015 年 6 月 27 日,中华人民共和国常驻联合国日内瓦办事处和瑞士其他国际组织代表团网站,http://www.china-un.ch/chn/hyyfy/t1277359.htm。

⑥ 《吴海涛大使在人权理事会第 25 次会议一般性辩论中的发言》,2014 年 3 月 7 日,中华人民共和国常驻联合国日内瓦办事处和瑞士其他国际组织代表团网站,http://www.china-un.ch/chn/hyyfy/t1135110.htm。

人权论坛"上指出，任何人权都必须通过发展才能获得，而任何发展都必须植根于稳定，因为只有这样，各种行动才能顺利开展，各类思想才能在和谐的氛围中百花齐放。① 莫桑比克希萨诺基金会执行主任莱昂纳多·桑多斯·西芒在第二届"南南人权论坛"上表示，许多人都羡慕中国1978年改革开放后所取得的成就，中国走过的发展道路是一条平稳的道路，中国公民也随之享有越来越高的幸福水平。② 首届"南南人权论坛"通过的《北京宣言》第1条指出："各国和国际社会有责任为实现人权创造必要条件，包括维护和平、安全与稳定，促进经济和社会发展，消除实现人权的各种障碍。"③ 在联合国人权理事会第40届会议审议中国的人权状况时，缅甸代表欢迎中国关于"通过和平、发展、合作和平等促进人权"的倡议，认为这将对改善全球人权治理的努力作出补充。④ 尼泊尔代表指出，中国为广泛的社会和经济发展培育了和平和稳定的环境，为更广泛地实现和促进人权创造了坚实的基础。⑤

（七）将人民的获得感、幸福感、安全感作为人权实现的重要检验标准

如何检验各项人权措施的实现状况？中国人权白皮书提出："人民的获得感、幸福感、安全感是检验人权实现的重要标准。"⑥ 中国提出了"以人

---

① 马海燕：《南南合作以发展促人权》，2019年12月12日，中国人权网，http：//www. humanrights. cn/html/2019/1_ 1212/47033. html。

② 马海燕：《南南合作以发展促人权》，2019年12月12日，中国人权网，http：//www. humanrights. cn/html/2019/1_ 1212/47033. html。

③ 《首届"南南人权论坛"〈北京宣言〉》，2017年12月8日，中国人权网，http：//www. humanrights. cn/html/2017/1_ 1208/33415. html。

④ Human Rights Council, Report of the Human Rights Council on Its Fortieth Session (A/HRC/40/2), 3 June 2019, p. 127.

⑤ Human Rights Council, Report of the Human Rights Council on Its Fortieth Session (A/HRC/40/2), 3 June 2019, p. 127.

⑥ 国务院新闻办公室：《为人民谋幸福：新中国人权事业发展70年》（白皮书），2019年9月2日，国务院新闻办公室网站，http：//www. scio. gov. cn/zfbps/32832/Document/1665072/1665072. htm。

民为中心"的人权发展理念。习近平在 2017 年 12 月 7 日致首届"南南人权论坛"的贺信中指出："中国共产党和中国政府坚持以人民为中心的发展思想，始终把人民利益摆在至高无上的地位，把人民对美好生活的向往作为奋斗目标，不断提高尊重与保障中国人民各项基本权利的水平。"① 在 2018 年致纪念《世界人权宣言》发表 70 周年座谈会的贺信中，习近平进一步指出："人民幸福生活是最大的人权。中国共产党从诞生那一天起，就把为人民谋幸福、为人类谋发展作为奋斗目标。中华人民共和国成立近 70 年特别是改革开放 40 年来，中华民族迎来了从站起来、富起来到强起来的伟大飞跃。中国发展成就归结到一点，就是亿万中国人民生活日益改善。"②

中国的上述人权理念得到了发展中国家的认同。首届"南南人权论坛"通过的《北京宣言》第 9 条指出："人权的实现永无止境，人权事业的发展永远在路上。人权保障没有最好，只有更好。人民的满意是检验人权及其保障方式合理性的最终标准。各国政府有责任根据人民的要求持续提高人权保障水平。"③

三 积极建言和推动全球人权治理体系变革

中国始终致力于推进世界人权事业的发展。新中国成立初期，由于受到美国等国家的遏制和阻挠，中国在联合国的合法地位被非法占据。但中国仍然在国际人权问题上积极发声，发挥建设性作用。20 世纪 50 年代，中国与印度、缅甸提出互相尊重主权和领土完整、互不侵犯、互不干涉内政、平等互利、和平共处五项原则，体现了对国家独立的认可，尊重了相关国家和人

---

① 《习近平致首届"南南人权论坛"的贺信》，2017 年 12 月 7 日，新华网，http：//www. xinhuanet. com/politics/2017－12/07/c_ 1122073544. htm。

② 魏哲哲：《人民幸福生活是最大的人权》，2018 年 12 月 11 日，第 04 版。

③ 《首届"南南人权论坛"〈北京宣言〉》，2017 年 12 月 8 日，中国人权网，http：//www. humanrights. cn/html/2017/1_ 1208/33415. html。

民的自主权。1955 年，在中国推动下，万隆会议通过的《亚非会议最后公报》将"尊重基本人权"写入和平共处十项原则的第一条。万隆会议通过的十项原则是对和平共处五项原则的引申和发展。20 世纪 60 年代兴起的不结盟运动把五项原则作为指导原则。1970 年和 1974 年联合国大会通过的有关宣言接受了和平共处五项原则。①

1971 年，联合国大会通过决议恢复中国在联合国的合法席位，中国在联合国的框架内积极开展工作，在世界人权领域发挥更加积极的建设性作用，产生日益重要的影响。1981 年，中国在联合国经社理事会组织会议上当选为人权委员会成员国。自 1982 年起，中国正式担任人权委员会成员国并一直连选连任。自 1984 年起，中国推荐的专家连续当选为防止歧视和保护少数小组委员会的委员和候补委员。自 2006 年 3 月设立联合国人权理事会以来，中国四度高票当选人权理事会成员。

近些年来，中国在推动全球人权治理体系变革方面提出了一系列重要主张，并正在获得越来越多国家的认同。

（一）尊重人权发展道路的多样性

尽管联合国通过了一系列有关人权的决议、宣言和公约，但各国在人权问题上仍然存在分歧。对此，中国在联合国主张，"各国由于政治制度、发展水平和历史文化不同，在人权问题上存在不同看法是正常现象"。②"世界上没有放之四海而皆准的人权发展道路。人权事业是各国经济社会发展的重要组成部分，必须根据各国国情和人民需求加以推进，不能定于一尊。"③

---

① 国务院新闻办公室：《为人民谋幸福：新中国人权事业发展 70 年》（白皮书），2019 年 9 月 2 日，国务院新闻办公室网站，http://www.scio.gov.cn/zfbps/32832/Document/1665072/1665072.htm。

② 中国向联合国人权理事会提交的《国家人权报告》，2008 年 12 月 5 日，联合国文件：A/HRC/WG.6/4/CHN/1，第 4 页。

③ 中国向联合国人权理事会提交的《国家人权报告》，2018 年 12 月 5 日，联合国文件：A/HRC/WG.6/31/CHN/1，第 2 页。

因此，"应尊重人权发展道路的多样性"。①

中国这一主张得到了多数发展中国家的赞同。首届"南南人权论坛"通过的《北京宣言》第 2 条指出："人权是所有文明的内在组成部分，应承认所有文明平等，都应受到尊重。应珍视并尊重不同文化背景的价值和社会道德，相互包容、相互交流、相互借鉴。"②

第 73 届联合国大会第 55 次会议于 2018 年 12 月 17 日通过的关于"促进建立一个民主和公平的国际秩序"决议（A/RES/73/169 号）强调指出，"在加强人权领域的国际合作时，必须保持由不同国家和人民组成的国际社会所具有的丰富多样性，并且必须尊重各国和各区域的特点及各种历史、文化和宗教背景"。③

（二）反对在人权问题上的政治化、选择性和双重标准

公正合理包容是国际人权治理的基本原则。在国际社会，中国一贯反对将人权政治化或搞人权"双重标准"④，"推动国际社会以公正、客观和非选择性方式处理人权问题"⑤。针对许多西方国家在联合国将人权问题政治化以服务于地缘政治需要的做法，中国代表团在联合国人权理事会发言中明确指出，"中国反对人权政治化和'双重标准'"⑥，"将人权问题政治化，进

---

① 《常驻联合国代表刘结一大使在第 70 届联大三委人权议题一般性辩论中的发言》，2015 年 10 月 30 日，中华人民共和国常驻联合国代表团网站，https：//www.fmprc.gov.cn/ce/ceun/chn/lhghywj/t1310846.htm。

② 《首届"南南人权论坛"〈北京宣言〉》，2017 年 12 月 8 日，中国人权网，http：//www.humanrights.cn/html/2017/1_1208/33415.html。

③ 联合国大会关于《促进建立一个民主和公平的国际秩序》决议（第 A/HRC/73/169 号）第 4 页，2018 年 12 月 17 日，联合国网站，https：//www.un.org/zh/documents/view_doc.asp？symbol＝A/RES/73/169。

④ 国务院新闻办公室：《为人民谋幸福：新中国人权事业发展 70 年》（白皮书），2019 年 9 月 2 日，国务院新闻办公室网站，http：//www.scio.gov.cn/zfbps/32832/Document/1665072/1665072.htm。

⑤ 中国向联合国人权理事会提交的《国家人权报告》，2008 年 12 月 5 日，联合国文件：A/HRC/WG.6/4/CHN/1，第 4 页。

⑥ 中国向联合国人权理事会提交的《国家人权报告》，2018 年 12 月 5 日，联合国文件：A/HRC/WG.6/31/CHN/1，第 3 页。

行'点名羞辱'和公开施压，或采取双重标准，只会毒化理事会气氛，破坏人权领域的合作"①；"反对将人权问题政治化和借人权问题向别国施压，反对利用联合国人权机制搞公开对抗"②；"联合国人权机制应客观、公正开展工作，避免发表主观和缺乏事实根据的言论"。③

在国别人权审查的问题上，中国代表团指出，"审查工作应有助于当事国落实其接受的建议……在审查过程中提出建议时要考虑当事国国情，并为当事国落实接受的建议提供建设性帮助"。④

在特别机制的问题上，中国代表团指出，"特别机制作为联合国专家，其行为应符合《联合国宪章》宗旨和原则，尊重各国主权与领土完整，根据《特别机制行为准则》和人权理事会授权，客观、公正、非选择性开展工作，采取可靠信息，摒弃公开施压做法，以建设性态度与各国政府开展对话与合作"。⑤

在人权高专和高专办与会员国合作的问题上，中国代表团指出，"人权高专和高专办在要求会员国提供合作的同时，需要首先体现出合作的诚意，体现出对各国的尊重"。⑥ 中国敦促人权高专和高专办应当遵循客观、公正

---

① 《中国代表团在人权理事会第 27 次会议议题 4 一般性辩论中的发言》，2014 年 9 月 29 日，中华人民共和国常驻联合国日内瓦办事处和瑞士其他国际组织代表团网站，http：// www. china－un. ch/chn/hyyfy/t1196350. htm。
② 《中国代表团在人权理事会第 28 次会议与人权高对话时的发言》，2015 年 3 月 5 日，中华人民共和国常驻联合国日内瓦办事处和瑞士其他国际组织代表团网站，http：// www. china－un. ch/chn/hyyfy/t1244198. htm。
③ 《马朝旭大使在人权理事会第 32 次会议"纪念人权理事会十周年"高级别专题讨论会上的共同发言稿：加强对话与合作促进和保护普遍认可的人权》，2016 年 6 月 14 日，中华人民共和国常驻联合国日内瓦办事处和瑞士其他国际组织代表团网站，http：//www. china－un. ch/chn/hyyfy/t1371850. htm。
④ 《中国代表团在人权理事会第 25 次会议议题 6 "国别人权审查"一般性辩论中的发言》，2014 年 3 月 21 日，中华人民共和国常驻联合国日内瓦办事处和瑞士其他国际组织代表团网站，http：//www. china－un. ch/chn/hyyfy/t1168017. htm。
⑤ 《中国代表团在人权理事会第 38 届会议议题 5 一般性辩论中的发言》，2018 年 6 月 27 日，中华人民共和国常驻联合国日内瓦办事处和瑞士其他国际组织代表团网站，https：// www. fmprc. gov. cn/ce/cegv/chn/hyyfy/t1579251. htm。
⑥ 《中国代表团在人权理事会第 38 届会议与人权高对话时的发言》，2018 年 7 月 22 日，中华人民共和国常驻联合国日内瓦办事处和瑞士其他国际组织代表团网站，https：// www. fmprc. gov. cn/ce/cegv/chn/hyyfy/t1579242. htm。

原则，不应以人权法官自居，基于未经证实的信息，对各国人权状况妄加评论，将自身理念和主张强加于会员国。

在人权技术援助问题上，中国代表团指出，"促进和保护人权的首要责任在于各国政府。当一国政府在促进和保护本国人民人权过程中面临困难、需要外界帮助时，国际社会应提供建设性的援助和支持。在此过程中，应尊重当事国的国情和实际需求，与当事国充分协商，确保援助效果。借技术援助和能力建设之名，将人权问题政治化，不符合人权理事会建设性对话与合作的原则，也无助于当事国人权状况的实际改善"。①

中国倡导的这一理念获得了联合国大多数成员国的赞同。2006 年至 2009 年，联合国大会先后通过了 5 个关于"促进国际合作并重视非选择性、公正性和客观性以加强联合国在人权领域的行动"的决议。联合国人权理事会第 37 届会议第 54 次会议于 2018 年 3 月 23 日通过的关于"在人权领域促进合作共赢"的第 37/23 号决议重申"人权理事会的工作应以普遍性、公正性、客观性和非选择性以及建设性国际对话与合作等原则为指导，以加强促进和保护公民权利、政治权利、经济、社会及文化权利等所有人权，包括发展权"；强调"人权领域的真诚对话与合作应具有建设性并基于普遍性、不可分割性、非选择性、非政治化、平等和相互尊重，目的是促进相互理解，扩大共识和加强建设性合作，包括开展能力建设与技术合作"。②

（三）反对单方面强制

少数西方国家根据自己对人权问题的狭隘理解，对一些与自己的人权模式不一致的国家采取各种单边强制措施，包括经济制裁、贸易禁运等。中国反对各种形式的单方面制裁。中国代表团在联合国人权理事会上指出，"任

---

① 《中国代表团在人权理事会第 31 次会议议题 10 一般性辩论中的发言》，2016 年 3 月 23 日，中华人民共和国常驻联合国日内瓦办事处和瑞士其他国际组织代表团网站，http：//www. china – un. ch/chn/hyyfy/t1351691. htm。
② 《人权理事会报告》，联合国大会第 73 届会议正式记录（A73/53 号决议），第 83 页。

何单边强制措施都会妨碍充分实现各类人权"①；"单边强制措施特别是经济制裁和贸易禁运等，会对目标国家广大民众享有人权产生严重负面影响，而这些影响恰恰会成几何倍数放大到弱势群体身上，严重影响他们获得衣食、住房和医疗等基本权利"；"以单边强制措施为手段对一些国家、尤其是发展中国家施加政治或经济压力，不利于这些国家根据本国人民需求促进和保护人权。……国际社会应敦促有关国家停止将单边强制措施作为政治工具，不要动辄对他国实施单边制裁或以制裁相威胁，努力消除单边强制措施造成的负面影响"②。

中国的这一主张得到了发展中国家的普遍赞同。首届"南南人权论坛"通过的《北京宣言》第8条指出："国际社会对人权事项的关切，应始终遵行国际法和公认的国际关系基本准则，其中至为关键的是尊重国家主权、领土完整和不干涉各国内政。各国应坚持主权平等的原则，所有国家不论大小，均有权决定其政治制度，控制和自由利用其资源，自主追求其经济、社会和文化发展。人权问题上的政治化、选择性和双重标准，滥用军事、经济或其他手段干涉他国事务，是与人权的目的和精神背道而驰。国际社会保护人权的相关行动必须严格遵守《联合国宪章》的相关规定，并应充分尊重当事国和区域组织的意见。"③

联合国就单方面强制措施问题通过了一系列相关的决议。2006年至2019年，联合国人权理事会通过了7个关于"人权与单方面强制性措施"的决议，联合国大会通过了13个关于"人权与单方面胁迫措施"的决议，13个关于"以雇佣军为手段侵犯人权并阻挠行使人民自决权"的决议。

① 《常驻联合国日内瓦办事处和瑞士其他国际组织代表马朝旭大使在人权理事会第36次会议代表140个国家做"加强人权对话与合作，构建人类命运共同体"共同发言》，2017年9月16日，中华人民共和国常驻联合国日内瓦办事处和瑞士其他国际组织代表团网站，http://www.china-un.ch/chn/hyyfy/t1493650.htm。
② 《中国代表团在联合国人权理事会第30次会议单边强制措施双年专题讨论会上的发言》，2015年9月17日，中华人民共和国常驻联合国日内瓦办事处和瑞士其他国际组织代表团网站，http://www.china-un.ch/chn/hyyfy/t1305283.htm。
③ 《首届"南南人权论坛"〈北京宣言〉》，2017年12月8日，中国人权网，http://www.humanrights.cn/html/2017/1_1208/33415.html。

（四）以对话和合作促进世界人权发展

中国在国际社会积极倡导以对话和合作促进世界人权发展。中国代表团在联合国人权理事会发言中提出"以合作促人权"[①]，"应该在平等和相互尊重的基础上，开展对话与合作，共同促进和保护人权"[②]，并建议"将促进人权领域对话与合作作为核心宗旨"[③]。

中国身体力行，在相互尊重、开放包容、交流互鉴基础上，积极与其他国家开展建设性人权对话和人权磋商。自20世纪90年代起，中国陆续与20多个国家建立人权对话或磋商机制，同美国、欧盟、英国、德国、瑞士、荷兰、澳大利亚、新西兰等西方国家或国际组织进行人权对话，同俄罗斯、埃及、南非、巴西、马来西亚、巴基斯坦、白俄罗斯、古巴及非盟等开展人权磋商。[④]

中国的这一主张和做法获得了大多数发展中国家的支持。首届"南南人权论坛"通过的《北京宣言》第9条指出："国际社会应在平等和相互尊重基础上通过对话交流、互学互鉴和凝聚共识，促进人权合作。"第7条指出："南南合作是促进发展中国家发展和人权进步的重要途径。南南国家之间应以同舟共济、权责共担、互帮互助、合作共赢的精神，坚持以团结促合作，以合作促发展，以发展促人权，努力实现更加充分的人权保障。国际社会应本着平衡、包容、普惠和可持续的原则，积极支持发展中国家加快发

[①] 《坚持合作共赢　共促人权发展——俞建华大使在人权理事会第37次会议高级别会议一般性辩论中的发言》，2018年3月1日，中华人民共和国常驻联合国日内瓦办事处和瑞士其他国际组织代表团网站，https://www.fmprc.gov.cn/ce/cegv/chn/hyyfy/t1538414.htm。

[②] 中国向联合国人权理事会提交的《国家人权报告》，2008年12月5日，联合国文件：A/HRC/WG.6/4/CHN/1，第4页。

[③] 《中国代表团在人权理事会第28次会议与人权高专对话时的发言》，2015年3月5日，中华人民共和国常驻联合国日内瓦办事处和瑞士其他国际组织代表团网站，http://www.china-un.ch/chn/hyyfy/t1244198.htm。

[④] 国务院新闻办公室：《为人民谋幸福：新中国人权事业发展70年》（白皮书），2019年9月2日，国务院新闻办公室网站，http://www.scio.gov.cn/zfbps/32832/Document/1665072/1665072.htm。

展，不断提高发展中国家人权保障水平。"① 在联合国人权理事会第40届会议审议中国的人权状况时，阿曼赞扬中国在人权领域取得的成就，并对中国的国际合作模式表示欢迎，这种国际合作模式是基于尊重和文化多样性，反映了社会中的各种价值，丰富了和平与安全。②

　　联合国在人权领域的国际对话与合作方面也通过了一系列相关决议。2006年至2019年，联合国人权理事会通过了关于"在人权领域促进合作共赢"的第37/23号决议，3个关于"在亚洲太平洋地区增进和保护人权的区域合作"的决议，13个关于"加强人权领域的国际合作"的决议。联合国大会通过了关于"促进平等和相互尊重的人权对话"的第61/166号决议，以及13个关于"增进（或加强）人权领域的国际合作"的决议。第73届联合国大会第55次会议于2018年12月17日通过的关于"增进人权领域的国际合作"决议（第A/RES/73/168号）重申"不同宗教、文化和文明之间在人权领域开展对话，大大有助于增进这个领域的国际合作"；"不同文化和文明之间的对话有利于促进宽容和尊重多样性的文化"；着重指出"相互理解、对话、合作、透明和建立信任，是所有促进和保护人权活动的重要元素"；强调"人权对话应具有建设性，并基于普遍性、不可分割性、客观性、非选择性、非政治化、相互尊重和平等对待等原则，目的是促进相互理解和加强建设性合作，包括开展能力建设和国家之间的技术合作"。③

（五）平衡保障各项人权

　　国际社会长期存在片面强调公民权利和政治权利，忽视经济、社会和文化权利的倾向。针对这种情况，中国代表团在联合国人权理事会指出，"在

---

① 《首届"南南人权论坛"〈北京宣言〉》，2017年12月8日，中国人权网，http：//www. human rights. cn/html/2017/1_ 1208/33415. html。

② Human Rights Council, Report of the Human Rights Council on Its Fortieth Session（A/HRC/40/ 2），3 June 2019, p. 127.

③ 联合国大会决议：《增进人权领域的国际合作》（第A/RES/73/168号）第2页，2018年12月17日通过。联合国网站：https：//www. un. org/en/ga/search/view_ doc. asp？symbol＝A/ RES/73/168&Lang＝C。

全球化的形势下，如何实现经社文权利和发展权是广大发展中国家面临的重要挑战。忽视这些权利的实质，是忽视发展中国家在人权问题上的正当诉求"①；应"平等和平衡地推进各类人权，充分重视经济、社会、文化权利及发展权利"②，反对"一味推行公民政治权利，漠视甚至公开反对提及经社文权利及发展权"的倾向，③"扭转当前重公民政治权利，轻经社文权利和发展权的现状"④，纠正两类人权发展不平衡的问题。⑤

中国这一主张得到了大多数发展中国家的响应。首届"南南人权论坛"通过的《北京宣言》第4条指出："各国人民的生存权、发展权、和平权、环境权等，既是重要的集体人权，又是实现个人人权的前提和基础。所有人权不可分割、相互联系。公民和政治权利的获得离不开同时获得经济、社会和文化权利，两者同等重要，相互依存。"⑥

在经济、社会和文化权利保障方面，联合国也先后通过了一系列相关决议。2006年至2019年，联合国人权理事会先后通过了10个关于"在所有国家实现经济、社会及文化权利问题"的决议，还通过了4个关于"工作权"的决议，10个关于"受教育权"的决议，11个关于"人人享有可达到的最高

① 《张义山大使在经社理事会实质性会议上关于人权问题的发言（议题14g）》，（2004年7月22日），中华人民共和国常驻联合国代表团网站，https：//www. fmprc. gov. cn/ce/ceun/chn/zgylhg/shhrq/rqsw/t143780. htm。

② 《马朝旭大使在人权理事会第32次会议"纪念人权理事会十周年"高级别专题讨论会上的共同发言稿：加强对话与合作促进和保护普遍认可的人权》，2016年6月14日，中华人民共和国常驻联合国日内瓦办事处和瑞士其他国际组织代表团网站，http：//www. china - un. ch/chn/hyyfy/t1371850. htm。

③ 《常驻联合国代表团姚绍俊参赞在第69届联大三委与人权理事会主席对话时的发言》，2014年11月17日，中华人民共和国常驻联合国代表团网站，https：//www. fmprc. gov. cn/ce/ceun/chn/zgylhg/shhrq/liandawanwei1/t1213664. htm。

④ 《常驻联合国代表团姚绍俊参赞在联大三委与人权理事会主席互动对话时的发言》，2015年11月17日，中华人民共和国常驻联合国代表团网站，https：//www. fmprc. gov. cn/ce/ceun/chn/lhghywj/t1315936. htm。

⑤ 《中国代表团姚绍俊参赞在第72届联大三委人权议题一般性辩论中的发言》，2017年10月30日，中华人民共和国常驻联合国代表团网站，https：//www. fmprc. gov. cn/ce/ceun/chn/zgylhg/shhrq/liandawanwei1/t1506228. htm。

⑥ 《首届"南南人权论坛"〈北京宣言〉》，2017年12月8日，中国人权网，http：//www. human rights. cn/html/2017/1_ 1208/33415. html。

水准的身心健康的权利"的决议，9 个关于"增进人人享有文化权利和尊重文化多样性"的决议，3 个关于"文化权利和文化遗产保护"的决议。

（六）以人类命运共同体理念构建公正合理包容的全球人权治理体系

针对国际人权治理体系面临的一系列问题和严峻的挑战，中国提出构建人类命运共同体：政治上，倡导相互尊重、平等协商，坚决摒弃冷战思维和强权政治，走对话而不对抗、结伴而不结盟的国与国交往新路；安全上，倡导坚持以对话解决争端，以协商化解分歧，统筹应对传统和非传统安全威胁，反对一切形式的恐怖主义；经济上，倡导同舟共济，促进贸易和投资自由化、便利化，推动经济全球化朝着更加开放、包容、普惠、平衡、共赢的方向发展；文化上，倡导尊重世界文明多样性，以文明交流超越文明隔阂、文明互鉴超越文明冲突、文明共存超越文明优越；生态上，倡导坚持环境友好，合作应对气候变化，保护好人类赖以生存的地球家园。推动构建人类命运共同体，不是倡导每个国家必须遵循统一的价值标准，不是推进一种或少数文明的单方主张，也不是谋求在全球范围内建设统一的行为体，更不是一种制度替代另一种制度、一种文明替代另一种文明，而是主张不同社会制度、不同意识形态、不同历史文明、不同发展水平的国家，在国际活动中目标一致、利益共生、权利共享、责任共担，从而促进人类社会整体发展。①

以人类命运共同体理念为指导，中国致力于构建公正合理包容的全球人权治理体系，不同文明、不同国家之间相互包容、相互交流、相互借鉴，共同推进人权发展。中国主张，国际人权事务应由各国共同商量，全球人权治理体系要由各国共同建设，人权发展成果要由各国人民共同分享。② 国际社会应秉持和平、发展、公平、正义、民主、自由的人类共同价值，维护人的

---

① 国务院新闻办公室：《新时代的中国与世界》（白皮书），2019 年 9 月 27 日，国务院新闻办公室网站，http：//www. scio. gov. cn/zfbps/32832/Document/1665426/1665426. htm。

② 国务院新闻办公室：《改革开放 40 年中国人权事业的发展进步》（白皮书），2018 年 12 月 12 日，国务院新闻办公室网站，http：//www. scio. gov. cn/zfbps/ndhf/37884/Document/1643348/1643348. htm。

尊严和权利，推动形成更加公正合理包容的全球人权治理。① 为此，中国提出应当增加发展中国家在国际人权机构中的代表比例。中国代表团在联合国人权理事会上的发言指出，"当今世界，发展中国家人口占80%以上，全球人权事业发展离不开广大发展中国家共同努力。我们应推动提高发展中国家在全球人权治理体系中的代表性和发言权，推动国际人权合作充分尊重并反映发展中国家的意愿"。②

中国的上述主张得到了越来越多国家的赞同。几内亚人权事务专家、地矿部办公厅主任艾哈迈德·塞古·凯塔在第二届"南南人权论坛"上指出："习近平主席在日内瓦万国宫的历史性演讲中提出了'构建人类命运共同体与全球人权治理'的概念。在这次历史性的演讲之后，中国在人权理事会第三十四届会议上得到了140个国家的支持，发表了题为《促进和保护人权，共建人类命运共同体》的联合声明。结果，2017年3月23日，联合国人权理事会第三十四届会议通过了关于该主题的两项决议。因此，这一概念反映了中国领导和塑造全球人权治理的能力日益增强。"③ 他进一步认为，"通过这一概念，中国定义了一种新的人权方法，它超越了传统的人权方法，并首将发展中国家的发展权纳入其中"。④ "构建人类命运共同体的概念超越了西方自由主义狭隘的方法，它寻求全人类福祉。它着重于个人和集体权利，政治、经济、文化、社会和环境权利的统一。它还统一了生存、发展与和平权利。这种方法的关键在于务中之间的协商与对话以达成对人类利益和价值的共识，这与西方统治或强权政治的方法不同。……通过这一概念，中国正在引领全

---

① 国务院新闻办公室：《为人民谋幸福：新中国人权事业发展70年》（白皮书），2019年9月2日，国务院新闻办公室网站，http：//www. scio. gov. cn/zfbps/32832/Document/1665072/1665072. htm。

② 《坚持合作共赢共促人权发展——俞建华大使在人权理事会第37次会议高级别会议一般性辩论中的发言》，2018年3月1日，中华人民共和国常驻联合国日内瓦办事处和瑞士其他国际组织代表团网站，https：//www. fmprc. gov. cn/ce/cegv/chn/hyyfy/t1538414. htm。

③ 〔几内亚〕艾哈迈德·塞古·凯塔：《构建人权命运共同体与全球人权治理》，载国务院新闻办公室、外交部《2019·南南人权论坛论文集》，2019年12月10~11日，第6页。

④ 〔几内亚〕艾哈迈德·塞古·凯塔：《构建人权命运共同体与全球人权治理》，载国务院新闻办公室、外交部《2019·南南人权论坛论文集》，2019年12月10~11日，第8页。

球治理与合作，以促进和保护人权的发展。"① 布隆迪总统府高级顾问兼发言人让·克洛德·恩登扎科·卡雷鲁瓦在第二届"南南人权论坛"上表示，"构建人类命运共同体"带动了人权理论的发展，这一概念扩展了传统的人权观，超越了西方人权自由主义的范式，主张建立一个更为公平合理的国际人权治理体系，开创一种全球人权治理新路径。② 古巴常驻联合国日内瓦代表团参赞利桑德拉·阿斯蒂亚萨兰·阿瑞斯在第二届"南南人权论坛"上高度评价了中国在推动联合国人权机构改革中所做的努力。她表示，"中国是联合国人权理事会的创始成员国之一，对联合国人权事业的发展做出了积极贡献。中国在联合国积极为发展中国家发声，在消除贫困、促进南南合作、协调发展等方面做出显著有效的贡献。当前单边主义抬头，联合国及联合国人权理事会面临诸多挑战。古巴作为联合国人权理事会成员国，与中国密切合作，共同推动世界人权事业的发展"。③ 首届"南南人权论坛"通过的《北京宣言》第2条指出："各国政府和各国人民应本着共商共建共享的原则，同心协力构建人类命运共同体，建设持久和平、普遍安全、共同繁荣、开放包容、清洁美丽的世界，使人类远离恐惧，远离贫困，远离疾病、远离歧视。人类命运共同体汇聚着世界各国人民对和平、发展、繁荣向往的最大公约数。"④

　　"构建人类命运共同体"理念获得了联合国多数国家的赞同。第72届联大一委主席、伊拉克常驻联合国代表阿鲁罗姆表示，"构建人类命运共同体"理念具有前瞻性，是破解全球安全治理困境的有效办法，应该在多边领域加以推广。巴基斯坦常驻联合国代表洛迪表示，在当前安全形势下，国际社会面临的核竞争、恐怖主义、网络犯罪等问题，都不是一个国家或一个

---

① 〔几内亚〕艾哈迈德·塞古·凯塔：《构建人权命运共同体与全球人权治理》，载国务院新闻办公室、外交部《2019·南南人权论坛论文集》，2019年12月10～11日，第9页。

② 马燕燕：《南南合作以发展促人权》，2019年12月12日，中国人权网，http：//www.humanrights.cn/html/2019/1_1212/47033.html。

③ 王聪：《拉美专家学者表示中国为推动国际人权事业发展做出积极贡献》，2019年12月12日，中国人权网，http：//www.humanrights.cn/html/2019/1_1212/47060.html。

④ 《首届"南南人权论坛"〈北京宣言〉》，2017年12月8日，中国人权网，http：//www.humanrights.cn/html/2017/1_1208/33415.html。

国家集团能够解决的，各国只有摒弃丛林法则与零和博弈，追求人类命运共同体，才能实现持久和平与普遍安全。相信巴基斯坦将成为"构建人类命运共同体"理念的直接受益者。①

2017年2月10日，联合国社会发展委员会第55届会议协商一致通过"非洲发展新伙伴关系的社会层面"决议，"构建人类命运共同体"理念被写入这一联合国决议；2017年3月17日，"构建人类命运共同体"写入联合国安理会关于阿富汗问题的第2344号决议；2017年3月23日，这一理念被写入联合国人权理事会关于"经济、社会、文化权利"和"粮食权"的两个决议；2017年11月2日，这一理念被写入第72届联大负责裁军和国际安全事务第一委员会会议通过的"防止外空军备竞赛进一步切实措施"和"不首先在外空放置武器"两份安全决议。② 联合国人权理事会第37届会议第54次会议于2018年3月23日通过的关于"在人权领域促进合作共赢"的第37/23号决议指出，"必须构建相互尊重、公平正义、合作共赢的国际关系，构建人类命运共同体，人人享有人权"；吁请"所有国家坚持多边主义，共同促进人权领域的合作共赢"。③ 2018年6月22日，这一理念再次被写入联合国外空会议成果文件。④

在建立民主和公平的国际秩序方面，联合国也通过了一系列相关决议。2006年至2019年，联合国人权理事会通过了3个关于"促进建立民主和公平的国际秩序"的决议，联合国大会通过了13个关于"促进建立一个民主和公平的国际秩序"的决议，7个关于"促进人权条约机构成员名额的公平地域分配"的决议。第73届联合国大会第55次会议于2018年12月17日通过的关于"促进建立一个民主和公平的国际秩序"决议（第A/RES/73/169号）敦促"各国通过加强国际合作，继续努力推动建立一个民主和公平的国际秩

---

① 马建国：《"构建人类命运共同体"再次写入联合国决议》，《新华每日电讯》2017年11月3日，第8版。新华网：http://www.xinhuanet.com/mrdx/2017-11/03/c_136725856.htm。
② 徐祥丽、李焱：《"构建人类命运共同体"为什么被写入联合国决议?》，2019年10月11日，人民网，http://politics.people.com.cn/n1/2019/1011/c429373-31394646.html。
③ 《人权理事会报告》，联合国大会第73届会议正式记录（A73/53号决议），第83页。
④ 冯雪珺：《命运共同体理念写入联合国外空会议成果文件》，《人民日报》2018年6月23日，多版。

序";重申"唯有通过广泛持久的努力，在我们的共同人性及其广泛多样性基础上打造一个共同未来，才能使全球化具有充分包容性和公平性";"联合国系统工作人员的组成体现公平的区域及性别均衡代表性原则";敦促"国际舞台上的所有行为体建立一个以包容、社会正义、平等和公平、人类尊严、相互谅解、促进和尊重文化多样性以及普遍人权为基础的国际秩序，摒弃一切基于种族主义、种族歧视、仇外心理和相关不容忍行为的排他理论"。①

四　积极参与联合国人权保障工作

随着经济发展和人权状况的日益改善，中国越来越多地用实际行动在国际社会为维护人权承担力所能及的工作。

（一）加入和践行联合国人权公约

中国先后批准或加入了 26 项国际人权文书，其中包括《经济、社会及文化权利国际公约》《消除对妇女一切形式歧视公约》《消除一切形式种族歧视国际公约》等 6 项联合国核心人权条约。②

截至 2019 年 3 月，中国已向各条约机构提交履约报告 27 次，总计 43 期，接受审议 26 次。自 2009 年以来，中国三次接受联合国人权理事会普遍定期审议并顺利通过核可，中国对各国所提建议均给予认真、负责任的反馈。③

自 1994 年至今，中国先后邀请宗教信仰自由特别报告员、任意拘留问题工作组、教育权特别报告员、酷刑问题特别报告员、粮食权特别报告员、

---

① 联合国大会决议：《促进建立一个民主和公平的国际秩序》（第 A/RES/73/169 号）第 3~5 页，2018 年 12 月 17 日通过。联合国网站：https://www.un.org/en/ga/search/view_doc.asp? symbol = A/RES/73/169&Lang = C。

② 国务院新闻办公室：《为人民谋幸福：新中国人权事业发展 70 年》（白皮书），2019 年 9 月 2 日，国务院新闻办公室网站，http://www.scio.gov.cn/zfbps/32832/Document/1665072/1665072.htm。

③ 国务院新闻办公室：《为人民谋幸福：新中国人权事业发展 70 年》（白皮书），2019 年 9 月 2 日，国务院新闻办公室网站，http://www.scio.gov.cn/zfbps/32832/Document/1665072/1665072.htm。

消除对妇女歧视问题工作组、外债对人权影响问题独立专家、极端贫困与人权问题特别报告员 8 个特别机制 10 次访华。①

（二）积极参与联合国人权机构的工作

中国在 1971 年恢复联合国合法席位后，派团参与联合国大会和联合国经社理事会的历届会议，并积极参加有关人权议题的审议。自 1979 年起，中国连续 3 年作为观察员出席联合国人权委员会会议。1981 年，中国在联合国经社理事会组织会议上当选为人权委员会成员国。中国推荐的多名专家担任联合国经社文权利委员会、禁止酷刑委员会、消除种族歧视委员会、消除对妇女歧视委员会、残疾人权利委员会等多个多边人权机构或专门委员会的委员。②

中国参加了《禁止酷刑和其他残忍、不人道或有辱人格的待遇或处罚公约》《儿童权利公约》《残疾人权利公约》《保护所有移徙工人及其家庭成员权利国际公约》，以及《经济、社会及文化权利国际公约》任择议定书等重要人权文件的制定工作组会议。中国作为主要推动者之一，参与了《发展权利宣言》的起草工作。中国是《联合国气候变化框架公约》首批缔约方之一，全程参与并有效推动气候变化多边进程，为推动达成《巴黎协定》做出了积极贡献。③

（三）为维护世界和平发挥建设性作用

中国以实际行动维护世界和平。改革开放以来，中国主动裁减军

---

① 国务院新闻办公室：《为人民谋幸福：新中国人权事业发展 70 年》（白皮书），2019 年 9 月 2 日，国务院新闻办公室网站，http：//www. scio. gov. cn/zfbps/32832/Document/1665072/1665072. htm。

② 国务院新闻办公室：《为人民谋幸福：新中国人权事业发展 70 年》（白皮书），2019 年 9 月 2 日，国务院新闻办公室网站，http：//www. scio. gov. cn/zfbps/32832/Document/1665072/1665072. htm。

③ 国务院新闻办公室：《为人民谋幸福：新中国人权事业发展 70 年》（白皮书），2019 年 9 月 2 日，国务院新闻办公室网站，http：//www. scio. gov. cn/zfbps/32832/Document/1665072/1665072. htm。

队员额 400 余万。中国签署或加入《不扩散核武器条约》等 20 个多边军控、裁军和防扩散条约。2015 年起，中国宣布设立为期 10 年、总额 10 亿美元的中国 – 联合国和平与发展基金，并于 2016 年正式投入运行。中国始终致力于通过谈判、协商方式处理领土问题和海洋划界争端，同 14 个邻国中的 12 个国家彻底解决了陆地边界问题，划定了中越北部湾海上界线，为和平解决国家间历史遗留问题以及国际争端开辟了崭新道路。①

中国坚定支持并积极参与联合国维和行动。1990 年 4 月，中国首次向联合国停战监督组织派遣 5 名军事观察员，这标志着中国开始正式参与联合国维和行动。② 中国已成为联合国第二大维和预算摊款国和经常性预算会费国，是联合国安理会常任理事国第一大出兵国。截至 2018 年 12 月，中国军队已累计参加 24 项联合国维和行动，派出维和军事人员 3.9 万余人次，先后派出维和警察 2700 余人次，13 名中国军人牺牲在维和一线。2015 年 9 月，中国宣布加入新的联合国维和能力待命机制，建设 8000 人规模维和待命部队。③

中国积极参与国际执法安全合作，在联合国、国际刑警组织、上海合作组织等国际和地区组织框架下加强合作，打击一切恐怖主义、分裂主义、极端主义犯罪和毒品犯罪。④ 中国于 2008 年 12 月起派遣海军舰艇编队赴亚丁

---

① 国务院新闻办公室：《新时代的中国与世界》（白皮书），2019 年 9 月 27 日，国务院新闻办公室网站，http：//www. scio. gov. cn/zfbps/32832/Document/1665426/1665426. htm。

② 国务院新闻办公室：《改革开放 40 年中国人权事业的发展进步》（白皮书），2018 年 12 月 12 日，国务院新闻办公室网站，http：//www. scio. gov. cn/zfbps/ndhf/37884/Document/1643 348/1643348. htm。

③ 国务院新闻办公室：《新时代的中国与世界》（白皮书），2019 年 9 月 27 日，国务院新闻办公室网站，http：//www. scio. gov. cn/zfbps/32832/Document/1665426/1665426. htm；国务院新闻办公室：《为人民谋幸福：新中国人权事业发展 70 年》（白皮书），2019 年 9 月 2 日，国务院新闻办公室网站，http：//www. scio. gov. cn/zfbps/32832/Document/1665072. htm。

④ 国务院新闻办公室：《为人民谋幸福：新中国人权事业发展 70 年》（白皮书），2019 年 9 月 2 日，国务院新闻办公室网站，http：//www. scio. gov. cn/zfbps/32832/Document/1665072/ 1665072. htm。

湾、索马里海域实施常态化护航行动。①

中国积极参与重大国际和地区热点问题解决，发挥了建设性作用。在巴勒斯坦问题上多次提出主张和倡议，深度参与伊朗核问题谈判，积极斡旋南苏丹国内和解，努力推动叙利亚问题政治解决，推动阿富汗政府与塔利班开启和谈，推动朝鲜半岛问题政治解决进程。②

（四）参加紧急人道主义救援

中国积极参与联合国机构主导的国际人道主义援助活动，援助规模逐年扩大。

1963 年，中国首次派出援外医疗队，截至 2019 年 8 月，已累计派遣医疗队员 2.6 万人次，诊治患者 2.8 亿人次。中国先后向东南亚国家提供防治禽流感技术援助，就几内亚比绍蝗灾和霍乱、墨西哥甲型 H1N1 流感、非洲埃博拉、黄热病、鼠疫等传染病疫情提供人道主义援助。2014 年 3 月西非多国暴发埃博拉疫情，中国向受灾地区提供四轮援助，总额达 7.5 亿元人民币，派出专家和医护人员累计超过 1000 人次。截至 2017 年，中国先后向亚洲、非洲、拉丁美洲和加勒比地区、欧洲和大洋洲的 72 个国家和地区累计派遣医疗队员 2.5 万人次，诊治患者 2.8 亿人次，挽救了无数生命，赢得了受援国政府和人民的高度评价。③④

1979 年加入联合国儿童基金会、世界粮食计划署，恢复了在联合国难

---

① 国务院新闻办公室：《新时代的中国与世界》（白皮书），2019 年 9 月 27 日，国务院新闻办公室网站，http://www.scio.gov.cn/zfbps/32832/Document/1665426/1665426.htm。

② 国务院新闻办公室：《改革开放 40 年中国人权事业的发展进步》（白皮书），2018 年 12 月 12 日，国务院新闻办公室网站，http://www.scio.gov.cn/zfbps/ndhf/37884/Document/1643348/1643348.htm。

③ 国务院新闻办公室：《改革开放 40 年中国人权事业的发展进步》（白皮书），2018 年 12 月 12 日，国务院新闻办公室网站，http://www.scio.gov.cn/zfbps/ndhf/37884/Document/1643348/1643348.htm。

④ 国务院新闻办公室：《为人民谋幸福：新中国人权事业发展 70 年》（白皮书），2019 年 9 月 2 日，国务院新闻办公室网站，http://www.scio.gov.cn/zfbps/32832/Document/1665072/1665072.htm。

民署执委会的活动，并多次向其捐款捐物。在 2011 年利比亚撤侨行动中，中国协助亚洲、欧洲 12 个国家撤离约 2100 名外国公民。在 2015 年也门撤侨行动中，中国协助亚洲、非洲、欧洲、美洲 15 个国家撤离 279 名外国公民。①

2004 年，中国建立了人道主义紧急救灾援助应急机制，先后向朝鲜、孟加拉国等国提供粮食等人道主义物资援助；向尼泊尔、日本、伊朗、海地、智利、厄瓜多尔、墨西哥地震，马达加斯加、美国卡特里娜、加勒比有关国家飓风，菲律宾超强台风"海燕"，印度洋海啸、印度尼西亚巽他海啸，马来西亚、缅甸、巴基斯坦洪灾，老挝水电站溃坝，智利山火等提供物资、现汇或人员等人道主义援助。②

（五）提供发展援助

20 世纪 50 年代开始资助其他发展中国家学生来华学习，帮助亚洲和非洲国家建设普通和技术院校，60 年代开始向发展中国家派遣援外教师，70 年代至 80 年代以接收留学生的方式专门为受援国培养中高级技术和管理人才。近年来，中国先后设立南南合作援助基金、南南合作与发展学院、金砖国家经济技术合作交流计划等，通过举办培训、外派管理人员和技术专家、提供奖学金等方式，帮助其他发展中国家培养人才。为支持全球妇女事业发展，2015 年，习近平主席在全球妇女峰会上宣布，邀请 3 万名发展中国家妇女来华参加培训，并在当地为发展中国家培训 10 万名女性技术人员。③

中国在减贫、教育、卫生、基础设施、农业生产等领域，积极向亚洲、

---

① 国务院新闻办公室：《为人民谋幸福：新中国人权事业发展 70 年》（白皮书），2019 年 9 月 2 日，国务院新闻办公室网站，http：//www.scio.gov.cn/zfbps/32832/Document/1665072/1665072.htm。

② 国务院新闻办公室：《为人民谋幸福：新中国人权事业发展 70 年》（白皮书），2019 年 9 月 2 日，国务院新闻办公室网站，http：//www.scio.gov.cn/zfbps/32832/Document/1665072/1665072.htm。

③ 国务院新闻办公室：《为人民谋幸福：新中国人权事业发展 70 年》（白皮书），2019 年 9 月 2 日，国务院新闻办公室网站，http：//www.scio.gov.cn/zfbps/32832/Document/1665072/1665072.htm。

非洲等发展中国家援建农业、工业、交通运输、能源电力、信息通信等重大基础设施项目，帮助发展中国家满足基础设施建设需求、破除发展瓶颈，在保障当地民众民生权利实现方面发挥了重要作用。① 1964 年，中国政府宣布以平等互利、不附带条件为核心的对外经济技术援助八项原则，确立了中国开展对外援助的基本方针，在工业、农业、教育、医疗、公共设施等各部门、各领域广泛开展对外援助。中国同多个发展中国家建立了经济技术合作关系，援建了坦赞铁路、毛里塔尼亚友谊港、中非友谊医院、老挝琅勃拉邦医院、斯里兰卡纪念班达拉奈克国际会议大厦、埃及开罗国际会议中心、肯尼亚国际体育中心、坦桑尼亚国家体育场等一批重大基础设施。近年来，中国国家主席习近平等党和国家领导人多次在国际场合宣布系列重大对外援助倡议和举措。中国多次主动免除与中国有外交关系的最不发达国家、重债穷国、内陆发展中国家、小岛屿发展中国家的债务。② 1950 年至 2016 年，中国在自身长期发展水平和人民生活水平不高的情况下，累计对外提供援款4000 多亿元人民币，实施各类援外项目 5000 多个，其中成套项目近 3000个，举办 11000 多期培训班，为发展中国家在华培训各类人员 26 万多名。③

中国开展对外援助 60 多年来，共向 166 个国家和国际组织提供近 4000亿元人民币援助，派遣 60 多万名援助人员，700 多人为他国发展献出了宝贵生命。先后 7 次宣布无条件免除重债穷国和最不发达国家对华到期政府无息贷款债务。中国积极向亚洲、非洲、拉丁美洲和加勒比地区、大洋洲的69 个国家提供医疗援助，先后为 120 多个发展中国家落实联合国千年发展目标提供帮助。积极参与联合国 2030 年可持续发展议程磋商，全面做好国

① 国务院新闻办公室：《改革开放 40 年中国人权事业的发展进步》（白皮书），2018 年 12 月 12 日，国务院新闻办公室网站，http://www.scio.gov.cn/zfbps/ndhf/37884/Document/1643 348/1643348.htm。

② 国务院新闻办公室：《为人民谋幸福：新中国人权事业发展 70 年》（白皮书），2019 年 9 月 2 日，国务院新闻办公室网站，http://www.scio.gov.cn/zfbps/32832/Document/1665072/ 1665072.htm。

③ 国务院新闻办公室：《改革开放 40 年中国人权事业的发展进步》（白皮书），2018 年 12 月 12 日，国务院新闻办公室网站，http://www.scio.gov.cn/zfbps/ndhf/37884/Document/1643 348/1643348.htm。

内落实工作，率先发布落实议程的国别方案和进展报告，在多个领域实现早期收获。在南南合作框架下，为其他发展中国家落实议程提供帮助。中国－联合国和平与发展基金2030年可持续发展议程子基金3年来成功实施27个项目，惠及49个亚非拉国家，为全球落实议程注入强大动力。2015年，中国宣布设立南南合作援助基金，截至2018年，已在亚洲、非洲、美洲等地区30多个国家实施了200余个有关救灾、卫生、妇幼、难民、环保等领域的发展合作项目。①

中国对发展中国家的援助，得到了受援国的广泛赞誉。在联合国人权理事会第40届会议审议中国人权状况的过程中，毛里坦尼亚赞扬中国对发展中国家的支持，并赞赏中国做出的关于尊重和促进人权以及在平等和相互尊重基础上开展国际合作的呼吁。② 联合国人权咨询委员会成员、毛里求斯国家人权委员会主席迪鲁杰拉尔·巴兰拉尔·西图辛格在第二届"南南人权论坛"上接受记者专访时表示，中国为世界人权事业的发展做出了巨大贡献，为发展中国家提供了有益的援助。中国在发展中国家援建医院、开展农业技术推广，帮助包括非洲在内的发展中国家改善人权状况，这些都有助于发展中国家在未来实现和中国一样的长足发展。③ 加蓬民主党全国委员会委员、司法部人权总司研究员格尔曼·姆贝加·埃邦在第二届"南南人权论坛"上指出："中国长久以来一直向加蓬政府表达希望创造一条发展道路的愿望，让加蓬人民能够在医疗、教育和粮食供应方面自给自足。此举说明中国有意通过经济、社会和文化等手段为人权做出贡献。"④ 他用大量事实来证明他的观点：中国在弗朗西维尔市和利伯维尔援建了两所大型医院；2017

---

① 国务院新闻办公室：《新时代的中国与世界》（白皮书），2019年9月27日，国务院新闻办公室网站，http://www.scio.gov.cn/zfbps/32832/Document/1665426/1665426.htm。

② Human Rights Council, Report of the Human Rights Council on Its Fortieth Session（A/HRC/40/2），3 June 2019, p. 126.

③ 吴辛欣、李橙：《联合国人权咨询委员会成员表示中国对世界人权事业做出积极贡献》，2019年12月13日，中国人权网，http://www.humanrights.cn/html/2019/1_1213/47083.html。

④ 〔加蓬〕格尔曼·姆贝加·埃邦：《新中国对世界人权事业的贡献》，载国务院新闻办公室、外交部《2019·南南人权论坛论文集》，2019年12月10~11日，第90页。

年9月，配备了优质技术平台和有资质医务人员的中国和平号方舟来到奥文多港口，让利伯维尔、奥文多和阿坎达社区的全体居民享受了为期一个月的免费医疗服务；中国在加蓬建立了两个稻米生产和渔业生产的公司，并在农业和粮食安全方面向加蓬政府提供了多方面的支持；中国公司在木材、渔业、购物中心等行业招募了大量的加蓬青年。加蓬人民对中国的这一系列促进人权的措施表示诚挚的感谢。①

（六）"一带一路"倡议提升共建国家发展能力

为了给各国人民实现发展权创造更好条件，中国提出"一带一路"倡议。为实现这一倡议，中国采取了一系列实际行动，包括发起成立亚洲基础设施投资银行和新开发银行，设立丝路基金和南南合作援助基金，设立中国国际发展知识中心，设立南南合作与发展学院，支持和帮助受援国增强自主发展能力、减少贫困、改善民生、保护环境。中国在吉布提、斯里兰卡科伦坡、马来西亚关丹的港口、产业、城市融合发展模式得到沿线国家的积极认同。稳步加大对外援助培训力度，通过举办培训班、派出管理人员和技术专家、派出青年志愿者、提供奖学金名额等方式，为发展中国家举办各类政府官员研修、学历学位教育、实用技术培训以及其他人员交流项目，及时分享发展经验和实用技术。②

"一带一路"倡议提出以来，得到160多个国家（地区）和国际组织积极响应，截至2019年8月底，中国政府已与136个国家和30个国际组织签署195份"一带一路"合作文件。中老铁路、中泰铁路、匈塞铁路、雅万高铁等重点区际、洲际铁路网络建设取得重大进展。截至2019年6月，中欧班列累计开行16760列，到达境外16个国家53个城市，运送

---

① 〔加蓬〕格尔曼·姆贝加·埃邦：《新中国对世界人权事业的贡献》，载国务院新闻办公室、外交部《2019·南南人权论坛论文集》，2019年12月10~11日，第90~91页。
② 国务院新闻办公室：《改革开放40年中国人权事业的发展进步》（白皮书），2018年12月12日，国务院新闻办公室网站，http://www.scio.gov.cn/zfbps/ndhf/37884/Document/1643348/1643348.htm。

货物143.8万标箱。2017年首届"一带一路"国际合作高峰论坛以来，中国与"一带一路"参与国签署了100多项海关检验检疫合作文件，建立了40多个海关检验检疫合作机制。2013年至2018年，中国与共建"一带一路"国家货物贸易进出口总额近6.5万亿美元。截至2018年底，中国企业对共建"一带一路"国家直接投资超过900亿美元，对外承包工程完成营业额超过4000亿美元。① 2019年1月至10月，中国企业在共建"一带一路"的61个国家新签对外承包工程项目合同5494份，新签合同额1121.7亿美元，占同期中国对外承包工程新签合同额的63.5%，同比增长38.6%。②

2013年至2017年，在共建"一带一路"国家建设的经贸合作区，带动东道国就业超过20万人。"中非十大合作计划"相关项目实施后，将帮助非洲新增约3万公里的公路里程、超过900万吨/日的清洁用水处理能力，为非洲国家创造近90万个就业岗位。其中，蒙内铁路自2017年开通后，拉动肯尼亚国内生产总值增长1.5%至2%。③ 据世界银行研究报告，"一带一路"倡议将使相关国家760万人摆脱极端贫困、3200万摆脱中度贫困，将使参与国贸易增长2.8%至9.7%、全球贸易增长1.7%至6.2%、全球收入增加0.7%至2.9%。④

"一带一路"倡议和相关的合作项目受到各参与国的欢迎。赞比亚穆隆古希大学社会科学系主任迈克尔·恩琼加·穆里基塔在第二届"南南人权论坛"上指出："'一带一路'愿景将为非洲数百万年轻人创造就业机会，他们目前面临着失业和边缘化的非人道生活。非洲的失业抹杀了发展权，因

---

① 国务院新闻办公室：《新时代的中国与世界》（白皮书），2019年9月27日，国务院新闻办公室网站，http://www.scio.gov.cn/zfbps/32832/Document/1665426/1665426.htm。
② 曹典、马卓言：《"2019·南南人权论坛"凝聚发展中国家人权共识》，2019年12月12日，中国人权网，http://www.humanrights.cn/html/2019/1_1212/47026.html。
③ 国务院新闻办公室：《改革开放40年中国人权事业的发展进步》（白皮书），2018年12月12日，国务院新闻办公室网站，http://www.scio.gov.cn/zfbps/ndhf/37884/Document/1643348/1643348.htm。
④ 世界银行：《"一带一路"经济学：交通走廊发展机遇与风险》（Belt and Road Economics: Opportunities and Risks of Transport Corridors），2019年6月。

为缺乏就业会严重限制获得这项权利的机会，这会对人的尊严和平等产生有害的后果。传统的经济全球化模式往往会使发展中国家的绝大多数人边缘化和贫困化，因为经济全球化的利益和优势被西方发达国家经济精英所垄断。中国提倡的'一带一路'概念为西方在全球发展方面的叙述提供了另一种视角。"① 乌兹别克斯坦国家人权中心副主任米尔扎提罗·提拉巴耶夫在第二届"南南人权论坛"上表示，作为丝路古国，乌兹别克斯坦正积极参与共建"一带一路"。"在政治、经济、文化等领域加强互联互通，密切合作，有助于提高'一带一路'沿线发展中国家人民的生活水平，为实现他们的各项人权带来新的重大机遇。"② 吉布提国家人权委员会总报告人穆罕默德·法拉合·凯尔东在第二届"南南人权论坛"上表示，"一带一路"为吉布提带来了基建升级，使吉布提深度参与了亚非国家经济的合作发展，"中国的'一带一路'倡议是非常尊重人权发展的，我们深感受惠于此"。③

---

① 〔赞比亚〕迈克尔·恩琼加·穆里基塔：《发展以：建立"一带一路"倡议和〈2063 年议程〉之间的协同效应》，载国务院新闻办公室、外交部《2019·南南人权论坛论文集》，2019年12月10~11日，第75~76页。

② 王慧：《凝聚共识，推动人权事业健康发展——记"2019·南南人权论坛"》，2019年12月12日，中国人权网，http：//www.humanrights.cn/html/2019/1_1212/47028.html。

③ 曹典、马卓言：《"2019·南南人权论坛"凝聚发展中国家人权共识》，2019年12月12日，中国人权网，http：//www.humanrights.cn/html/2019/1_1212/47026.html。

专题报告

Thematic Reports

· （一）生存权和发展权 ·

B.2
2019年的脱贫攻坚

李云龙*

摘　要：　2019年脱贫攻坚的重点是解决深度贫困和"两不愁三保障"问题，使农村贫困人口不愁吃、不愁穿，义务教育、基本医疗、住房安全有保障。在党中央正确领导下，在各地干部群众努力下，全国范围内的"两不愁三保障"问题基本解决，深度贫困地区脱贫攻坚取得决定性进展。不过，最终解决绝对贫困问题，仍然需要做出很大努力。

关键词：　脱贫攻坚　深度贫困　"两不愁三保障"　扶贫

---

* 李云龙，中共中央党校（国家行政学院）教授，博士生导师，主要研究方向为人权和国际关系。

脱贫攻坚旨在最终解决农村贫困人口的绝对贫困问题，是一项史无前例的超级人权保障工程。2019年的脱贫攻坚聚焦深度贫困，重点解决"两不愁三保障"问题，取得扎实进展，为2020年全面脱贫奠定了坚实基础。

一 打赢脱贫攻坚的收官之战

2015年脱贫攻坚战全面打响以来，中共中央、国务院相继发布《关于打赢脱贫攻坚战的决定》和《关于打赢脱贫攻坚战三年行动的指导意见》，国务院印发《"十三五"脱贫攻坚规划》，中央各部门制定了完整的脱贫攻坚配套政策体系和保障措施，地方各级党委政府也都制定了本地区脱贫攻坚实施方案。脱贫攻坚已经拥有完备的政策工具和保障手段，剩下的就是具体实施问题了。在脱贫攻坚取得决定性进展、绝大部分建档立卡贫困人口摆脱贫困的情况下，如何为这项世纪工程画上圆满句号，成为摆在全党和全国人民面前的新课题。

2019年4月15日，习近平总书记在解决"两不愁三保障"突出问题座谈会上的讲话中指出，到2020年稳定实现农村贫困人口不愁吃、不愁穿，义务教育、基本医疗、住房安全有保障，是贫困人口脱贫的基本要求和核心指标。目前"两不愁"问题基本解决，贫困群众普遍不愁吃、不愁穿；"三保障"问题在大部分地区得到较好解决，但还存在不少薄弱环节。打赢脱贫攻坚战，实现2020年全面脱贫目标，要着力解决"两不愁三保障"突出问题。在义务教育保障方面，要解决义务教育阶段孩子辍学、乡镇寄宿制学校建设薄弱和部分留守儿童上学困难问题。在基本医疗保障方面，要解决贫困县乡村医疗设施薄弱，有的贫困村没有卫生室或者没有合格村医，一些贫困人口没有参加基本医疗保险，一些贫困人口常见病、慢性病得不到及时治疗问题。在住房安全保障方面，要解决4类重点对象大约160万户（其中建档立卡贫困户约80万户）的危房改造的问题。在饮水安全方面，要最后解决大约104万贫困人口的饮水安全问题，巩固提升全国农村6000万人饮水安全。① 习近平总书记的讲话廓清了扶贫工作中的种种迷思，指明了打赢脱贫攻坚收官之战的正确方向。

根据习近平讲话精神，2019 年 6 月 23 日，国务院扶贫开发领导小组印发《关于解决"两不愁三保障"突出问题的指导意见》，要求中央和国家机关有关部门要聚焦"两不愁三保障"突出问题，优先安排项目、优先保障资金、优先落实措施；要坚持吃穿不愁和义务教育、基本医疗及住房安全有保障的扶贫标准，既不拔高，也不降低。各部门要优先安排资金项目支持地方解决"两不愁三保障"突出问题，贫困县要将资金向符合条件的"两不愁三保障"项目倾斜。② 国务院扶贫开发领导小组确定，2019 年脱贫攻坚要进一步聚焦深度贫困地区，努力解决"两不愁三保障"突出问题，基本完成"十三五"易地扶贫搬迁规划建设任务，确保再减少 1000 万左右农村贫困人口，实现 300 个左右贫困县摘帽。③

为推动"两不愁三保障"问题的最后解决，国务院办公厅印发《关于深入开展消费扶贫助力打赢脱贫攻坚战的指导意见》，要求动员社会各界扩大对贫困地区产品和服务的消费，拓宽贫困地区农产品的流通和销售渠道，提升贫困地区农产品的供给水平和质量，促进贫困地区乡村旅游提质升级，帮助贫困人口增收脱贫。④ 财政部和国务院扶贫办等部门印发《政府采购贫困地区农副产品实施方案》，制定"国家级贫困县重点扶贫产品供应商推荐名录"和"国家级贫困县重点扶贫产品供应商建议名录"，加强贫困地区农副产品货源组织，搭建贫困地区农副产品销售平台，组织引导预算单位购买贫困地区农副产品。2019 年东西部扶贫协作和定点扶贫方式中帮助销售贫

---

① 《习近平：在解决"两不愁三保障"突出问题座谈会上的讲话》，2019 年 8 月 15 日，新华网，http：//www.xinhuanet.com/2019 – 08/15/c_ 1124879967.htm。
② 《关于解决"两不愁三保障"突出问题的指导意见》，2019 年 6 月 30 日，国务院扶贫办网站，http：//www.cpad.gov.cn/art/2019/6/30/art_ 50_ 99421.html。
③ 《胡春华在全国扶贫开发工作会议上强调 凝心聚力坚决打赢脱贫攻坚战》，2018 年 12 月 29 日，国务院扶贫办网站，http：//www.cpad.gov.cn/art/2018/12/29/art_ 624_ 92581.html。
④ 《国务院办公厅关于深入开展消费扶贫助力打赢脱贫攻坚战的指导意见》，2019 年 1 月 15 日，国务院扶贫办网站，http：//www.cpad.gov.cn/art/2019/1/15/art_ 1461_ 93105.html。

困地区农特产品 483 亿元，其中中央单位帮助定点扶贫县销售农特产品 154 亿元。① 帮扶单位主动购买贫困地区农特产品，有效实现了贫困地区农民增收，有助于形成稳定脱贫的长效机制。

二 重点解决"两不愁三保障"问题

根据中央打赢脱贫攻坚战的总体部署，2019 年是脱贫攻坚的关键之年，要为 2020 年全面脱贫打下良好基础。为此，中央财政继续加大对脱贫攻坚的投入。2019 年中央财政补助地方专项扶贫资金 1260.95 亿元，比上年同口径增加 200 亿元，增长 18.85%，连续 4 年保持每年 200 亿元增量，地方各级财政也切实加大了扶贫投入力度。② 中央财政继续加大对贫困地区的一般性转移支付力度，引导有助于脱贫的农业、教育、医疗、交通、生态等转移支付向贫困地区、贫困人口倾斜。2016 年以来，财政部会同国务院扶贫办等部门持续推进贫困县涉农资金整合工作，3 年整合各类涉农资金超过 9000 亿元。2016～2019 年，中央财政下达医疗救助补助资金 889.96 亿元，支持各地资助困难群众参加基本医疗保险、对困难群众难以负担的基本医疗自付费用给予补助。③ 2019 年 11 月，财政部提前下达 2020 年中央财政专项扶贫资金预算 1136 亿元，重点支持"三区三州"等深度贫困地区，专门安排"三区三州"资金 144 亿元。④ 2019 年，财政部等印发《财政部门财政扶贫资金违规管理责任追究办法》《脱贫攻坚农村危房改造绩效评价与激励实施办法》，制定易地扶贫及扶贫捐赠方面的税收优惠政策，助力脱贫攻坚。在中央财政等各部门和各地区的共同努力

---

① 《政府采购贫困地区农副产品实施方案》，2019 年 8 月 5 日，财政部网站，http://www. mof. gov. cn/mofhome/guokusi/zhengfuxinxi/guizhangzhidu/201908/t20190819_ 3367318. html。

② 《2019 年中央财政补助地方专项扶贫资金 1260.95 亿元已全部下达》，2019 年 5 月 17 日，新华网，http://www. xinhuanet. com/politics/2019－05/17/c_ 1124509841. htm。

③ 《中央财政全力保障扶贫资金投入》，《经济日报》2019 年 7 月 18 日。

④ 《财政部提前下达专项扶贫资金 1136 亿元 助力脱贫攻坚决战》，2019 年 11 月 19 日，财政部网站，http://www. mof. gov. cn/zhuantihuigu/fpzjzczl/gzdt2/201912/t20191220_ 3447205. htm。

下，"两不愁三保障"问题绝大部分得到解决。据统计，2019年，全国共排查出未解决"两不愁三保障"问题的贫困人口520多万人，目前已解决500万人。①

义务教育保障全面实现。2019年，教育部全面实施《深度贫困地区教育脱贫攻坚实施方案（2018～2020年）》，印发《关于打赢脱贫攻坚战进一步做好农村义务教育有关工作的通知》《关于解决建档立卡贫困家庭适龄子女义务教育有保障突出问题的工作方案》《关于进一步规范义务教育阶段家庭经济困难学生生活补助工作的通知》等文件，确保贫困家庭义务教育阶段儿童和少年不失学辍学，让他们有学上、上得起学。教育部实施了义务教育控辍保学专项行动，建立和完善了以学生为中心的精准帮扶政策。在确定资助对象时，向深度贫困地区和建档立卡等重点人群倾斜，准确摸清家庭经济困难学生人数，确保应助尽助。对于贫困地区来说，控制辍学现象发生是保障义务教育的关键。教育部确定374个控辍保学重点监测县，按照一县一案的原则制定控辍保学工作方案。教育部门打通学籍系统与公安部人口信息库、扶贫办建档立卡贫困人口库之间的联系，建立起统一的控辍保学工作台账，并实行动态更新、销号管理。截至11月20日，全国832个国家级贫困县义务教育阶段辍学学生人数由29万人减少到2.3万人，建档立卡家庭贫困学生人数已由15万人减少至0.6万人。②

基本医疗保障实现贫困人口全覆盖。2019年，医疗保障和卫生部门全面实施《医疗保障扶贫三年行动实施方案（2018～2020年）》，发布《关于坚决完成医疗保障脱贫攻坚硬任务的指导意见》，要求将贫困人口全部纳入基本医疗保险、大病保险和医疗救助等范围，常见病、慢性病在县乡村三级医疗机构及时诊治，患大病重病后基本生活有保障。在大病保险保障水平普遍提高的基础上，继续执行贫困人口起付线降低50%、支付比例提高5个百分点的政策，并取消建档立卡贫困人口封顶线。医疗救助资金继续向深度

---

① 《脱贫攻坚战取得关键进展》，《经济日报》2019年12月30日。
② 焦以璇：《教育脱贫的最后冲刺》，《中国教育报》2019年12月27日。

贫困地区倾斜。① 为提高医疗可及性，国家卫生健康委等 6 部门于 2019 年 7 月发布《解决贫困人口基本医疗有保障突出问题工作方案》，要求加强县乡村医疗卫生机构建设，配备合格医务人员，消除乡村两级机构人员的"空白点"，做到贫困人口看病有保障。每个贫困县建好 1 所县级公立医院，每个乡镇建成 1 所政府办卫生院，每个行政村建成 1 个卫生室，配备合格医务人员。② 卫生部门组织 1007 家三级医院对贫困地区 1172 家县级医院进行对口帮扶，建立远程医疗网络，832 个贫困县均实现每县有 1 家公立医院的目标，99% 以上的乡镇和行政村有卫生院和卫生室，贫困人口县域内就诊率达 90% 以上。全国累计向贫困地区乡、村支援医务人员 9 万人以上，98% 的乡镇达到至少有 1 名全科医生或执业（助理）医师的标准，98.2% 的行政村实现至少有 1 名合格村医的目标，农村贫困人口的常见病、慢性病基本可以就近获得及时诊治。2016 年至 2019 年，中央财政提供医疗救助补助资金 889.96 亿元，补助困难群众参加基本医疗保险和支付自付部分的费用等。2019 年，城乡居民医保补助标准提高到每人每年 520 元，中央财政通过转移支付提供城乡居民医保补助资金 3337.22 亿元。③ 对贫困人口实行大病集中救治、慢病签约服务管理和重病兜底保障的办法，分类救治。大病专项救治病种增加到 25 种，得到分类救治服务的贫困患者已达 1500 多万。城乡居民基本医保等基本医疗保障制度覆盖全体农村贫困人口，农村贫困人口医疗费负担明显减轻。④ 2019 年上半年，全国贫困患者医疗费用个人自付比例平均为 10% 左右。贫困地区儿童营养改善项目惠及 580 多万儿童。670 万因病

---

① 《国家医疗保障局、财政部、国家卫生健康委、国务院扶贫办关于坚决完成医疗保障脱贫攻坚硬任务的指导意见》，2019 年 10 月 17 日，国家医疗保障局网站，http：//www. nhsa. gov. cn/art/2019/10/17/art_ 37_ 1860. html。

② 《关于印发解决贫困人口基本医疗有保障突出问题工作方案的通知》，2019 年 7 月 18 日，国家卫健委网站，http：//www. nhc. gov. cn/caiwusi/s7812c/201907/7b099bcdfd354942821baab1e6539292. shtml。

③ 《中央财政全力保障扶贫资金投入》，《经济日报》2019 年 7 月 18 日。

④ 《聚焦基本医疗 打赢健康扶贫攻坚战——健康扶贫论坛在京举办》，2019 年 10 月 14 日，腾讯网，https：//new. qq. com/omn/HLH20191/HLH2019101400832400. html。

致贫和因病返贫的贫困户实现脱贫。[1]

贫困人口住房保障扎实推进。2019年，住房和城乡建设部门认真实施《农村危房改造脱贫攻坚三年行动方案》，确保2020年前完成现有200万建档立卡贫困户的危房改造任务，基本解决贫困户住房不安全问题。2019年8月，住房和城乡建设部、财政部、国务院扶贫办印发《关于决战决胜脱贫攻坚　进一步做好农村危房改造工作的通知》，要求以建档立卡贫困户为中心，推进贫困残疾人家庭等4类重点对象的危房改造。全国现有4类重点对象危房存量135.2万户，其中建档立卡贫困户64.3万户。[2] 截至2019年11月底，135.2万户危房已开工97.9%。[3] 这些危房已全部纳入2019年中央农村危房改造任务和补助资金范围，在2019年底前全部开工，并将在2020年6月底前全部竣工。中央财政单列"三区三州"等深度贫困地区的农村危房改造补助资金，增加对4类重点对象危房户的补助，在全国户均补助1.4万元的基础上增加2000元。[4]

贫困人口农村饮水安全问题加快解决。2019年初，水利部印发《2019年水利扶贫工作要点的通知》，要求加快推进农村饮水安全巩固提升工作，年内基本解决建档立卡贫困人口的饮水安全问题。[5] 此后不久，水利部召开"全国水利扶贫暨深度贫困地区农村饮水安全脱贫攻坚推进会"，要求将贫困人口饮水安全问题作为水利扶贫头号工程，用超常规举措解决深度贫困地

---

① 《国家卫生健康委介绍〈解决贫困人口基本医疗有保障突出问题工作方案〉等有关情况》，2019年7月9日，中国政府网，http://www.gov.cn/xinwen/2019-07/09/content_5407681.htm。

② 《住房和城乡建设部　财政部　国务院扶贫办关于决战决胜脱贫攻坚　进一步做好农村危房改造工作的通知》，2019年8月5日，住房和城乡建设部网站，http://www.mohurd.gov.cn/wjfb/201908/t20190805_241339.html。

③ 《住房和城乡建设部：确保脱贫攻坚需改造的135.2万户危房2020年全部竣工》，2019年12月23日，新华网，http://www.xinhuanet.com/2019-12/23/c_1125378269.htm。

④ 《住房和城乡建设部　财政部　国务院扶贫办关于决战决胜脱贫攻坚　进一步做好农村危房改造工作的通知》，2019年8月5日，住房和城乡建设部网站，http://www.mohurd.gov.cn/wjfb/201908/t20190805_241339.html。

⑤ 《水利部发文要求各地全面建立农村饮水安全管理责任体系》，2019年1月8日，中国政府网，http://www.gov.cn/xinwen/2019-01/08/content_5355735.htm。

区的农村饮水安全问题，精准掌握有饮水安全问题的贫困人口数量，优先安排资金，确保深度贫困地区解决农村饮水安全问题的资金足额到位。[①] 2019年1月，水利部印发《关于建立农村饮水安全管理责任体系的通知》，要求2019年6月底前全面落实农村饮水安全管理地方人民政府的主体责任、水行政主管部门等的行业监管责任、供水单位的运行管理责任，2019年12月底前健全完善县级农村饮水工程运行管理机构、运行管理办法和运行管理经费，确保农村饮水安全管理、农村饮水工程运行管理责任落实到位。[②] 截至11月底，"三个责任"已全部建立，"三项制度"落实比例分别为95%、89%、90%。截至7月底，水利部及各相关省、市、县农村饮水举报监督电话已经全面设立，并在当地媒体上进行公布，发挥群众监督举报作用，及时发现问题，及时解决问题。[③]

2018年底，全国存在饮水安全问题的贫困人口还有104.3万人。为了彻底解决这些人的饮水安全问题，2019年初，水利部编制了加快解决农村饮水安全问题的工作方案，建立到县到村到户的电子工作台账，实行动态管理，督促各地解决一处销号一处，同时协调有关部委下达农村饮水安全巩固提升工程剩余全部中央补助资金76.7亿元，确保2020年6月底前全部解决贫困人口饮水安全问题。水利部确定，2019年底前解决80万以上贫困人口饮水安全问题，2020年全面解决。[④] 到2019年5月底，共有28.3万贫困人口饮水安全问题得到解决，1300多万农村人口供水保障水平得到提升。[⑤]

2019年各省区市解决脱贫突出问题的情况可参见表1。

[①] 《水利部召开全国水利扶贫暨深度贫困地区农村饮水安全脱贫攻坚推进会》，2019年3月28日，水利部网站，http://nssd.mwr.gov.cn/xyyw/201903/t20190329_1112337.html。

[②] 《水利部发文要求各地全面建立农村饮水安全管理责任体系》，2019年1月8日，中国政府网，http://www.gov.cn/xinwen/2019-01/08/content_5355735.htm。

[③] 《水利部建立农村饮水安全管理责任体系》，《中国水利报》2019年12月19日。

[④] 《水利部：确保明年全部解决贫困人口饮水安全问题》，2019年5月17日，新京报网，http://www.bjnews.com.cn/feature/2019/05/17/580246.html。

[⑤] 《国新办举行巩固提高农村饮水安全保障水平吹风会》，2019年6月27日，国务院新闻办公室网站，http://www.scio.gov.cn/32344/32345/39620/40837/tw40839/Document/1658113/1658113.htm?flag=1。

表1　2019年各省区市解决脱贫突出问题情况

省区市	义务教育	医疗	住房安全	安全饮水	易地扶贫搬迁
陕西	健全从幼儿园到大学精准资助体系。2016～2018年，资助贫困家庭学生523.2万人次	建立健全贫困人口基本医疗保险、大病保险和医疗救助的保障体系	4类重点对象危房改造8400户，146.7万建档立卡贫困户住房安全开展"回头看"	2016年以来，解决198.9万贫困人口饮水困难问题，全省农村饮水安全问题基本解决	"十三五"期间，搬迁27.3万户、92.42万人，目前安置房已基本竣工，实际入住率91.91%
青海	学生资助政策重点保障建档立卡贫困学生，不让一个学生因家庭经济困难而失学	新（改）建村卫生室700所，大病救治率、重病兜底率、慢病签约率达98%以上	完成"十三五"规划的20万户农牧民危旧房改造任务	巩固提升80.4万人、2.1万建档立卡贫困人口的饮水安全水平，绝对贫困人口饮水安全"清零"	完成"十三五"规划的5.2万户、20万人易地扶贫搬迁任务
宁夏	排查辍学学生1738名，其中建档立卡贫困学生484名，已全部劝返复学	建档立卡贫困患者7.3万人，已救治或签约服务7万人，救治比例98%，住院医疗费个人平均自付比例8.28%	全区共摸排C、D级危房3.76万户，已全部清零，其中建档立卡贫困户13525户	摸排解决农村饮水安全问题31596户，其中建档立卡贫困户5451户。贫困地区农村自来水普及率达到95%	全面完成易地扶贫搬迁任务，安置移民8万多人
甘肃	逐户控辍、因材施教，义务教育巩固率已达96%	落实乡村医疗机构一体化管理，补齐合格村医缺口。实现"一站式"结算	全省计划实施的2.65万户"四类重点对象"农村危房改造已竣工2.39万户	全省790处农村集中供水工程已全部开工	"十三五"建档立卡贫困人口安置住房全部竣工，实际搬迁入住49.9万人
新疆	小学净入学率99.9%，初中净入学率99.3%，实现学生资助应助尽助	南疆四地州162.75万深度贫困人口获补充医疗保险；实现各类医保"一站式"一单结算	最后9355户住危房的贫困户住进新居，全自治区结束贫困人口住危房历史	解决34.62万贫困人口饮水安全问题，完成年度目标任务132%。解决3.16万人饮水型氟超标问题	全面完成"十三五"易地扶贫搬迁任务，40146户、16.94万人喜迁新居

续表

省区市	义务教育	医疗	住房安全	安全饮水	易地扶贫搬迁
西藏	落实教育"三包"政策。1542 名贫困家庭辍学学生全部劝返	建档立卡贫困人口医保全覆盖，医疗费用报销比例达到 95%	解决 1256 户建档立卡贫困户的住房安全问题	解决 32333 建档立卡贫困人口的饮水安全问题	建设 975 个易地扶贫安置区(点)，涉及搬迁人口 26.6 万人
河北	义务教育保障问题全部解决	基本医疗保障问题全部解决	21335 户 4 类重点对象危房改造全部竣工	34359 人存在饮水安全问题，已全部解决	"十三五"规划的 30.2 万人全部完成搬迁安置
山西	10 个深度贫困县应劝返 529 人全部复学，98 个项目县"全面改薄"基本完成	1035 所村卫生室达标，149 个村配齐合格村医。贫困人口住院 52.9 万人次，综合报销比例近 90%	6.9 万户农村危房改造竣工，实现全省农村危房改造"静态清零"	建设工程 4604 处，解决 21.9 万人饮水安全问题，其中建档立卡贫困户 4.4 万人	全省 3350 个深度贫困自然村已完成搬迁 3344 个，占比 99.8%
内蒙古	完成 1793 所学校达标建设，实时监控贫困家庭儿童辍学失学情况	贫困患者救治比例和 25 种大病患者救治率均达到 99.9%；完成 752 所卫生室和 176 个卫生院达标建设工作	排查发现需要危房改造的贫困户 8073 户 17056 人，已全部完成改造	共排查出饮水安全未达标贫困人口 2.1 万户 46817 人，现已全部解决	"十三五"全区规划搬迁贫困人口 12.49 万人、5.3 万套安置住房的建设任务全部完成，全部搬迁到位
云南	8000 余名因贫辍学学生被劝返	实现贫困人口基本医疗保险、大病保险、医疗救助全覆盖	全年实施农村危房改造 130 万户，基本做到"危房不住人，住人无危房"	巩固提升 270.6 万贫困人口的饮水安全保障水平	纳入国家规划的 65 万建档立卡贫困人口全部入住新居
贵州	率先实施教育精准扶贫学生资助政策，累计资助农村建档立卡贫困学生 169.35 万人次	建档立卡贫困人口看病就医补偿受益共计 1602.5 万人次，补偿资金共计 62.44 亿元	基本完成农村危房改造，330 万人实现安居	2018 年以来，投资 23.87 亿元，建成 3351 处饮水安全工程，解决了 280 多万农村人口饮水安全问题	全面完成 188 万人的搬迁工作

续表

省区市	义务教育	医疗	住房安全	安全饮水	易地扶贫搬迁
广西	137个新建学校项目开工121个，下达义务教育阶段生活费补助专项资金16.97亿元	开工建设一大批县、乡、村三级医疗卫生机构，解决434个村医服务空白村问题	确定5.7万户危房改造对象，目前开工5.59万户，竣工4.58万户	建成饮水安全工程3582个，受益人口157.69万人，同步解决最后2.78万贫困人口的饮水安全问题	搬迁安置住房建设完成，实际入住70.74万人，实际入住率99.62%
重庆	加大困难资助，义务教育巩固率保持在95%左右，因病、因残等辍学失学的924人已全部接受义务教育	贫困户基本医保、大病保险和医疗救助全覆盖；未参加基本医疗保险的586人已全部参保	补助改造3.93万户农村危房，补助整治改造5.28万户农村旧房，其中住房不安全的3076户已完成改造	"十三五"以来投入37.4亿元实施农村饮水巩固提升工程，农村集中供水率达到87%，自来水普及率达到80%	"十三五"以来共投入140亿元，完成25.2万贫困人口易地扶贫搬迁
湖南	3年来，累计劝返复学1.4万人左右，九年义务教育巩固率连续多年稳定在98%以上	建档立卡贫困患者173.14万人，分类救治172.94万人，救治率99.88%	57701户农村4类重点对象C、D级存量危房已全部开工，竣工率达96.53%	全年新增农村通自来水人口121.41万人，全省农村安全饮水问题已基本"清零"	"十三五"期间，搬迁贫困群众69.4万人，已基本完成搬迁入住，脱贫率达90%以上
湖北	落实6.05亿元资金，资助57.7万名学生，全省最后1529名建档立卡贫困家庭失学辍学子女，已全部被劝返课堂	贫困人口全部纳入基本医疗保险等制度保障范围，每村基本配备一所卫生室和合格村医、基本药物	74815户4类重点对象农村危房改造任务全面完成	规划内242.3万建档立卡贫困人口饮水不安全问题全部解决并销号	31.83万户88.23万人的易地扶贫搬迁建设任务全面完成
江西	实施一生一策"劝学""送教"等控辍保学工作，资助贫困学生37.86万人、5.65亿元	建档立卡贫困患者住院实际报销比例为91%，县域内定点医疗机构实现"先诊疗、后付费"和一站式结算	组织摸排16372户建档立卡贫困户存量危房改造任务并全部开工，已完工11953户	逐村逐户开展建档立卡贫困人口饮水安全状况摸排，全省贫困人口饮水安全问题已全部解决	完成"十三五"易地扶贫搬迁规划任务，搬迁入住13.4万人

续表

省区市	义务教育	医疗	住房安全	安全饮水	易地扶贫搬迁
安徽	全面保障贫困人口义务教育，资助贫困家庭学生120.67万人次	贫困群众看病难问题得到有效解决，619.63万人次享受"351""180"政策	完成贫困户危房改造3.06万户、完成率144%	饮水安全突出问题全面解决	易地扶贫搬迁涉及贫困人口2000人
辽宁	家庭经济困难学生资助全覆盖	大病集中救治4.25万人、慢病签约健康管理14.02万人、重病兜底保障1.86万人，建立贫困人口医疗补充保险	全面排查并确定1.63万户建档立卡贫困户危房改造任务，已全部完成	解决1.2万建档立卡贫困人口和62个贫困村的饮水安全问题	完成"十三五"易地扶贫搬迁任务
河南	资助贫困家庭学生195.42万人次，贫困家庭义务教育阶段实现"零辍学"	贫困人口全部参保，县域内就诊率达97%、农村贫困人口25种大病救治率达100%	危房改造清零	全面解决贫困人口的饮水安全问题。666.3万建档立卡贫困人口饮水安全全部达标	"十三五"时期规划搬迁的26.03万贫困人口全部实际搬迁入住

资料来源：根据各省区市扶贫工作报告和有关报道整理。

三　深度贫困地区脱贫攻坚取得重大进展

近年来，中国政府把深度贫困地区问题作为脱贫攻坚的重点。中共中央、国务院《关于打赢脱贫攻坚战三年行动的指导意见》明确要求集中力量支持深度贫困地区脱贫攻坚，改善深度贫困地区发展条件，解决深度贫困地区群众特殊困难，加大深度贫困地区政策倾斜力度，中央和各级地方的扶贫资金、转移支付、补助资金、金融政策、土地政策等进一步向深度贫困地区倾斜。[①] 中

---

① 《中共中央　国务院关于打赢脱贫攻坚战三年行动的指导意见》，2018年8月19日，中国政府网，http://www.gov.cn/zhengce/2018-08/19/content_5314959.htm。

办、国办印发《关于支持深度贫困地区脱贫攻坚的实施意见》，各部门陆续出台40多个配套性文件，全力推进深度贫困地区脱贫攻坚。脱贫攻坚进入收官阶段，解决334个深度贫困县和其他深度贫困人口的贫困问题成为工作重点。习近平总书记在解决"两不愁三保障"突出问题座谈会上的讲话中特别指出，深度贫困地区是决定脱贫攻坚战能否打赢的关键。要集中力量攻克"三区三州"等深度贫困堡垒，攻克坚中之坚。"三区三州"外的深度贫困县要加大工作力度，逐一研究细化实化攻坚举措，攻城拔寨，确保完成脱贫任务。① 2019年成为深度贫困地区脱贫攻坚全力冲刺年份。

国务院扶贫开发领导小组聚焦深度贫困问题，于2019年1月和9月分别主持召开"三区三州"脱贫攻坚座谈会、深度贫困地区脱贫攻坚督导推进会和"三区三州"外深度贫困地区脱贫攻坚座谈会，研究和部署深度贫困地区的脱贫攻坚工作。各地区各部门加大政策倾斜和支持力度，有效解决深度贫困问题。

自然资源部制定多项用地保障政策，允许"三区三州"及其他深度贫困县增减挂钩节余指标跨省域流转，由此大大提高了深度贫困地区的土地指标交易价格，增加了深度贫困地区的收入。2018年，19个深度贫困地区跨省调出节余指标19.43万亩，得到调剂资金607.28亿元。2019年跨省调剂深度贫困地区节余指标20.88万亩，为深度贫困地区筹措资金647.30亿元。②

金融部门加大支持深度贫困地区脱贫攻坚力度。2019年3月，银保监会发布《关于做好2019年银行业保险业服务乡村振兴和助力脱贫攻坚工作的通知》，要求适当放宽对深度贫困地区和特殊贫困群体的贷款期限，实行更加优惠的贷款利率。深度贫困地区财政补贴型农业保险的保险费率在已降

---

① 《习近平：在解决"两不愁三保障"突出问题座谈会上的讲话》，2019年8月15日，新华网，http://www.xinhuanet.com/2019-08/15/c_1124879967.htm。

② 《自然资源部助力脱贫攻坚成效综述》，2019年10月17日，中国政府网，http://www.gov.cn/xinwen/2019-10/17/content_5440924.htm。

费 20% 的基础上再降低 10% ~ 30%。① 到 2019 年 10 月底，国家开发银行已累计向"三区三州"等深度贫困地区发放扶贫贷款 5618 亿元。"十三五"以来，中国农业发展银行累计向"三区三州"深度贫困地区提供扶贫贷款 1969.40 亿元，贷款余额达到 1107.58 亿元，贷款增速是同期全行扶贫贷款增速的 2.5 倍。截至 2019 年 9 月末，中国建设银行对深度贫困地区的各项贷款余额达到 2250 亿元，比去年同期增加 100 多亿元。②

商务部聚焦深度贫困地区，开展电子商务进农村综合示范活动。2019 年新增 94 个贫困县，对 832 个国家级贫困县实现全覆盖。商务部引导 21 家电商企业深化电商公益扶贫频道，对接贫困县 600 多个。综合示范已累计服务贫困人口 1000 多万人次，带动 300 多万贫困人口增收。③ 国家能源局扎实开展能源扶贫工作，全国 407 万贫困户通过光伏扶贫获得稳定收益，涉及光伏扶贫规模 1910 万千瓦。④ 交通运输部加大交通扶贫力度，"十三五"以来，累计投入约 7100 亿元车购税资金支持贫困地区交通项目建设，极大地改善了贫困地区交通条件。⑤

中央财政加大对深度贫困地区支持力度。2018 ~ 2020 年，中央财政在深度贫困地区投入资金达 2140 亿元，其中有 1050 亿元用于"三区三州"。2019 年中央财政新增扶贫资金 200 亿元全部用于深度贫困地区。"三区三州"脱贫攻坚进展顺利，资金到位率达到三年计划的 95% 以上，项目完工率超过 85%。"三区三州"贫困人口大幅减少。2018 年，"三区三州"贫困

---

① 《关于做好 2019 年银行业保险业服务乡村振兴和助力脱贫攻坚工作的通知》，2019 年 3 月 8 日，中国银行保险监督管理委员会网站，http://www.cbrc.gov.cn/chinese/newShouDoc/AE39 B958990E47D3A3AA6FAE98B3EA67.html。
② 《聚焦深度贫困地区 银行业助力脱贫攻坚再发力》，2019 年 12 月 30 日，中国金融新闻网，http://www.financialnews.com.cn/ncjr/jrfp/201912/t20191230_174372.html。
③ 《商务部：电商扶贫实现贫困县全覆盖》，2019 年 12 月 31 日，央视网，http://tv.cctv.com/2019/12/31/VIDEdm42XDdoOetzTa86e9lx191231.shtml。
④ 《奋进，打开能源高质量发展新局面——全国能源工作 2019 年终综述》，2019 年 12 月 17 日，新华网，http://www.xinhuanet.com//energy/2019-12/17/c_1125355061.htm。
⑤ 《交通运输部举行"脱贫攻坚"专题新闻发布会》，2019 年 12 月 17 日，中国政府网，http://www.gov.cn/xinwen/2019-12/17/content_5461939.htm。

人口还有 172 万人，到 2019 年底就减少到 43 万人；贫困发生率也由 8.2%下降到 2%。"三区三州"贫困发生率下降幅度比西部地区平均水平高出3.6 个百分点。[①] 2019 年 11 月，中央财政提前下达 2020 年中央财政专项扶贫资金预算 1136 亿元，其中专门安排支持"三区三州"脱贫攻坚资金 144亿元，并分解到具体区、州。[②]

易地扶贫搬迁规划基本完成。2019 年 5 月，人力资源和社会保障部等发出《关于做好易地扶贫搬迁就业帮扶工作的通知》，启动大型安置点就业帮扶专项行动。农业农村部推动农产品加工产能向易地扶贫搬迁安置区聚集，将易地扶贫搬迁安置区纳入农村一、二、三产业融合发展扶贫产业园体系，把产业增值收益更多留给搬迁群众。2019 年 7 月，国家发展改革委等部门印发《关于进一步加大易地扶贫搬迁后续扶持工作力度的指导意见》等政策文件，并在对口支援和东西部扶贫协作机制下，推动支援省市在受援地大型集中安置点对口援建一批劳动密集型、生态友好型的扶贫车间，助力搬迁群众就业。全国易地扶贫搬迁工作进展顺利。"十三五"规划建设的安置住房完工率达 96% 以上，已入住建档立卡搬迁群众 800 多万人。各地已为约 90% 的搬迁群众落实后续扶持措施，旧房拆除协议签订率达 90%、旧房拆除率达 60%。700 多万建档立卡贫困搬迁人口实现脱贫摘帽，已搬迁入住贫困人口脱贫率超过 80%。[③]

2019 年，深度贫困地区脱贫攻坚取得决定性进展。在日喀则市 19 个贫困县区摘帽之后，西藏全区实现整体脱贫。四川省 1482 个贫困村退出，藏区贫困县全部退出，凉山州 4 个贫困县也达到摘帽标准。[④] 甘肃省藏区实现

---

① 《脱贫攻坚战取得关键进展》，《经济日报》2019 年 12 月 30 日。
② 《财政部提前下达专项扶贫资金 1136 亿元 助力脱贫攻坚决战》，2019 年 11 月 18 日，财政部网站，http://nys.mof.gov.cn/zhengfuxinxi/bgtGongZuoDongTai_1_1_1_1_3/201911/t20191115_3423225.html。
③ 《易地扶贫搬迁后续扶持工作加快推进已搬迁入住贫困人口脱贫率超过 80%》，2019 年 10 月17 日，国家发改委网站，https://www.ndrc.gov.cn/fzggw/jgsj/zxs/sjdt/201910/t20191017_1193846.html。
④ 《去年我省 1482 个贫困村退出》，《四川日报》2020 年 1 月 25 日。

整体脱贫。① 青海省 52 万贫困人口全部脱贫，1622 个贫困村全部退出，包括藏区在内的 42 个贫困县全部摘帽。② 云南省怒江傈僳族自治州实现 10.02 万贫困人口脱贫、126 个贫困村退出，99% 的建档立卡贫困户人均纯收入达到 3750 元以上。③ 甘肃省临夏州脱贫攻坚取得历史性突破，2019 年减贫 13.49 万人、贫困发生率下降到 1.78%，贫困村退出 403 个，累计达到 583 个，占贫困村总数的 89.8%，5 个贫困县摘帽。④

四 走好脱贫攻坚最后一里路

2019 年脱贫攻坚取得重大进展。贫困人口从 2018 年底的 1660 万人减少到 660 万人，减少 1000 万人。340 个左右贫困县脱贫摘帽。⑤ 加上 2016~2018 年退出的 436 个贫困县，全国 832 个贫困县中有 776 个摘帽，目前仅剩不到 60 个贫困县。脱贫攻坚目标绝大部分已经实现。但是，夺取脱贫攻坚战的最后胜利，仍然需要做出巨大的努力。

第一，深度贫困地区的脱贫任务仍然很重。目前尚未摆脱贫困的人口主要集中在深度贫困地区。据统计，全国有 9 个省（区、市）的贫困人口超过 10 万人，9 个地市州超过 5 万人，39 个县超过 1 万人，16 个县的贫困发生率超过 5%。⑥ 彻底解决最后的贫困问题，不让一个人掉队，需要有超常措施和超常作为。为了啃下这些脱贫攻坚的"硬骨头"，国务院扶贫办对深度贫困地区实行挂牌督战。挂牌督战对象包括未摘帽贫困县、贫困人口超过 1 万人或贫困发生率超过 5% 的县，以及未退出的贫困村中贫困人口超过 1000 人或贫困

---

① 《决胜脱贫攻坚：这些中西部省份亮出成绩单　吹响冲锋号》，2020 年 1 月 19 日，央视网，http：//news.cctv.com/2020/01/19/ARTIO1vBozCgMqkK57wUSiTl200119.shtml。
② 《青海：聚力脱贫攻坚　决胜同步小康》，《青海日报》2019 年 12 月 26 日。
③ 《践行初心使命　决胜深度贫困地区脱贫攻坚战》，2020 年 1 月 21 日，人民论坛网，http：//www.rmlt.com.cn/2020/0121/567347.shtml。
④ 《临夏州向全面建成小康社会奋力冲刺》，2020 年 1 月 2 日，每日甘肃网，http：//gansu.gansudaily.com.cn/system/2020/01/02/017324871.shtml。
⑤ 《2020：集中兵力收官脱贫攻坚战》，《中国经济时报》2020 年 1 月 1 日。
⑥ 《2020：集中兵力收官脱贫攻坚战》，《中国经济时报》2020 年 1 月 1 日。

发生率超过 10% 的行政村。各省（区、市）每月向国务院扶贫办报告进展情况。① 易地扶贫搬迁后续帮扶任务仍然很重。全国易地扶贫搬迁近 1000 万贫困人口，还有同步搬迁的农户，与完成搬迁建设任务相比，做好后续扶持工作任务更加艰巨。② 实现 2020 年全面脱贫目标，仍然是一个严峻的挑战。

第二，做好贫困退出工作。按照脱贫攻坚要求，2020 年，全部贫困人口都应脱贫，贫困县和贫困村也应全部"摘帽"。贫困退出是脱贫攻坚的最后一项工作。严格执行贫困退出标准，如期完成贫困退出工作，直接关系到能否高质量地完成脱贫攻坚任务。这是一项政策性很强的工作。根据有关文件规定，贫困县和贫困村的退出标准是贫困发生率降至 2% 以下（西部地区降至 3% 以下）；贫困户退出标准是"两不愁三保障"问题得到解决，年人均纯收入稳定超过国家扶贫标准。③ 2020 年的国家扶贫标准在 4000 元左右。④ 在贫困退出阶段，既不能降低标准，蒙混过关，也不能随意拔高，吊高胃口，避免陷入"福利陷阱"，产生"悬崖效应"，防止留下后遗症。这就需要进行深入细致的工作，严格遵守贫困退出程序，从民主评议、驻村工作队核查、贫困户认可到全村公示，从省市核查到国家验收，每一个环节都不能疏忽，以便确保脱真贫、真脱贫。

第三，稳定脱贫的长效机制有待建立健全。党的十八大以来，脱贫攻坚成就巨大，已有 9000 多万建档立卡贫困人口脱贫。但是，根据调查，在这 9000 多万已脱贫人口中，有近 200 万人并不稳定，存在着返贫风险。另外，还有近 300 万接近贫困标准的边缘人口存在着致贫风险。⑤ 有些地方产业扶贫基础不够扎实，片面追求短期速效，缺少持久稳定的增收渠道。有些地方易地扶贫搬迁配套产业没有跟上来，就业得不到保障，导致脱贫缺乏支撑。

---

① 《脱贫攻坚战取得关键进展》，《经济日报》2019 年 12 月 30 日。
② 《2020：集中兵力收官脱贫攻坚战》，《中国经济时报》2020 年 1 月 1 日。
③ 《中共中央办公厅　国务院办公厅印发〈关于建立贫困退出机制的意见〉》，2016 年 4 月 28 日，中国政府网，http://www.gov.cn/zhengce/2016-04/28/content_5068878.htm。
④ 《刘永富：脱贫攻坚要严把质量关》，2019 年 3 月 7 日，中国经济网，http://tuopin.ce.cn/zg/201903/07/t20190307_31632741.shtml。
⑤ 《脱贫攻坚战取得关键进展》，《经济日报》2019 年 12 月 30 日。

有些地方的帮扶政策缺乏持续性，在没有稳定脱贫之前就停止帮扶。解决这些问题，需要从国家层面建立健全返贫监测预警机制，对有返贫风险的脱贫人口和有致贫风险的边缘人口进行监测预警，并及时提供针对性帮扶，防止脱贫人口返贫、边缘人口致贫。

第四，做好社会保障兜底脱贫工作。随着脱贫攻坚任务完成，绝大多数贫困人口可以在扶贫政策帮助下找到脱贫门路，实现自主脱贫。但是，有些贫困人口，如残疾人、孤寡老人、长期患病者等，他们"无业可扶、无力脱贫"。对于这部分贫困人口，只能通过社会保障兜底的办法实现脱贫。为此，要完善农村低保制度，将完全或部分丧失劳动能力、无法依靠产业就业帮扶脱贫的贫困人口纳入低保范围。要做好农村低保制度和扶贫开发政策的有效衔接，及时将扶贫对象转变为低保对象和社会救助对象，不能出现政策空白。

B.3
电力普惠服务促进贫困人口脱贫

王浩　何思媛*

摘　要： 电力普惠服务作为人生存与发展的基础性物质条件，各国已将公民能否获得普惠的能源服务纳入生存权体系。2019 年我国出台系列政策推进电力普惠服务，取得显著成效。然而，我国电力普惠服务规范依据、监管机制、补偿机制不健全，导致我国电力普惠服务未能全面实现，致使我国多地区民众生存权得不到切实保障、贫困地区经济发展受到制约、贫困人口发展机会受到限制。因此，履行电力普惠服务义务促进脱贫是关键。应完善电力普惠服务法律体系，保障民众获得电力普惠服务权利；完善监管机制，确保贫困人口享受电力普惠服务；制定灵活的价格机制，为贫困人口提供价格合理的能源服务；多样化的服务质量和服务方式，满足不同地区用能需要；设立电力普惠服务基金，为电力普惠服务提供经费保障。

关键词： 电力普惠服务　脱贫　政府监管

一般认为，贫困人口是指物质生活资料匮乏，社会地位较低，获取社会资源能力较差，缺少竞争能力和就业机会，需要借助外在力量摆脱困境的群

---

* 王浩，法学博士，中国社科院法学所博士后，西南石油大学法学院讲师，院长助理，西南石油大学法治与社会治理研究院副院长，硕士生导师，主要研究方向为行政法、能源法、人权法；何思媛，西南石油大学 2018 级研究生，主要研究方向为行政法、人权法。

体。而电力是物质生活必需品，缺乏电力服务导致生活水平降低，进而导致权利丧失、能力丧失。促进贫困人口脱贫，最大限度保障人权，不能没有电力普惠服务。这是中国经验证明了的。

一 电力普惠服务推进人权保障

人无法脱离能源而生活，得不到有效的能源服务将导致人类基本生存需求无法实现。如电力与日常生活息息相关，无论衣、食、住、行，电力都是不可或缺的。因此，解决能源贫困成为人权保障的应有之义。Stephen R. Tully 教授在其发表的《人权对能源普遍可得性的贡献》[1] 一文中，从法理上论证了人人都有权获得基本能源服务，政府必须履行能源普惠服务义务，确保能源的可得性、可承受性和可靠性，这是人权保障的基本要求。

（一）电力普惠服务助力贫困人口脱贫

联合国开发计划署认为"无法独立获取足够的、负担得起的、高质量的、安全的和环保的能源即为能源贫困"[2]，所谓的能源贫困是指基本的能源服务和基本的能源需求无法获得或得到满足，从某种意义上讲，能源贫困既是个体贫困的表现，也是个体贫困的原因。其主要体现为居民生活能源水平较低、能源使用能力薄弱、能源使用结构不合理以及由此产生的社会经济和健康影响。当前世界各国还存在大量的能源贫困人口。本文的能源贫困人口是指，特定地区（西部、农村、民族等电力高成本地区）和特定群体（城市低收入的弱势群体等）无法获得能源服务和基本的能源需求无法得到满足的人口。

---

[1] Stephen R. Tully, "The Contribution of Human Right to Universal Energy Access", 4 *Nw. U. J. Int'l Hum. Rts.* 518. (2006).

[2] Jefferson M., *Global Energy Assessment*: *Towards a Sustainable Future*, *GEA Writing Team*, Cambridge University Press, 2012, p. 1882.

不难发现，摆脱能源贫困，需要政府积极地履行能源普惠服务义务。电力作为最基本的能源，如何使社会成员获得普惠的电力服务，是各国进入工业社会亟须解决的问题。在这里，我们可以简单地将电力普惠服务界定为：政府制定政策、采取措施，确保以可行的方式、合理的价格，让民众享受到可靠、可持续、非歧视性的基本电力服务，保障他们享有最低限度的电力供应。因此，根据这个定义，政府应确保其管辖范围内的困难群体和消费者，获得基本的电力服务，尤其是老少边穷地区的人口和城市低收入人口。从这个意义上来说，公民获得电力普惠服务，是政府应履行的社会责任，而政府可以通过委托的方式，将电力企业确定为实施这项义务的主体。

由于电力普惠服务可以显著提高贫困人口的生活、生产水平，促进边远山区、牧区的社会发展和进步，如果推广的面积足够大和人口足够多，我国能源贫困问题将大大得到缓解，可从物质上满足贫困人口生存的需要。可见，政府提供电力普惠服务，确保人人都有平等地获得基本电力服务的权利，将最终减少贫困人口数量。在此背景下，2016年1月联合国通过的《2030年可持续发展议程》将"在全世界消除一切形式的贫困"作为首要发展目标，希望各国采取行动，"过去几十年中国和秘鲁等国家的发展为如何增加现代的、可靠的能源提供了成功范例"。[①] 中国有许多保障能源普惠服务的具体举措体现在扶贫政策中。国务院于2012年10月发布的《中国的能源政策（2012）》白皮书对我国的能源发展现状和问题等进行了描述，其中第6条明确规定：提高能源普遍服务水平。这说明，电力普惠服务的确立正是摆脱贫困的重要手段，电力普惠服务应全方位纳入扶贫政策体系中进行顶层规划，整体推进。

（二）享有电力普惠服务就是保障生存权

基本的电力普惠服务是现代人得以生存的必要条件。实质上，电力首先是一种基本的公共服务，其次才是一种商品。从能源服务的角度看，现代社

---

① 刘钢：《国际能源论坛在维也纳举行》，2011年6月22日，中国金融信息网，http://futures.xinhua08.com/a/20110622/622911.shtml。

会几乎无人会反对能源（电力服务）应当作为个人生存的"基本份额"之一。实际上，电力普惠服务与公民生存权是对应关系，电力普惠服务属于生存权的范畴。生存权是一项人人都享有的积极人权，公民如仅仅依靠所拥有的资源将很难生存，正因为如此一个国家的民众应督促由他们所让渡政治权利所成立的政府来保障自己的生存。电力作为最基本的物质生活资料，自然就属生存权范畴。人类对能源（电力）的依赖决定了电力普惠服务是生存保障的应有之义。基本电力服务的普遍获得乃是国家义不容辞的职责，"因此而负有广泛照料人民生存照顾的义务，并受这种义务的拘束"①。国家的生存照顾应当具有普遍性，国民经济状况的不同不能当然剥夺民众获得普惠电力服务的权利。电力普惠服务应在宪法的庇佑下，由国家保障其效能充分发挥，使国民充分享受该权利，因为电力作为人类社会生活中不可缺少的生存资料，它的得失与否决定了人民的生产生活水平。此项权利作为个人所应获得的权利，国家需确保为公民提供可获得的、可承受的、非歧视的电力普惠服务，并且有必要让公民实际享有。

二 中国电力普惠服务助力人口脱贫的政策措施

我国《电力法》三次修订，其中就有体现电力普惠服务的规定，② 国家对农村电气化实行优惠政策，对少数民族地区、边远地区和贫困地区的农村电力建设给予重点扶持。2019 年是"打赢脱贫攻坚战三年行动"中承上启下的一年，2018 年发布的中共中央 国务院《关于打赢脱贫攻坚战三年行动的指导意见》（以下简称《脱贫攻坚战三年行动的指导意见》）③ 中明确指出，要在 3 年时间里使我国现存 3000 万左右的农村贫困人口脱贫，尤其

---

① 陈新民：《公法学札记》，中国政法大学出版社，2001，第 48～53 页。
② 参见《电力法》第 47 条：国家对农村电气化实行优惠政策，对少数民族地区、边远地区和贫困地区的农村电力建设给予重点扶持。
③ 《中共中央 国务院关于打赢脱贫攻坚战三年行动的指导意见》，2018 年 8 月 19 日，http：//www.gov.cn/zhengce/2018 - 08/19/content_ 5314959. htm。

是"三区三州"① 地区的人口。"十三五"新一轮农村电网改造升级工作七项重点任务中，多项任务已取得可喜的成绩。② 2019 年，我国在电力普惠服务方面采取的具体措施主要有以下几种。

（一）发布政策文件，明确电力普惠服务的目标与任务

明确电力普惠服务的目标与任务是促进人口脱贫的前提。国务院 2018年发布的《脱贫攻坚战三年行动的指导意见》提出电力普惠服务的任务目标是："贫困村全部实现通动力电。"其中要实现电力普惠服务的目标需要完成如下任务（见表1）。

表1　电力普惠服务的具体任务

条款	任务
第2条第1项	加强"三区三州"电网建设,加快解决网架结构薄弱、供电质量偏低等问题
第2条第2项	启动实施抵边村寨电网升级改造攻坚计划
第3条第1项	在条件适宜地区,以贫困村村级光伏电站建设为重点,有序推进光伏扶贫
第4条第3项	实施贫困地区农网改造升级,加强电力基础设施建设,建立贫困地区电力普惠服务监测评价体系,引导电网企业做好贫困地区农村电力建设管理和供电服务,到2020年实现大电网延伸覆盖至全部县城。大力推进贫困地区农村可再生能源开发利用

数据来源：《脱贫攻坚战三年行动的指导意见》。

2019 年 1 月，国网印发了《关于服务乡村振兴战略大力推动乡村电气化的意见》，将围绕国家乡村振兴战略规划的重大工程、计划、行动，利用2019～2022 年 4 年时间，全面实施乡村电气化提升工程，着力增强农村用电保障能力，提升农业生产、乡村产业、农村生活电气化水平。根据国务院

---

① "三区三州"地区是指西藏、四省藏区、南疆四地州和四川凉山州、云南怒江州、甘肃临夏州地区。

② 主要有："井井通电"工程已于 2017 年底实现平原地区农田灌溉机井通电全覆盖、小城镇（中心村）电网升级改造完成公司经营区全部小城镇（中心村）电网改造升级任务和村村通动力电工程完成经营区内除西藏外的未通动力电或动力电不足自然村电网改造全覆盖任务，实现村村通动力电目标。

部署，国网"十三五"期间新一轮农网改造升级工程规划总投资 5222 亿元，目标 5 年内完成。具体任务如下（见表2）。

表2　电网改造任务

序号	具体任务
1	"井井通电"工程
2	小城镇(中心村)电网改造升级
3	村村通动力电
4	光伏扶贫项目接网工程
5	西部及贫困地区农网供电服务均等化
6	东中部地区城乡电网一体化
7	西藏、新疆以及四川、甘肃、青海三省藏区农村电网建设

数据来源：《国家发展改革委关于"十三五"期间实施新一轮农村电网改造升级工程意见的通知》。

上述表1、表2涉及的电力普惠服务任务，主要从补贴、内容、方式等维度展开，为电力普惠服务促进贫困人口脱贫指明了方向。

（二）发放补贴，推进北方地区清洁取暖工程开展

"煤改电"在实现了环境保护目标的同时，也通过补贴推进了贫困人口脱贫。2016 年"煤改电"开始之后，在各种减煤换煤的工作当中，"煤改电"以实施难度小、见效快的特点，得到了政府和社会各界的认可。2019 年 10 月，生态环境部、国家发改委等八个部委及国家市场监督管理总局、国家能源局和北方六省市政府①联合发布了《京津冀及周边地区 2019—2020 年秋冬季大气污染综合治理攻坚行动方案》，要求加快能源结构调整，循序渐进，因地制宜，有效推进清洁取暖。② 北方各地也相继出台了"煤改电"地方补贴政策，部分北方城市"煤改电"补贴见表3。

---

① 即北京市人民政府、天津市人民政府、河北省人民政府、山西省人民政府、山东省人民政府、河南省人民政府。

② 中华人民共和国生态环境部：《关于印发〈京津冀及周边地区 2019—2020 年秋冬季大气污染综合治理攻坚行动方案〉的通知》（环大气〔2019〕88 号），2019 年 10 月 19 日，http：//www.mee.gov.cn/xxgk2018/xxgk/xxgk03/201910/t20191016_737803.html。

表3　2019年部分北方城市"煤改电"补贴

省市	城市	电价补贴	设备采购补贴
北京	北京	在采暖季谷电时段*补贴0.1元/度,市级财政电费补贴限额每户1万度,区政府可自行确定补贴上限	—
天津	天津	每度电0.2元补贴,最高补贴8000度,每日21时至次日6时执行0.3元每度电谷段电价	采暖设备购置及安装补贴由财政100%承担,室内暖气管与暖气片购置安装费用由农户承担。每户不超过2000元
河北	邢台	每度电0.2元/户补贴,最高4500度电	—
	廊坊保定	每度电0.2元补贴,每户最高补贴1万度(即2000元);采暖期可选择执行峰谷电价	85%补贴,每户不超过7400元
	邯郸	采暖期农户用电0.12元/度补贴,每户最高补贴电量1万度、最高补助1200元	最高补贴金额不超过7400元/户
	石家庄	0.15元/度补贴,每户最高900元	85%补贴,每户不超过5000元
	衡水	采暖期0.2元/度补贴,每户最高补贴1万度	85%补贴,每户不超过7400元
河南	开封	交易电量电价降低0.15元/度	70%补贴,每户不超过3500元
	新乡	0.2元/度补贴,每户不超过600元	70%补贴,每户不超过3500元
	郑州	0.3元/度补贴,每户不超过900元	每户不超过2000元
	焦作	月使用量超过80度以上的,补贴0.4元/度,每户最高1000元	—
山东	德州	每个采暖季1000元/户,年用量超过4800度的部分,暂不执行第三档电价	4000元/户
	聊城	1000元/年	使用空气源热泵的6500元/户,其余5000元/户
	淄博	0.2元/度补贴,每户不超过1200元	蓄热式电采暖补贴85%,每户最高5700元
	滨州	0.2元/度补贴,每户每年最高补贴1200元	4600元/户
	济南	0.2元/度补贴,每户不超过1200元;用电量超出4800度的部分,暂不执行第三档电价	2000元/户。供热企业按0.5元/度、谷电0.25元/度结算,亏损经第三方审计后予以补贴
山西	长治	0.2元/度补贴,每户不超过2400元	不超过20000元/户
	阳泉	补贴0.1元/度,一个季度1000元/户	2500元/户

省市	城市	电价补贴	设备采购补贴
山西	大同	用电 0.2 元/度补贴,每户每个取暖季最高补贴电量 1.2 万度	设备购置、安装及从电表到设备的电缆连接总费用达到或超过 1 万元的,每户按 8000 元补贴
	吕梁	峰谷分时电价政策,每个采暖期每户补贴用电费用最高不超过 2000 元	最高不超过 2.4 万元/户
	运城	取暖季执行居民用户电采暖用电峰谷分时电价(峰段:8:00~20:00,电价 0.497 元度;谷段:20:00~次日 8:00,电价 0.2802 元度)	一次性改造补贴 2000 元

注：＊谷电时段为当日 20：00~次日 8：00。

数据来源：各地方补贴政策。①

通过对"煤改电"用户补贴,该项目得以推进,对我国推动能源扶贫的实现有重要的意义。

(三)丰富电力普惠服务内容,推进西部地区、民族地区农村电网建设

电力普惠服务受制于经济发展、电源布局和电网结构等多种因素。电力

① 具体为：《关于完善北京市城镇居民"煤改电"居民采暖季电价优惠政策的意见》《天津市居民冬季清洁取暖工作方案》《邢台市人民政府办公室关于"一城五星"煤改气(电)居民采暖期实行用气(电)价格补贴的意见》《关于加快实施保定廊坊禁煤区电代煤和气代煤的指导意见》《邯郸市 2019 年农村地区气代煤电代煤工作实施方案》《石家庄市农村地区气代煤电代煤实施意见》《2017—2020 年衡水市农村气代煤电代煤工程实施意见》《鹤壁市电代煤气代煤设备购置项目实施办法》《安阳市 2017 年"电代煤"工作实施方案》《开封市 2019 年清洁取暖工作方案》《新乡市"煤改气""煤改电"洁净型煤替代补贴资金管理办法》《郑州市人民政府办公厅关于进一步推进散煤治理工作的通知》《焦作市 2017 年"电代煤""气代煤"专项补贴资金发放办法》《德州市加快推进冬季取暖"气代煤、电代煤"工作方案》《2018 年聊城市冬季清洁取暖工作方案》《淄博市 2019 年冬季清洁取暖实施方案》《滨州市 2018 年清洁取暖建设推进实施方案》《济南市人民政府办公厅关于明确我市清洁采暖气代煤电代煤工程资金补贴有关问题的通知》《长治市 2017 年冬季清洁取暖"以电代煤""以气代煤"工程实施方案》《阳泉市冬季清洁取暖暂行补贴标准》《大同市 2018 年煤改电工程实施方案》《吕梁市 2018 年清洁取暖改造工作方案》《运城市 2018 年冬季取暖"煤改气""煤改电"行动方案》。

服务在特定的时期、地点不一样。那么，在已经通电的农村地区，其内容主要是农村电网改造。第一，西部地区贫困地区农网供电服务均等化和东中部地区城乡电网一体化。2019 年的政府工作报告提出要推进脱贫攻坚和乡村振兴，而"十三五"规划还有最后两年，因此 2019 年的农网建设，重在服务脱贫攻坚。西部及贫困地区农在网改造升级、推进东中部地区城乡供电服务均等化进程等方面需持续发力，[1] 为 2020 年全面建成小康社会提供坚强的电力保障，各大电网公司也相继发布了 2019 年的履责承诺。[2]

第二，西藏、新疆及四川、甘肃、青海三省藏区农村电网建设。随着精准扶贫进入攻坚阶段，《脱贫攻坚战三年行动的指导意见》要求集中力量支持深度贫困地区脱贫攻坚，对"三区三州"深度贫困地区的扶贫工作进行部署。国家电网从 2018 年启动"2018～2020 年国网阳光扶贫行动计划"。截至 2019 年初，"三区两州"[3] 深度贫困地区电网建设启动，投资 81 亿元，投运工程 889 项，重点实施西藏孤网县联网和 296 个行政村通动力电工程、南疆和三省藏区农网完善工程，加快易地搬迁供电工程建设。2019 年，国网将投资 317 亿元，做好少数民族地区的供电保障，解决经营区内剩余 14 个县域电网与主网联系薄弱的问题。针对"三区两州"地区，将投资 166 亿元，推进"三区两州"电网工程建设，集中力量加快西藏孤网县联网工

---

① 王旭辉：《"十三五"农网升级进入冲刺阶段》，《中国能源报》2020 年 1 月 13 日，http：//papr. people. com. cn/zgnyb/html/2020－01/13/content_ 1967197. htm。

② 具体为：国网：2019 年将完成青海、西藏外"三区两州"（不含云南怒江州）和中西部贫困地区电网建设任务；南网：要以市州为单位全部提前实现国家新一轮农网改造升级目标，深度贫困地区也要一并达到国家要求，全面解决农网"低电压"、卡脖子等存量问题；河南电力：将完成 3000 个行政村电网改造提升工作；江西电力：将实施服务脱贫攻坚十大行动计划，2019 年脱贫 551 户；重庆电力：将完成农网投资 7. 275 亿元，提升 33 个区县农网设备水平；吉林电力：将完成农网投资 6. 4 亿元，其中白城、延边地区 6 个国家级贫困县 3 亿元；黑龙江电力：将完成农网供电企业智能电表推广；陕西电力：将实施电力脱贫专项攻坚工程 160 项，投入电力脱贫专项资金超过 1. 2 亿元；甘肃电力：将投资 13. 5 亿元实施"一区一州"等 36 个贫困县区农网改造升级工程。以完成农网升级的目标。

③ "三区两州"是指西藏自治区，四川、甘肃、青海三省藏区，南疆四地州，四川凉山州，甘肃临夏州。

程建设，着力解决甘肃、青海、四川三省藏区和南疆地区网架结构薄弱问题。①

第三，南方五省区提升农网供电能力。针对南方五省区，② 2019 年我国在供电普惠服务当中的重点是提高供电质量，由南方电网公司负责供电及服务，2019 年南网加大了全网发电的调配力度，尤其是云南、贵州水电的调度，以确保能够支持南方夏季高峰的需求。在农村地区，2019 年加大改造电网升级力度，完成各区县的改造升级目标。南方五省市的贫困地区服务水平已基本达到各省农村地区的平均供电水平，使贫困地区人口能够享受较高水平的电力服务。

（四）提供多样化的电力普惠服务

大多数电力能源贫困者所处的西部地区，有着丰富的风、光、水等可再生能源，利用好这些能源，可以有效地促进贫困人口脱贫。第一，光伏扶贫项目。2019 年 3 月，国家能源局、国务院扶贫办发布"十三五"第二批光伏扶贫项目计划，共下达 15 个省（区）、165 个县光伏扶贫项目，共 3961 个村级光伏扶贫电站，总装机规模 1673017.43 千瓦，帮扶对象为 3859 个建档立卡贫困村的 301773 户建档立卡贫困户，③ 并且要求在 2019 年底前全容量建成并网，"十三五"第一批光伏扶贫项目须在 2019 年 6 月 30 日（含）前全容量建成并网。④ 光伏扶贫的推行，表明我国政府正在积极实现改革成果共享。更令人欣喜的是，资产收益扶贫是光伏扶贫的主要方式，可帮助贫困地区无劳动能力的建档立卡贫困户增加收入，助力贫困人口脱贫。

第二，风电建设项目。我国目前的风电政策也在从政府的补贴政策转化为驱动平价上网，这表明我国风电的发展正在迈入新阶段。2019 年我国

---

① 《国家扶贫日 | 国家电网助力打赢脱贫攻坚战》，2019 年 10 月 18 日，中国电力新闻网，http：//www.cpnn.com.cn/zdyw/201910/t20191018_ 1171188. html。

② 具体为广东、广西、云南、贵州和海南五省区。

③ 电器工业编辑部：《电器工业风云政策/2019 政策篇》，《电器工业》2020 年第 1 期。

④ 电力设备管理编辑部：《月度要情》，《电力设备管理》2019 年第 4 期。

的风电并网也实现了新的突破，据统计，全国2019年风电新增并网装机2574万千瓦，其中陆上风电新增装机2376万千瓦、海上风电新增装机198万千瓦，到2019年底，全国风电累计装机2.1亿千瓦，其中陆上风电累计装机2.04亿千瓦、海上风电累计装机593万千瓦，风电装机占全部发电装机的10.4%。2019年风电发电量4057亿千瓦时，首次突破4000亿千瓦时，占全部发电量的5.5%。[①] 2019年，西部多地发布了支持风电发展的政策（见表4）。

表4 2019年部分西部省区市风电相关政策

发布时间	文件名称	内容提要
2018年12月24日	《青海省建设国家清洁能源示范省工作方案（2018—2020年）》	建设海南州千万千瓦级可再生能源基地，其中建成风电300万~400万千瓦；建设海西州千万千瓦级可再生能源基地，到2020年建成风电260万千瓦
2019年1月16日	《关于创新和完善促进绿色发展价格机制的实施意见》（黔发改价格〔2018〕1614号）	全面落实包括风力发电在内的可再生能源发电电价政策
2019年1月	《新疆维吾尔自治区清洁取暖实施方案（2018—2021年）》	利用优质风光资源，为电力供应提供保障，实现清洁取暖
2019年3月5日	《关于内蒙古自治区"十二五"以来风电、光伏发电项目的公示》	明确了省内83个风电项目的装机容量，为下一步的建设做出计划

数据来源：各地方风电政策。

我国西部贫困地区风电资源丰富，就地取材发展风电，可为贫困地区（尤其是缺少燃料、水和交通不便的地区）人口提供普惠的用电服务，转变贫困地区的经济发展方式，为脱贫打下坚实基础。

第三，水力发电工程。水力发电有着可再生、效率高、启动快、成本低的优势，我国目前的水力发电已经成为电力来源的重要方式。西部地区河流

[①] 详见国家能源局《2019年风电并网运行情况》，2020年2月28日，http://www.nea.gov.cn/2020-02/28/c_138827910.htm。

落差大，水文资源十分丰富，但经济发展相对落后，通过对水域的可持续开发，可获得清洁、充足的电力助力经济发展。因此，西部地区也将发展水电作为脱贫的重要手段。2019 年水利部发布《2019 年水利工程建设工作要点》，强调了水力发电对扶贫的重要性，也进一步做了 2019 年水力发电的部署。[1] 2019 年从水力发电的增加速度来看，除部分省（区、市）[2] 外，我国的水力发电数量呈增长趋势，其中多个省区[3]的发电量均超过了全国的平均水力发电量水平。2019 年水力发电量前十的省区如下（见表 5）。

表 5　2019 年全国水力发电量前十省区

单位：亿千瓦时

序号	省区	发电量
1	四川省	3076
2	云南省	2666
3	湖北省	1330
4	贵州省	675
5	广西壮族自治区	641
6	湖南省	528
7	青海省	520
8	甘肃省	377
9	福建省	297
10	新疆维吾尔自治区	250

数据来源：公开资料整理。

上述排名前十的水力发电省区主要是西部省区，水电发展不仅能够使西部贫困地区的人口获得电力，也能够使当地资源优势得到转化，变成经济优势，助力贫困地区的脱贫攻坚。

---

①　具体为：做好水利扶贫工作。贯彻落实中央关于脱贫攻坚的有关政策部署，对中西部等深度贫困地区适当给予水利建设项目支持。完成中央脱贫攻坚专项巡视整改工作。协助组长单位完成城口县定点扶贫各类事项。
②　主要为：海南、河北、吉林、安徽、江苏、湖北、重庆、黑龙江和广西。
③　依次为：内蒙古、浙江、广东、福建、江西、山东、宁夏、甘肃、青海和云南。

三 电力普惠服务促进贫困人口脱贫面临的问题

（一）电力普惠服务的规范依据不足，民众获得电力普惠服务的权利得不到保障

明确的规范依据是政府履行电力普惠服务义务的前提，但遗憾的是，我国在电力法律和法规层面没有规定普惠服务的概念，尤其是规范调整电力产业的基本法《电力法》对普惠服务未作明确规定。虽然第8条①和第26条②在某种程度上也体现了《电力法》对电力普惠服务的要求，但由于基本法中缺乏一个统领性的基本原则，不利于电力普惠服务制度的体系化，而对于哪个主体应当承担这份义务和责任这些条文也并未提及，进而导致了在电力普惠服务当中法条的适用难以落地。另外，电力普惠服务的目标缺失，电力普惠服务缺乏强制性的约束。由于上述规范依据不足，电力企业拉闸限电等情况在某些地区仍然存在，公民获得电力普惠服务的权利受到限制，民众的生产生活不能得到长期、稳定的保障。

（二）电力监管不力，电力普惠服务义务履行不到位

电力普惠服务监管立足于消除能源贫困，保障基本电力服务的可获得性、可承受性和可靠性，这是政府履行生存照顾义务的应有之义，在电力行业，该义务具体则由电力企业实施。通过"看不见"的市场之手来对国民提供基本能源服务是一条较好的途径，但电力市场的运行并不能带动消除能源贫困，相反，市场调节的特性更是彰显了它"嫌贫爱富"的本质，加剧了电力普惠服务的难度，使原本能源贫困地区更难以得到相应的能源供应。

---

① 《电力法》第8条：国家帮助和扶持少数民族地区、边远地区和贫困地区发展电力事业。
② 《电力法》第26条：供电营业区内的供电营业机构，对本营业区内的用户有按照国家规定供电的义务；不得违反国家规定对其营业区内申请用电的单位和个人拒绝供电。申请新装用电、临时用电、增加用电容量、变更用电和终止用电，应当依照规定的程序办理手续。供电企业应当在其营业场所公告用电的程序、制度和收费标准，并提供用户须知资料。

此时，电力普惠服务的监管制度就显得至关重要。但是，目前我国的电力普惠服务监管存在监管主体关系尚未理顺、监管方式僵化、监管程序不完善等问题，导致电力普惠服务义务难以履行。

（三）电力普惠服务的补偿机制不健全，助力人口脱贫的动力不足

当前电力普惠服务费用的来源主要有交叉补贴、政府补贴和普惠服务基金三种模式，但是，这三种方式都存在一定的问题。一是交叉补贴与市场化改革趋势不契合。经过几轮的电力改革，输配电的价格需要反映公平分配和共享的原则，为了能够使资源优化配置，交叉补贴已经不被纳入考虑范围；电力市场化成为主流后，选择性增强，电网公司也失去了原先的许多大额订单客户，难以有额外利润来补贴非营利性的领域。而电力市场的交叉机制和竞争机制之间存在固有矛盾，交叉补贴不再是普及电力服务的基础。二是政府补贴资金受限。政府补贴受制于政府的财政状况，尤其对于电力产业这种高投入的基础设施行业来讲，政府财政往往不堪重负，无法满足电力基础设施建设的需要，普惠服务目标在相当长一段时间内仍然难以实现。三是普惠服务基金制度不健全。由于我国电力法律法规并没有要求我国设立普惠服务基金，电力普惠服务资金面临不稳定、无保障的状态，不利于电力普惠服务的推进。综上，电力普惠服务的补偿机制不健全，经济来源受阻，导致电力企业亏损，电力企业助力脱贫的积极性自然不高，给电力普惠服务与运行带来挑战。

四 电力普惠服务促进贫困人口脱贫的实现路径

生存权作为一项被人类社会所熟知的基本人权，其本质是维持所有人的正常生存，并且保障人类发展的公平正义。我国要全面建成小康社会，生存权的落实是基础，人民没有达到相应的生活标准，社会就无法健康发展。而摆脱贫困是生存权实现的最佳方式，保障我国公民得到切实有效的电力普惠服务是实现该目标的有力举措。

（一）完善电力普惠服务法律体系，保障民众电力普惠服务权利实现

电力普惠服务法律体系完善，为政府履行普惠服务义务提供规范依据，将更充分地保障公民生存权。然而分析我国相关政策和法规可以看出，我国对于普惠服务的权利规定过于原则、难以实施。因此，应当在立法中明确电力普惠服务原则，指引电力普惠各项制度建设，同时制定和完善相关法律法规，将其作为一项义务，督促电力企业履行其责任。一是在《电力法》中明确电力普惠服务。在《电力法》中进一步明确普惠服务，实现基本法对电力普惠服务的统领。二是修改完善电力普惠服务单行法律。我国电力单行法没有对"电力普惠服务"作明确规定，因此，在单行法律修订时，可以明确电力普惠服务的法律规定，为电力普惠服务提供依据。三是修改完善电力普惠服务的配套规定。[①] 可对地方电力普惠服务的配套规定等进行完善，增加普惠服务的规定。

（二）完善监管机制，确保贫困人口享受电力普惠服务

在市场竞争过程中，电力监管应当更加关注消费者中的贫困人口，尤其要关注农村地区、偏远山区和城市低收入居民是否获得基本的电力服务。但是，电力行业在实行厂网分开，打破垄断引入竞争机制之后，电厂和电网企业都成为独立的市场竞争主体，企业作为经济人不可避免地会出现垄断、恶性竞争等逐利倾向，进而导致市场失灵。因此，通过电力普惠服务监管机制履行国家生存和照顾的义务就显得更为重要。

一是多元监管主体促进电力普惠服务权利实现。根据合作监管原则，需要充分发挥各个监管主体的作用，如能源监管机构、电力企业、电力行业协会等，建立多元主体合作的监管体系，[②] 为电力普惠服务提供体制保障。二

---

① 苏苗罕：《能源普遍服务的法理与制度研究》，《法治研究》2007 年第 10 期。
② 王浩：《论合作监管体系之构建——以石油天然气行业政府监管为例》，《中国行政管理》2018 年第 3 期。

是疏明能源普惠服务的监管范畴。将反垄断监管、电网安全监管、价格监管等纳入普惠服务监管范畴。三是完善电力普惠服务的实现方式，可采用行政补贴、行政奖励、行政补偿等政策工具。四是构建电力普惠服务的程序保障机制，完善信息公开程序、有效利用公众参与程序、构建电力普惠服务监管影响评价程序等。

（三）灵活价格机制，为贫困人口提供价格合理的电力服务

作为一个人口众多的发展中国家，中国如何确保其公民尤其是贫困人口获得能源普惠服务，这项任务更加艰巨，"只要有政府的地方，就有价格控制"①。在电力市场化的背景下，电力价格需保障电力企业获得合理的利润，但实际上更迫切需要电力普惠服务的对象大多分布在偏远农村、牧区甚至是孤岛上，在这些地区铺展电网会消耗大量成本。因此，对于电力普惠促使贫困人口脱贫的目标而言，在定位电力服务的价格时，不仅需要考量电力企业的利润收入，还需考量贫困人口的承受能力。所以，在进行电力普惠服务时，应制定灵活的价格机制。一方面，可对不同的用户群体进行利益分配，让贫困人口可以获得成熟的电力服务。可采取的方式有：一是生命线费率定价，即设置最低消费线，在该消费线内可实行补助或者免费政策；二是分段式计量定价，即将消费的能源服务进行分段定价，到达一定的阶段后价格就会随之增加。另一方面，采用灵活的价格机制也可以防止电力服务领域出现垄断的现象。一是可确保电力贫困用户的权益得到保护；二是促使电力企业改进流程、管理等，有利于成本的降低；三是督促电力企业在服务过程中控制成本，扩大利润，促进不同类型的投资。

（四）多样化的服务质量与服务方式，满足不同地区用电需要

"生存照顾乃现代行政之任务"，② 政府应当且必须主动关注本国国民的

---

① 〔英〕安东尼·奥格斯：《规制：法律形式与经济学理论》，骆梅英译，中国人民大学出版社，2008，第300页。
② 陈新民：《公法学札记》，中国政法大学出版社，2001，第48~53页。

生存状态，国家行政任务的重心在于"服务管理"和"生存关怀"。而我国不同地区经济差异较大，超过一般水准的电力服务将会增加服务成本和服务价格。为此，应设置多样化的服务质量与服务方式，满足不同地区的民众需要。一方面是电力服务质量。一是电力服务提供者应有质量标准的最低限度，尤其是在民众最为关切的领域（如供电质量、产品可靠性、售后服务等）。二是电力服务企业信息公开制度，让民众的知情权得到保障。如价格应公开透明、标准达到要求、程序符合规定等。另一方面是服务方式。一是提供电力可中断方式。如电能可中断方式比连续获得方式成本更低，这样可让消费者有多种选择。二是在贫困地区发展清洁能源（水电、风电等）产业，在助力脱贫的同时发展绿色产业，也能促进就业、提升用能水平，实现脱贫。

（五）设立电力普惠服务基金，为电力普惠服务提供经费保障

如何使公民获得基本的用能服务，尤其是如何满足老少边穷地区和城市低收入人口地区人民的基本用能服务？通过分析发达国家的电力普惠服务体系，可以看出设立普惠服务基金能够有效加快电力普惠服务的推进。我国目前普惠服务的资金筹集任务艰巨，西部的个别省区市通电率仍然很低。据专家估算，要使电网覆盖全部国土和人口，至少需要百亿资金，[1] 因此，设置普惠服务基金需要制定相应的制度进行规制，以期有效运行，减少贫困。一是基金的征收，基金可向电力用户征收和从业者征收，这需要在将来的立法中明确。二是基金的管理，普惠服务基金的管理人可以由监管机构、电力企业或者非营利性第三方机构来担任。三是基金的使用，可对提供了普惠服务而在一定程度上遭受了损失的电力企业和能源贫困用户提供补贴，补贴可设置一定的限度。而基金的使用应当坚持市场化的原则，引入竞争机制，以提高基金的配置效率。[2]

---

[1] 俞学河：《电力社会普遍服务关系的构成要素》，《电力技术经济》2004 年第 5 期。

[2] 邱新：《论能源亲贫规制的立法促进》，《南京工业大学学报》（社会科学版）2012 年第 4 期。

B.4
2019年互联网领域的人权保障

夏雨　齐延平*

摘　要：　2019年是互联网与社会各行业、各领域深度融合的又一年。中国政府全面落实"互联网+"发展战略，创新互联网应用方式，充分保障新时代人们的基本权利。在相关部门和各行业的共同努力下，中国大力推进互联网立法，加快智慧政务和智慧司法建设，充分保障重点领域的个人信息与数据权利、未成年人网络权益、消费者网络权益和网络版权等。

关键词：　互联网+　深度融合　人权保障

我国宪法明确规定："国家尊重和保障人权。"这意味着公权力和私权利的行使均要以保障人权为基础，个人权利的实现以不侵犯他人的合法权益为边界，权力的行使和权利的实现均需在法律规定的限度内进行。

一　保障人权是中国网络建设和治理的基础

近年来，中国相继提出"宽带中国""互联网+"等国家互联网发展战略，大力实施网络强国战略和进行数字中国建设，积极促进互联网与经济社

* 夏雨，北京理工大学法学院、智能科技法律研究中心博士研究生；齐延平，北京理工大学法学院教授、智能科技风险法律防控工信部重点实验室主任。

会各领域的深度融合，形成更广泛的以互联网为基础设施和创新要素的经济发展新形态，① 同时还"建立健全运用互联网、大数据、人工智能等技术手段进行行政管理的制度规则"，② 进一步推进国家治理体系和治理能力的现代化。

互联网技术对完善中国网络建设、提高网络安全和社会治理水平具有重要意义。中国在融合互联网技术于推进国家治理体系和治理能力的现代化过程中，时刻以尊重和保障人权为行动的出发点和落脚点，完善互联网立法，综合运用法治思维和法治方式，开展互联网专项整治行动，健全司法制度保障网络人权，全面提高网络综合治理能力，最大限度地发挥互联网效能，确保人民群众利益的最大化。

互联网技术及其应用是提高社会治理能力和国家治理水平的重要工具，我们在享受互联网带来的便利的同时，也要面对互联网带来的网络乱象、网络侵权等危害网络建设、妨碍国家治理和侵犯人权的现象（见图1）。据统计，2019年上半年，44.4%的网民在上网过程中遭遇过网络安全问题。③ 因此，在充分利用互联网参与国家治理和社会治理的同时，也需要对互联网进行规范和治理。

为充分保障人权，中国加快制定、修改和完善互联网立法，弥补立法空白，修改滞后规定，进一步增强互联网立法的体系化和系统性；加快完善智慧政务建设，进一步提高政府对信息和资源的整合、调控能力，提高为民服务水平，促进人民群众的线上线下权利同步实现；进一步探索互联网时代的司法新模式，提高司法审判效率，推进司法信息公开，强化社会监督，进一步提高司法公信力，促进司法公正，充分保障互联网时代的人权。除此之

① 《国务院关于积极推进"互联网＋"行动的指导意见》，2015年7月4日，中华人民共和国中央人民政府网，http://www.gov.cn/zhengce/content/2015－07/04/content_10002.htm。
② 《中共中央关于坚持和完善中国特色社会主义制度　推进国家治理体系和治理能力现代化若干重大问题的决定》，2019年11月5日，新华网，http://www.xinhuanet.com/2019－11/05/c_1125195786.htm。
③ 据CNNIC第44次《中国互联网络发展状况统计报告》：2019年上半年，55.6%的网民表示过去半年在上网过程中未遭遇过网络安全问题。

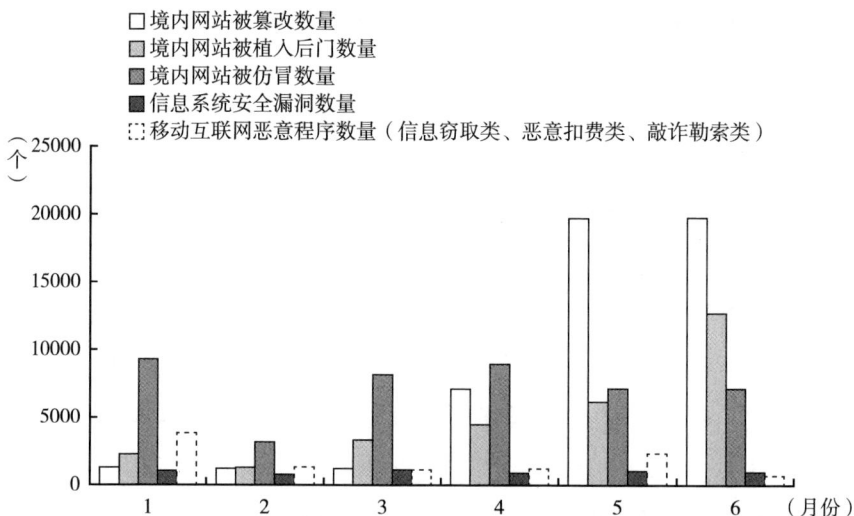

图1　2019年上半年部分网络安全受威胁状况

数据来源：2019年1～6月CNCERT《互联网安全威胁报告》数据。

外，中国积极开展"净网2019""护苗2019""秋风2019"等专项整治行动，[①] 关闭违法网站，查处移动互联网恶意程序，清理网络有害信息，开展行政约谈等，持续净化网络环境，打击网络乱象和网络侵权，保障未成年人、消费者等特殊群体的网络权益，加大网络版权保护力度，进一步保障互联网时代的个人信息和数据权利（见图2）。

总之，互联网建设对推进国家治理体系和治理能力现代化具有重大意义，在提高国家治理和社会治理水平过程中，中国继续秉承"尊重和保障人权"的原则，以保障人权作为互联网建设和治理的出发点和落脚点，维护公民在网络空间的合法权益，让更多人民群众享受到更多的改革发展成果。

---

① "净网2019"专项行动，聚焦整治网络色情和低俗问题；"护苗2019"专项行动，着重强化网上网下两项整治，坚决查办涉未成年人的"黄""非"案件；"秋风2019"专项行动，重点打击假媒体假记者站假记者及新闻敲诈行为，切实维护新闻出版传播秩序。参见《全国"扫黄打非"办部署开展"净网2019""护苗2019""秋风2019"专项行动》，2019年3月4日，中国扫黄打非网，http：//www. shdf. gov. cn/shdf/contents/767/394202. html。

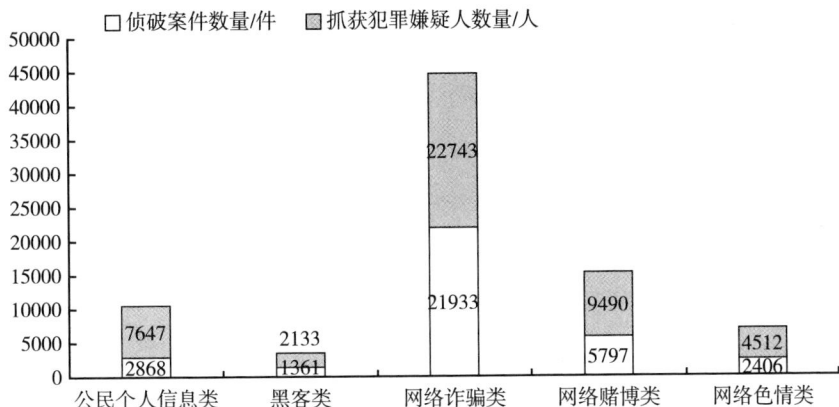

图2 "净网2019"专项行动部分成果（统计时间截至2019年10月31日）

数据来源：中国新闻网站。

二 互联网立法完善奠定人权保障基石

互联网技术的快速发展为人类提供了一个不同于传统物理空间的虚拟网络空间，对基于物理空间而创制的法律制度带来冲击和挑战，以往的法律制度已无法全面、有效地应对互联网引发的新问题和新业态的发展需求。因此，互联网带来的风险和挑战对立法提出了新的要求。

从立法实践来看，各国围绕互联网发展现状、未来发展趋势和人们在新时代的需求等，结合互联网技术的特点和社会关系的转变，先后制定和颁布相关立法，用以规制和引导互联网的发展。中国也紧跟时代潮流，加快制定和出台有关互联网的法律制度，解决互联网时代的新问题，满足人们的新需求，为互联网时代的人权保障提供制度基础。

从互联网技术方面来看，互联网技术及其应用集技术性、专业性、虚拟性、广域性、发展迅速性等特点于一身，立法者往往无法探知和预测互联网技术的未来发展方向和前景，但互联网技术经过几十年的发展，中国已积累了大量的理论和实践经验，培养了大批的专业技术人才，提升了社会资源的整合能力，拓宽了民意表达渠道和反馈机制,这些条件的具备都为互联网立法提供了机遇。

从参与主体来看,随着互联网与各领域的深度融合,人们或主动或被动加入网络虚拟环境中,互联网技术及其应用成为公众最大限度地有序参与立法过程的重要渠道和工具,民众通过互联网平台表达诉求,加强监督,立法机关通过互联网平台集思广益,广泛吸收全社会的聪明才智,促进互联网立法的民主化、科学化。

从社会环境来看,随着教育的普及和法治化进程的加快,人权意识普遍觉醒,而互联网技术及其应用作为新时代的产物,存在被滥用的风险,成为侵害消费者权益、个人信息和数据安全和网络版权的工具。而互联网中的信息质量参差不齐,不利于未成年人的健康成长。互联网给人权保障带来的风险和挑战已引起全社会的广泛关注,对互联网进行规制已不可避免。

2019 年中国加快制定互联网相关立法,进一步规范网络行为,保障人民群众的网络权益。除中国已颁布施行的相关法律、行政法规等规范外,①2019 年中国还颁布实施了规制互联网的相关规范文件,公布了大量的征求意见稿(见表 1、表 2)。

表 1　主要互联网规范文件

规范文件	发布机关	发布/通过时间	施行时间
《区块链信息服务管理规定》	国家互联网信息办公室	2019 年 1 月 10 日	2019 年 2 月 15 日
《中国人民银行关于进一步加强支付结算管理防范电信网络新型违法犯罪有关事项的通知》	中国人民银行	2019 年 3 月 22 日	2019 年 3 月 22 日
《云计算服务安全评估办法》	国家互联网信息办公室、国家发展和改革委员会、工业和信息化部、财政部	2019 年 7 月 2 日	2019 年 9 月 1 日

① 《中华人民共和国国家安全法》、《互联网信息服务管理办法》、《中华人民共和国网络安全法》、《中华人民共和国电信条例》(2016)、《公共互联网网络安全威胁监测与处置办法》、《公共互联网网络安全突发事件应急预案》等。

续表

规范文件	发布机关	发布/通过时间	施行时间
《关于办理利用信息网络实施黑恶势力犯罪刑事案件若干问题的意见》	最高人民法院、最高人民检察院、公安部、司法部	2019 年 7 月 23 日	2019 年 10 月 21 日
《加强工业互联网安全工作的指导意见》	工业和信息化部、教育部、人力资源和社会保障部等	2019 年 7 月 26 日	2019 年 7 月 26 日
《最高人民法院、最高人民检察院关于办理非法利用信息网络、帮助信息网络犯罪活动等刑事案件适用法律若干问题的解释》	最高人民法院、最高人民检察院	2019 年 10 月 21 日	2019 年 11 月 1 日
《中华人民共和国密码法》	全国人民代表大会常务委员会	2019 年 10 月 26 日	2020 年 1 月 1 日
《网络音视频信息服务管理规定》	国家互联网信息办公室、文化和旅游部、国家广播电视总局	2019 年 11 月 18 日	2020 年 1 月 1 日
《网络信息内容生态治理规定》	国家互联网信息办公室	2019 年 12 月 15 日	2020 年 3 月 1 日

资料来源：北大法宝数据库。

表 2 主要互联网规范文件（征求意见稿）

规范文件	发布机关	发布时间	征求意见截止时间
《关键信息基础设施安全保护条例（征求意见稿）》	国家互联网信息办公室	2017 年 7 月 10 日	2017 年 8 月 10 日
《网络安全审查办法（征求意见稿）》	国家互联网信息办公室	2019 年 5 月 21 日	2019 年 6 月 24 日
《网络生态治理规定（征求意见稿）》	国家互联网信息办公室	2019 年 9 月 10 日	2019 年 10 月 10 日
《网络安全威胁信息发布管理办法（征求意见稿）》	国家互联网信息办公室	2019 年 11 月 20 日	2019 年 12 月 19 日
《网络关键设备安全检测实施办法（征求意见稿）》	工业和信息化部	2019 年 6 月 4 日	2019 年 7 月 4 日

续表

规范文件	发布机关	发布时间	征求意见截止时间
《互联网新业务安全评估管理办法(征求意见稿)》	工业和信息化部	2017 年 6 月 8 日	2017 年 7 月 9 日
《网络安全漏洞管理规定(征求意见稿)》	工业和信息化部	2019 年 6 月 18 日	2019 年 7 月 18 日
《关于促进网络安全产业发展的指导意见(征求意见稿)》	工业和信息化部	2019 年 9 月 27 日	2019 年 10 月 11 日
《工业互联网企业网络安全分类分级指南(试行)(征求意见稿)》	工业和信息化部	2019 年 12 月 20 日	2019 年 12 月 31 日
《网络关键设备和网络安全专用产品相关国家标准要求(征求意见稿)》	全国信息安全标准化技术委员会	2019 年 5 月 16 日	2019 年 6 月 5 日
《网络安全等级保护条例(征求意见稿)》	公安部	2018 年 6 月 27 日	2018 年 7 月 27 日

资料来源：北大法宝数据库和中华人民共和国工业和信息化部网站。

中国通过完善网络立法，持续净化互联网环境，引导和规制互联网行为，维护正常的市场秩序，实现互联网发展与规范并举，完善人权保障。

三 智慧政务建设促进线下与线上权利同步保障

长期以来，上下级政府、政府部门之间信息沟通不足，是社会管理滞后和公共服务效率低下的重要原因。随着互联网技术及其应用的推广使用，信息跨国、跨地区、跨部门的情况越来越多，政府信息共享的长效机制亟须建立。为此，中国政府积极推进"互联网＋政务服务"工作，拓展线上线下相融合的新政务服务模式，畅通信息共享渠道和方式，破除部门利益和地方保护主义，打造整体性政府，提高社会治理的能力和水平，不断优化为民服务，保障人民群众的线下与线上权利同步实现，以进一步推进政府治理体系和治理能力的现代化。

1. 建设和完善线上线下政务服务模式

中国政府积极拓展新技术应用、新传播渠道，加大政务新媒体应用的宣传力度，建成全国一体化在线政务服务平台，涵盖 43 个国务院部门的 1142 项政务服务事项和 31 个省、自治区、直辖市和新疆生产建设兵团的 349 万多项政务服务事项。① 该平台可实现一网通办、异地可办，使更多事项简易而快速办理，促进信息沟通共享长效机制的建立，提高政府便民为民服务能力和水平，保障人民群众的线上线下权利同步实现。据统计，截至 2019 年 6 月，中国在线政务服务用户规模达 5.09 亿，占网民整体的 59.6%；政府网站 15143 个，其中国务院部门及其内设、垂直管理机构共有政府网站 1001 个，省级及以下行政单位共有政府网站 14142 个。② 中国已有 297 个地级行政区政府开通了"两微一端"③ 等新媒体传播渠道，总体覆盖率达 88.9%。④ 总体而言，2019 年政务新媒体发展势头良好（见表 3）。

表 3   2019 年上半年政务新媒体发展状况

政务新媒体渠道	2019 年 6 月	2018 年 12 月	2018 年 6 月
微信城市服务累计用户数（亿）	6.2	5.7	5.0
政务机构微博认证数（万）	13.9	13.8	—
政务头条号开通数（个）	81168	78180	74934
百度移动端政务搜索量（亿）	94.4	—	—

资料来源：CNNIC 第 44 次《中国互联网络发展状况统计报告》。

2. 加快"互联网+政务服务"立法

中国在加快建设政务服务新模式的同时，积极制定智慧政务相关立法，为"互联网+政务服务"建设和人权保障提供制度基础（见表 4）。

---

① 全国一体化在线政务服务平台指国家政务服务平台，http://gjzwfw. www. gov. cn/index. html。
② CNNIC 第 44 次《中国互联网络发展状况统计报告》。
③ "两微一端"是指将微信、微博及新闻客户端等应用于政务服务的新媒体平台。
④ 电子科技大学：《中国地方政府互联网服务能力发展报告（2019）》。

表4　互联网政务服务相关的部分规范文件

规范文件	发布机关	发布时间	实施时间
《进一步深化"互联网＋政务服务"推进政务服务"一网、一门、一次"改革实施方案》	国务院办公厅	2018年6月10日	2018年6月10日
《国务院办公厅关于推进政务新媒体健康有序发展的意见》	国务院办公厅	2018年12月7日	2018年12月7日
《国务院办公厅秘书局关于印发政府网站与政务新媒体检查指标、监管工作年度考核指标的通知》	国务院办公厅	2019年4月1日	2019年4月1日
《中华人民共和国政府信息公开条例》	国务院	2019年4月3日	2019年5月15日
《国务院办公厅关于印发2019年政务公开工作要点的通知》	国务院办公厅	2019年4月17日	2019年4月17日
《国务院关于在线政务服务的若干规定》	国务院	2019年4月26日	2019年4月26日
《互联网道路运输便民政务服务系统业务办理工作指南(试行)》	交通运输部办公厅	2019年6月6日	2019年12月31日
《国务院办公厅电子政务办公室、市场监管总局办公厅关于依托全国一体化在线政务服务平台做好电子营业执照应用推广工作的通知》	国务院办公厅、国家市场监督管理总局	2019年8月16日	2019年8月16日
《国务院办公厅政府信息与政务公开办公室关于规范政府信息公开平台有关事项的通知》	国务院办公厅	2019年11月29日	2019年11月29日
《国务院办公厅关于建立政务服务"好差评"制度提高政务服务水平的意见》	国务院办公厅	2019年12月3日	2019年12月3日

资料来源：北大法宝数据库。

四　智慧司法建设推动司法人权便捷实现

司法信息公开不足、暗箱操作空间较大和缺乏有效的社会监督是中国司法公信力不足的重要原因。随着互联网与司法体制的深度融合，司法信息公开大力推进，公民参与司法的渠道和途径不断拓宽，当事人和社会公众的知情权得到有效保障，社会监督力度不断增大，持续推动阳光司法机制的建设。中国法院积极推动互联网新技术与司法审判相融合，创新司法审判模式，通过互联网渠道向社会公开法院审判流程、裁判文书、执行信息和各级司法机关的警务信息等，不断完善互联网审判体系的建设，推动互联网审判向纵深方向的发展，促进司法体制改革不断深化，中国司法领域的人权保障不断取得进展。

1. 加快智慧司法建设

最高人民法院通过建设"人民法院大数据管理和服务平台"和在线调解平台，在12个省（区、市）推广"移动微法院"[①]，让当事人感受掌上办案的便利和高效。据统计，截至2019年10月31日，移动微法院注册当事人已达116万人，注册律师73200人，在线开展诉讼活动达314万件。[②] 另外，还开发了"智能化审判辅助系统"，实现了"网上案件网上审理"的诉讼模式转变，保障诉讼当事人的司法权利。

杭州、北京和广州三家互联网法院先后设立了互联网诉讼服务平台，实现了司法案件线上立案至审判、送达等一系列诉讼流程的智慧化；"机器人法官"更是24小时无间断提供服务，智慧司法建设不断优化升级，当事人足不出户即可完成诉讼，大大降低了维权成本，提高了审判效率（见图3）。据统计，截至2019年10月31日，杭州、北京、广州三家互联网法院在线立案申请率为96.8%，在线庭审平均用时45分钟，案件平均审理周期约38天，比传统审理模式分别节约时间约3/5和1/2，一审服判息诉率达98.0%。[③] 同时，互联网司法的主体也不断拓宽，逐渐由三家互联网法院向全国法院拓展，全国各级法院也陆续上线了线上线下混合式的诉讼审判模式，完善多元化纠纷解决机制，充分保障当事人的权利。

同时，最高人民法院建设的"人民法院司法区块链统一平台"、北京互联网法院的"天平链"电子证据平台、杭州互联网法院的电子证据平台和

---

① "移动微法院"：依托微信小程序打造电子诉讼平台，将部分诉讼环节迁移到手机移动端办理，实现线上线下有机融合、无缝衔接，让当事人和法官充分感受指尖诉讼、掌上办案的便利。试点范围从浙江扩大到北京、河北、辽宁、吉林、上海、福建、河南、广东、广西、四川、云南、青海12个省（区、市）辖区内法院。

② 《中国法院的互联网司法》白皮书。

③ 《中国法院的互联网司法》白皮书。

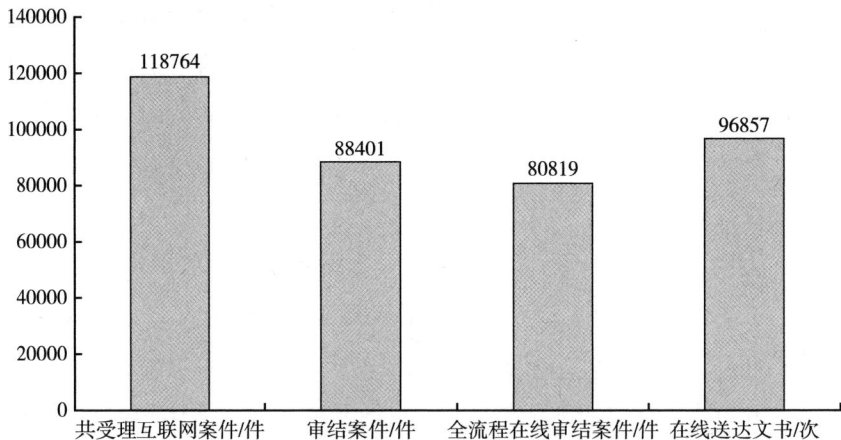

图 3　三家互联网法院受理、审结和送达文书的案件数量
（统计时间截至 2019 年 10 月 31 日）

数据来源：最高人民法院《中国法院的互联网司法》白皮书。

广州互联网法院的"网通法链"电子证据系统等，充分利用大数据、区块链等技术，提高电子证据的可信性和有效性，有效缓解了电子证据证明力不足的问题。

2. 加大智慧司法宣传力度

全国各级法院通过官方网站、"移动微法院"、官方微博、公众号、电视、广播、手机客户端等方式宣传智慧司法，向当事人提供声情并茂的讲解，不断优化当事人的司法体验。

3. 完善智慧司法立法

最高人民法院制定和出台了关于智慧法院建设的相关法律文件。《最高人民法院关于民事诉讼证据的若干规定》①《最高人民法院关于互联网法院审理案件若干问题的规定》②《最高人民法院关于在部分法院推进"移动微法

---

① 《最高人民法院关于民事诉讼证据的若干规定》自 2019 年 12 月 25 日发布，自 2020 年 5 月 1 日起施行。

② 《最高人民法院关于互联网法院审理案件若干问题的规定》自 2018 年 9 月 7 日起施行。

院"试点工作的通知》① 等，规范和指导互联网法院的诉讼活动，保障司法人权的便捷实现。

五 重点领域专项保护的措施与成效

中国除了继续完善互联网立法、加快智慧政务和智慧司法建设外，还继续加强对重点领域和重点人群的保护，着重保障个人信息与数据权利、未成年人的网络权益、消费者的网络权益和网络版权等。

（一）个人信息与数据权利保护的措施与成效

随着互联网技术与各领域的深度融合，个人信息和数据安全成为新时代人们普遍关注的焦点问题。据统计，37.4%的网民认为网络个人信息泄露非常多和比较多；50.15%的网民遇到过个人信息泄露事件。② 为此，中国继续开展个人信息专项治理行动，保障个人的信息与数据权利。

1. 重点整治侵害个人信息与数据权利的行为

2019年中央网信办、工信部等四部门在全国范围内联合开展"App违法违规收集使用个人信息专项治理"③ 行动，发布相关治理公告④，明确运营者收集使用个人信息的责任，打击侵犯公民个人信息违法犯罪行为，开展个人信息安全认证等，保障个人信息与数据的安全。App专项治理工作组聘请专业评估机构和行业专家对收集和使用用户信息有问题的App进行评估，并开通"App个人信息举报"微信公众号和"pip@ tc260. org. cn"专用邮箱

---

① 《最高人民法院关于在部分法院推进"移动微法院"试点工作的通知》2019年3月19日发布实施。

② 公安部《2019全国网民网络安全感满意度调查统计报告》。

③ 中央网信办、工信部、公安部、国家市场监管总局四部门于2019年1月至12月，在全国范围组织开展App违法违规收集使用个人信息专项治理。参见《四部门今年开展App违法违规收集使用个人信息专项治理》，2019年1月25日，人民网，http://it. people. com. cn/n1/2019/0125/c1009 - 30590840. html。

④ 《关于开展App违法违规收集使用个人信息专项治理的公告》由中央网信办、工信部、公安部、国家市场监管总局四部门联合于2019年1月25日发布施行。

两种举报渠道，对个人信息进行保护。① 除此之外，工作组还制定了《App 违法违规收集使用个人信息自评估指南》，督促 App 运营者对收集使用个人信息的情况进行自查自纠，主动提升个人信息保护的水平。②

2019 年 11 月 4 日，工业和信息化部召开 App 专项整治工作启动会，决定即日起开展信息通信领域 App 侵害用户权益专项整治行动，重点整治四个方面 8 类突出问题。③ 另外，工信部还开展提升网络数据安全保护能力专项行动，④ 严格企业责任，保护用户的信息和数据安全。

2. 加快个人信息与数据权利保护立法

《网络安全法》设专章对用户网络信息安全进行保护；《网络安全实践指南——移动互联网应用基本业务功能必要信息规范（V1.0）》⑤ 进一步细化了《网络安全法》第 41 条网络运营者收集、使用个人信息的规定。《中华人民共和国电子签名法》⑥《互联网个人信息安全保护指南》⑦《App 违法违规收集使用个人信息自评估指南》《App 违法违规收集使用个人信息行为认定方法》⑧《移动互联网应用程序（App）安全认证实施规则》⑨《贵州省

① 受中央网信办、工信部、公安部、市场监管总局四部门委托，全国信息安全标准化技术委员会、中国消费者协会、中国互联网协会、中国网络空间安全协会成立 App 违法违规收集使用个人信息专项治理工作组（简称"App 专项治理工作组"），具体推动 App 违法违规收集使用个人信息评估工作。

② 《App 违法违规收集使用个人信息自评估指南》由 App 专项治理工作组于 2019 年 3 月发布。

③ 《工业和信息化部关于开展 APP 侵害用户权益专项整治工作的通知》，于 2019 年 10 月 31 日发布施行。

④ 《电信和互联网行业提升网络数据安全保护能力专项行动方案》由工业和信息化部于 2019 年 6 月 28 日发布施行。

⑤ 《网络安全实践指南——移动互联网应用基本业务功能必要信息规范（V1.0）》由全国信息安全标准化技术委员会于 2019 年 6 月 1 日发布施行。

⑥ 《中华人民共和国电子签名法》于 2019 年修订，于 2019 年 4 月 23 日发布实施。

⑦ 《互联网个人信息安全保护指南》由公安部于 2019 年 4 月 10 日发布施行。

⑧ 《App 违法违规收集使用个人信息行为认定方法》由国家互联网信息办公室、工业和信息化部、公安部、国家市场监管总局联合制定，于 2019 年 11 月 28 日发布。

⑨ 《移动互联网应用程序（App）安全认证实施规则》由国家市场监管总局、中央网信办于 2019 年 3 月 15 日发布。

大数据安全保障条例》① 等规范文件为保护个人信息与数据权利提供制度支撑。一批针对个人信息、数据保护和规制信息安全技术的规范文件陆续公布征求意见稿、草案（见表5）。

另外，《数据安全法》《个人信息保护法》等专门法律也列入全国人大常委会立法规划之中。②

表5 2019年个人信息、数据安全方面的规范文件（征求意见稿、草案）

规范文件	发布机关	发布时间	征求意见截止时间
《数据安全管理办法(征求意见稿)》	国家互联网信息办公室	2019年5月28日	2019年6月28日
《个人信息出境安全评估办法(征求意见稿)》	国家互联网信息办公室	2019年6月13日	2019年7月13日
《互联网信息服务严重失信主体信用信息管理办法(征求意见稿)》	国家互联网信息办公室	2019年7月22日	2019年8月21日
《信息安全技术 个人信息安全规范(征求意见稿)》	全国信息安全标准化技术委员会	2019年6月25日	2019年8月8日
《信息安全技术 工业互联网平台安全要求及评估规范(征求意见稿)》	全国信息安全标准化技术委员会	2019年6月25日	2019年8月8日
《信息安全技术 个人信息安全工程指南(征求意见稿)》	全国信息安全标准化技术委员会	2019年6月25日	2019年8月8日
《信息安全技术 可信计算规范 可信平台控制模块(征求意见稿)》	全国信息安全标准化技术委员会	2019年6月25日	2019年8月8日
《信息安全技术 智能家居安全通用技术要求(征求意见稿)》	全国信息安全标准化技术委员会	2019年6月25日	2019年8月8日
《信息安全技术 安全处理器技术规范(征求意见稿)》	全国信息安全标准化技术委员会	2019年6月25日	2019年8月8日

① 《贵州省大数据安全保障条例》由贵州省人大于2019年8月1日发布，自2019年10月1日起施行。
② 《十三届全国人大常委会立法规划》，2018年9月10日，全国人大网，http://www.npc.gov.cn/npc/c30834/201809/f9bff485a57f498e8d5e22e0b56740f6.shtml。

续表

规范文件	发布机关	发布时间	征求意见截止时间
《信息安全技术 信息系统密码应用基本要求（征求意见稿）》	全国信息安全标准化技术委员会	2019 年 6 月 25 日	2019 年 8 月 8 日
《信息技术 安全技术 生物特征识别信息的保护要求（征求意见稿）》	全国信息安全标准化技术委员会	2019 年 6 月 25 日	2019 年 8 月 8 日
《信息安全技术 移动互联网应用程度（App）收集个人信息基本规范（草案）》	全国信息安全标准化技术委员会	2019 年 8 月 8 日	2019 年 8 月 31 日

资料来源：北大法宝数据库。

（二）未成年人涉网权益专项保护措施与成效

未成年网民数量庞大。据 CNNIC 统计，截至 2019 年 6 月，中国网民规模达 8.54 亿，其中 19 岁以下网民占 20.9%，人数超过 1.78 亿。[1] 复杂的上网环境对未成年人的保护提出了更高的要求，为未成年人营造健康的上网环境是重中之重。

1. 持续净化未成年人的上网环境

全国"扫黄打非"办公室展开的"护苗 2019"专项行动（见图 4）、两个专项整治活动、2019 年"绿书签行动"和"护苗·网络安全进课堂"2019 乡村行活动，[2] 持续净化未成年人的上网环境，加强对未成年人的网络宣传教育，引导未成年人绿色读书、文明上网，呵护未成年人的健康成

---

[1] CNNIC 第 44 次《中国互联网络发展状况统计报告》。

[2] "护苗 2019"专项行动由是全国"扫黄打非"办公室于 2019 年 3 月至 11 月组织的专项行动，旨在持续净化社会文化环境。两个专项整治活动，即中小学校园周边出版物市场专项整治和面向未成年人的网络有害应用及信息专项整治。2019 年"绿书签行动"：全国"扫黄打非"办公室为推进"护苗 2019"专项行动深入开展而进行的活动，是"护苗"行动正面宣传教育的主要载体。"护苗·网络安全进课堂"2019 乡村行活动：全国"扫黄打非"办公室联合腾讯举办的活动，陆续走进湖北、江西、福建、浙江、重庆、山西、云南等全国 12 个省（自治区、直辖市）的乡村留守儿童地区，组织开展网络安全示范授课。

长。国家互联网信息办公室组织的"青少年防沉迷系统"① 严格管理未成年人的上网习惯，该系统在网络平台全面推广上线，基本覆盖国内的主要视频平台，截至 2019 年 10 月 14 日，国内共有 53 家平台上线"青少年模式"。②

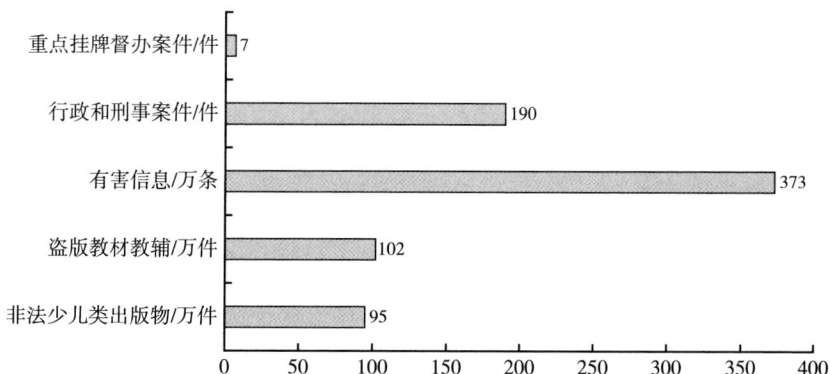

图 4　"护苗 2019"专项行动成效

数据来源：中国扫黄打非网。

2. 加快未成年人网络立法

2018 年以来，全国人大代表多次提出修改完善未成年人网络保护立法的相关议案。十三届全国人大常委会第十四次会议提请审议的《中华人民共和国未成年人保护法（修订草案）》③，新增"网络保护"专章对未成年

---

① 青少年防沉迷系统是在中华人民共和国国家互联网信息办公室的指导下，在短视频平台试点上线的软件系统。该系统引导家长及青少年选择"青少年模式"。进入"青少年模式"后，用户使用时段受限、服务功能受限、在线时长受限，且只能访问青少年专属内容。该系统还将试点通过地理位置判定、用户行为分析等技术手段筛选甄别农村地区留守儿童用户，并自动切换到"青少年模式"。参见《国家网信办组织网络短视频平台试点青少年防沉迷工作》，2019 年 3 月 28 日，中国网信网，http：//www.cac.gov.cn/2019－03/28/c_1124293349.htm。
② 《国内 53 家主要网络直播和视频平台上线"青少年模式"》，2019 年 10 月 14 日，中国网信网，http：//www.cac.gov.cn/2019－10/14/c_1572583648355661.htm。
③ 《中华人民共和国未成年人保护法（修订草案）》由全国人大常委会于 2019 年 10 月 31 日发布，征求意见截止日期：2019 年 11 月 29 日。

人的网络权益进行全面保护。《中华人民共和国预防未成年人犯罪法（修订草案）》①《未成年人节目管理规定》②《关于推动广播电视和网络视听产业高质量发展的意见》③《儿童个人信息网络保护规定》④《关于防止未成年人沉迷网络游戏的通知》⑤《健康中国行动——儿童青少年心理健康行动方案（2019～2022 年）》⑥ 等规范文件，加强网络管理，保障未成年人上网环境安全健康。

（三）电子商务领域消费者权益专项保护措施与成效

2019 年互联网应用用户规模显著扩大（见表6）。截至 2019 年 6 月，中国网络支付用户规模达 6.33 亿，手机网络支付用户规模达 6.21 亿。然而，伴随着电子商务的发展，消费者权益受损的现象层出不穷，消费者的知情权、自主选择权和公平交易权等权益无法得到保障，严重影响消费者的生命和健康安全。而且网络平台基于自身优势地位，其所制定的内部规则对消费者的行为具有普遍约束力，电子商务平台的权力随着电子商务向各行业渗透呈逐渐扩大之势。在信息收集过程中，消费者的知情同意权过于形式化；在信息和数据传输和使用过程中，信息和数据安全隐患为人所诟病；在消费者维权过程中，消费者更无法与拥有先进技术保障的电子商务平台相对抗。

---

① 《中华人民共和国预防未成年人犯罪法（修订草案）》由全国人大常委会于 2019 年 10 月 31 日发布，征求意见截止日期：2019 年 11 月 29 日。
② 《未成年人节目管理规定》由国家广播电视总局发布，自 2019 年 4 月 30 日起施行。
③ 《关于推动广播电视和网络视听产业高质量发展的意见》由国家广播电视总局发布，自 2019 年 8 月 11 日起施行。
④ 《儿童个人信息网络保护规定》由国家互联网信息办公室发布，自 2019 年 10 月 1 日起施行。
⑤ 《关于防止未成年人沉迷网络游戏的通知》由国家新闻出版署于 2019 年 10 月 25 日发布施行。
⑥ 《健康中国行动——儿童青少年心理健康行动方案（2019～2022 年）》由国家卫生健康委、中宣部、中央文明办、中央网信办、教育部等共同制定，于 2019 年 12 月 18 日发布实施。

表6　2019年部分互联网应用的用户规模

互联网应用	2019年6月	2018年12月	半年增长率(%)
网上购物(万)	63882	61011	4.7
网上外卖(万)	42118	40601	3.7
旅行预订(万)	41815	41001	2.0
网约专车或快车(万)	33915	33282	1.9

资料来源：CNNIC第44次《中国互联网络发展状况统计报告》。

1. 开展专项行动整治电子商务乱象

中国政府按照《"十三五"市场监管规划》[①] 的总要求，积极开展互联网专项整治工作。国家市场监管总局、公安部、商务部等八部门联合印发了《2019网络市场监管专项行动（网剑行动）方案》，开展"2019网剑行动"，严格规范电子商务主体资格，严厉打击网上销售假冒伪劣产品、不安全食品及假药劣药等行为，深入开展互联网广告整治工作，落实电子商务经营者责任等，规范电子商务行为，保障消费者的知情权、自主选择权和公平交易权等权益。[②]

最高人民检察院、国家市场监督管理总局、国家药品监督管理局联合发布了《全国检察机关、市场监管部门、药品监管部门落实食品药品安全"四个最严"要求专项行动工作方案》，积极开展"四个最严"专项行动[③]，加强审查、监督食品药品的生产经营活动，重点查办利用网络、电商平台、社交媒体、电视购物栏目等实施的违法犯罪案件，保障人民群众"舌尖上的安全"。[④]

---

① 《"十三五"市场监管规划》由国务院于2017年1月12日印发实施。

② 《2019网络市场监管专项行动（网剑行动）方案》由国家市场监督管理总局、国家发展和改革委员会、工业和信息化部、公安部、商务部、海关总署、国家互联网信息办公室、国家邮政局联合发布，于2019年6月17日发布实施。

③ "四个最严"专项行动由最高人民检察院、国家市场监督管理总局、国家药品监督管理局三部门自2019年9月至2020年12月联合开展。

④ 《全国检察机关、市场监管部门、药品监管部门落实食品药品安全"四个最严"要求专项行动工作方案》于2019年10月17日发布。

国家市场监管总局印发了《关于开展"守护消费"暨打击侵害消费者个人信息违法行为专项执法行动的通知》①，开展专项执法行动，加强执法联动，组织开展行政约谈，重点查办未经消费者同意，收集、使用消费者个人信息的违法行为；泄露、出售或者非法向他人提供所收集的消费者个人信息的违法行为；未经消费者同意或者请求，或者消费者明确表示拒绝的，向其发送商业性信息的违法行为，保障消费者的信息和数据安全（见图5）。

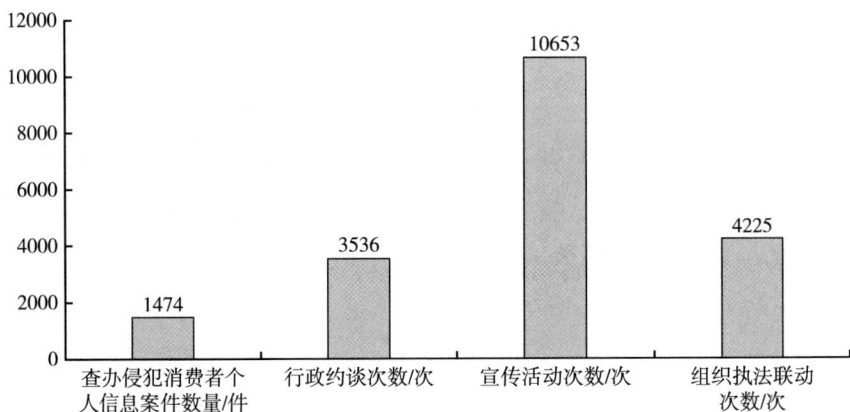

图5 国家市场监管总局"守护消费"专项执法行动情况

数据来源：搜狐网站。

2. 完善电子商务立法

除《消费者权益保障法》外，《中华人民共和国电子商务法》自2019年起正式实施，该法对电子商务经营者和电子商务平台经营者的电子商务行为及其法律责任、电子商务合同的制定和履行、争议解决等方面进行了详细规定，充分保障消费者的合法权益。② 另外，2018年修订的《中华人民共和

---

① 《关于开展"守护消费"暨打击侵害消费者个人信息违法行为专项执法行动的通知》由国家市场监督管理总局于2019年4月10日发布并实施，打击侵害消费者个人信息违法行为专项执法行动的时间为2019年4月1日至9月30日。

② 《中华人民共和国电子商务法》由全国人大常委会于2018年8月31日发布，自2019年1月1日起施行。

国广告法》①、《中华人民共和国反不正当竞争法》②、《中华人民共和国商标法》③、《中华人民共和国食品安全法实施条例》④、《携号转网服务管理规定》⑤ 和《网络交易监督管理办法（征求意见稿)》⑥ 等规范文件也为保障消费者的权益提供了制度保障。

（四）网络版权保护措施与成效

据统计，截至 2019 年 6 月，中国网络娱乐类应用用户规模与 2018 年底相比，上升幅度明显（见表 7）。但网络技术的发展在加快知识产权传播的同时，也为网络抄袭等侵权行为提供了便利，既侵犯了版权所有者的权益，也极易造成信息泛滥、同质化和互联网资源的浪费。

表 7　2019 年中国网络娱乐类应用用户规模变化

应用	人数/亿	较 2018 年底增长人数/万
网络音乐	6.08	3229
网络文学	4.55	2253
网络视频	7.59	3391
网络游戏	4.94	972
网络新闻	6.86	1114

资料来源：CNNIC 第 44 次《中国互联网络发展状况统计报告》。

1. 加大网络版权保护力度

在 2019 年中国网络版权保护与发展大会上，国家版权局会同其他部门

---

① 《中华人民共和国广告法》由全国人大常委会于 2018 年 10 月 26 日发布施行。
② 《中华人民共和国反不正当竞争法》（2019 年修正）由全国人大常委会于 2019 年 4 月 23 日发布施行。
③ 《中华人民共和国商标法》（2019 年修正）由全国人大常委会于 2019 年 4 月 23 日发布，自 2019 年 11 月 1 日起施行。
④ 《中华人民共和国食品安全法实施条例》（2019 年修订）第 32 条。该条例由国务院于 2019 年 10 月 11 日发布，自 2019 年 12 月 1 日起施行。
⑤ 《携号转网服务管理规定》由工信部于 2019 年 11 月 11 日发布，自 2019 年 12 月 1 日起施行。
⑥ 《网络交易监督管理办法（征求意见稿）》由国家市场监管总局于 2019 年 4 月 30 日发布，征求意见截止日期：2019 年 5 月 29 日。

展开"剑网2019"专项行动①，不断深化媒体融合发展版权专题保护，开展院线电影网络版权专项整治，加强流媒体软硬件版权重点监管，规范图片市场版权保护运营秩序，巩固网络重点领域版权治理成果（见表8）。② 全国"扫黄打非"办公室开展的"秋风2019""护苗2019"专项行动，坚决打击电商平台销售非法出版物等侵犯网络版权的违法行为，进一步规范出版物的网上购销行为。③ 国家版权局公布的"剑网2019"专项行动十大案件④和全国"扫黄打非"办公室公布的"秋风2019"专项行动第二批典型案件⑤为打击侵犯网络版权的违法行为、加强版权执法和规范知识产权的网络传播提供了指引。

表8 "剑网2019""剑网2018"专项行动成效

成效	剑网2019	剑网2018
删除侵权盗版链接（万条）	110	185
收缴侵权盗版制品（万件）	1075	123
查处网络侵权盗版案件（件）	450	544
涉案金额（亿元）	5.24	1.5

资料来源：《2018年中国网络版权保护年度报告》和《光明日报》（2019年12月27日，第04版）。

---

① "剑网2019"是在2019中国网络版权保护与发展大会中提出，由国家版权局与国家网信办、工信部、公安部联合开展的一项专项活动，旨在维护清朗的网络空间秩序，营造良好的网络版权环境。

② 《中国网络版权保护与发展大会举行"剑网2019"专项行动启动》，《经济日报》2019年4月27日，第08版。

③ 《全国"扫黄打非"办部署开展"净网2019""护苗2019""秋风2019"专项行动》，2019年2月27日，新华网，http://www.xinhuanet.com/legal/2019-02/27/c_1210069004.htm。

④ "剑网2019"专项行动十大案件：中兴华睿科技发展（北京）有限公司侵犯新闻作品著作权案、江苏扬州马某予等涉嫌侵犯影视作品著作权案、上海陈某等侵犯影视作品著作权案、山西"圣城家园网"侵犯著作权案、江苏南京"韩剧TV"App侵犯影视作品著作权案、湖北浠水91系列网涉嫌侵犯影视作品著作权案、柔持（北京）科技有限公司传播盗版电子出版物案、江西吉安"5·28"侵犯影视作品著作权案、山东淄博"6·26"涉嫌侵犯标准作品著作权案和上海吴某锋侵犯影视作品著作权案。

⑤ "秋风2019"专项行动第二批典型案件：河南洛阳查处"6·18"假冒央视名义非法活动案、江西九江破获"5·09"特大涉嫌销售非法音像制品案、湖南衡阳破获侵犯网络游戏著作权案、浙江武义破获一起特大侵犯著作权案、辽宁沈阳查办陈某某等涉嫌侵犯著作权案和山西忻州判结"8·30"敲诈勒索案。

2. 加快网络版权保护立法

《关于加强知识产权审判领域改革创新若干问题的意见》①《最高人民法院关于审查知识产权纠纷行为保全案件适用法律若干问题的规定》②《关于依法加强对境外著作权认证机构常驻中国代表机构管理的意见》③《关于新形势下加快建设知识产权信息公共服务体系的若干意见》④ 等规范文件，对打击侵犯知识产权的行为、保护网络版权具有重要意义。

3. 开展行业自律行动

在行业自治方面，中国版权行业积极开展行业自律行动。《中国网络短视频版权自律公约》⑤《网络短视频平台管理规范》⑥ 等自律规范，有利于版权行业的正常有序发展，保障版权人的权益。

六　思考与建议

2019 年中国互联网与各行业、各领域继续向深度融合、向广度拓展，中国互联网发展战略持续稳步推进。当然，我们应清楚地认识到互联网技术的进步性和不可避免性，同时也要正视它对人权的挑战，探寻一条平衡鼓励技术创新和保障人权之间的中庸之道是这个时代赋予我们的责任和义务。在此过程中，中国坚持尊重和保障人权的基本原则，把促进和保障人权融入互联网发展进程之中。

---

① 《关于加强知识产权审判领域改革创新若干问题的意见》由中共中央办公厅、国务院办公厅于 2018 年 2 月联合发布实施。

② 《最高人民法院关于审查知识产权纠纷行为保全案件适用法律若干问题的规定》于 2018 年 12 月 12 日发布。

③ 《关于依法加强对境外著作权认证机构常驻中国代表机构管理的意见》自 2019 年 10 月 17 日起施行。

④ 《关于新形势下加快建设知识产权信息公共服务体系的若干意见》，由国家知识产权局于 2019 年 8 月 30 日发布。

⑤ 《中国网络短视频版权自律公约》由互联网企业联盟于 2018 年 12 月 20 日在第五届中国互联网新型版权问题研讨会上发布，主要成员有：腾讯、百度、爱奇艺、搜狐、新浪、快手等公司。

⑥ 《网络短视频平台管理规范》由中国网络视听节目服务协会于 2019 年 1 月 9 日发布。

互联网技术日新月异，发展迅猛，冲击着现有的法律概念、法律思维方式和法律制度，现有的法律制度已经无法有效应对互联网带来的风险和挑战，因此，2019 年中国加快互联网方面的立法速度，《中华人民共和国电子商务法》《中华人民共和国未成年人保护法（修订草案）》等法律和《国务院关于在线政务服务的若干规定》《中华人民共和国政府信息公开条例》等行政法规以及大量的部门规章、部门规范性文件和部门工作文件等规范应运而生，这些法律制度的出台和实施对于限制权力和技术滥用具有重要意义。综观 2019 年的相关立法可知，互联网相关立法散见于多层级的法律规范之中，主要以部门规章、部门规范性文件和部门工作文件为主，法律和行政法规层级的规定较少，法律保护级别较低，在个人信息与数据权利保护方面尤为突出。因此，中国应加快出台个人信息保护法等层级较高的法律，提升对个人信息和数据的保护能力和水平，加大对人权的保护力度。

互联网平台为行政机关和司法机关的信息共享和信息公开提供了更加多元化与便利化的途径和渠道，同时开辟了社会监督和公众参与社会治理的新路径。互联网的开放性、共享性、交互性和动态性等特点为信息共享、民意表达、参政议政提供了便利，既保证了信息的上传下达和信息的公开与共享，提升了信息整合和资源利用效率，提高了为民利民的服务水平和能力，又保证了公众的知情权和参与权，提高公众参与社会监督和社会治理的热情和信心，有利于加强国家机关与公众之间的互动与联系，提升政府和司法机关的公信力。但是，信息公开之后的信息安全和人权保障问题需解决，这都需要从完善智慧政务和智慧司法建设入手，加强部门协作，融合线上线下机制，做好匿名化、去识别化等技术处理和风险防范和预警工作，警惕各种非法入侵和恶意破坏，填补系统漏洞，提升服务能力和水平，充分保障人民权益。

随着互联网时代的到来和电子商务活动的普及，人们逐渐依赖网络信息系统，互联网技术及其应用在日常生活中具有不可替代的地位。2019 年中国多次开展大规模的网络专项整治行动，对个人信息和数据权利、电子商务领域中的消费者权益、未成年人的网络权益和网络版权进行保护。但是，电子商务行为需进一步规范，网络版权保护需进一步加强，未成年人的上网环境需持续净化，个人信息和数据的保护依然刻不容缓。因此，执法机关要继续加强对网络环境的监管，创新网络监管模式，建立网络执法信息系统和执法信息公开系统，严格执法，加大网络执法活动力度，对侵害消费者权益、未成年人权益、个人信息和数据权益、网络版权的违法行为加大处罚力度。进一步建设和完善线上和线下相融合的纠纷解决机制，及时解决网络纠纷。网络平台和互联网企业要加强自律，严格审查平台内容，保证信息、商品等内容的真实有效和网络环境的洁净健康，还要坚持合法、合理、最小必要等原则收集用户信息，并采取必要措施保证收集的个人信息和数据的安全。

2019 年既是新中国成立 70 周年，也是互联网诞生 50 周年，又是中国接入国际互联网 25 周年，还是实施"十三五"规划和决胜全面建成小康社会的冲刺攻坚之年，意义非凡。在互联网时代，只有用好互联网、治好互联网，才能推进国家治理体系和治理能力的现代化，当然，这个系统工程任重而道远，不能一举而竟全功，唯有以法治为基础，同时加强政府机关、行业组织、互联网企业、社会组织、个人等各方的沟通和协作，大力发展互联网核心技术，培养专业化的人才，方能有所成。

参考文献

1. 汪玉凯、高新民：《互联网发展战略》，学习出版社、海南出版社，2012。
2. 中国信息通信研究院：《数据基础设施白皮书2019》。
3. 中国互联网信息中心：第 43 次《中国互联网络发展状况统计报告》。
4. 《中华人民共和国国民经济和社会发展第十三个五年规划纲要（2016—2020年）》。
5. 中国信息通信研究院：《大数据白皮书（2019 年）》。
6. 《青少年蓝皮书：中国未成年人互联网运用报告（2019）》。

B.5
大数据时代中国的个人信息保护

化国宇　杨晨书*

摘　要： 大数据时代，公民的个人信息安全正面临着前所未有的挑战。随着技术不断成熟，收集、分析和利用公民个人信息变得愈发简单。在种种利益的驱动下，公民个人信息被擅自收集和恶意利用的情形也是屡禁不止，甚至部分公共部门在提供服务过程中出现大量个人信息泄露现象，造成对公民权利的侵害。我国在立法、执法和司法方面不断增强对公民个人信息的保护，取得了显著成效。在未来需要从立法、司法、监管和网络安全人才培养等方面进一步加强公民个人信息保护。

关键词： 大数据　个人信息　网络安全

一　大数据背景下个人信息泄露风险加剧

大数据作为一种现代化的信息处理方式，随着技术的不断发展，对一个人个人信息收集掌握得越多，对其性格特征、生活习惯就分析得越准确。个人信息作为一项重要的数据资源，其价值不断地被挖掘和释放。企业往往通过搜集分析个人信息来开发潜在客户、拓展业务范围；政府通过对个人信息

---

* 化国宇，法学博士，中国人民公安大学法学与犯罪学学院副教授、硕士生导师，中国人民公安大学国家生态安全法治研究中心执行副主任；杨晨书，法学硕士，中国人民公安大学2019级理论法学研究生。中国人民公安大学2019级理论法学研究生白渤宇同学承担了资料收集和整理的工作，对本文亦有贡献。

的掌握，提高社会管理的效度。但个人信息使用失范，也会带来很多负面影响。一些企业、机构为了营利，对个人信息的挖掘、利用越来越深，会在不告知用户的情况下利用技术手段获取用户的某些个人信息。与此同时，信息管理者管理不当，导致其掌握的公民信息泄露，一些随之而来的违法犯罪如电信诈骗、敲诈勒索、非法集资也会对公民隐私权和财产权利造成不可挽回的损害。达沃斯论坛在发布《2019 全球风险报告》时，罗列了五个最有可能对世界构成威胁的因素，其中就包含了个人信息安全和网络攻击。[①] 南方都市报大数据研究院与南都个人信息保护研究中心联合发布的《2019 个人信息安全报告》也指出，多数移动金融类 App 权限获取时涉嫌超范围收集用户数据，"中国工商银行""中国农业银行"等知名 App 赫然在列。[②] 2019 年 11 月 3 日，浙江理工大学副教授郭兵因不愿意被任意采集自己的面部数据，将采用人脸识别系统要求"刷脸进门"的杭州野生动物世界告上了法庭。这一系列的事件无不告诉我们，大数据时代，个人信息安全正面临着前所未有的挑战。如何保护公民的个人信息权是我国亟待解决的重要课题。

二 我国个人信息保护的现状

（一）立法保护现状

相较于我国互联网和大数据现实的发展状况，我国关于个人信息保护的立法相对滞后。尽管 2003 年国务院就曾针对起草"个人信息保护法"开展过相应工作，并产生了相关意见稿，但迄今为止我国仍未颁布高位阶的专门立法。近十年直接规定或者间接涉及公民个人信息保护的全国性法律法规主

---

① 《2019 达沃斯全球风险报告：信息安全成焦点，地缘政治合作瓦解是最大风险》，2019 年 1 月 22 日，凤凰网，http：//finance. ifeng. com/c/7jflGqAL4Tp。
② 《2019 个人信息安全报告发布：95% 受访者承认遭遇隐私泄露》，2019 年 12 月 6 日，雷锋网，https：//baijiahao. baidu. com/s？ id = 1652165292702491628&wfr = spider&for = pc。

要有 31 部（见表 1、表 2），分别从电商、电信、教育、物流、医疗、金融等各个方面对个人信息收集和利用加以规定。2012 年全国人大常委会颁布的《关于加强网络信息保护的决定》是开启大数据时代个人信息保护的标志性立法，该法首次规定了对公民个人身份和个人隐私电子信息的保护。[①] 2013 年《电信和互联网用户个人信息保护规定》，全方位规定了电信业务经营者、互联网信息服务提供者收集、使用用户个人信息应当采取的方式方法、需要遵循的基本原则以及违反相关规定应当承担的法律责任等事项。2013 年 10 月修订实施的《消费者权益保护法》的第 14、29、50、56 条也就消费者的个人信息保护对经营者提出了相关要求。2015 年 8 月，《刑法修正案（九）》出台，对第 253 条有关个人信息犯罪的规定进行了修改，突破了该罪犯罪主体仅限于国家机关或者金融、电信等单位及其工作人员的规定，将其扩大为一般主体，且对将在履行职责、提供服务过程中获取的公民个人信息出售或提供给他人的违法行为从重处罚。2016 年 11 月发布的《中华人民共和国网络安全法》对网络信息安全做出了专章规定，明确提出"网络运营者收集、使用个人信息，应当遵循合法、正当、必要的原则，公开收集、使用规则，明示收集、使用信息的目的、方式和范围，并需要经被收集者同意"。2017 年实行的《中华人民共和国民法总则》第 111 条明确公民个人信息受法律保护，要求在收集公民个人信息时要符合法律规定，不得侵害信息主体的合法权益。2019 年更是我国有关个人信息保护里程碑的一年，国家互联网信息办公室出台了《儿童个人信息网络保护规定》，并就《数据安全管理办法（征求意见稿）》《个人信息出境安全评估办法（征求意见稿）》向社会征求意见。其中《儿童个人信息网络保护规定》对 14 岁以下儿童的个人信息进行全方位保护，囊括了信息的收集、存储、使用、转移、披露、删除等各个环节。

---

① 《全国人民代表大会常务委员会关于加强网络信息保护的决定》，2012 年 12 月 28 日，中国人大网，http://www.npc.gov.cn/wxzl/gongbao/2013 - 04/16/content_ 1811077.htm。

表1　直接规定个人信息保护的全国性法律法规（包含征求意见稿）

时间	部门	法律法规名称
2019 年 10 月	中国人民银行	《个人金融信息（数据）保护试行办法（初稿）》（征求意见中）
2019 年 6 月	国家互联网信息办公室	《个人信息出境安全评估办法（征求意见稿）》
2019 年 5 月	国家互联网信息办公室	《数据安全管理办法（征求意见稿）》
2019 年 8 月	国家互联网信息办公室	《儿童个人信息网络保护规定》
2017 年 5 月	最高人民法院、最高人民检察院	《关于办理侵犯公民个人信息刑事案件适用法律若干问题的解释》
2016 年 11 月	全国人民代表大会常务委员会	《网络安全法》
2014 年 3 月	国家邮政局	《寄递服务用户个人信息安全管理规定》
2013 年 9 月	工业和信息化部	《电信和互联网用户个人信息保护规定》
2012 年 12 月	全国人民代表大会常务委员会	《关于加强网络信息保护的决定》
2012 年 3 月	中国人民银行	《中国人民银行关于金融机构进一步做好客户个人金融信息保护工作的通知》
2011 年 11 月	工业和信息化部	《规范互联网信息服务市场秩序若干规定》
2011 年 1 月	中国人民银行	《中国人民银行关于银行业金融机构做好个人金融信息保护工作的通知》

表2　涉及个人信息保护的条款的法律法规

时间	部门	相关法律法规	相关条款
2019 年 12 月	交通运输部、工信部等 7 部委	《网络预约出租汽车经营服务管理暂行办法》	第 26 条、第 27 条
2018 年 10 月	全国人民代表大会常务委员会	《中华人民共和国旅游法》	第 52 条
2018 年 10 月	全国人民代表大会常务委员会	《中华人民共和国公共图书馆法》	第 37 条、第 43 条
2018 年 8 月	全国人民代表大会常务委员会	《中华人民共和国电子商务法》	第 5 条、第 23 条、第 25 条、第 32 条、第 79 条、第 87 条
2018 年 4 月	全国人民代表大会常务委员会	《中华人民共和国反恐怖主义法》	第 21 条、第 86 条
2018 年 4 月	全国人民代表大会常务委员会	《中华人民共和国国家情报法》	第 19 条、第 31 条

续表

时间	部门	相关法律法规	相关条款
2017 年 4 月	全国人民代表大会常务委员会	《中华人民共和国测绘法》	第 47 条
2017 年 3 月	全国人民代表大会	《中华人民共和国民法总则》	第 110 条、第 111 条
2015 年 2 月	国家互联网信息办公室	《互联网用户账号名称管理规定》	第 4 条
2015 年 8 月	全国人民代表大会	《中华人民共和国刑法修正案(九)》	第 253 条、第 286 条
2015 年 5 月	工业和信息化部	《通信短信息服务管理规定》	第 14 条
2014 年 5 月	国家卫生计生委	《人口健康信息管理办法(试行)》	第 10 条
2013 年 10 月	全国人民代表大会常务委员会	《中华人民共和国消费者权益保护法》	第 14 条、第 29 条、第 50 条、第 56 条
2013 年 6 月	全国人民代表大会常务委员会	《中华人民共和国传染病防治法》	第 12 条、第 68 条
2013 年 1 月	全国人民代表大会常务委员会	《中华人民共和国未成年人保护法》	第 39 条、第 69 条
2013 年 1 月	国务院	《征信业管理条例》	第 13 条、第 14 条、第 15 条
2012 年 1 月	全国人民代表大会常务委员会	《中华人民共和国居民身份证法》	第 6 条、第 12 条、第 19 条、第 20 条
2009 年 6 月	全国人民代表大会常务委员会	《中华人民共和国统计法》	第 9 条、第 35 条、第 39 条
2009 年 2 月	全国人民代表大会常务委员会	《中华人民共和国刑法修正案(七)》	第 7 条

为落实全国性的法律法规，我国也制定了个人信息保护方面的国家标准和指南（见表3），有效指导个人信息持有者建立健全公民个人信息安全保护管理制度和技术措施。各省市也根据自身信息化发展程度，结合当地的实际情况出台了相应的地方性法规保障信息系统的安全，如《北京市信息化促进条例》《海南省信息化条例》等。

表3　有关个人信息保护的国家标准和指南

时间	部门	标准名称
2019 年 4 月	公安部网络安全保卫局、北京市网络行业协会、公安部第三研究所等	《互联网个人信息安全保护指南》
2017 年 12 月	全国信息安全标准化技术委员会	《GB/T 35273 – 2017 信息安全技术个人信息安全规范》
2012 年 11 月	工业和信息化部	《GB/Z 28828 – 2012 信息安全技术公共及商用服务信息系统个人信息保护指南》

（二）执法保护现状

我国以往的网络执法，主要针对的是利用计算机从事欺诈、危害国家安全、泄露国家秘密、传播淫秽色情信息和散播谣言等违法行为。因此，传统上我国主要通过技术管制和刑事执法对网络领域进行规制。2017 年我国《网络安全法》的出台，将网络信息安全置于核心法律地位，同时也规范了行政执法程序，细化了执法工作，明确了网络信息管理部门的行政执法职能。由国家和地方互联网信息管理部门负责保护个人信息的行政执法工作，而在技术管制、市场监管、刑事执法领域，则由工信部门、市场监管部门和公安部门负责。因此，我国个人信息保护执法职责是由多个部门共同承担的。

由于我国移动端使用、网上购物、电子支付比其他国家更为普遍，因而公民个人信息保护的社会环境更为复杂，案件数量、涉案数额以及调查难度都比较大，进行常态化全面执法和监管难度较大，往往通过某一段时间针对某些问题进行集中整治，树立典型的执法策略震慑侵犯公民个人信息的违法行为。2019 年，各部门通过专项执法和联合执法，取得了较好的执法效果（见表4）。

如 2019 年 1 月，中央网信办、工信部、公安部、市场监管总局四部门联合发布公告，对 App 违法违规收集使用个人信息进行专项治理。截至2019 年 9 月，该专项工作组已经评估近 600 款用户量大、与民众生活密切相关的 App，并向其中问题严重的 200 余款 App 运营者告知评估结果，建议其及时整改，整改问题达 800 余个。① 2019 年 4 月 1 日至 9 月 30 日，市场监管总局在全国范围内部署开展专项执法行动，针对消费领域侵害消费者个人信息的不法行为进行重点打击，在这次专项执法活动中，全国市场监管部门共立案查办各类侵害消费者个人信息案件 1474 件，查获涉案信息 369.2 万条，罚没款 1946.4 万元，移送公安机关案件 154 件。② 2019 年 7 月，工信部印发《电信和互联网行业提升网络数据安全保护能力专项行动方案》，③ 开展为期一年的行业提升网络数据安全保护能力专项行动，全面提升行业网络数据安全和个人信息隐私安全保护能力。2019 年 3 月至 11 月，公安部部署开展"净网 2019"专项行动，组织全国公安机关依法对网络犯罪进行严厉打击，截至 2019 年 10 月 31 日，共侦破侵犯公民个人信息类案件 2868 起，缴获公民个人信息 12.63 亿条，抓获犯罪嫌疑人 7647 名，非法获取、贩卖公民个人信息的产业链条遭到重创，犯罪分子受到极大震慑。④ 此外，公安部还大力打击侵犯公民个人信息的下游犯罪，目前全国已建成 32 个省级、316 个地市级反诈骗中心，同时积极开展国际执法合作，打击跨国电信诈骗等违法犯罪活动。⑤

表4　2019 年新闻媒体报道的有关个人信息保护的主要行动

时间	有关部门	相关行动
2019 年 3 月至 11 月	公安部及全国地方公安机关	"净网 2019"专项行动
2019 年 4 月 1 日至 9 月 30 日	国家市场监督管理总局	"守护消费"暨打击侵害消费者个人信息违法行为专项执法行动

① 罗克研：《二季度美团外卖等多款 APP 违规收集个人隐私被曝光》，《中国质量万里行》2019 年第 10 期。
② 何可：《"守护消费"专项执法行动打出了声威》，《消费指南》2019 年第 12 期。
③ 《电信和互联网行业提升网络数据安全保护能力专项行动方案》，《网信军民融合》2019 年第 7 期。
④ 《通报公安机关"净网 2019"专项行动工作情况及典型案例》，2019 年 11 月 14 日，公安部网站，https://www.mps.gov.cn/n2254536/n2254544/n2254552/n6773812/index.html。
⑤ 翟永太：《多方共举筑牢信息安全防护墙》，《中国防伪报道》2019 年第 4 期。

续表

时间	有关部门	相关行动
2019 年 7 月	工业和信息化部及全国地方工信部门	提升网络数据安全保护能力专项行动
2019 年 7 月	中央网信办、工信部、公安部、市场监管总局	开展 App 违法违规收集使用个人信息专项治理
2019 年 11 月	安徽省政府办公厅	在全省范围内开展涉及个人隐私的政府信息排查工作
2019 年 12 月	中国互联网金融协会	针对保障个人信息安全,召开移动金融 App 备案管理工作试点启动会议

资料来源:网络媒体公开报道。

(三)司法保护现状

在中国裁判文书网上以"个人信息"为案件信息关键词进行检索,我国 2019 年有关个人信息的案件共有 1764 件,其中刑事案件共 1558 件,民事案件共 206 件(见表 5)。通过这些数据我们不难看出,我国目前对于公民个人信息的司法保护整体呈现出以刑事诉讼为主,民事诉讼明显偏少的局面。追究犯罪刑事责任是我国目前进行司法保护的主要手段。2017 年《民法总则》颁布之前,侵犯公民信息的民事案件大都以侵犯隐私权为由进行判决。尽管《民法总则》第 111 条对个人信息保护加以专门规定,但由于尚未提供完整的请求权基础,司法实务中只得继续以侵犯名誉权和隐私权为个人信息提供保护。因此,民事领域中对不涉及名誉权和隐私权的公民个人信息进行司法保护存在一定困难。

表5 2019 年有关个人信息保护的民、刑事案件

单位:件

案件类型	案由	数量
刑事	侵犯公民个人信息	1558
民事	侵犯隐私权、名誉权	206

资料来源:中国裁判文书网(检索时间为 2020 年 1 月 4 日)。

纵观 5 年以来有关于个人信息保护的案件（见表 6），侵犯公民个人信息的案件数量一直呈现出一个显著上升态势。① 特别是刑事案件，与 2015 年相比，2019 年侵犯公民个人信息案件数量增长了 458%。民事案件的增长率也达到了 142%。除此之外，2015 年有关公民个人信息的刑事案件是民事案件的 3.28 倍，但到 2019 年这一数据已经变成 7.56 倍。刑事案件数量急剧增加，一方面是由于随着社会信息化的不断加深，我国公民个人信息遭受侵犯的现象愈加严重，另一方面与司法机关在侦破和审判侵犯公民个人信息犯罪方面加大了力度有关。民事案件数量增长缓慢，也有两方面原因：一是我国公民个人信息保护意识不强，个人信息受到他人侵犯时，很少会诉诸法律手段来保护自己的合法权益；二是目前我国公民就个人信息侵权提起民事诉讼方面存在一定的障碍，如寻求司法救济的成本高、维护权益的周期长、收集证据困难等导致民事赔偿救济渠道不畅。

表 6　2015～2019 年有关公民个人信息保护的司法实践对比

单位：件

年份	刑事案件数量	民事案件数量
2015	279	85
2016	358	115
2017	1125	188
2018	1870	291
2019	1558	206

资料来源：中国裁判文书网（检索时间为 2020 年 1 月 4 日）。

从图 1 可见，2019 年侵犯公民个人信息类刑事案件共涉及全国 28 个省区市，案件分布明显存在相对集中的特点。此类案件多集于南方地区，仅江苏、浙江、上海、福建四个省市的案件量就达到了总样本量的 50%。其中，江苏

---

① 中国裁判文书网有一定的滞后性，2019 年数据尚未完全收录。

省案件量居全国首位，有453件。其次是浙江省。出现此现象的主要原因在于相关省市公安网安部门打击力度较大，将每年办理的侵犯公民个人信息犯罪作为考核指标，一定程度上促进公安部门寻找相关线索、深挖犯罪链条，提高了打击此类犯罪的积极性。此外，新疆、宁夏、甘肃、海南等经济较不发达的省区侵犯公民个人信息的案件数量较少，从这一现象对比推断，此类刑事犯罪的数量与地方经济发展水平和互联网普及程度也存在一定的关联。

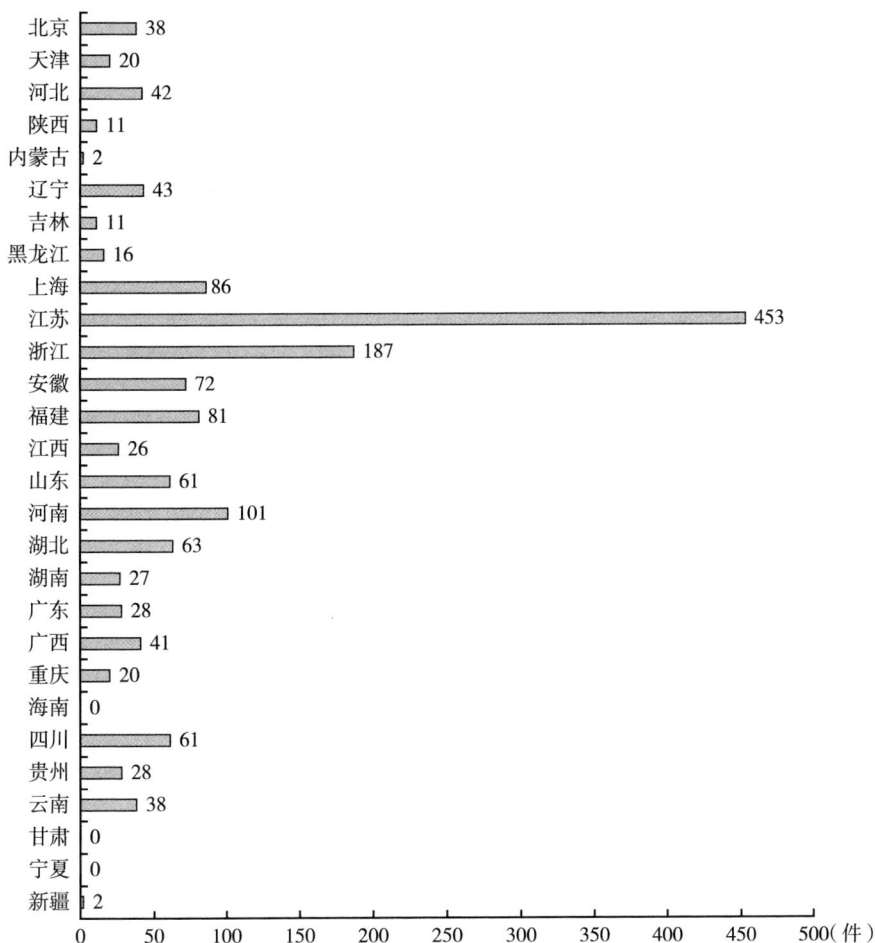

地区	数量
北京	38
天津	20
河北	42
陕西	11
内蒙古	2
辽宁	43
吉林	11
黑龙江	16
上海	86
江苏	453
浙江	187
安徽	72
福建	81
江西	26
山东	61
河南	101
湖北	63
湖南	27
广东	28
广西	41
重庆	20
海南	0
四川	61
贵州	28
云南	38
甘肃	0
宁夏	0
新疆	2

图1 2019年侵犯公民个人信息类刑事案件数量分布

资料来源：中国裁判文书网（检索时间为2020年1月4日）。

三 大数据时代我国个人信息保护存在的问题

（一）立法体系有待完善

1. 立法滞后，没有与大数据时代的法律需求适配

网络普及带来一系列便捷的同时，也使得公民个人信息的内涵和外延大为扩展。大数据时代，除了姓名、身份证件号码、通信通讯联系方式、住址等传统社会中的个人信息以外，用户的在线行为被不断观察和记录，由此形成了海量个人数据。部分被认为不在法律保护范围内的信息，经过大数据的对比分析之后，便具有了"可识别性"，成为个人信息。如最高人民检察院检察长张军所言，"大数据时代，个人信息已经成为重要的生产要素"。[①] 这种通过第三方合法取得海量个人信息，运用大数据分析进行分类、重组，获得用户的消费习惯、产品需求等滥用所控制的个人信息的行为，严重侵害了个体信息自主权益。[②] 对于此类"合法获取、不当滥用"的情形，我国立法缺少明确的限制措施。因而，以传统立法应对大数据时代个人信息保护问题经常显得捉襟见肘。

2. 立法分散，缺少统一的立法目标与概念界定

关于公民个人信息保护的规定散见于《网络安全法》《消费者权益保护法》《刑法》《民法总则》等多部法律中，但尚未出台专门法律加以保护。[③] 各个立法的立法目标不一，概念界定也存在差别，使得对有关个人信息保护适用的标准不同。同时各法之间各行其是，缺乏衔接，容易出现法律冲突和法律漏洞。尤其是对个人信息界定标准争议较大，因而导致对同类案件审判标准不统一等问题，既给公民个人信息保护的法律适用带来困难，也不利于保障被追诉人的合法权益，同时还损害了法律的严谨性和权威性。

---

① 陈海波：《专家热议大数据时代个人信息保护》，《光明日报》2018 年 11 月 9 日，第 9 版。

② 李川：《个人信息犯罪的规制困境与对策完善——从大数据环境下滥用信息问题切入》，《中国刑事法杂志》2019 年第 5 期。

③ 张璁：《谁动了我的个人信息?》，《人民日报》2019 年 5 月 30 日，第 19 版。

（二）执法体制需进一步强化

1. 常态化执法、监管机制未确立

当前我国对个人信息的保护经常以专项治理的方式开展，在一段时间内进行集中整治。然而短期疾风骤雨式的执法虽然能够起到一时之效，但是在专项治理过后相关违法活动仍然容易卷土重来。在大数据背景下，通过严厉打击，网络上恶意网站、钓鱼软件、黑客入侵等集体"蒸发"，但这并不意味着侵害信息行为的停止，而是非法行为人的自我保护和伺机反弹。同时，对于掌握公民个人信息的互联网企业，政府缺乏常态化的监管机制，而企业也没有建立起常态化的合规性审查机制，使得公民个人信息保护的执法效果大打折扣。

2. 主体责任不明，部门间缺乏沟通与联动

我国直接或者间接涉及个人信息保护的法律法规为数不少，但这些法律法规却未明确规定相关机构应采用何种程序、实施何种措施及时介入，由此造成执法部门主体责任不清的情况。例如前文提到过的四部门联合开展的"App 违法违规使用个人信息专项整理"活动，体现了国家对个人信息保护的重视，然而其中联合执法的弊端也是需要考虑的问题。由于我国法律对各监管机关的职责划分不够精细，执法过程中各监管机构协调困难，难以对案件进行有效的协作与衔接，个人信息保护一部分被重复监管，而另一部分又处于监管真空状态。

（三）公民个人寻求司法救济乏力

由于网络具有匿名性、隐蔽性、低成本性和超时空性等特点，个人信息很容易被获取，而一旦被不法分子所利用，却很难追踪信息泄露的源头。在大数据背景下，一些来自不同渠道看似并无关联的信息数据，经过网络的处理分析，也将还原出大量的个人信息。[①] 泄露信息源的分散性和重叠性使得公民已很难去追究单独某一个单位或个人的责任。退一步讲，公民个人信息

---

① 梁成意、齐彩文：《大数据时代个人信息保护的执法困境与选择》，《天水行政学院学报》2019 年第 1 期。

遭泄露之后，即使知道泄露者，也了解其危害，公民个人也缺乏保护渠道和维权资源。鉴于目前民法上还是通过对具体人格权的保护来实现公民个人信息保护，因此在司法实践中针对此类案件的举证责任分配仍然采用"谁主张、谁举证"的一般性原则。基于以上种种原因，信息主体很难举证被诉主体有侵犯其个人信息的行为。被侵害者完全无法与隐蔽而庞大的产业链相抗衡，多数情况下都会落入"人为刀俎，我为鱼肉"的窘境。

（四）网络安全人才匮乏

个人信息安全执法由于高度专业化和技术化，需要有具备网络安全技能的专业执法队伍。与此同时，执法部门以外的掌握公民个人信息的机关、企业和组织均需要网络安全人员抵御非法获取个人信息的不法侵害。但是目前我国网络安全人才十分紧缺。2018 年举办的第十一届网络空间安全学科专业建设与人才培养研讨会指出，我国目前网络空间安全人才总需求为 70 万，而我国目前已培养的人才总量不足 10 万。[①] 2019 年 5~6 月，国家网信办和工信部等单位陆续发布《数据安全管理办法》《网络安全审查办法》《儿童个人信息网络保护规定》等规范文件，这些法律法规的出台，进一步拉动了对网络安全专业人才的需求，对当前安全人才供给不足现状带来挑战。[②] 普华永道的报告指出，2019 年网络安全人才缺口可能达到 150 万。[③]《中国信息安全从业人员现状调研报告（2018—2019 年度）》指出，除了信息安全从业人员全方位短缺之外，信息安全职业化程度低、人员能力提升需求难以得到满足等也是当前十分突出的问题。[④]

---

① 《中国网络安全人才之"怪现状"》，2018 年 1 月 15 日，阿里聚安全（阿里巴巴移动安全官方），https：//www.freebuf.com/articles/network/160054.html。
② 唐福勇：《网络安全人才需求持续增长》，《中国经济时报》2019 年 8 月 16 日，第 3 版。
③ 《补天白帽大会召开　国家队引领白帽解决网络安全隐患》，2019 年 5 月 29 日，中国新闻网，http：//www.chinanews.com/business/2019/05－29/8850438.shtml。
④ 中国信息安全测评中心：《中国信息安全从业人员现状调研报告（2018—2019 年度）》，2019 年 9 月 6 日，中国信息安全测评中心网站，http：//www.itsec.gov.cn/zxxw/201909/t20190906_36022.html。

四 大数据时代我国个人信息保护的应对

（一）制定个人信息保护专门法

鉴于我国目前个人信息保护形势严峻，现有相关法律分散、规定较为滞后，需加快推动"个人信息保护法"的立法进程。根据十三届全国人大常委会立法规划，"个人信息保护法"已被纳入第一类项目，即"条件比较成熟、任期内拟提请审议的法律草案"。① 通过专门立法，衔接大数据时代个人信息保护的法律需求，明确个人信息的法律边界、个人信息保护的基本原则，统合互联网、电信、金融、住宿、长途客运、机动车租赁、快递、医疗、教育等行业收集个人信息的限度与保密、保护义务等问题。同时强化对侵犯公民个人信息行为的日常行政规制和监管的规定，明确政府各部门的主体职责和行政责任，构建信息管理者和侵犯个人信息违法行为人的行政、民事与刑事责任，构建系统完善的全方位法律责任体系。

（二）强化行政常态化监管和信息管理者自律义务

司法是公民权利的最后一道防线，尤其是运用刑法手段保护公民个人信息在我国已经落地。但是，与其他个人信息保护执法机制较为完善的国家相比，我国的执法机制仍呈现出监管分散、执法被动、联动不足的局面。对个人信息的采集、保管、流通、使用等方面的行政监督有待完善，尤其是应当建立健全常规化的审查和监管体制。互联网信息管理部门也不能总是"不告不理"，应该主动审查，严格管控，对于非法网站，发现一个关停一个，对于合法网站非法运营、擅自泄露公民个人信息者，发现一个处罚一个。工信、公安、市场监管等部门都享有对公民个人信息安全的监管权，应发挥联

---

① 《十三届全国人大常委会立法规划》，2018 年 9 月 10 日，中国人大网，http：//www.npc.gov.cn/npc/c30834/201809/f9bff485a57f498e8d5e22e0b56740f6.shtml。

动作用，紧密配合，减少存在的执法盲点。在未来，或许可以考虑成立公民个人信息保护的专门机构，对个人信息泄露违法情报、信息进行统一归口、研判和使用，进而协调各执法单位的执法活动，从而建立起协调、共享的"情报共同体"系统，以适应大数据时代的要求。

同时，应强化掌握信息管理者的责任，要求其落实保护和保密义务，使其进一步增强公民个人信息保护责任主体意识。一方面要细化其数据保密和保护标准，避免数据信息被外部窃取，另外也要严格内部对数据的管理，防止内部人员监守自盗、私自外泄，有效切断侵犯公民个人信息犯罪的"源头"。相关企业和政府职能部门也应探索双方良性互动机制，协作保障公民个人信息安全。

（三）完善司法救济机制

根据 2019 年 1 月 7 日《工人日报》报道，北京市朝阳区法院在 2003 年至 2017 年 15 年间共受理 74 起涉公民个人信息民事侵权案，受理案件数量呈现逐年增长态势。但是随着信息化的发展，原告的胜诉率却在不断下降，2015 年到 2017 年 3 年胜诉案件数不足受理案件的一半。胜诉率低的主要原因在于：大数据时代，公民个人在信息泄露后取证越来越困难。根据中国互联网络信息中心的统计，截止到 2019 年 6 月，我国网民规模达到 8.54 亿，手机网民规模达到 8.47 亿。互联网的普及，使得公民日常的生活、工作和学习越来越多地借助互联网和移动终端完成。公民个人访问的每一个网站、下载的每一个 App、注册的每一个账号都有可能成为泄露公民个人信息的风险源。很多掌握公民个人信息的企业之所以有恃无恐，就在于它们认为"该企业并非唯一获取公民个人信息的主体"，"如何证明是从该企业泄露出去的"，并以此抗辩。而要公民对此举证则几无可能。

个人信息权属于民事权利。当该权利受侵害时，民事救济应当是主要手段。但是，我国司法实践却恰好相反。公民个人相较于掌握其信息的公司、政府而言，处于弱势地位，举证能力较弱。针对此类案件，司法机关应当对"谁主张、谁举证"的一般民事举证规则进行改变，由掌握公民个人信息的主体承担主要举证责任，还可以根据侵权主体，适用不同的举证原则。例如当侵犯公民个人信息的法律主体是企业机构等，可以对其适用过错推定。我国还可以确立侵犯公民个人信息的惩罚性赔偿制度，增加侵犯公民个人信息的侵权成本，让其承担的侵权责任高于所获得的经济利益。同时，司法机关还应畅通信息主体的权利救济渠道，如推动个人信息保护进入集体诉讼和公益诉讼，最大限度降低公众维权成本，而且可以最大限度地扩大案件的社会影响，对泄露个人信息行为起到有力的震慑。

（四）培养网络和信息安全人才

维护公民个人信息安全，需要全社会的共同努力，尤其是公民个人信息管理者、监管和执法部门、司法部门以及网络数据安全服务提供者的协作。这些部门要发挥作用，都离不开网络安全专门人才的支持。《2019 网络安全人才现状白皮书》显示，人员需求方面，北上广为代表的一线和新一线等省市，人才需求数量占全国需求总量的 60% 以上。这和北上广聚集了大量的网络安全相关的企业和机关有很大的关系。[①] 为满足社会对于网络和信息安全人才的需求，中国可以从以下几方面采取措施。一是培养更多的网络和信息安全人才。当前国内网络安全人才培养的主要途径是大学教育，[②] 应当继续加强高校"网络空间安全"一级学科建设，[③] 培养更多符合社会需求的本科及本科以上专业人才，[④] 同时加大在普适性安全教育方面的投入，拓展人才的多元化培养方式，促进各类网络安全意识提升教育、基础教育、职业

[①] 中国信息安全测评中心、杭州安恒信息技术股份有限公司、猎聘网：《网络安全人才现状白皮书》，2019 年 9 月 19 日，安恒信息，https：//www. dbappsecurity. com. cn/show – 92 – 502 – 1. html。

[②] 中国信息安全测评中心：《中国信息安全从业人员现状调研报告（2018—2019 年度）》，2019 年 9 月 6 日，中国信息安全测评中心网站，http：//www. itsec. gov. cn/zxxw/201909/t20190906_ 36022. html。

[③] 2015 年 6 月，为实施国家安全战略，加快网络空间安全高层次人才培养，国务院学位委员会决定在"工学"门类下增设"网络空间安全"一级学科。2019 年网络安全行业迎来了第一批"网络空间安全"专业毕业人才。

[④] 唐福勇：《网络安全人才需求持续增长》，《中国经济时报》2019 年 8 月 16 日，第 3 版。

培训、持续教育的发展。二是提升人才的职业化程度。完善网络和信息安全学科及知识体系，形成科学的信息安全从业人员测评标准，推进权威机构的信息安全专业人才资质认定工作，形成统一的职业标准。三是为人才发展提供空间。提高全社会的网络和信息安全意识和人才意识，建立起本领域稀缺人才的专项政策和管理体系，完善人才评价激励机制，为人才职业培训和继续深造提供政策支持。

参考文献

1. 常健、易艳霞:《互联网对提升公民权利行使能力的双重效应》,《理论与现代化》2017 年第 4 期。

2. 秦平:《App 专项治理需要进一步明确细则》,《法制日报》2019 年 9 月 24 日,第 1 版。

3. 唐福勇:《网络安全人才需求持续增长》,《中国经济时报》2019 年 8 月 16 日,第 3 版。

4. 梁成意、齐彩文:《大数据时代个人信息保护的执法困境与选择》,《天水行政学院学报》2019 年第 1 期。

5. 张洋:《净网!守护百姓信息安全》,《人民日报》2019 年 2 月 22 日,第 19 版。

6. 陈海波:《专家热议大数据时代个人信息保护》,《光明日报》2018 年 11 月 9 日,第 9 版。

7. 李川:《个人信息犯罪的规制困境与对策完善——从大数据环境下滥用信息问题切入》,《中国刑事法杂志》2019 年第 5 期。

8. 张璁:《谁动了我的个人信息?》,《人民日报》2019 年 5 月 30 日,第 19 版。

9. 化国宇:《新时代中国对国际人权事业的大国担当》,《学习时报》2018 年 1 月 1 日,第 3 版。

B.6
我国未成年人网络保护现状与展望

林 维 刘晓春*

摘 要: 未成年人的生存权、发展权、受保护权、参与权等基本权利，
在网络时代呈现新特点，面临新挑战。中国未成年人网络保
护的重点领域包括未成年人上网权利、免受不良信息侵害、
防沉迷、个人信息保护、防止网络欺凌、预防犯罪等。在立
法上，中国未成年人网络保护已经初成体系，并将快速完成
系统制度构建；行政监管上，各主管部门分工合作，出台涉
及各领域的规章并积极执法；司法实践中，突出对未成年人
的特殊保护和优先保护，建立了完善的少年司法制度，并将
涉网案件作为保护未成年人的重点领域。企业自律和社会共
治也构成了未成年人网络保护的重要力量，多方参与、多元
共治的局面已初步形成。

关键词: 未成年人网络保护 个人信息 网络信息内容生态治理
网络欺凌

随着互联网产业在我国的迅猛发展，特别是以手机为代表的移动上网设
备快速普及，互联网已经成为当前未成年人重要的学习工具、沟通桥梁和娱

---

* 林维，法学博士，中国社会科学院大学副校长、教授、博士生导师，主要研究领域为刑法学、
犯罪学、未成年人保护法；刘晓春，法学博士，中国社会科学院大学讲师，主要研究领域为
互联网法学、知识产权法学。

乐平台，对其学习和生活的影响不断增强。我国的未成年人经常被称为网络的"原住民"，未成年人使用网络的过程，是他们接触世界、获取信息、培养素养、学习成长的过程，与此同时，网络的使用也可能给他们带来风险和侵害。未成年人的权利在网络空间下的保障，成为刻不容缓的需求，亦面临着众多全新的挑战。我国对未成年人网络使用中涉及的各项权利的保护，正在从立法、行政、司法等方面构建全面系统的机制，而社会组织、研究机构以及平台企业在未成年人网络保护方面的努力也正在逐渐形成合力，未成年人网络保护正向着多方参与、多元共治的体系构建目标大步迈进。

一　未成年人网络使用状况

（一）未成年网民规模与结构

总体来看，未成年网民规模逐年扩大，城乡未成年人的上网比例差异相对较小，未成年人的互联网普及率明显高于全国互联网普及率。

截至 2018 年，我国未成年网民规模为 1.69 亿，未成年人的互联网普及率达到 93.7%，明显高于同期全国人口的互联网普及率（57.7%）。[①] 如图 1 所示，此前的数据呈现逐年上升的趋势，例如，截至 2008 年 12 月，中国青少年网民数达到 1.67 亿，占总体网民人数的比例为 55.9%。6~11 岁网民占 4.7%，12~18 岁网民占 50.9%，19~24 岁网民占 44.4%。未成年网民规模达 0.93 亿。[②] 截至 2013 年 12 月，中国青少年网民规模达 2.56 亿，占青少年总体的 71.8%，超过全国互联网普及率（45.8%）26 个百分点。

[①] 共青团中央维护青少年权益部、中国互联网络信息中心（CNNIC）：《2018 年全国未成年人互联网使用情况研究报告》，第 3 页，2019 年 4 月 18 日，http：//www.100ec.cn/detail--6504976.html。

[②] 中国互联网络信息中心（CNNIC）：《2008—2009 中国互联网研究报告系列之"中国青少年上网行为调查报告"》，第 8 页，2009 年 1 月 16 日，http：//www.cnnic.net.cn/hlwfzyj/hlwxzbg/qsnbg/201206/t20120612_27431.htm。

其中 6 ~ 11 岁网民占 11.6%，12 ~ 18 岁网民占 42.9%，19 ~ 24 岁网民占 45.5%。未成年网民规模达 1.40 亿。[①]

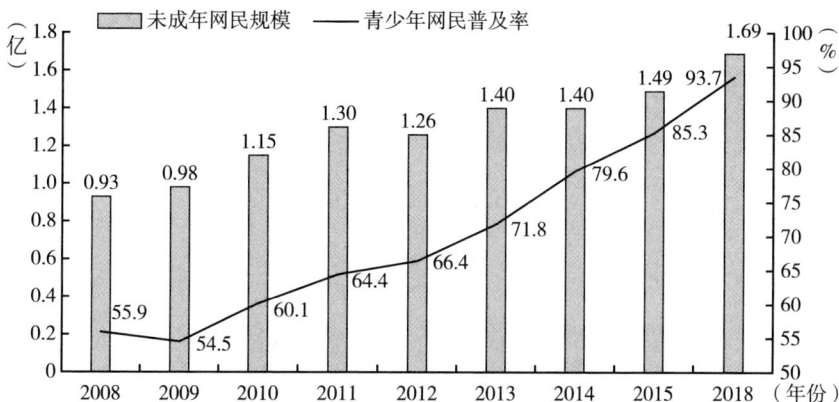

图1 我国历年未成年网民规模及青少年网民普及率

资料来源：本图为笔者根据 CNNIC 历年报告发布数据统计而成。

调查亦显示，2018 年城镇未成年人的上网比例达到 95.1%，而农村未成年人的上网比例也达到 89.7%。[②] 两者存在一定差距，但并不明显。不过，在网络成为基础设施的背景下，城乡网络环境的均质化以及包括未成年人在内的所有城乡成员网络使用的平等性，仍然属于我们必须关注的整个社会平等问题的一个侧面，社会应当努力缩小城乡网络使用环境的差距。

（二）上网设备

总体来看，未成年人上网设备以手机为主，城乡差别较大。截至 2018 年，超过 3/4 的未成年网民拥有属于自己的上网设备，其中拥有手机的群体占比最高。调查显示，未成年网民中拥有属于自己的上网设备的比例达到

---

① 中国互联网络信息中心（CNNIC）：《2013 年中国青少年上网行为调查报告》，第 9 页，2014 年 6 月 11 日，http://www.cnnic.net.cn/hlwfzyj/hlwxzbg/qsnbg/201406/t20140611_47215.htm。

② 共青团中央维护青少年权益部、中国互联网络信息中心（CNNIC）：《2018 年全国未成年人互联网使用情况研究报告》，第 4 页，2019 年 4 月 18 日，http://www.100ec.cn/detail--6504976.html。

77.6%。手机是未成年网民拥有比例最高的上网设备，达到 69.7%；其次为平板电脑，占 24.6%。[1]

城乡未成年网民拥有上网设备的情况存在一定差距。调查显示，城镇未成年网民拥有至少一件上网设备的比例为 79.7%，比农村未成年网民的比例（70.7%）高 9 个百分点。其中，城乡未成年网民拥有手机的比例差距最大，达到 11 个百分点；其次为笔记本电脑，差距为 7.3 个百分点；平板电脑和台式电脑的差距分别为 6.5 个百分点和 6 个百分点。[2]

（三）上网时长

未成年人日均上网时长集中在 2 小时，且受家长限制。调查显示，截至 2018 年，76.4% 的未成年网民日均上网时长在 2 小时以内，其中日均上网时长不足 1 小时的占 52.2%，日均上网时长在 1~2 小时的占 24.2%。但同时也应注意到，日均上网超过 3 小时的未成年网民占比也达到 13.2%。通过对不同学历段的未成年网民上网时长的进一步分析发现，小学生网民日均上网时长主要集中在 2 小时内；初中生和高中生网民的日均上网时间则明显偏长。超过九成家长会对未成年网民的上网时长进行限制。调查显示，未成年网民中经常被家长限制上网时长的比例达到 49.1%，有时会被家长限制上网时长的比例也达到 41.2%，仅有 9.7% 的未成年网民的上网时长不会受到限制。[3]

（四）上网地点

未成年人的上网地点以家里为主，网吧上网比例逐年降低。2008 年，家

---

[1] 共青团中央维护青少年权益部、中国互联网络信息中心（CNNIC）：《2018 年全国未成年人互联网使用情况研究报告》，第 6 页，2019 年 4 月 18 日，http：//www. 100ec. cn/detail －－6504976. html。

[2] 共青团中央维护青少年权益部、中国互联网络信息中心（CNNIC）：《2018 年全国未成年人互联网使用情况研究报告》，第 7 页，2019 年 4 月 18 日，http：//www. 100ec. cn/detail －－6504976. html。

[3] 共青团中央维护青少年权益部、中国互联网络信息中心（CNNIC）：《2018 年全国未成年人互联网使用情况研究报告》，第 8~9 页，2019 年 4 月 18 日，http：//www. 100ec. cn/detail －－6504976. html。

里和网吧是青少年最主要的上网场所。青少年网民在家里上网的比例达到
72.1%，在网吧上网的比例为57.5%，在学校上网的比例只有19.1%。① 截
至2013年12月，青少年网民在家里和网吧通过电脑接入互联网的比例均有所
下降，其中家里上网的比例下降了2.3个百分点，网吧上网比例下降了近7个
百分点。互联网快速渗透，使网吧在青少年上网地点中的比例越来越低。② 截
至2018年，对于使用台式机或笔记本电脑上网的未成年网民而言，家里是其使
用电脑上网的主要场所，其次为学校。调查显示，使用电脑上网的未成年网民
中92.4%的人会在家里使用电脑上网，39.4%的人会在学校使用电脑上网。③

（五）上网行为

互联网成为未成年人重要的学习、娱乐和社交工具。调查显示，未成年
网民中利用互联网进行学习的比例高达87.4%。上网听音乐和玩游戏作为
主要休闲娱乐类活动的占比分别为68.1%和64.2%。上网聊天作为主要的
网上沟通社交活动，占比58.9%。值得注意的是，短视频作为新兴休闲
娱乐类互联网应用十分受未成年人青睐，其占比已达40.5%。另外，网上
购物、新闻资讯等应用虽然在成年网民中的使用率较高，但在未成年网民中
的使用比例较低，均未达到30%。④

（六）存在风险和维权意识

未成年人在上网过程中存在遭遇网络讽刺谩骂及违法不良信息的风险，

---

① 中国互联网络信息中心（CNNIC）：《2008—2009中国互联网研究报告系列之"中国青少年
上网行为调查报告"》，第10页，2009年1月16日，http://www.cnnic.net.cn/hlwfzyj/
hlwxzbg/qsnbg/201206/t20120612_27431.htm。

② 中国互联网络信息中心（CNNIC）：《2013年中国青少年上网行为调查报告》，第12页，2014年6
月11日，http://www.cnnic.net.cn/hlwfzyj/hlwxzbg/qsnbg/201406/t20140611_47215.htm。

③ 共青团中央维护青少年权益部、中国互联网络信息中心（CNNIC）：《2018年全国未成年人
互联网使用情况研究报告》，第9页，2019年4月18日，http://www.100ec.cn/detail--
6504976.html。

④ 共青团中央维护青少年权益部、中国互联网络信息中心（CNNIC）：《2018年全国未成年人
互联网使用情况研究报告》，第10页，2019年4月18日，http://www.100ec.cn/detail-
-6504976.html。

同时有一定的通过互联网维权的意识。调查发现，未成年网民中遭遇网络暴力的比例达到 15.6%，其中在网络上遭到讽刺或谩骂是主要问题。未成年网民在网上遭到讽刺或谩骂的比例为 11.4%，遭遇其他网络暴力问题的比例均未超过 5%。30.3% 的未成年网民曾在上网过程中遭遇违法不良信息。[①]我国未成年网民对于通过互联网渠道进行权益维护具有一定认识。调查显示，我国未成年网民中，知道可以通过互联网对侵害自身的不法行为进行权益维护或举报的占比达到 69.1%。近七成遭遇过不法行为的未成年网民对互联网权益维护或举报的形式表示认可。通过对遭遇过不法行为的未成年网民的进一步调查发现，其中认为通过互联网进行权益维护或举报有用的占比达到 67.5%，而认为没有用的比例为 32.5%。[②]

二　未成年人网络权利保障的领域和现状

联合国《儿童权利公约》规定了儿童的生存权、发展权、受保护权、参与权等一系列基本权利，我国于 1991 年加入该公约，并已经在国内法领域建立起保障儿童基本权利的比较完整的法律体系。我国《未成年人保护法》第 3 条规定："未成年人享有生存权、发展权、受保护权、参与权等权利，国家根据未成年人身心发展特点给予特殊、优先保护，保障未成年人的合法权益不受侵犯。未成年人享有受教育权，国家、社会、学校和家庭尊重和保障未成年人的受教育权。未成年人不分性别、民族、种族、家庭财产状况、宗教信仰等，依法平等地享有权利。"进入网络时代，未成年人对网络的接触和使用存在于生活和学习的方方面面，对儿童和未成年人基本权利的保障自然有必要延伸到网络空间，建立起相应的新型权利体系和保

---

① 共青团中央维护青少年权益部、中国互联网络信息中心（CNNIC）：《2018 年全国未成年人互联网使用情况研究报告》，第 25 页，2019 年 4 月 18 日，http：//www.100ec.cn/detail - -6504976.html。

② 共青团中央维护青少年权益部、中国互联网络信息中心（CNNIC）：《2018 年全国未成年人互联网使用情况研究报告》，第 26 页，2019 年 4 月 18 日，http：//www.100ec.cn/detail - -6504976.html。

障机制。

目前，无论是国内还是国外，未成年人在网络使用中受到的不良侵害和权利保障，都是受到广泛关注的问题。具体而言，受到重视的具体领域包括网络不良信息侵害、沉迷现象、网络欺凌、个人信息侵害、网络相关的犯罪活动等，这些领域暴露出来的问题都需要建立相应的保护体系，以将对未成年人权利的保护在网络空间落到实处。

（一）网络不良信息侵害

未成年人在使用网络过程中，接触各类产品和服务时，都可能遭受不良信息的侵害，这些产品包括网络游戏、社交软件、新闻资讯、文学作品、音视频等。调查显示，30.3％的未成年人曾在上网过程中接触到暴力、赌博、吸毒、色情等违法不良信息。如图2所示，未成年人接触的不良内容信息比例由高到低分别为：打架斗殴、抢劫、赌博、吸毒、血腥暴力、淫秽色情。

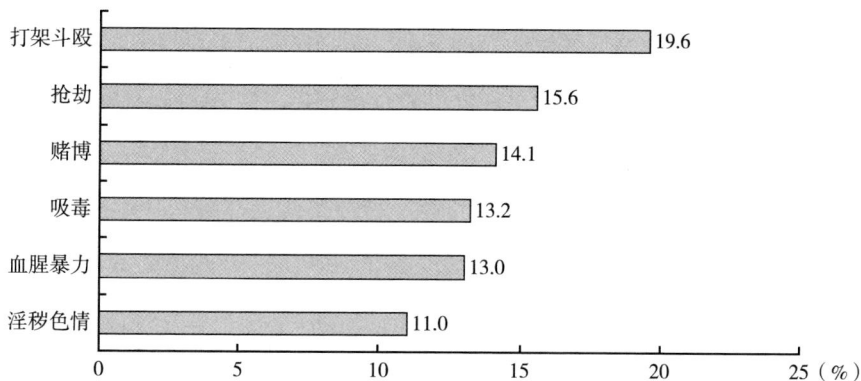

图2　未成年人遭遇网络违法不良内容的情况

资料来源：《2018年全国未成年人互联网使用情况研究报告》。

网络不良信息有可能出现在未成年人使用网络的各个领域和环节，不利于未成年人的身心健康发展，内容违法、不良或者低俗的信息有可能导致未成年人形成不健康的价值观，与此同时也可能导致其他形式的侵害，例如血腥暴力信息有可能导致未成年人产生暴力倾向，诱导赌博、吸毒、淫秽色情等信息有可能导致未成年人形成恶习，导致网络沉迷、欺凌等现象，最严重的有可能导致犯罪行为发生，未成年人有可能成为受害人，也可能从事犯罪行为，包括财产犯罪、暴力犯罪、性犯罪等。[①]

（二）沉迷现象

中国青少年网络协会进行的网瘾调查显示，我国城市地区 14.1% 的青少年网民受到网络沉迷的困扰，其中 13～17 岁的网瘾青少年比例为 14.3%。网瘾青少年主要是"网络游戏成瘾"，其次是"网络关系成瘾"。近一半（47.9%）网瘾青少年把"玩网络游戏"作为其上网的主要目的并且花费的时间最长，属于"网络游戏成瘾"；13.2% 的网瘾青少年在"聊天或交友"上花费的时间最长，属于"网络关系成瘾"。[②]

2018 年 9 月，国家卫生健康委员会发布《中国青少年健康教育核心信息及释义（2018 版）》，对网络成瘾的定义及其诊断标准进行了明确界定。据此规定，网络成瘾指在无成瘾物质作用下对互联网使用冲动的失控行为，表现为过度使用互联网后导致明显的学业、职业和社会功能损伤。其中，持续时间是诊断网络成瘾障碍的重要标准，一般情况下，相关行为需至少持续 12 个月才能确诊。

2018 年 9 月 25 日，国家卫生健康委员会就青少年健康问题召开新闻发布会，会上透露，据统计，全世界范围内青少年过度依赖网络的发病率是 6%，我国发病率接近 10%。[③]

在沉迷的具体领域中，游戏沉迷居于最突出的地位，目前政府出台的防沉迷相关机制也多是围绕网络游戏；网络社交沉迷和网络文学沉迷亦日益凸显，但目前防止措施尚空缺。此外，网络视频等形式的沉迷问题也逐步引起

---

① 杨雯清：《网络诱惑未成年人犯罪的法律治理》，《四川警察学院学报》2018 年第 3 期，第 85～86 页。

② 《中国青少年网瘾报告（2009）发布》，《北京晚报》2010 年 2 月 10 日。

③ 《国家卫生健康委员会就〈中国青少年健康教育核心信息及释义（2018 版）〉有关情况举行发布会》，2018 年 9 月 25 日，http://www.china.com.cn/zhibo/content_63748793.htm。

关注和讨论。①如图 3 所示，听歌、学习、游戏、社交、看视频位于未成年人使用手机频率和时长的前列，而具体顺序因不同性别而有不同。

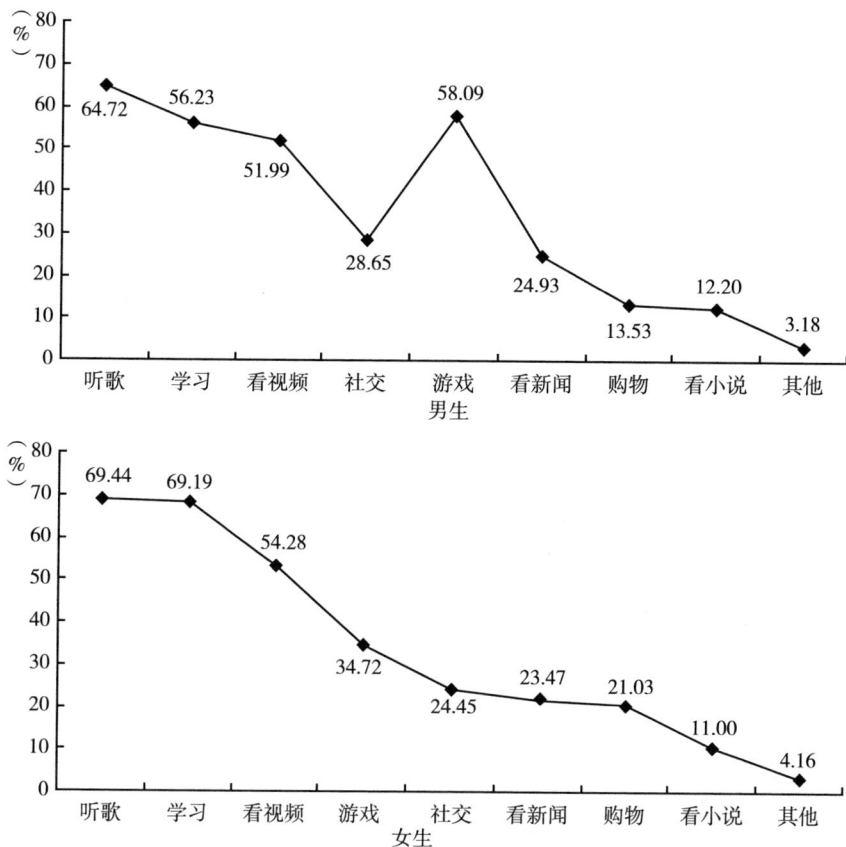

图 3　不同性别未成年人使用手机的情况

数据来源：南都大数据研究院：《未成年人移动互联网使用现状调研报告》，2019 年 7 月发布。

沉迷现象对未成年人的负面影响较为明显，会影响其正常的学习生活，威胁其身体健康和心理健康，导致出现大额支付等非正常消费行为，甚至诱

---

① 南都新业态法治研究中心：《未成年人网络防沉迷监管现状与治理报告》，2019 年 12 月 22 日，相关新闻参见 http：//news. southcn. com/nfdsb/content/2019 – 12/22/content_ 1898764 30. htm。

导其从事犯罪活动。有调研表明，过度沉迷网络游戏诱发的未成年人犯罪的情况主要包括以下几个方面：为支付上网费用而诱发抢劫、盗窃等财产型犯罪；沉迷网络暴力游戏而诱发故意杀人、故意伤害等暴力型犯罪；沉迷网络造成人际关系障碍诱发犯罪；在网络游戏中结交不良朋友诱发团伙犯罪等。[①]

（三）网络欺凌

未成年人在使用网络过程中，遭遇网络欺凌或暴力的情形，也引起较为广泛的关注。调查发现，如图4所示，未成年网民中遭遇网络暴力的比例达到15.6%，其中在网上遭到讽刺或谩骂的比例为11.4%，遭遇其他网络暴力问题的比例均未超过5%。而在2019年南都大数据研究的调查中，如图5所示，有12.47%的受访未成年人表示曾遭受到网络欺凌，其中男性受欺凌的比例更高，同时，随着年龄增长，认为自己有过网络欺凌遭遇的比例整体呈上升趋势。[②]

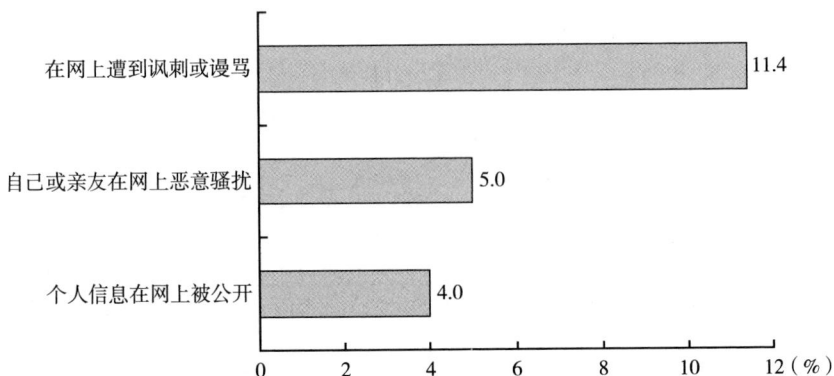

图4　未成年人遭遇网络暴力的情况

数据来源：CNNIC《2018年全国未成年人互联网使用情况研究报告》。
注：其中部分数据有重叠。

---

① 中国青少年研究中心课题组等《关于未成年人网络成瘾状况及对策的调查研究》，《中国青年研究》2010年第6期。
② 《南部发布〈未成年人移动互联网使用现状调研报告〉实地调查未成年人上网安全隐忧》，2019年7月31日，看点快报，https://kuaibao.qq.com/s/20190731AOTGD000？refer = spider。

未成年人遭受网络欺凌情况

是否曾受网络欺凌

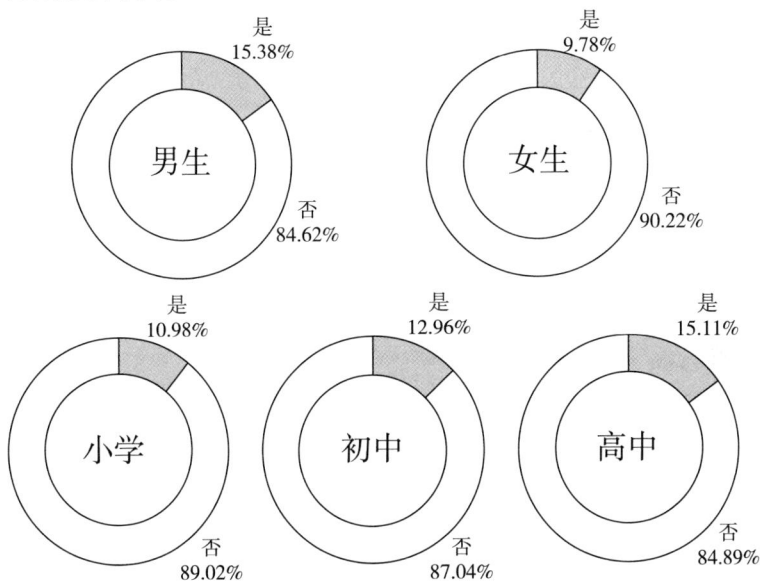

图5 不同性别和年级未成年人遭受网络欺凌情况

数据来源：南都大数据研究院：《未成年人移动互联网使用现状调研报告》，
2019 年 7 月发布。
注：未成年人遭受网络欺凌的比例来源于男女生所有受欺凌人数/男女生总人数。

针对未成年人的网络欺凌特点是，以言语欺凌为主，且具有隐蔽性和扩张性，未成年人在遭到网络欺凌后，大多数情况选择不向父母透露，但是网络欺凌又极容易迅速扩张，甚至从线上欺凌发展为线下欺凌，体现为人肉搜索等，或其本身就是由线下欺凌发展而来。网络欺凌发展到极致，有可能导致未成年人轻生等极端事件，这种例子国内外皆有。①

（四）个人信息侵害

未成年人个人信息保护不仅涉及其隐私权益，个人信息的泄露还会导致

---

① 张志刚：《广东一女生遭人肉搜索后投河身亡发照片者被刑拘》，2013 年 12 月 16 日，http://www.chinanews.com/df/2013/12 - 16/5624842. shtml。

未成年人的人身安全和财产利益遭受损失，但是另一方面，未成年人在使用网络过程中无可避免地需要提供个人信息来获取服务，因此未成年人个人信息保护成为互联网和大数据产业发展关注的问题。目前为止，尚无专门针对我国未成年人个人信息保护状况的调研数据，但是从图6和图7可以看出，从CNNIC等机构发布的个人信息安全相关数据来看，未成年人作为网民中的一部分，同样面临着严峻的个人信息泄露问题。

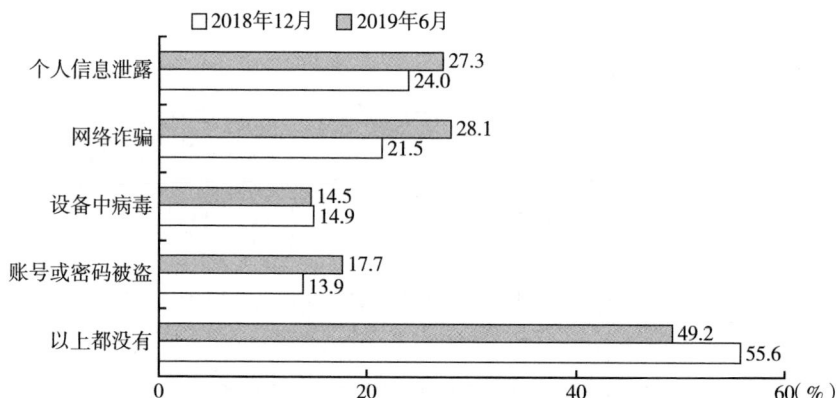

图6　2018～2019年网民遭遇各类网络安全问题的比例

数据来源：中央网信办、CNNIC第44次《中国互联网络发展状况统计报告》。

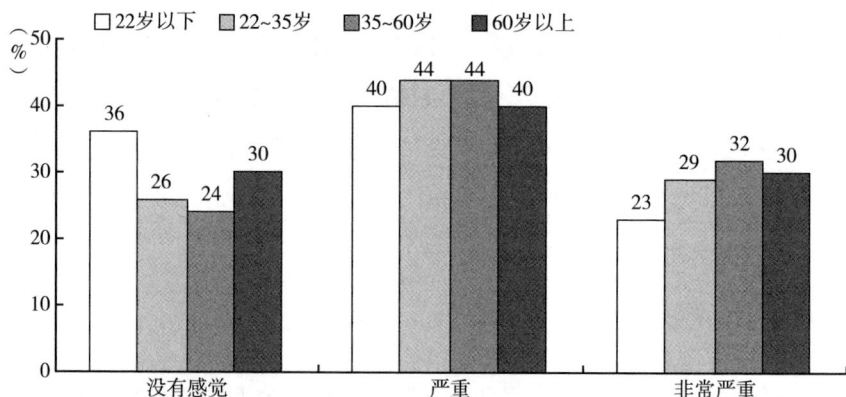

图7　不同年龄段人群对于个人信息泄露问题的整体感受

数据来源：中国青年政治学院互联网法治研究中心、封面智库《中国个人信息安全和隐私保护报告》，2016。

未成年人个人信息的泄露会导致电信诈骗、账户失窃等风险，如2016年引起高度关注的"徐玉玉案"，其源头即为学生个人信息泄露。而对于风险认知、判断和预防能力都不够的未成年人来说，身份信息、行踪轨迹、照片视频等信息的泄露，更可能使其暴露于儿童色情、绑架以及其他不可知的风险之下，因此，中国对于未成年人个人信息的保护，采取了特殊保护和强化保护的态度。

（五）网络犯罪

未成年人涉及的网络犯罪问题，有两个方面，一个是未成年人作为涉网络犯罪的受害人，另一个是未成年人受网络影响从事犯罪行为。未成年人在涉及网络的诈骗、色情、性侵等犯罪行为中都可能成为潜在的受害人。与传统未成年人被害问题相比，当前的未成年人的网络被害问题，体现三个趋势：其一，涉及网络的对未成年人犯罪的隐蔽性进一步增强，打击难度加大；[①] 其二，对未成年人犯罪成为传统犯罪网络化的重要形式；其三，相关犯罪中的网络要素逐渐从作为犯罪手段向作为犯罪空间延展。

未成年人在网络犯罪案件中作为被告人的情形，从最高人民法院中国司法大数据研究院发布的统计数据来看，如图8和图9所示，2016～2018年网络犯罪案件中未成年人作为被告人的比例为0.82%，而且呈现逐年降低的趋势。[②]

需要注意的是，网络犯罪的数据并不能完全体现网络对于未成年人犯罪的全面影响，因为未成年人从事传统线下犯罪行为，亦有相当可能是源于网络的影响。研究表明，很多未成年犯过多地受到不良网络信息和长时间上

---

① 赵国玲：《预防青少年网络被害的教育对策研究——以实证分析为基础》，北京大学出版社，2010，第13～14页。

② 中国司法大数据研究院：《司法大数据专题报告之网络犯罪特点和趋势（2016.1～2018.12）》，2019 年 11 月 22 日，http：//courtapp.chinacourt.org/fabu – xiangqing – 202061.html。

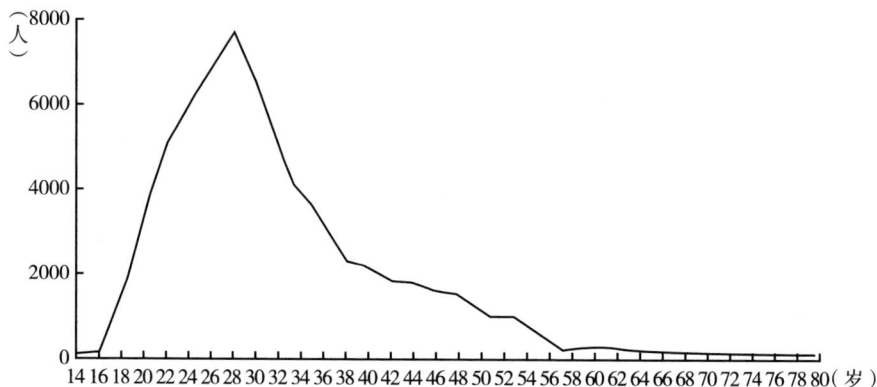

- 网络犯罪案件被告人年龄主要分布在20~40岁，占比约为76.96%。
- 年龄为28岁的被告人最多，约占全部被告人数的5.97%。
- 18岁以下未成年被告人占比为0.82%。

图8　2016~2018年网络犯罪案件被告人年龄分布

数据来源：中国司法大数据研究院《司法大数据专题报告之网络犯罪特点和趋势（2016.1~2018.12）》。

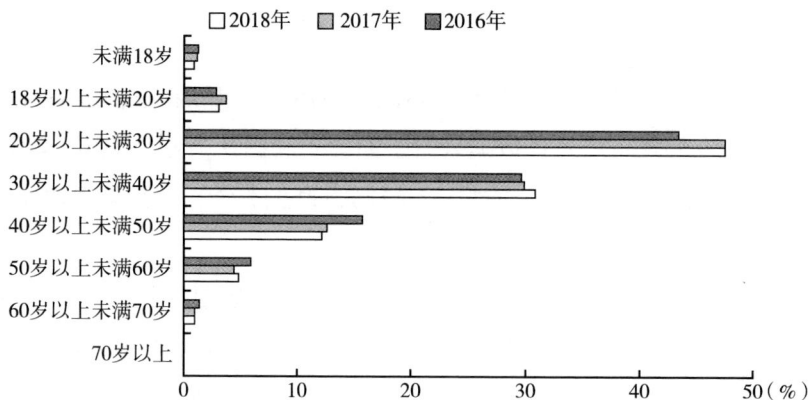

- 从年度趋势来看，网络犯罪案件中20岁以上未满40岁的被告人占比最大，且总体上呈逐年上升趋势。
- 未满18岁的被告人和40岁以上未满50岁的被告人占比均逐年降低。

图9　2016~2018年网络犯罪案件被告人不同年龄段占比年度趋势

数据来源：中国司法大数据研究院《司法大数据专题报告之网络犯罪特点和趋势（2016.1~2018.12）》。

网的影响，在调查中选择每天超过 6 小时上网时间的未成年犯占到 38.5%，而且其上网目的相对于普通未成年人，更多是听音乐、聊天和玩游戏，而非看新闻和查学习资料。[①] 另外，考虑到网络犯罪未成年被告人的数据来源于法院系统，因此不能不考虑针对未成年人的宽严相济政策以及教育预防理念的深入，在刑事诉讼的前期公安机关和检察机关对未成年犯罪嫌疑人的分流政策所取得的效果，因此对于未成年人的网络犯罪参与仍然应当给予足够的重视。

三 未成年人网络保护的机制和进展

（一）法律法规

未成年人保护领域的两部基本法律为《未成年人保护法》和《预防未成年人犯罪法》，现行的这两部法律中，对于未成年人网络保护的现存问题，尚无针对性的全面规定。在《未成年人保护法》的某些条款中，对防止沉迷、禁止传播不良信息和上网场所进行了原则性的规定。《预防未成年人犯罪法》也仅在个别条款对通过网络传播不良信息作出了禁止性规定。此外，《网络安全法》第 13 条对未成年人网络保护作出了原则性规定："国家支持研究开发有利于未成年人健康成长的网络产品和服务，依法惩治利用网络从事危害未成年人身心健康的活动，为未成年人提供安全、健康的网络环境。"

2019 年，《未成年人保护法》和《预防未成年人犯罪法》都启动修改程序，立法机关分别发布了征求意见稿。尤其被称为未成年人法律体系中的"小宪法"的《未成年人保护法》于 1991 年制定后分别于 2006 年进行了修订、2012 年进行了修正，此次正是考虑到随着经济社会的快速发展，未成

[①] 路琦等：《2017 年我国未成年人犯罪研究报告——基于未成年犯与其他群体的比较研究》，《青少年犯罪问题》2018 年第 6 期，第 42 ~ 43 页。

年人沉迷网络游戏等问题日益严重，部分法律条款已不适应未成年人保护工作的现状。2018 年以来，全国人大代表也已提出修改完善未成年人保护相关法律的议案 16 件、建议 11 件。① 此次修订工作为更好地适应未成年人保护工作，更好地保护未成年人合法权益奠定了基础。2019 年 10 月，未成年人保护法修订草案提请十三届全国人大常委会第十四次会议审议，修订草案条文几乎增加一倍，其中，在网络保护方面，未成年人保护法征求意见稿中增设了第五章"网络保护"专章，对网络保护内容加以独立、特别规定，这是未成年人网络保护领域的一个十分重要的立法进展。

相关同志作关于未成年人保护法修订草案的说明时指出，网络空间作为家庭、学校、社会等现实世界的延伸，已经成为未成年人成长的新环境。在网络保护专章中，草案针对未成年人网络保护的重要领域分别进行了规定，对网络保护的理念、网络环境管理、网络企业责任、网络信息管理、个人网络信息保护、网络沉迷防治、网络欺凌及侵害的预防和应对等作出较为全面的规范，力图实现对未成年人的线上线下全方位保护。② 预防未成年人犯罪法修订草案征求意见稿中，亦将网络使用行为的影响纳入规制范围，在第 24 条关于"不良行为"的列举中，将沉迷网络和接触不良网络信息列入其中。

在行政法规的层面，"未成年人网络保护条例"作为专门针对未成年人网络保护的法规，历经多年的酝酿和讨论，亦在 2019 年进入国务院审议阶段。该条例包含了总则、网络信息内容建设、未成年人网络权益保护、预防和干预等内容，针对未成年人网络保护涉及的众多领域进行了全面而系统的规定，亦是我国法律制度中首部专门针对该领域的行政法规，回应了现实的热点和关切，并建构了一系列具有创新性和可操作性的制度方案，如获通过，有可能成为国际上具有影响力的系统规定未成年人网络保护的专门法规。

---

① 徐航：《未成年人保护法修订：强化国家监护撑起法治蓝天》，《中国人大》2020 年第 2 期。
② 《未成年人保护法迎来大修　为未成年人健康成长提供法制保障》，《人民日报》2019 年 10 月 22 日，同时参见 http://www.npc.gov.cn/npc/c30834/201910/f806a2885db14e3483224c3d8b49b148.shtml。

此外，在行政法规层面，国务院针对《互联网上网服务营业场所管理条例》作出了局部调整，其中关于未成年人进入网吧等营业场所的禁止性规定得以沿袭。

（二）行政监管

未成年人网络保护的监管涉及多个领域，因此，在具体落实保护机制上，十分有赖于行政主管机关在各领域的立法和执法实践。围绕未成年人网络保护，中国政府形成了多个监管部门分工合作的机制，并在 2019 年推出了各个领域的部门规章（如表 1 所示），并加强执法行动。

表 1　2019 年发布未成年人网络保护相关部门规章情况

发布部门	文件名	生效时间
国家广播电视总局	《未成年人节目管理规定》	2019. 4. 30
国家互联网信息办公室	《儿童个人信息网络保护规定》	2019. 10. 1
国家新闻出版署	《关于防止未成年人沉迷网络游戏的通知》	2019. 10. 25
国家互联网信息办公室	《网络信息内容生态治理规定》	2020. 3. 1

数据来源：笔者根据政府网站公告自行整理。

1.《关于防止未成年人沉迷网络游戏的通知》

文化主管部门、新闻出版主管部门对网络游戏等文化产品进行监管，特别是对网络游戏的市场准入、内容管理、防止沉迷等履行监管职责。2019年10月国家新闻出版署发布《关于防止未成年人沉迷网络游戏的通知》，要求企业实行网络游戏用户账号实名注册制度；严格控制未成年人使用网络游戏时段、时长；规范向未成年人提供付费服务；切实加强行业监管；探索实施适龄提示制度；积极引导家长、学校等社会各界力量履行未成年人监护守护责任，加强对未成年人健康合理使用网络游戏的教导，帮助未成年人树立和养成正确的网络游戏消费观念和行为习惯。[①]

---

① 尹琨：《国家新闻出版署发布〈关于防止未成年人沉迷网络游戏的通知〉》，《中国新闻出版广电报》2019 年 11 月 6 日，同时参见 https：//www. chinaxwcb. com/info/557523。

这一通知在网络游戏这一未成年人沉迷风险最为突出的领域，建构了十分严格和细致的全方位保护性规定，意在遏制未成年人沉迷游戏、过度消费等行为，要求游戏企业切实承担防范责任。具体而言，最重要的措施包括严格的实名认证、游戏时间控制、付费限制等。

在实名认证方面，通知要求所有网络游戏用户均须使用有效身份信息进行游戏账号注册，网络游戏企业应建立并使用用户实名注册系统，不得以任何形式为未实名注册的新增用户提供游戏服务。这是对网络游戏实名注册制度的重申和延续，如若无法落实未成年人注册的实名认证，则其他防沉迷和特殊保护机制都无法落到实处。

通知要求严格控制未成年人使用网络游戏时段时长，这也是防沉迷的核心要素。一方面规定了"宵禁"制度，规定每日 22 时到次日 8 时不得为未成年人提供游戏服务；另一方面，在游戏时长方面，法定节假日每日不得超过 3 小时，其他时间每日不得超过 1.5 小时。

针对未成年人沉迷游戏带来的过度消费问题，通知针对不同年龄层次的未成年人做出了规定。具体而言，规定网络游戏企业不得为未满 8 岁的用户提供游戏付费服务；同一网络游戏企业所提供的游戏付费服务，8 岁以上未满 16 岁的未成年人用户，单次充值金额不得超过 50 元人民币，每月充值金额累计不得超过 200 元人民币，16 岁以上的未成年人用户，单次充值金额不得超过 100 元人民币，每月充值金额累计不得超过 400 元人民币。

监管执法方面，通知也规定了十分严格的责任后果，对未落实要求的网络游戏企业，各地出版管理部门应责令限期改正；情节严重的，依法依规予以处理，直至吊销相关许可。此外，通知还规定了适龄提示制度，积极引导家长、学校等社会各界力量履行未成年人监护守护责任。

2.《儿童个人信息网络保护规定》

针对日益突出的未成年人个人信息侵害风险，国家互联网信息办公室于 2019 年 8 月发布《儿童个人信息网络保护规定》（简称《规定》），这是中国首份专门针对儿童个人信息网络保护的法律文件，也是继 2013 年《电信和互联网用户个人信息保护规定》之后又一部个人信息保护领域的专门规定，对14岁以下儿童个人信息收集、处理、共享、删除等全环节进行了规定，强调了特殊保护、强化保护的原则，建构了监护人同意和儿童同意的双重授权机制，对儿童个人信息的保护作了强于现行法律中个人信息保护一般规则的要求。

长期以来，尽管国际社会对儿童个人信息都给予了格外的重视，但是相关立法呈现不均衡的特点。例如美国在1998年即制定了《儿童在线隐私保护法》，但是欧盟1995年的数据保护指令并没有规定儿童个人信息保护，即使在2016年的《一般数据保护条例》中也只有围绕儿童数据保护的原则性条款。我国《儿童个人信息网络保护规定》的出台是在国内和国际都高度重视儿童个人信息保护的背景下，对国内外共同关注问题的重要回应，在制定过程中也借鉴并发展了国际相关制度和规则。

儿童个人信息保护制度需要考虑儿童作为特殊主体，在认知和判断能力上的不足，在涉及与个人信息相关的决定和风险判断时，需要监护人帮助或者代为作出判断。因此，在儿童个人信息被收集、存储、使用、转移、披露时，仅有儿童自身的同意是不足以保护其利益的，还需要征得监护人的同意。不过，儿童对其享有的个人信息相关权益的处分也具有一定的独立性，立法必须充分理解、尊重不同类型儿童在不同阶段的特点和能力，对此应当作出动态的、发展的、符合儿童成长规律的考量。因此，参考国际标准并根据我国现状，将儿童的年龄定在14岁，从而在保护、尊重未成年人自主权利以及互联网产业发展之间实现一个初步平衡，同时以儿童监护人同意机制为基础，也允许儿童在行使更正权和删除权时可以独立行使权利，从而为监护人同意基础上的儿童自主权保障提供基础。

同时，该《规定》对儿童个人信息提供了明显强于个人信息一般规定的保护。在对儿童个人信息保护的最小必要原则上，《规定》贯彻得比较彻底，规定网络运营者不得收集与其提供的服务无关的儿童个人信息，不得违反法律、行政法规的规定和双方的约定收集儿童个人信息。相较于成人个人信息保护制度中，只要明确提示并取得主体同意，网络经营者就可以收集超过其服务范围的个人信息这一原则，上述规定更为强制和明确。在删除权的行使上,《规定》明确规定了权利行使的情形和途径,在《网络安全法》基础上提供了更加周全和切实的保护。针对儿童个人信息泄露的事故和风险,要求建立专门的预警和报告机制,这也是在《网络安全法》基础上的一个重要完善和发展。

在目前个人信息保护相关的基础立法尚未体系化和细化的情况下,《规定》在儿童个人信息保护制度构建上,进行了细化设计,为产业提供了更加明确的指引,并且通过具体化的机制设计,系统性强化了对儿童个人信息的保护。例如,《规定》要求网络运营者应当设置专门的儿童个人信息保护规则和用户协议,并指定专人负责儿童个人信息保护;针对征得监护人同意这一重要义务,明确规定应当同时提供拒绝选项,并规定了应当明确告知的具体事项范围;对网络运营者信息访问权限设定和内部管理制度,以及委托第三方处理、向第三方转让、披露儿童个人信息等涉及儿童个人信息处理全链条的相关行为,也作出了全面而细致的义务性规定。这些规定都具有很强的针对性,对产业提出了具体明确而切实有效的行为指引。通过目前乃至将来尽可能详细、全面的规范指引,尤其鼓励互联网行业组织指导推动网络运营者制定儿童个人信息保护的行业规范、行为准则,将有可能实现依法规范和行业自律的结合,避免互联网产业因权利保护而受到过度影响,实现法益保护和产业发展的全面均衡。

《规定》在注重保护儿童权益的同时,也秉持了开放和发展的立法思路,在安全和发展之间力求取得动态的平衡。例如,对于监护人同意没有拘泥于"明示同意"的形式,而是强调"以显著、清晰的方式告知"这一前提,在人工智能、物联网以及其他新技术创新层出不穷的数字社会,的确没有必要限于特定的同意形式,只要保证监护人能够在充分知情的情况下便捷地作出同意即可,灵活而开放的同意形式恰恰是能够在保护权益的前提下促进产业发展的。从保护儿童个人信息这一基本立场出发的《规定》,严格遵循《网络安全法》等上位法的规定,紧紧围绕保护的需要来展开,也充分考虑到例外的情形,例如,通过计算机信息系统自动留存处理信息,且无法识别所留存处理的信息属于儿童个人信息的情况可以作为适用

《规定》的例外。

《规定》的出台和执行，有望为更多儿童保护的配套制度奠定基础，但是儿童的个人信息保护事业绝不可能一蹴而就，相反，这一制度更需要在实践中不断完善。尤其是诸如儿童身份识别、监护人身份识别与获取同意的具体标准等规范，都需要在实践中逐渐总结经验，系统发展出一整套可以切实落地的操作标准与规则。

3.《网络信息内容生态治理规定》

针对网络不良信息导致的内容生态问题，国家互联网信息办公室于2019年12月发布了《网络信息内容生态治理规定》（简称《网络生态规定》），倡导正能量内容建设，限制不良和低俗信息传播，意在建设风清气朗的网络空间，力图为未成年人健康成长营造良好的信息内容生态氛围。

《网络信息内容生态治理规定》充分考虑了网络不良信息可能对未成年人带来的风险和伤害，强调了未成年人为重要的保护对象，在界定不良信息的类型中，特别列明了"可能引发未成年人模仿不安全行为和违反社会公德行为、诱导未成年人不良嗜好等的"信息为不良信息的一种类型，要求网络信息内容生产者应当采取措施，防范和抵制制作、复制、发布不良信息的行为；对于网络信息内容服务平台，要求其在"专门以未成年人为服务对象的网络信息内容专栏、专区和产品等"重点环节，不得发布不良信息。从防范未成年人接触并受不良信息诱导、伤害的角度，构建了细致、周全的保护规则，给平台施加了保护未成年人免受不良信息侵害的义务，是对未成年人权益的保护。

此外，《网络生态规定》也从正面引导优质内容的生产和传播，在第13条规定"鼓励网络信息内容服务平台开发适合未成年人使用的模式，提供适合未成年人使用的网络产品和服务，便利未成年人获取有益身心健康的信息"。

除了通过对内容生产者和服务平台提出未成年人保护的要求外，《网络生态规定》也通过对网络使用者进行义务性规定，要求用户不得从事网络暴力、欺凌、人肉搜索等侵害他人权益的行为（第21条），同时也对水军、流量造假、深度造假等危害网络生态和秩序的黑灰产做出了禁止性规定（第22条到第24条）。这些规定都是对网络上长期存在的违法或恶性活动的积极回应，对这些行为的禁止和防范，一方面可以防止未成年人受其直接侵害，另一方面，也可以防止不良的生态环境对未成年人造成潜移默化的影响，形成不良的行为模式和价值观念。

现有法律框架下构建的治理目标是对未成年人进行特殊保护和优先保护。但是，在整个未成年人网络保护的架构中，有效识别未成年人群体依然是一个国内外面临的共同难题，因此，建构一个专门针对未成年人的特殊生态网络，尚不具有现实性。在这样的情况下，对于未成年人容易触达、影响力广泛的传播渠道，通过综合生态治理机制，防范并抵制涉及血腥、暴力、色情、歧视等不良信息的泛滥，禁止网络暴力、欺凌、人肉搜索等行为导致的直接侵害，引导并建设健康、积极的文化氛围，并通过明确的规则和机制，来实现有法可依、依法执行，将网络内容生态治理纳入法治的轨道，构成未成年人保护的重要环节，是对未成年人成长负责任的举措，也有利于促进网络内容的生产和传播资源更多地集中到优质内容的产出链条中，避免劣币驱逐良币，整体上为未成年人的健康、安全成长提供让全社会更放心的网络生态。

4.《未成年人节目管理规定》

针对通过网络传播的音视频节目，国家广播电视总局于2019年3月发布《未成年人节目管理规定》（简称《节目规定》），对线上线下的未成年人节目管理作出全面规定。"未成年人节目"，包括未成年人作为主要参与者或者以未成年人为主要接收对象的广播电视节目和网络视听节目。

该《节目规定》从未成年人节目的内容、制作和传播等方面来做出全面规定。在内容方面，《节目规定》列出了鼓励制作的正能量内容和不得制作的内容类型，后者包括暴力、血腥、恐怖、涉性、不良价值观、容易引发未成年人模仿的危险或不良行为、不利于未成年人身心健康的网络游戏宣传等内容。对于未成年人参与节目制作的，《节目规定》要求对未成年人权益和身心健康进行全面保护。

在传播环节，《节目规定》要求，网络视听节目服务机构应当以显著方式在显著位置对所传播的未成年人节目建立专区，专门播放适宜未成年人收听收看的节目，不得播出未成年人不宜收听收看的节目。播出机构应当建立未成年人保护专员制度，安排具有未成年人保护工作经验或者教育背景的人员专门负责未成年人节目、广告的播前审查，并对不适合未成年人收听收看的节目、广告提出调整播出时段或者暂缓播出的建议，暂缓播出的建议由有关节目审查部门组织专家论证后实施。网络视听节目服务机构应当对网络用户上传的未成年人节目建立公众监督举报制度，建立由未成年人保护专家、家长代表、教师代表等组成的未成年人节目评估委员会以及未成年人节目社会评价制度，应当就未成年人保护情况向当地人民政府广播电视主管部门提交书面年度报告。

（三）司法实践

针对未成年人保护，人民法院贯彻落实"特殊保护、优先保护、全面保护"的理念，加强涉未成年人权益保护案件的依法审理，重视涉未成年人权益和少年司法工作，从严打击侵害未成年人权益的犯罪行为，保障未成年人合法权益。同时，大力加强少年法庭工作，努力推进少年审判制度改革，推动完善中国特色社会主义少年司法制度。全国四级法院已建立少年审判专门机构或者专人审理机制，共设立少年法庭 2253 个，合议庭 1246 个，少年刑事审判庭 405 个，综合审判庭 598 个，审判机制专业化、规范化取得重要进展。① 就具体领域，如图 10 所示，2013 年至 2017 年，全国法院依法审理制作复制出版贩卖传播淫秽物品牟利、传播淫秽物品罪 8207 件，惩处罪犯 8680 人，办理了一批以"快播"为代表的毒害未成年人身心健康的传播淫秽物品案件，净化了网络空间。

在检察系统方面，2015 年 12 月 23 日，最高人民检察院未成年人检察

---

① 中国司法大数据研究院：《从司法大数据看我国未成年人权益司法保护和未成年人犯罪特点及其预防》，2018 年 6 月 1 日，http：//courtapp. chinacourt. org/fabu – xiangqing – 99402. html。

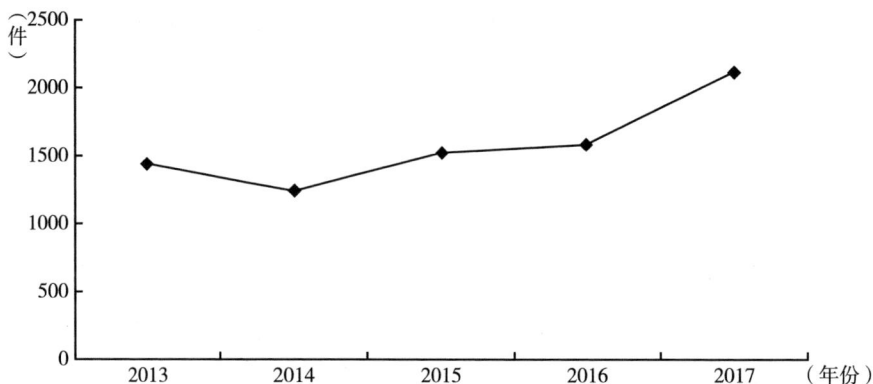

图10　2013～2017年涉未成年人传播淫秽物品案件变化趋势

数据来源：中国司法大数据研究院《从司法大数据看我国未成年人权益司法保护和未成年人犯罪特点及其预防》。

工作办公室正式成立。① 截至2018年10月，全国设立独立未成年人检察机构的省级检察院已达到24个，全国共设立有编制的未成年人检察专门机关1000余个，有7000余名检察人员从事未成年人检察工作。② 在前期多年的探索基础上，2019年最高检成立了第九检察厅，也可称未成年人检察厅，负责法律规定的由最高人民检察院办理的未成年人犯罪和侵害未成年人犯罪案件的审查逮捕、审查起诉、出庭支持公诉、抗诉，开展相关立案监督、侦查监督、审判监督以及相关案件的补充侦查，开展未成年人司法保护和预防未成年人犯罪工作。③

　　最高人民检察院于2019年和2018年发布的未成年人保护典型案例中，有相当部分涉及网络保护，如通过网络针对儿童谎称"童星招募"从事性

---

① 上海市法学会未成年人法研究会：《2015年少年司法保护十大案事例》，《上海法学研究》2019年第18卷。

② 《针对未成年人司法保护　要求各级成立专门监察机构》，载国务院新闻办公室网站，2019年1月3日，http：//www.scio.gov.cn/xwfbh/xwbfbh/wqfbh/39595/39596/zy39600/Document/1644832/1644832.htm。

③ 《第九检察厅》，2019年1月3日，https：//www.spp.gov.cn/spp/gjyjg/nsjg/201901/t20190103_404108.shtml。

侵犯罪案件，通过网络聊天实施网络猥亵儿童犯罪案件，都具有典型意义。①

未成年人网络保护涉及的领域比较分散，且多为新型问题和现象，由于问题的隐匿性和司法适用标准不明确，它们并没有全面反映到司法实践中，如个人信息保护、沉迷等问题虽然突出，但是转化为司法诉讼的尚不多见，亦没有具体的数据统计。民事相关案件中，引起公众关注的一类案件是未成年人在网络游戏、直播等消费中高额支付的纠纷。② 这类纠纷目前已经出现一系列判决，但是其妥善解决还有赖于身份识别、个人信息保护等相关制度的系统完善。

（四）企业自律和社会共治

未成年人网络保护，除了依靠立法、行政、司法等政府机制和投入之外，很大程度上还要依靠互联网企业依法践行保护职责，建立相应的保护机制，将法定义务落到实处，并发挥企业在技术、数据等资源上的优势，做到防患于未然，将未成年人网络使用行为中可能遭遇的权益侵害风险从源头上进行遏制。

在未成年人保护方面，中国互联网企业通过上线"青少年模式"，来实现身份识别、个人信息保护、防沉迷等多重特殊保护功能。在国家网信办等政府部门的推动下，腾讯、网易等网络游戏企业，以及国内多家视频、直播企业，都上线了青少年模式，为包括未成年人在内的青少年提供专门的服务。③ 目前为止，青少年模式尚属自愿进入，因此通常需要建立在未成年人

---

① 《从严惩处涉未成年人犯罪　加强未成年人司法保护》，2019 年 12 月 20 日，https://www.spp.gov.cn/spp/zgrmjcyxwfbh/zgjjxcyccswcnrfzxwfbh/index.shtml；《最高检通报检察机关加强未成年人司法保护工作情况》，2018 年 5 月 29 日，http://www.scio.gov.cn/xwfbh/qyxwfbh/Document/1632839/1632839.htm。

② 冯松龄：《谁来为未成年人巨额打赏主播负责》，《中国消费者报》，2018 年 5 月 31 日，http://www.ccn.com.cn/html/fazhijujiao/2018/0531/351709.html。

③ 《国内 53 家主要网络直播和视频平台已上线"青少年模式"》，2019 年 10 月 14 日，https://tech.qq.com/a/20191014/005293.htm。

及其监护人主动选择并自律的基础之上。

在中国网络社会组织联合会与联合国儿童基金会共同主办、中国社会科学院大学和中国青年网承办的 2019 年未成年人网络保护国际研讨会上，政府、社会组织、企业、学校的代表及部分家长和儿童代表，共同发布了《儿童个人网络信息保护倡议书》，就加强儿童个人网络信息保护，为儿童营造健康的网络环境进行了研讨交流。

未成年人网络保护的重要前提之一是未成年人网络素养的培养，对于这个问题，社会各界也逐渐达成共识，通过多样的形式进行普及，推动未成年人网络素养教育和积极氛围的营造。2019 年 4 月，全国"扫黄打非"办公室、北京市"扫黄打非"办公室，与抖音青少年网络健康成长研究中心联合发布"护苗行动·绿书签"青少年网络素养课，围绕"绿色上网，健康成长"主题，以生动活泼的动画讲解用网安全知识，受到未成年网民的欢迎。2019 年 6 月，中国教育电视台《教育传媒研究》杂志、中国传媒大学协同创新中心发起推动短视频青少年教育的"青椒计划"，并发布国内首份青少年短视频教育研究报告《成长的百科全书——短视频社交与青少年教育研究报告》，组织开展青少年短视频教育学术研究，号召各界携手共建青少年短视频教育绿色生态。①

四　未成年人网络保护的完善与展望

总体来看，截至 2019 年，中国的未成年人网络保护，涌现出多个引人关注的热点问题领域，风险、挑战与发展和机遇并存。中国未成年人网络保护机制在立法上初成体系，随着相关法律法规和规章的制定加速，相信在不远的将来，中国将会形成居于世界领先地位的未成年人网络保护立法体系，为国际社会提供中国的制度范本。从行政监管和司法实践来看，各个具体领

① 主要的新闻报道参见 http：//www.sohu.com/a/309713794_99924264；https：//baijiahao.baidu.com/s？id=1637300602192553017&wfr=spider&for=pc。

域都在逐步形成更加精细化的治理规则，治理体系和能力的现代化，将在未成年人网络保护领域体现为未成年人的发展权、受教育权、受保护权等基本权利在网络时代的进一步落实。

中国的未成年人网络保护立法的完善，需要在理论上提出更加基础和体系的保护框架进行呼应，应当在传统儿童权利的基础上，确立更具针对性的"未成年人数字权利"的概念，并通过立法予以确认。以数字权利为线索，明确立法定位和法律适用的顺序，促进不同立法层级之间的体系化，既要构建科学合理的监管体系，也要注重提高未成年人的网络素养。

在这一思路的指引下，我国对于未成年人网络保护立法的理念与趋势也要随之转变，要从既有的责任导向的管制模式转向对监管主体赋能的指引模式，从防止未成年人遭受网络侵害转向促进未成年人自我发展自我保护，从强调权利保护转向强调权利和义务的体系化衔接，从"一刀切"的责任分配模式转向与各主体能力和利益相协调的责任匹配模式。

就具体的立法思路而言，当前未成年人网络保护立法的体系化完善，首先要回答关于儿童数字权利的六个问题：第一个是数字技术的使用权问题；第二个是数字环境中的受保护权问题；第三个是数字权利保护全面化的问题；第四个是数字权利保护分层化的问题；第五个是数字权利保护的类型化问题；第六个是未成年人数字义务的培养和履行问题。此外，数字环境中有效区分未成年人及其监护人身份的问题，是未成年人网络保护立法的一个基础支撑性制度建设问题。①

行政监管方面，现有的政府规章和规范性文件有望进一步完善，在目前规则构建存在不足的一些领域，如直播、支付、教育、广告等领域，都可能出台专门针对未成年人网络保护的规定。与此同时，现有规定的执行和实施，也将是各个主管部门的工作重点，在内容生态治理、防沉迷、防范网络欺凌、个人信息保护等领域，都已经并将继续开展全面而深入的执法实践，

---

① 参见林维教授在第六届世界互联网大会"网上未成年人保护与生态治理论坛"上的主题演讲内容，《世界互联网大会聚焦未成年人网络保护立法》，2019 年 10 月 21 日，http://www.cac.gov.cn/2019－10/21/c_ 1573188924555708.htm。

切实保护网络空间的各项儿童权利，并发展出更加细化可行的实施细则。

司法保护方面，依托法院系统的少年审判专门机构以及检察院系统的未成年人检察机构，针对未成年人权益受侵害和涉未成年人犯罪的司法实践将更加专业化和规模化，保护水平将向纵深发展，而涉及网络的未成年人权利保护将占到更加明显的比例，凸显其重要性，除了较为完备的刑法保护体制外，涉及未成年人网络权益保护的民事案件也将呈现上升态势，在支付打赏、个人信息保护、网络欺凌等方面有可能涌现出一批具有代表性的案例。

企业自律和社会共治方面，企业内部针对未成年人网络保护的合规意识和制度建设正在迅速提升，行业协会、社会组织以及公众舆论对未成年人网络保护也在形成越来越强烈的共识。家庭和学校作为未成年人权益保护的最前线，正在发挥越来越积极的作用，未成年人网络素养教育的重要性也被政府和各界所认知，并得到积极推进。

总体来看，未成年人网络保护的中国方案是构建网络空间命运共同体的重要一环。我国未成年人网络使用正在经历迅速增长的阶段，我国未成年人网络保护工作取得重要成果，在立法、行政、司法、社会、家庭等领域发挥各利益相关主体的能动性，形成儿童基本权利的保护合力，正在体系构建和多元共治的快速道上迅速推进。与此同时，我国未成年人保护立法的理念，也正在顺应数字时代的发展趋势进行及时更新，越来越注重未成年人数字权利保障体系的建立，越来越注重未成年人网络保护的体系化和完整性，从而为网络时代未成年人合法权益的维护奠定良好的制度基础。

B.7
智慧养老及其在我国的新进展

赵树坤　李登垒*

摘　要： 智慧养老是应对人口老龄化，充分利用新兴科技的新型养老模式。可以实现远程会诊、远程陪伴、智能安防、解放人力的重要作用，让养老更加舒适、高效、便捷，更好地保障老年人权利。2019年，我国智慧养老在多方面取得新进展，包括：进一步明确发展战略，推进实施计划；加强宏观设计，有效激励企业参与，推进人才培养及行业规范化；推进工作试点，提高养老智慧化水平，服务更多样。尽管如此，智慧养老仍需进一步完善，做到更接地气、更具人文关怀、更加规范化、更加普及。

关键词： 智慧养老　产品研发　专业人才　城乡平衡

联合国前秘书长安南曾说"人口老龄化是一场静悄悄的革命"。老吾老以及人之老，每个老年人都应当过上幸福的晚年生活，重视对老年群体的人权保障是全社会的共识，也是政府的重要工作。根据国家统计局的数据，截止到2018年底，我国有60岁以上老人近2.5亿人，占据总人口的近1/5。[1]根据《"十三五"国家老龄事业发展和养老体系建设规划》，预计到2020年，

---

*　赵树坤，法学博士，西南政法大学教授、博士生导师，主要从事人权法、法社会学方面的研究；李登垒，西南政法大学2018级人权法博士研究生。

[1]《2018年国民经济和社会发展统计公报》，http://www.stats.gov.cn/tjsj/zxfb/201902/t20190228_1651265.html，2019年12月2日访问。

中国60岁以上老年人口将增加到2.55亿人左右，约占总人口的17.8%，其中独居和空巢老年人将增加到1.18亿人左右。[①] 急剧发展的人口老龄化，引发了一系列养老问题，使老年人权利保障面临新挑战。《老年人权益保障法》第4条规定"国家和社会应当采取措施……逐步改善保障老年人生活、健康、安全以及参与社会发展的条件"。第14条规定："赡养人应当履行对老年人经济上供养、生活上照料和精神上慰藉的义务，照顾老年人的特殊需求。"老年人是身体机能衰退、疾病高发的群体，老年人的身体健康诉求紧迫，但是许多养老机构不能就医，而医疗机构又不提供养老服务。老年人通常脱离工作岗位，再加上空巢和独居情况，缺少社会交往和家人陪伴，精神健康权益的保障也面临困境。如何通过创新养老模式，充分满足老年人获得生活照料、安全、健康、参与社会发展等权利需求，是传统养老模式面临的巨大挑战。

一 智慧养老及其价值

近年来人工智能、物联网、大数据、云计算等新兴科技的蓬勃发展，为解决传统养老难以为继的问题带来了曙光。新兴科技发挥着集成和优化资源的重要作用，充分利用大数据，产生了高效、便捷的养老服务——智慧养老。智慧养老即智能居家养老，利用先进的技术包括人工智能、物联网、大数据和智能硬件将各种养老资源充分整合，根据大数据分析进行智慧决策，根据不同需求精准投放，提供更加舒适、高效、便捷的养老服务。这是一种全新的养老模式，使老年人的多样化需求得到满足，不再受时间和地理条件的限制，也被统称为全球智能化老年系统，也有人称之为智能康养。[②] 相较于传统的养老模式，智慧养老具有一些鲜明的优势。

---

① 《"十三五"国家老龄事业发展和养老体系建设规划》，中华人民共和国中央人民政府网站，http://www.gov.cn/xinwen/2017-03/06/content_5174100.htm，2019年12月3日访问。

② 杨菊华：《智慧康养：概念、挑战与对策》，《社会科学辑刊》2019年第5期。

（一）远程诊疗，医养结合

在传统养老模式下，由于没有智能设备和大数据的支持，当老人需要就医时，只能当面问诊，颇受空间和时间的限制。智慧养老充分应用智能设备和大数据优势，链接养老机构和医疗中心，进行远程会诊。整合了分散的医疗卫生资源、养老服务资源等，可以对养老机构患病老人提供全天候的诊断，解决了传统养老模式下的空间和时间限制问题，实现医养结合的目的。[①]

（二）远程陪伴，关爱精神

实践中，空巢老人不断增加，子女长期不在身边，无人陪伴，老年人时常感到孤独焦虑，老年人精神抑郁问题日益严重。随着高科技的发展，利用VR技术可以实现远程陪伴、视频陪伴；智能机器人和陪伴机器人可为老人提供多方面的服务，包括娱乐、按摩、陪伴和心理服务等，使老年人身心愉悦，更有利于老年人精神健康。通过互联网、社交媒体、人工智能，老年人可以更高效、便捷地与人交流互动，获得更多的社会支持，获得更多的精神慰藉，还可以通过在线课堂教育等，满足自我实现的需求。[②] 换言之，利用这些技术支持，老年人可以继续有效地"参与"社会，参与感、获得感可以有效抵御被遗弃感、孤独感。

（三）智能安防，安全便捷

老年人由于身体机能下降，传统家庭安防模式对老年人保护自己来说已经显得不够。如时常发生老年人家里财物被盗、老年人走失等事件。智能安防可以很好地解决这一问题，安全且便捷。当老年人忘记锁门时，

[①] 杨芳：《智慧养老发展的创新逻辑与实践路向》，《行政论坛》2019年第6期。
[②] 梁智迪、林川琪：《老年人社区智慧养老认知与需求研究——以廊坊市为例》，《社会与公益》2019年第11期。

智能家庭安防系统可以及时提醒，或者及时反馈给社区中心，工作人员可以及时上门处理。虚拟电子围栏、智能手环等还可以对有需要的老年人进行定位，防止其走失。① 此外，密码锁、指纹识别、人脸识别技术不仅安全，更重要的是，老人出入家门无须再用钥匙，非常便捷。

（四）解放人力，减轻负担

传统养老模式下，没有智能科技的协助，所有照料老人的工作都要人工完成，任务繁重。尤其对失能老人的照料，是一个更具挑战性的任务，需要极大的耐心和精力。而且，因照料负担较重，还时常出现照顾不周，忽视或虐待老人的情况。智慧养老对于大数据、云计算等高端技术的运用，比如智能可穿戴设备，可以实现一人同时监控多位老人的实时状况，不必进行人盯人的照料。智能感应灯、智能窗帘等可以让老年人独自轻松地进行操作。"智慧养老新模式可以利用先进的智能设备和高效的网络系统，降低了人工照料的强度，减少了人工照料的时间，所以照料负担明显减轻。"② 智慧养老不但大大减轻个体的照料负担，而且也提高了照料水平，改善了老年人的生活质量。

二 智慧养老在我国的新进展

现阶段智慧养老服务产业处于成长期。③ 纵观 2019 年，国家和地方政府纷纷组织召开各种会议，明确了智慧养老推进工作战略规划、智慧养老实施计划；同时中央部委及各地也相继出台各种政策、意见、办法、方案、报告等，明确智慧养老实施步骤，大力支持智慧养老；各地还纷纷试点、推广

---

① 梁智迪、林川琪：《我国社区智慧养老实践现状分析——以深度老龄化省市为例》，《改革与开放》2019 年第 14 期。

② 杨芳：《智慧养老发展的创新逻辑与实践路向》，《行政论坛》2019 年第 6 期。

③ 《2019 年中国智慧养老产业发展空间预测》，中国养老金网，http：//www. CNpension. net，2019 年 12 月 30 日访问。

智慧养老，各种举措不断推陈出新，作用显著。通过这些"组合拳"，可以看出我国智慧养老水平不断提高，成绩显著。

（一）谋篇布局，智慧养老有序开展

2018 年下半年到 2019 年底，有多个涉及智慧养老问题的会议召开（详见表1）。通过这些会议，智慧养老的发展战略、实施计划、实践经验和不足等，都得到了进一步明晰。

表 1　智慧养老相关会议

时间	会议名称	会议主旨
2018 年 11 月	国务院常务会议	进一步发展养老产业、推进医养结合
2018 年 11 月	全国老龄委全体会议	及时科学综合应对人口老龄化，推动老龄事业全面协调可持续发展
2018 年 11 月	中国华龄论坛	智能养老战略
2018 年 12 月	新时代中国老龄科学学科建设研讨会	探索建立老龄科学新兴学科群
2019 年 1 月	全国民政工作视频会议	中央批准民政部单独设立养老服务司，国家卫健委新设老龄健康司
2019 年 1 月	由工信部、民政部、国家卫健委联合主办的第二届智慧健康养老产业发展大会	发布第二批智慧健康养老应用试点示范名单
2019 年 2 月	国家发改委召开城企联动普惠养老专项行动启动会	激发社会资本参与养老服务，提升养老服务质量
2019 年 5 月	李克强主持召开国务院常务会议，部署进一步促进养老服务工作	依托"互联网＋"提供点菜式就近便捷养老服务
2019 年 10 月	国家卫健委召开新闻发布会	优先发展养老服务业，重点推进康养和智慧养老
2019 年 10 月	民政部部长黄树贤杭州调研	在"互联网＋养老服务"领域探索创新实践，发展智慧化、多样化养老服务
2019 年 12 月	第七届全国智能养老战略研讨会召开	聚焦康养产业发展的问题，助力智慧养老发展

资料来源：国务院、国家发改委、民政部、国家卫健委、国家老龄委等中央及国家各部委政府网站，新华网、人民网、北京晚报、广州日报、齐鲁晚报、经济日报等各大报刊媒体。

1. 明确智慧养老战略规划

2018 年底召开的全国老龄委全体会议，提出要及时科学综合应对人口老龄化，推动老龄事业全面协调可持续发展。该会议确立的老龄事业"全面""协调""可持续"原则，是智慧养老战略的基本指导精神。2019年底召开的第七届全国智能养老战略研讨会，对康养产业发展中的不同问题进行了探讨，包括地方政府面临的国家利好政策利用、本地优质资源挖掘、发展规划制定、招商引资等；运营商面临的融合项目的实际运营和操作、成熟发展机制的建立等；开发商面临的老龄地产转型、康养项目的规划建设等；康养机构面临的需求对接、资源整合、康养产品体系战略构建等诸多问题。还确立了医养康旅项目整合赋能共享的新模式，助力智慧养老发展。[①] 此外，2018 年 11 月 24 日，华龄智能养老产业发展中心联合有关单位举办了中国华龄论坛。尤其要注意的是，该论坛的主办方是一家民办非企业单位，其邀请相关专家作为社会力量参与我国智慧养老发展大计，并就智慧康养技术创新、智慧康养模式创新、智慧康养服务等进行了研讨。[②]

2. 推进智慧养老实施计划

2018 年底和 2019 年 5 月，国务院召开常务会议，会议明确指出进一步发展养老产业、推进医养结合，依托"互联网＋"提供点菜式就近便捷养老服务。全国民政工作视频会议明确中央批准民政部单独设立养老服务司，国家卫健委新设老龄健康司，强化了卫健委的老年人健康职能。[③] 民政部部长黄树贤在杭州调研时提出：在"互联网＋养老服务"领域探索创新实践，发展智慧化、多样化养老服务。由民政部等各部委联合主办的智慧健康养老产业发展大会，发布了第二批智慧健康养老应用试点示范名单，智慧养老示

---

① 《第七届全国智能养老战略研讨会在京召开》，凤凰网，http：//finance. ifeng. com/c/7sK3F OT6ZEm，2019 年 12 月 20 日访问。

② 《首轮通知：2018 华龄大会·第六届全国智能养老战略研讨会暨中铁任之康养产业论坛》，搜狐网，http：//www. sohu. com/a/258358642_ 777124，2019 年 12 月 20 日访问。

③ 《重磅：卫健委成立老年健康司，明确卫健委与民政部的职责分工！》，搜狐网，http：// www. sohu. com/a/253339052_ 737572，2019 年 12 月 23 日访问。

范基地建设计划高效、有序地向前推进。[①] 国家发改委召开城企联动普惠养老专项行动启动会，激发社会资本参与养老服务，提升养老服务质量。国家卫健委召开新闻发布会，提出优先发展养老服务业，并将康养和智慧养老作为发展重点。此外，新时代中国老龄科学学科建设研讨会举行，探索建立老龄科学新兴学科，为智慧养老提供智识支持。

（二）政策、意见、办法、报告，多元载体共同推进

1. 做好宏观设计，明确方案、细则

国家各相关部委从积极应对老龄化的大局出发，从宏观层面设计养老服务。国家卫健委、民政部等进一步推进智慧养老试点工作，明确了智慧养老试点单位，创建示范基地。除了继续推进示范基地的创建，宏观设计还将对新技术的应用作为智慧养老发展的重点。国务院办公厅专门出台了《关于推进养老服务发展的意见》，指出要建设一批智慧养老院，推广新技术。科技部出台了《国家新一代人工智能创新发展试验区建设工作指引》，特别提出将人工智能与助残养老结合，推进其广泛应用。另外七部委也出台了《关于促进"互联网+社会服务"发展的意见》，面向养老领域，加快5G行业应用试点（详见表2）。

表2　智慧养老相关政策、意见、方案、办法等

颁发时间	颁发机关	政策、意见、方案、办法等
2018年11月	华龄智能养老产业发展中心、社会科学文献出版社	《中国智能养老产业发展报告（2018）》蓝皮书
2018年11月	北京市民政局等	《北京市养老机构运营补贴管理办法》
2019年12月	市场监督管理总局、国家标准化委员会	《养老机构等级划分与评定》

[①] 《三部委关于公布第二批智慧健康养老应用试点示范名单的通告》，中华人民共和国中央人民政府网站，http://www.gov.cn/xinwen/2018 - 12/26/content_ 5352236.htm，2019年12月22日访问。

颁发时间	颁发机关	政策、意见、方案、办法等
2019 年 9 月	教育部、国家发改委、国家卫健委等 7 部门	《关于教育支持社会服务产业发展　提高紧缺人才培养、培训质量的意见》
2019 年 1 月	国家卫健委	《"互联网＋护理服务"试点工作方案》
2019 年 2 月	国家发改委等 18 部门	《加大力度推动社会领域公共服务补短板强弱项提质量　促进形成强大国内市场的行动方案》
2019 年 4 月	国务院办公厅	《关于推进养老服务发展的意见》
2019 年 4 月	河南省许昌市	《城市社区养老服务网络工程》
2019 年 5 月	上海市政府	《上海市深化养老服务实施方案（2019—2022）》
2019 年 6 月	安徽省合肥市民政局、财政局	《合肥市社会养老服务体系和养老智慧化建设实施办法》
2019 年 6 月	山西省人民政府	《推进农村养老服务行动计划（2019—2021）》
2019 年 6 月	工信部、民政部、国家卫健委	《关于开展第三批智慧健康养老应用试点示范的通知》
2019 年 7 月	陕西省工业和信息化厅、民政厅、卫健委	《陕西省智慧健康养老产业发展实施方案》
2019 年 8 月	杭州市民政局	《杭州市"互联网＋养老"服务工作实施方案》
2019 年 8 月	科技部	《国家新一代人工智能创新发展试验区建设工作指引》
2019 年 9 月	21 部委	《促进健康产业高质量发展行动纲要（2019—2022 年）》
2019 年 10 月	安徽省	《安徽省养老服务标准化研究报告》
2019 年 10 月	工信部	第三批智慧健康养老应用试点示范名单公示
2019 年 12 月	7 部门	《关于促进"互联网＋社会服务"发展的意见》

资料来源：国务院、国家发改委、民政部、国家卫健委、国家老龄委等中央及国家各部委政府网站，新华网、人民网、北京晚报、广州日报、齐鲁晚报、经济日报等各大报刊媒体，各省市民政部门网站等。

国家卫健委发布了《"互联网＋护理服务"试点工作方案》（简称《方案》），将北京、上海等地作为试点地方。《方案》的出台意味着，从国家层面对"网约护士"上门服务进行了进一步规范和推进。[①] 国家发改委等18部门联合发布了《加大力度推动社会领域公共服务补短板强弱项提质量促进形成强大国内市场的行动方案》，取消设立许可，全面放开养老市场。2019年，上海、许昌、合肥、杭州、山西、陕西等地，都制定了智慧养老发展的实施方案或实施办法，使智慧养老的推进有条不紊，快步向前。

2. 有效激励，培养人才，规范行业

为大力支持智慧养老的发展，部分地区就有效激励养老机构建设、养老服务人才培养、规范行业发展出台了相关办法、意见和报告。北京市民政局等出台了《北京市养老机构运营补贴管理办法》，有效激励智慧养老服务业的发展。[②] 教育部、国家发改委、国家卫健委等七部门发布《关于教育支持社会服务产业发展 提高紧缺人才培养、培训质量的意见》，将智慧养老专业人才的培养作为工作之重，及时解决人才短缺问题。华龄智能养老产业发展中心和社会科学文献出版社，发布了《中国智能养老产业发展报告（2018）》蓝皮书；安徽省发布了《安徽省养老服务标准化研究报告》，行业研究进一步加强，及时掌握智慧养老发展概况，发现智慧养老发展中的问题。[③] 此外，中国国家标准化管理委员会联合国家市场监督管理总局，首次发布养老机构星级评定的国家标准——《养老机构等级划分与评定》国家标准，智慧养老的发展也有了参照标准，更加规范化。

（三）多方试点，服务更多样，养老更智慧

智慧养老作为新兴事业，各地的试点工作对于积累经验，提升水平非常有意义。2019年智慧养老试点工作在全国开展得热火朝天（详见表3），有不少有价值的探索。

---

① 《国家卫生健康委办公厅关于开展"互联网＋护理服务"试点工作的通知》，医政医管局官网，http：//www. nhc. gov. cn/yzygj/s7657g/201902/bf0b25379ddb48949e7e21edae2a02da. shtml，2019年12月25日访问。

② 《北京养老机构运营补贴新政出台　养老机构享受同等补贴政策》，央广网，http：//country. cnr. cn/gundong/20181123/t20181123_ 524424025. shtml，2019年12月25日访问。

③ 《安徽省养老服务标准化研究报告正式发布》，合肥网，http：//news. wehefei. com/system/2019/10/14/011568449. shtml，2019年12月25日访问。

表3 智慧养老各地试点

地区	举措
上海市长宁区程家桥街道和静安区江宁路街道	上海电信在此街道的智能养老示范点——"智＋屋里厢"正式揭牌
上海市周家渡街道为老服务中心	智慧养老数据中心,为老人打造家门口的人工智能服务站,提供远程医疗服务、在线视频坐诊,此外悠扶机器人UFU专门服务于下肢不便的老人
上海市陆家嘴长者综合照护家园	智慧养老系统、智能康复设备、康复机器人
上海市浦东新区	集成"互联网＋居家护理＋5G远程医疗服务＋智慧养老大数据"
上海市	中国电信工会集团上海市委员会向老人赠送智能六件套:智能药盒、守护宝等;中国电信上海公司智慧养老示范点"智＋屋里厢"揭牌;"掌上养老顾问"运营,开通三大服务,包括:养老机构查询、养老百科、养老地图等
北京市通州区	居家养老服务呼叫网络体系:紧急救援、远程定位、家政服务等多项功能
北京市双桥恭、家园里社区	VR(虚拟现实)科技＋养老
北京市石景山区	绘制全区"智慧养老"数字地图;推广"一键呼叫"精准化服务项目
北京市大栅栏街道	百度推出的"AI＋养老"爱老驿站落地,可以通过智能音箱获取助餐,声音控制床沿灯带、窗帘、空调的开关等
北京市	微信养老小程序:一键呼叫,点菜式便捷养老服务;医养平台智慧巡诊,手机App或微信查询查房结果
天津市	全面推进"互联网＋"智能养老服务,市区两级同步;天津市养老信息平台;滨海新区的老年人呼叫平台;和平区的养老应急呼叫中心;"医患通"心血管健康服务平台;等等。成立协会组织,推动产业规范;全方位推进智能养老;检测机器人;智能穿戴设备;智能腕表
浙江省乌镇	互联网医院
浙江省临海市	政府购买服务,引进养老企业,依托智慧平台,实现农村养老智能化
浙江省杭州市	市民卡App刷卡即可提供养老服务;"阳光大管家"网络平台,汇集志愿者、老年食堂等提供"助餐""助医""助浴"等线上线下服务
江苏省徐州市	居家养老信息平台、"安康通"大健康管理平台、"马上到家"智慧社区平台
江苏省南通市	百张以上床位养老机构年内全部实现医养结合
辽宁省沈阳市	华龄智能养老创新工程启动
辽宁省营口市	运用"互联网＋"思维和"大数据分析"
陕西省西安市	虚拟养老院
陕西省	积极推进"互联网＋"智慧养老发展模式,已建成居家养老服务信息平台30余个

地区	举措
广东省深圳市	养老管家微信小程序:互动交流,分享感受,在线咨询
广东省广州市	老人院试点智能养老设备,如智能胸卡等;部分街道建立智慧健康养老基地
云南省	"互联网＋智慧养老"从试运行到正式上线
湖北省武汉市	形成了社区嵌入、中心辐射、统分结合三位一体的"互联网＋"智慧养老模式;建成12个区级智慧养老平台
福建省	确定了健康与养老服务工程重大项目173个;福州市为贫困老人发放能定位、能呼救的智能手机
贵州省	贵州养老服务体系建设项目启动
安徽省	试点智慧养老产品租赁
山东省	持续开展"养老管理服务万人培训工程";加强智慧养老信息体系建设,努力打造"没有围墙的养老院"
湖南省湘潭市	智慧养老信息服务平台:集养老服务门户、居家养老服务运营管理、社区养老运营管理、机构养老运营管理等13大功能系统于一体的多方位、多功能、一体化智能养老服务平台
宁夏	乡镇卫生院配备音响设备、音视频终端等
河南省许昌市	积极推进互联网养老入村
四川省	试点智慧居家养老:卧室安装健康感知器,家里有紧急报警系统

资料来源:国务院、国家发改委、民政部、国家卫健委、国家老龄委等中央及国家各部委政府网站,新华网、人民网、北京晚报、广州日报、齐鲁晚报、经济日报等各大报刊媒体,各省市民政部门网站等。

1. 生活服务方面

上海市建立智慧养老数据中心,打造在老人家门口的智能服务站。"掌上养老顾问"运行,可以快速查询养老机构、养老地图和养老百科等。[①] 北京市建立了居家养老服务呼叫网络体系,推出微信养老小程序等。石景山区还绘制了智慧养老数字地图,推广"一键呼叫"服务。杭州市建立了"阳光大管家"网络平台,类似地,徐州市提供了"马上到家"智慧社区平台,实现了点菜式便捷养老服务,打通了养老服务的"最后一公里"。

---

① 《上海推出掌上养老顾问》,民政部官网,http://www.mca.gov.cn/article/xw/mtbd/201911/20191100021197.shtml,2019年12月25日访问。

此外，在 2019 年，湖北、广州、天津、辽宁、陕西、湖南、山东、云南等，都积极利用"互联网 +"思维和大数据分析来推进养老服务的智能化水平，打造智慧养老新天地，或建立虚拟养老院，或提供智慧养老平台。

2. 医疗健康方面

上海市提供远程医疗服务，在线视频坐诊，集成"互联网 +"居家护理、5G 远程医疗服务等。北京市还实现了医养平台智慧巡诊，手机 App 或微信查询查房结果。① 浙江省乌镇建立了互联网医院，链接全国丰富的医疗资源，足不出户。徐州市还建立了"安康通"大健康管理平台。天津市建立了"医患通"心血管健康服务平台。四川省试点老人卧室安装健康感知器，能够实时掌握老人的健康状况。

3. 智能设备方面

上海市周家渡街道提供悠扶机器人，专门服务下肢不便的老人。百度在北京市推出的"AI + 养老"可以通过声音控制床沿灯带、窗帘、空调开关等，这就解决了行动不便的老人面临的困扰。② 天津市还提供了智能穿戴设备等；广州市在部分养老院试点智能胸卡等设备；福州市为贫困老人发放能定位、能呼救的智能手机；四川省还为老人家里安装了紧急报警系统。这些智能设备都可以帮助老人实现一键报警，让服务人员实时掌握老人的安全状况，及时处理老人的突发情况。

4. 农村养老方面

浙江省临海市引进养老企业，依托智慧平台，实现农村养老智能化。在宁夏，乡镇卫生院配备了音箱设备、音视频终端等，进行远程诊疗。③ 河南省推动互联网养老入村，让农村老人也可以享受高科技带来的舒适和便利。

---

① 《医养结合 北京海淀区老年人有福气》，东方资讯网，http：//mini. eastday. com/a/1907221 53431698 – 2. html，2019 年 12 月 25 日访问。

② 《百度：推出"AI + 养老"服务 "爱老驿站"实现首次落地》，北京软件和信息服务业协会官网，https：//www. bsia. org. cn/site/content/4865. html，2019 年 12 月 26 日访问。

③ 《在宁夏看趟病再也不用"跑断腿"》，东莞日报网，https：//baijiahao. baidu. com/s？ id = 1654606897670309433&wfr = spider&for = pc，2019 年 12 月 28 日访问。

此外，面对智能产品高价问题，安徽省还试点了智慧养老产品租赁，让智慧养老进入"寻常百姓家"。① 面对养老人才匮乏问题，山东省在不断推进"养老管理服务万人培训工程"。

三 当前智慧养老面临的问题

在对智慧养老带来的高效、舒适、便利倍加推崇时，更应当清醒地看到这种全新的养老模式在快速发展中存在的问题，具体包括以下几点。

（一）需求与供给偏差，叫好不叫座

智慧养老建立在知识、技术、信息的强有力支撑基础上。实践中，有的智能设备操作复杂，设备调试和维修困难，老人无法应付。大量智能设备价格高昂，许多家庭和老年人无力购买，产品可及性差。例如，家居升降电梯，可极大方便活动不便的老年人、残障者，但这类设备的一般市场价格动辄10几万，甚至更贵，许多人望而却步。有些商家炒概念、玩噱头，虚假宣传智能效果。总体上，智慧养老的供给和老年人的需求不匹配，服务单一，导致资源浪费。②

（二）人文关怀不济，精神需求无着

智慧养老主要是依托新技术来改变传统的家庭养老模式，传统家庭中的亲密关系会受到一定影响。③ 高科技的运用带来了诸多便利，但相应也减少了人与人之间的互动和交流，疏离了亲人之间的关系。目前的智能设备大多集中在生活服务和医疗健康方面，对老年人的精神关怀较少。④ 虽然聊天机

---

① 《安徽省将试点智慧养老产品租赁》，人民网，http://ah.people.com.cn/n2/2019/0702/c358428-33096918.html，2019年12月26日访问。
② 贾冰洁：《城市社区居家智慧养老服务研究——基于泉州市空巢老人的调研》，《知识经济》2019年第30期。
③ 豆小红：《新时期我国智慧养老健康发展研究》，《湖南行政学院学报》2019年第6期。
④ 王晓慧、向运华：《智慧养老发展实践与反思》，《广西社会科学》2019年第7期。

器人能对缓解老年孤独起到一定作用，但也只是对老人的谈话作出简单的回应，目前还无法进行深入交流。如果只是重视智能设备的便利性一面，忽略老年人精神的需求，那这种智慧养老充其量也仅仅是"智能养老"，而担不起"惠心养老"的美誉。

（三）专业人才匮乏，标准规范不完善

智慧养老需要一批懂技术、懂操作、懂护理的专业人才，仅仅依靠未经专业训练的志愿者是远远不够的，无法达到养老服务的规范化和规模化。[①]我国未来十年需要将近 7000 万的养老护理专业人才，目前缺口较大。[②] 整个智慧养老行业缺乏统一的信息化标准和完善的行业规范，智慧养老服务参差不齐，问题不少。

（四）农村市场有待开发，城乡差距较大

长期的城乡二元结构造成较大的发展差距，我国农村老年人口数目大，基础设施差，养老条件落后，在农村尤其是偏远地区，智能产品的使用还不普及。[③] 农村老人利用互联网的比率低于 30%，也远在城市老人的利用率之下，获取互联网信息的能力还很有限。[④] 加之传统养老观念的束缚，农村老年人对智慧养老非常陌生。农村智慧养老市场是亟待开发的"荒芜之地"，应该予以重视。

---

① 王晓慧、向运华：《智慧养老发展实践与反思》，《广西社会科学》2019 年第 7 期。
② 《未来 10 年我国需要 6800 万职业化养老护理人才——"照护师"将呵护你我老年生活》，中国江苏网，https：//baijiahao. baidu. com/s？id = 1599852084779059928&wfr = spider&for = pc，2020 年 2 月 28 日访问。
③ 范钰森：《农村地区智慧养老模式初探》，《湖北农业科学》2019 年第 19 期。
④ 2017 年，农村网民共 209 万人，占全部网民的 27%，城市网民 563 万人，占 73%。参见 2018 年第 42 次《中国互联网发展统计报告》，中华人民共和国国家互联网信息办公室网站，http：//www. cac. gov. cn/2018 – 08/20/c_ 1123296882. htm，2019 年 12 月 2 日访问。《中国社会老年追踪调查》，中国人民大学调查与数据中心，http：//class. ruc. edu. cn/，2019 年 12 月 2 日访问。

四　智慧养老发展的展望

智慧养老发展是一个不断提高技术精度和完善服务质量的过程。未来，智慧养老的发展应当以解决当前迫切问题为着力点，让服务更精细、产品更"接地气"；注重对老年人的精神关怀；培养人才，统一智慧养老标准，健全养老体系；充分利用各种资源，吸引多方参与，激活农村智慧养老市场，发展融合创新智慧养老模式。[①]

（一）回应老年人实际需求，产品研发更接地气

做好调研工作，摸清老年人对智慧养老的具体需求，了解老年人操作智能设备的实际困难。在产品研发设计的过程中以满足老年人的需求为导向，有的放矢，精益求精。着重考虑不同状况下老年人的不同需求，注重产品服务的多样化。切忌以产品为导向，闭门造车，夸大宣传，与养老需求不匹配。对于老年用户反映的产品质量不佳、操作复杂等问题要及时了解，予以重视，不断优化产品性能，简化操作程序。

（二）融通人文关怀，满足精神需求

既要智能又要温情，技术和人文融通。根据大数据的反馈，结合人文关怀的理念，及时根据老人身体和精神状况，进行合理安排，特殊护理；在保障老年人基本健康和安全的情况下，要尽量满足老人多样化的需求。例如，让机器人聊天内容更丰富，更深入，使上网聊天成为老人可进行的一种选择。标准化的智能服务与个性化的需求互相配合，满足老年人多种多样的精神和心理需求。只有这样才能让老年人精神更愉悦，提升老年人的幸福指数。

---

① 曹莹、苗志刚、王安然：《中外智慧养老经验与启示研究》，《无线互联科技》2019 年第 13 期。

（三）培养专业人才，完善行业标准

发展智慧养老，人才是关键。智慧养老的系统性、复杂性、专业性决定了它需要专业的人才队伍。[①] 加大培养专业的技术研发、设计人才，根据老年人的需求研发、设计出更加高效、便捷、舒适的智慧养老设备。加大对专业养老护理人才的培养，逐渐提升护理队伍的专业素养和综合素质。大力培养专业的养老政策法规人才，为智慧养老建言献策，避免法律风险。

建立统一的智慧养老标准，同时引入第三方评估机制，根据老年用户采纳意愿、服务满意度、客户认同心理等，对智慧养老服务水平进行专业评估。[②] 然后，出具评估报告，公示公开，督促改进。

（四）激活农村养老市场，平衡城乡差距

养老产业和信息技术的巧妙结合是经济增长的新动力。我国养老行业明年市场规模有望达到7.8万亿元，农村智慧养老市场潜力巨大。[③] 应当在政府的引导下，鼓励社会资本积极参与，为企业发展创造优惠条件。智慧养老资源适当向农村倾斜，补齐农村信息技术短板，缩小数字鸿沟，为农村智慧养老输入新鲜血液，使农村养老走向智能化、产业化、专门化的道路。

参考文献

1. 左美云、潘思璇、李梓童：《智慧养老需要体系化运营》，《中国信息界》2019年第5期。
2. 方业香、奚瑞、汪艳红、丁萍：《智慧护理现状分析及发展对策》，《全科护理》

[①] 豆小红：《发展智慧养老急需人才支撑》，《中国人口报》2019年9月26日，第003版。

[②] 廖楚晖：《智慧养老服务总体性问题破解与实现路径》，《经济与管理评论》2019年第6期。

[③] 《养老业6月份迎减税红包 明年市场规模有望达7.8万亿元》，2019年6月3日，证券日报网，http://www.zqrb.cn/finance/hongguanjingji/2019 – 06 – 03/A1559494265634.html，2019年12月30日访问。

2019 年第 33 期。

3. 李德成：《基于 5G 环境构建智慧养老生态圈的思考》，《智能建筑电气技术》
 2019 年第 5 期。

4. 孔德忍：《社区分级养老与智慧养老相融合问题探讨》，《现代经济信息》2019 年
 第 22 期。

5. 朱可心、陈晓华：《"互联网 + 智慧养老"服务系统的构建与运营研究》，《创新
 创业理论研究与实践》2019 年第 22 期。

6. 刘康华：《社区居家智慧养老发展中存在的问题及对策》，《乡村科技》2019 年第
 33 期。

7. 张清霞：《杭州养老服务业优化发展的思考》，《市场周刊》2019 第 11 期。

8. 包凡仁、陈思、何振宇、朱庆华：《区块链技术在智慧养老领域的应用》，《中国
 信息界》2019 年第 5 期。

9. 刘泉圣、韩小威：《当前我国智慧养老存在的主要问题与对策分析》，《中外企业
 家》2019 年第 30 期。

10. 王德豪、姜亚超、曲冬冬、石晓丹、柳晓慧：《智能养老终端在社区养老服务中
 应用的可行性研究——以济南市为例》，《中国市场》2019 年第 34 期。

11. 常珂柔、胡安琪、刘振舟：《基于物联网技术的智慧养老设计方案》，《计算机
 产品与流通》2019 年第 10 期。

12. 吴小帆：《广西智慧养老的发展机遇与路径分析》，《全国流通经济》2019 年第
 27 期。

13. 刁力卓、梁美娟：《"互联网 +"智慧养老服务多元协同创新模式应用研究——
 以西安市智慧养老服务信息平台为例》，《纳税》2019 年第 27 期。

14. 谢虔：《江苏省"互联网 + 社区 + 居家"智慧养老服务模式创新研究》，《南京
 工程学院学报》（社会科学版）2019 年第 3 期。

15. 魏先倩、曹家伟：《郊区智慧田园养老模式探究》，《科技经济导刊》2019 年第
 33 期。

16. 周国佳：《物联网助力农村智慧养老》，《中国电信业》2019 年第 9 期。

17. 王冬梅、翁钢民：《"互联网 +"背景下农村地区智慧养老发展的思考》，《江苏
 农业科学》2019 年第 15 期。

B.8
促进就业权的新进展和新挑战

周　伟　袁浩然*

摘　要： 2019 年，中国政府首次将就业优先政策置于宏观政策层面。通过进一步稳定就业总体形势、加大减轻企业负担力度、深化推进职业技能培训、健全完善保障措施，形成了促进就业、促进社会和谐、促进经济发展与扩大就业相协调的有利格局。但是，中国稳定就业工作仍然面临挑战，需要从健全就业促进相关法律规范、继续推进职业技能培训、完善重点群体就业保障体系三个方面改进现有就业措施，保障就业形势稳定。

关键词： 稳定就业　精准施策　技能培训　社会保障

2019 年是实施"十三五"规划、决胜全面建成小康社会的冲刺攻坚之年。今年政府工作报告首次将就业优先政策至于宏观政策层面，中央经济工作会议将稳就业摆在"六稳"之首。中国政府围绕"重点群体精准施策""加大减轻企业负担的力度""加大职业技能培训力度""加大保障力度"[①]四个方面部署就业稳定政策措施，促进中国经济运行平稳。

---

* 周伟，西南政法大学博士生导师、四川大学法学院教授，主要研究方向为宪法、人权法；袁浩然，西南政法大学人权研究院博士生，主要研究方向为人权法。

① 《张纪南：围绕"一个突出、三个加大"下功夫保障就业》，人民网，http://lianghui. people. com. cn/2019npc/n1/2019/0312/c425476-30971922. html。

一 中国促进就业权的新进展

劳动就业权是我国宪法和法律确认和保护的公民的一项重要的基本权利，国家负有促进和保障就业的责任。我国《宪法》、《劳动法》和《就业促进法》均明确规定了我国公民的劳动权利及义务，国家必须要采取措施，积极创造就业条件，改善就业环境，并在发展生产的基础上，提高劳动报酬和福利待遇。① 2019 年政府工作报告②指出，2019 年我国就业预期目标是城镇新增就业 1100 万人以上，城镇调查失业率 5.5% 左右，城镇登记失业率 4.5% 以内。截至 2019 年 10 月，我国城镇新增就业人口 1193万人，提前完成预期目标，城镇调查失业率为 5.1%，低于预期目标 0.4个百分点。③

（一）重点群体精准施策

2008 年《就业促进法》实施以来，我国就业形势总体趋于稳定，城镇新增就业人口 1139 万人，新增就业困难人口 148 万人，就业人数稳定增加（见表 1）。2019 年前三季度，我国 GDP 保持 6.2% 的增速，GDP 总量不断增加，对就业的拉动作用也相应增强。根据有关统计数据，近年我国 GDP每增长 1 个百分点，大约能够带动 200 万个就业岗位。6.2% 的经济增速预计带动 1100 万到 1200 万个就业岗位。④

---

① 《宪法》第 42 条，《劳动法》第 5 条，《就业促进法》。
② 《2019 年政府工作报告》，中国政府网，http：//www. gov. cn/zhuanti/2019qglh/2019lhzfgzbg/index. htm。
③ 《2019 年 1～10 月人力资源和社会保障统计数据》，人力资源和社会保障部网站，http：//www. mohrss. gov. cn/SYrlzyhshbzb/zwgk/szrs/tjsj/201911/t20191127_ 343824. html。
④ 《经济有质量　就业韧性足——前 10 月城镇新增就业 1193 万人，稳就业提前交卷》，人力资源和社会保障部网站，http：//www. mohrss. gov. cn/SYrlzyhshbzb/dongtaixinwen/buneiyaowen/201911/t20191125_ 343449. html。

表1 2016～2019年（1～10月）就业和再就业数据统计

单位：万人

年份	城镇新增就业人数	城镇失业人员再就业人数	就业困难人员就业人数
2016	1314	554	169
2017	1351	558	177
2018	1361	551	181
2019	1352	546	179

资料来源：人力资源和社会保障部网站。

2019年，全国普通高校毕业人数约834万人，[①] 占城镇新增就业人口的50%以上，保障高校毕业生充分就业对稳定就业局势至关重要。2019年人力资源和社会保障部为促进大学毕业生就业创业，先后出台了《人力资源社会保障部、共青团中央关于实施青年就业启航计划的通知》（人社部函〔2019〕36号）、《人力资源社会保障部、教育部、公安部、财政部、中国人民银行关于做好当前形势下高校毕业生就业创业工作的通知》（人社部发〔2019〕72号）、《人力资源社会保障部关于开展2019年全国高校毕业生就业服务行动的通知》（人社部函〔2019〕101号）等政策性文件，要求逐步建立失业青年实名数据库，将符合条件的人员全部纳入；依托公共就业服务机构、青年之家、青年活动中心等平台，开展实践指导；开展职业培训，提升其就业能力；提供创业担保贷款、一次性创业补贴、场租补贴等支持，降低创业成本，扶持自主创业。针对大学毕业生精准施策、精准发力，确保就业水平总体稳定、就业局势基本平稳。

（二）加大减轻企业负担的力度

中小企业贡献了80%的城镇就业岗位，是吸纳就业的主要渠道，促进中小企业发展对保持就业稳定具有重要意义。2019年人社部门将鼓励企业吸纳就业和支持自主创业作为积极就业政策的重要内容，贯彻落实各项支持

---

① 《大学生基层就业大有可为》，《光明日报》2019年2月21日，第011版。

中小企业的优惠政策。

切实减轻企业负担。2019 年 1 月，财政部、税务总局印发《关于实施小微企业普惠性税收减免政策的通知》（财税〔2019〕13 号），① 要求各省（自治区、直辖市）进一步支持小微企业发展，实施小微企业普惠性税收减免政策，全国各省（自治区、直辖市）积极响应并落实该通知（见表 2），出台了一系列推进方案。降低社会保险费率方面，2019 年 4 月国务院办公厅印发了《降低社会保险费率综合方案》（国办发〔2019〕13 号），② 明确强调完善社会保障制度要从降低社会保障费率、减轻企业负担、优化企业经营环境方面施策。具体举措包括提高养老保险基金中央调剂比例，调整社保缴费基数，降低养老保险、失业保险、工伤保险单位缴费比例，切实减轻企业社保缴费负担。5 月，29 个省（自治区、直辖市）和新疆生产建设兵团养老保险单位缴费比例已全面降至 16%，失业保险、工伤保险阶段性降费政策普遍延续。2019 年前 9 个月，已累计减收社保费 2725 亿元，预计全年释放政策红利将超过 3800 亿元。③

鼓励创业带动就业。7 月，人力资源和社会保障部、教育部、公安部、财政部、中国人民银行发布《关于做好当前形势下高校毕业生就业创业工作的通知》（人社部发〔2019〕72 号），④ 要求学校加强创新创业教育、开展创业培训、放宽创业担保贷款申请条件、支持建设大学生创业孵化基地。针对高校毕业生就业创业工作，要继续拓宽就业创业渠道、优化就业创业服务，深入实施高校毕业生就业创业促进计划和基层成长计划。

---

① 《关于实施小微企业普惠性税收减免政策的通知》，国家税务总局网站，www. chinatax. gov. cn/n810341/n810755/c4014090/content. html。

② 《降低社会保险费率综合方案》，中央人民政府网站，http：//www. gov. cn/zhengce/content/2019 - 04/04/content_ 5379629. htm。

③ 《经济有质量 就业韧性足——前 10 月城镇新增就业 1193 万人，稳就业提前交卷》，人力资源和社会保障部网站，http：//www. mohrss. gov. cn/SYrlzyhshzb/dongtaixinwen/buneiyaowen/201911/t20191125_ 343449. html。

④ 《关于做好当前形势下高校毕业生就业创业工作的通知》，人力资源和社会保障部网站，http：//www. mohrss. gov. cn/SYrlzyhshzb/jiuye/zcwj/201907/t20190712_ 323928. html。

表2　2019年各地促进中小企业发展相关举措

地区	相关文件	内容
甘肃[①]	《2019年甘肃省促进中小微企业高质量发展工作要点》《甘肃省财政厅　国家税务总局甘肃省税务局关于落实小微企业普惠性税收减免政策的通知》	小型微利企业年应纳所得税额不超过100万元。调整后优惠政策将覆盖95%以上的纳税企业,其中98%为民营企业
湖南[②]	《湖南省财政厅　国家税务总局湖南省税务局关于落实小微企业普惠性税收减免政策的通知》《湖南省实施〈中华人民共和国中小企业促进法〉办法》	小规模纳税人按50%征收资源税
江苏[③]	江苏省贯彻落实《关于实施微小企业普惠性税收减免政策的通知》	全省小微企业减负180亿元以上,超过90%的小微企业享受到减税降费红利,其中99%为民营企业
福建[④]	《福建省财政厅　国家税务总局福建省税务局关于落实小微企业普惠性税收减免政策的通知》	小微企业普惠性减税降费政策
黑龙江[⑤]	《黑龙江省财政厅　黑龙江省税务局转发〈财政部　税务总局关于实施小微企业普惠性税收减免政策的通知〉的通知》	向小微企业发放"减税大红包"
新疆[⑥]	《新疆生产建设兵团关于贯彻实施小微企业普惠性税收减免政策的通知》	每年为小微企业减税32亿元

---

① 《2019年甘肃省促进中小微企业高质量发展工作要点》,甘肃省人民政府网站,http://www.jinchuan.gov.cn/xxgkml/zfbm/qgxj/ghjh_1205/jhzj_1207/201904/t20190401_122526.html。

② 《湖南省财政厅国家税务总局湖南省税务局关于落实小微企业普惠性税收减免政策的通知》,湖南省人民政府网站,http://www.hunan.gov.cn/xxgk/wjk/szbm/szfzcbm_19689/sczt/gfxwj_19835/201902/t20190202_5271496.html。

③ 《江苏出台小微企业税收减免政策》,中央人民政府网站,http://www.gov.cn/xinwen/2019-01/31/content_5362701.htm。

④ 《福建省财政厅　国家税务总局福建省税务局关于落实小微企业普惠性税收减免政策的通知》,福建省税务局,http://www.fjtax.gov.cn/xxgk/sszczl/zcwj02/201901/t20190131_303530.htm。

⑤ 《黑龙江省财政厅　黑龙江省税务局转发〈财政部　税务总局关于实施小微企业普惠性税收减免政策的通知〉的通知》,黑龙江省政府信息公开网站,http://heilongjiang.chinatax.gov.cn/art/2019/1/30/art_6875_153772.html。

⑥ 《新疆生产建设兵团关于贯彻实施小微企业普惠性税收减免政策的通知》,新疆生产建设兵团网站,http://www.xjbt.gov.cn/c/2019-03-12/7225405.shtml。

续表

地区	相关文件	内容
江西[①]	《关于落实小微企业普惠性税收减免政策的通知》	在赣小微企业按50%税额减征8种税费
北京[②]	《关于实施小微企业普惠性税收减免政策的通知》	为小微企业再减税90亿元
广西[③]	《关于对我区小微企业实施税费优惠的通知》	小微企业再获减税降费大礼包
贵州[④]	《关于小微企业普惠性税收减免政策追溯实施涉及退还多缴税款有关事项的通告》	加快推进小微企业和个体工商户参加工伤保险
宁夏[⑤]	《关于落实小微企业普惠性税收减免政策的通知》	小微企业按税额50%减征

资料来源：引注的省市政府部门网站。

（三）加大职业技能培训力度

5月，国务院办公厅发布《职业技能提升行动方案（2019～2021年）》（国办发〔2019〕24号）（简称《方案》），[⑥]《方案》要求2019年至2021年，我国要持续加大开展职业技能培训力度，提高培训针对性、实效性，全面提升劳动者职业技能水平和就业创业能力。《方案》计划3年共开展各类补贴性职业技能培训5000万人次以上，其中2019年培训1500万人次以上，要求到2021年底技能劳动者占全国就业人员总量的比例达到25%以上，高

---

① 《江西小微企业普惠性税收减免政策解读新闻发布会在南昌举行》，江西省人民政府网站，http：//www. jiangxi. gov. cn/art/2019/2/26/art_ 5862_ 661465. html。

② 《关于实施小微企业普惠性税收减免政策的通知》，北京市人民政府网站，http：//www. beijing. gov. cn/zhengce/zhengcefagui/201905/t20190522_ 61799. html。

③ 《小微企业普惠性税收减免政策简介》，广西壮族自治区人民政府网站，http：//www. gxzf. gov. cn/sytt/20190202－734754. shtml。

④ 《关于小微企业普惠性税收减免政策追溯实施涉及退还多缴税款有关事项的通告》，贵州政务服务网，http：//qnsd. gzegn. gov. cn/art/2019/7/10/art_ 79429_ 865260. html。

⑤ 《宁夏出台小微企业普惠性税收减免政策》，人民网，http：//nx. people. com. cn/n2/2019/0130/c192482－32592027. html。

⑥ 《国务院办公厅关于印发职业技能提升行动方案（2019—2021年）的通知》，中央人民政府网站，http：//www. gov. cn/zhengce/content/2019－05/24/content_ 5394415. htm? trs＝1。

技能人才占技能劳动者的比例达到30%以上。①

　　加大职业技能培训力度，帮助劳动者快速适应岗位，是化解就业结构性矛盾的基础性措施。2019年政府工作报告②提出，实施职业技能提升行动，增强劳动者职业技能水平。从失业保险基金结余中拿出1000亿元用于1500万人次以上的职工技能提升和转岗专业培训。加强职业技能培训，既可以帮助劳动者提高就业和再就业的能力，提升人力资源的质量和水平，也能够有效缓解我国就业结构性矛盾。根据我国人力资源和社会保障部网站统计，2019年我国共发布就业促进相关的规范性文件88个，其中29个（见表3）是关于加大职业技能培训力度的规范性文件，9个是关于职业技能竞赛与表彰的规范性文件。

表3　2019年促进加大职业技能培训力度相关的规范性文件

日期	发布单位	规范性文件	文件分类
2019年11月7日	职业能力建设司	关于做好技工院校招生工作的通知	技工院校
2019年9月25日	职业能力建设司	关于颁布养老护理员国家职业技能标准的通知	职业分类与标准
2019年8月19日	职业能力建设司	关于改革完善技能人才评价制度的意见	职业技能鉴定管理
2019年8月5日	职业能力建设司	关于开展第一届全国技工院校学生创业创新大赛的通知	技工院校
2019年7月22日	职业能力建设司	关于做好技工院校招生工作的指导意见	技工院校
2019年5月10日	职业能力建设司	关于颁布消防设施操作员国家职业技能标准的通知	职业分类与标准
2019年4月23日	职业能力建设司	关于印发《职业技能等级证书监督管理办法（试行）》的通知	职业技能鉴定管理
2019年4月22日	职业能力建设司	关于颁布孤残儿童护理员等3个国家职业技能标准的通知	职业分类与标准

① 《国务院办公厅关于印发职业技能提升行动方案（2019—2021年）的通知》，中央人民政府网站，http：//www.gov.cn/zhengce/content/2019－05/24/content_5394415.htm？trs＝1。

② 《2019年政府工作报告》，中国政府网，http：//www.gov.cn/zhuanti/2019qglh/2019lhzfgzbg/index.htm。

日期	发布单位	规范性文件	文件分类
2019 年 4 月 22 日	职业能力建设司	关于颁布保安员国家职业技能标准的通知	职业分类与标准
2019 年 4 月 12 日	职业能力建设司	关于颁布（粮油）仓储管理员等 4 个国家职业技能标准的通知	职业分类与标准
2019 年 4 月 12 日	职业能力建设司	关于颁布大地测量员等 7 个国家职业技能标准的通知	职业分类与标准
2019 年 4 月 12 日	职业能力建设司	关于扩大企业职业技能等级认定试点工作的通知	职业技能鉴定管理
2019 年 4 月 12 日	职业能力建设司	关于颁布工程测量员国家职业技能标准的通知	职业分类与标准
2019 年 4 月 11 日	职业能力建设司	关于颁布中药炮制工等 2 个国家职业技能标准的通知	职业分类与标准
2019 年 4 月 9 日	职业能力建设司	关于颁布河道修防工等 4 个国家职业技能标准的通知	职业分类与标准
2019 年 4 月 4 日	职业能力建设司	关于颁布筑路工等 2 个国家职业技能标准的通知	职业分类与标准
2019 年 4 月 1 日	职业能力建设司	关于发布人工智能工程技术人员等职业信息的通知	职业分类与标准
2019 年 4 月 1 日	职业能力建设司	关于实行职业技能考核鉴定机构备案管理的通知	职业技能鉴定管理
2019 年 3 月 28 日	专业技术人员管理司	关于印发专业技术人才知识更新工程2019 年高级研修项目计划的通知	继续教育与培养培训管理
2019 年 3 月 26 日	职业能力建设司	关于颁布劳动关系协调员等 16 个国家职业技能标准的通知	职业分类与标准
2019 年 2 月 15 日	专业技术人员管理司	关于开展第九批国家级专业技术人员继续教育基地申报工作的通知	继续教育与培养培训管理
2019 年 1 月 17 日	职业能力建设司	关于颁布沼气工国家职业技能标准的通知	职业分类与标准
2019 年 1 月 16 日	职业能力建设司	关于做好 2019 年度劳动出版"技能雏鹰"奖（助）学金评定发放工作的通知	技工院校
2019 年 1 月 14 日	职业能力建设司	关于颁布应急救援员国家职业技能标准的通知	职业分类与标准
2019 年 1 月 14 日	职业能力建设司	关于颁布信息通信网络机务员等 12个国家职业技能标准的通知	职业分类与标准

续表

日期	发布单位	规范性文件	文件分类
2019 年 1 月 10 日	专业技术人员管理司	关于 2018 年下半年计算机技术与软件专业技术资格(水平)考试合格标准有关事项的通知	专业技术人员管理
2019 年 1 月 9 日	职业能力建设司	关于印发《新生代农民工职业技能提升计划(2019—2022 年)》的通知	职业培训
2019 年 1 月 8 日	职业能力建设司	关于深入推进技能脱贫千校行动的实施意见	技工院校
2019 年 1 月 7 日	职业能力建设司	关于颁布贵金属首饰与宝玉石检测员等 3 个国家职业技能标准的通知	职业分类与标准

资料来源：人力资源和社会保障部网站。

（四）加大保障力度

充分发挥失业保险稳定就业岗位的作用，加大援企稳岗力度，维护就业局势总体稳定。2019 年 3 月，人力资源和社会保障部、财政部、国家发展改革委、工业和信息化部发布《关于失业保险支持企业稳定就业岗位的通知》(人社部发〔2019〕23 号)，[①] 要求主要从以下四个方面加大稳岗支持力度。其一，如果参保企业不裁员或少裁员，可以按照该企业上年度实际缴纳失业保险费的 50% 进行返回，作为补贴减轻企业负担。其二，技术技能提升补贴申领的条件可以适当放宽，自 2019 年 1 月 1 日至 2020 年 12 月 31 日，将现行技能提升补贴政策申领条件由企业在职职工累计缴纳失业保险费 36 个月及以上放宽至累计缴纳失业保险费 12 个月及以上。其三，对深度贫困地区的支持力度加大，深度贫困地区的失业保险参保企业，将企业稳岗返还标准提高到该企业及其职工上年度实际缴纳失业保险费总额的 60%，并按规定将吸纳建档立卡贫困人员就业并签订劳动合同的事业单位纳入稳岗返还和技能提升补贴政策范围。其四，发放价格临时

[①] 《关于失业保险支持企业稳定就业岗位的通知》，人力资源和社会保障部网站，http://www.mohrss.gov.cn/SYrlzyhshbzb/shehuibaozhang/zcwj/shiye/201908/t20190807_328737.html。

补贴，优化经办服务，以规范、安全、便捷为原则，提高失业保险经办服务质量和效率。

平等就业权的司法保障。平等就业权是劳动就业权的重要组成部分，保障平等就业权就是保障人的基本权利——生存权和劳动权，中国《劳动法》《就业促进法》① 等多部法律法规中均有禁止就业歧视的规定，保障就业平等对维护社会和谐稳定有着重要作用。2018 年 12 月最高人民法院发布《最高人民法院关于增加民事案件案由的通知》（法〔2018〕344 号），2019 年 1 月 1 日起实施，增设"平等就业权纠纷"和"性骚扰损害责任纠纷"民事案由，明确此类案件按人格权纠纷处理。

切实保障女性、残障人参与公共事务管理和经济社会发展的权利。新增民事案由，拓宽女性、残障人等特殊群体的就业领域，保障女性、残障人平等就业权的实现。2019 年 2 月 18 日，人力资源和社会保障部、教育部等九部门发布《关于进一步规范招聘行为促进妇女就业的通知》，明确了不得实施 6 种就业歧视行为，建立健全多部门联合约谈、市场监管、司法救济三条救济渠道，有力保障女性平等就业权。② 保障残障人就业方面，2019 年 6 月我国出台了首个残障人服务领域的国家标准《就业年龄段智力、精神及重度肢体残疾人托养服务规范》（GB/T 37516 – 2019），③ 2020 年 1 月 1 日正式实施，该规范的出台意味着我国残障人事业发展不断制度化、标准化、规范化。我国以建立劳动福利型残障人事业为目标，通过完善法律法规、拓宽就业渠道、完善服务体系，促进残疾人就业权利的实现。④

---

① 《劳动法》第 12 条，《就业促进法》第 3 条、第 25 条、第 26 条、第 27 条、第 28 条、第 29 条、第 30 条、第 31 条。

② 《平等、发展、共享：新中国 70 年妇女事业的发展与进步》，新华网，http：//www. xinhuanet. com/2019 – 09/19/c_ 1125015082. htm。

③ 《〈就业年龄段智力、精神及重度肢体残疾人托养服务规范〉国家标准解读》，国家市场监督管理总局标准技术管理司网站，http：//www. samr. gov. cn/bzjss/bzjd/201909/t20190926_ 307057. html。

④ 《平等、参与、共享：新中国残疾人权益保障 70 年》，新华网，http：//www. xinhuanet. com/2019 – 07/25/c_ 1124797039. htm。

二　促进就业权面临的挑战

就业是民生之本，发展经济促进扩大就业，制定政策调动劳动者积极性，减轻企业负担，鼓励企业吸纳就业，扶持困难群体摆脱失业困境，强化公共就业服务和职业培训，对社会保障制度进一步完善。2019 年我国持续扩大就业规模、优化就业结构、稳定重点群体就业、稳步提升就业质量，截至 2019 年 10 月我国全年城镇新增就业预期目标提前实现，就业形势总体平稳。但当前国内外风险挑战增多，稳就业压力加大，虽然目前就业形势总体稳定，但仍面临以下几方面的挑战。

（一）保障劳动者就业权利法律框架尚需完善

2008 年《就业促进法》实施，2015 年第十二届全国人民代表大会常务委员会第十四次会议对《就业促进法》进行修改。总体上讲，《就业促进法》得到了有效实施，基本实现了"促进就业，促进经济发展与扩大就业相协调，促进社会和谐稳定"的法定目的。①

2019 年 8 月，全国人民代表大会常务委员会执法检查组关于检查《就业促进法》实施情况的报告②指出，现行《就业促进法》的规定中，包括"政策支持、公平就业、就业服务和管理、职业教育和培训、就业援助、监督检查"六个方面 56 条内容基本得到了落实，占比 81.2%。但是，法律缺乏对灵活就业等新的就业形态、乡村产业、返乡创业就业的具体规范。执法检查过程中发现《就业促进法》中有 13 条实施不到位，落实不彻底，占比 18.8%，法律实施中主要存在 10 大问题（见表 4）。

---

① 《就业促进法》第 1 条。
② 《全国人民代表大会常务委员会执法检查组关于检查〈中华人民共和国就业促进法〉实施情况的报告》，中国人大网，http://www.npc.gov.cn/npc/c30834/201908/f5b70bfd15fd4548a241d35ff25c7c42.shtml。

表4　《就业促进法》实施中存在的问题

问题分类	具体问题	对应条文
3个长期存在问题	劳动力规模高位运行，就业总量压力不减	第3、8、9、21条
	地区差异明显，人才竞争激烈	
	公平就业环境有待优化，就业歧视仍然存在	
4个现实突出问题	结构性就业矛盾显现，招工难与就业难并存	第15、23、33、35、42、45、47、48、67条
	公共就业服务与人力资源服务能力不足	
	新业态蓬勃发展，催生就业新渠道新形态新问题	
	外部环境趋紧对就业的影响	
3个苗头性趋势性问题	社会文化变迁，就业观念多元化产生就业选择问题	第7、20、22条
	劳动力进城与返乡下乡压力并存	
	科技发展提高生产力，代替效应和补偿作用并存	

资料来源：《全国人民代表大会常务委员会执法检查组关于检查〈中华人民共和国就业促进法〉实施情况的报告》。

（二）劳动供给与岗位需求不匹配的结构问题凸显

"用工荒"和"就业难"并存是目前我国就业市场结构性矛盾的突出表现。结构性矛盾主要有以下三种特征：其一，产业转型升级步伐加快，低技能岗位减少；其二，供给侧机构性改革持续推进，人员安置压力加大；其三，技术变革带来新岗位，人才供给跟不上。具体表现为两个方面。一方面，技术技能人才严重短缺。目前我国技能劳动力不到2亿，占从业人员比重为22%，技工求人倍率在1.5以上，技术技能性人才难以满足市场需求，严重短缺。[①] 另一方面，大龄、低技能劳动者就业和转岗矛盾突出。随着经济发展、我国产业转型升级加快，传统行业的就业岗位不断减少，大龄、技能单一劳动者难以适应岗位升级的需求，失业概率激增。突出表现为目前我国有2.88亿农民工，其中初中以下文化程度占比超过70%，参加过

---

① 《人社部就〈技能人才队伍建设工作实施方案（2018—2020年）〉答问》，中央人民政府网站，http://www.gov.cn/zhengce/2018-10/29/content_5335465.html。

职业技术培训的只有 30% 左右，职业教育和培训尚未满足市场需求和产业发展要求。[①]

（三）就业环境和救济渠道有待优化

就业歧视问题仍然普遍存在。全国人民代表大会常务委员会执法检查组关于检查《就业促进法》实施情况的报告[②]指出，有地方政府反映，目前对就业歧视的内涵和后果缺少清晰的法律界定和规定，企业职工教育经费的提取和使用缺乏明确的操作标准，就业相关数据信息的共联共享机制不畅，缺乏法律配套。具体表现为部分用人单位在招聘时公开表示男性偏好，招录未婚未育女性和残障人意愿低，或增加限制女性、残障人就业条件。而且由于招录环节的受歧视者与用人单位没有建立劳动关系，受歧视问题很难通过劳动仲裁解决。目前我国《劳动保障监察条例》还没有将就业性别歧视列入检查事项，相关劳动保障监察机构无法履行监察职责。残障人就业方面，我国保障残障人劳动就业的相关制度还需要进一步完善。造成我国残障人就业困难的原因主要有三点。其一，受教育和心理因素影响，残障人自身就业能力较弱。其二，社会偏见仍然普遍存在。其三，我国现行的促进残障人就业制度、政策仍需要进一步完善。

（四）灵活就业群体社保问题亟须重视

灵活就业包括不签署三方协议而直接与用人单位签署劳动合同就业、持有用人单位证明、赴国际组织实习认证、自主创业和自由职业四种类型。[③]

---

① 刘华东：《"拉面经济""粉丝经济"背后的就业民生账》，《光明日报》2019 年 8 月 30 日，第 010 版。

② 《全国人民代表大会常务委员会执法检查组关于检查〈中华人民共和国就业促进法〉实施情况的报告》，中国人大网，http：//www. npc. gov. cn/npc/c30834/201908/f5b70bfd15fd4548 a241d35ff25c7c42. shtml。

③ 《清华大学 2018 年毕业生就业质量报告》，清华大学学生职业发展指导中心网站，http：// career. tsinghua. edu. cn/publish/career/8155/2018/20181229152930661582729/20181229152930 661582729_. html。

我国灵活就业群体以自主创业群体为主。《2019 年中国大学生就业报告》[1]数据显示，2018 年本科应届毕业生灵活就业人数占 3.1%，高职高专应届毕业生灵活就业人数占 5.7%。目前我国灵活就业群体以"艺术""培训"等相关职业为主（见表 5），大部分灵活就业人员工作状态和收入不稳定，仍属于低收入人群。[2] 而我国灵活就业群体社会保障政策的具体实施更多依赖于地方出台的参保缴费政策，各地对于灵活就业群体参保项目的规定不尽相同，而且可能存在捆绑式或固定参保项目的情况，侵犯了灵活就业群体的自主选择权。捆绑式或固定参保项目可能会导致低收入灵活就业群体选择中断社保缴纳来节约生活成本，灵活就业统一的社保缴费基数可能将低收入灵活就业群体排除在社保体系之外。

表 5　2018 年灵活就业群体比例

单位：%

	专业	比例
本科应届毕业生	舞蹈学	14.8
	绘画	13.8
	音乐表演	12.6
	表演	12
高职高专应届毕业生	数学教育	11.1
	音乐表演	10.6
	园艺技术	9.4
	艺术设计	8.8

资料来源：麦可思《2019 年中国大学生就业报告》。

三　思考与建议

2019 年 12 月，国务院印发《关于进一步做好稳就业工作的意见》（国

---

① 《2019 年中国大学生就业报告》，人民网教育频道网站，http://is. cumt. edu. cn/13/cb/c13030a529355/page. htm。

② 杜晓：《多管齐下构建灵活就业社保体系》，《法制日报》2019 年 11 月 7 日，第 004 版。

发〔2019〕28 号),① 该意见就稳就业工作提出,支持企业稳定岗位、开发更多就业岗位、促进劳动者多渠道就业创业、大规模开展职业技能培训、做实就业创业服务、做好基本生活保障六个方面重点举措。2019 年中国就业总量压力不减,结构性就业矛盾仍然是影响我国就业稳定的最大因素,灵活就业、返乡创业等新的影响因素还在不断增加,应完善就业促进相关法律规范、继续推进职业技能培训、完善重点群体就业保障,把就业摆在首要位置,保障中国经济平稳发展。

(一)完善法规政策引导充分就业

2019 年 8 月,全国人民代表大会常务委员会执法检查组关于检查《就业促进法》实施情况的报告指出,该法实施中有 3 个长期存在问题、4 个现实突出问题、3 个苗头性趋势性问题和 13 条法律条文存在实施不到位、执行不彻底问题。《就业促进法》是一部"促进法",多数法律条文属于软性约束条款,关于法律责任的条款相对较少,刚性约束不足导致法律的实施程度取决于实施者的个人责任担当。因此促进《就业促进法》修法具有现实必要性和紧迫性。完善我国就业促进法律规范,主要体现在四个方面。其一,全面落实《就业促进法》和相关法律,强化法律的刚性约束力,健全完善就业促进机制,推动《就业促进法》和地方性政策有机衔接。其二,国务院及有关部门结合我国当前促进就业工作的实践,制定配套法规制度,各省(自治区、直辖市)结合自身情况,制定符合本省(自治区、直辖市)实际情况的就业促进政策。其三,要做好政策执行和法律事实的结合工作,在法律实施过程中推动政策落实,避免地方工作人员"只看政策"的情况。各级政府和相关部门要建立工作统筹和协作机制,促进信息共享和工作互相配合。其四,各级政府要加强普法宣传工作,加大《就业促进法》的法律普及度和在实际工作中的运用度。

---

① 《国务院印发〈关于进一步做好稳就业工作的意见〉》,新华网,http://www.xinhuanet.com//2019 – 12/24/c_ 1125383370. htm。

（二）继续深化推进职业技能培训

我国就业总量压力不减、结构性矛盾仍然突出，继续深化推进职业技能培训，有利于化解结构性矛盾。大力开展职业技能培训，加快培养知识型、技能型、创新型劳动者，使更多劳动者快速适应新兴业态。经济结构调整，也是化解就业结构性矛盾的基础性措施之一。2019 年我国政府从失业保险基金结余中拿出 1000 亿元，用于 1500 万人次以上的职工技能提升和转岗培训，职业技能快速发展，但仍然有进步空间。[1] 重点群体培训的覆盖面仍需进一步扩大。2019 年 4 月国家统计局发布的《2018 年农民工监测调查报告》[2]显示，1980 年及以后出生的新生代农民工占全国农民工总量的 51.5%，在全部农民工中，未上过学的占 1.2%，小学文化程度的占 15.5%，初中文化程度的占 55.8%，高中文化程度的占 16.6%，大专及以上的占 10.9%。新生代农民工逐渐成为农民工主体，其受教育水平明显提高，但劳动素质、劳动技能整体仍然偏低。新生代农民工职业技能培训工作规模仍然需要进一步扩大。职业技能培训的有效性、针对性仍需加强。以就业为目的的培训，需要进一步发挥企业的主体作用，全面推行企业新型学徒制。就业信息服务，促进供需有效对接。贯彻落实《职业技能提升行动方案（2019—2021 年）》（国办发〔2019〕24 号），[3] 大力推行终身职业技能培训制度，解决好我国高技能人才短缺、企业用人需求和供给结构不相适应的问题，全面提升劳动者就业创业能力。

（三）积极营造公平有序就业环境

目前中国有农民工 2.88 亿，[4] 切实做好农民工工作，关键在于解决好

① 《2019 年政府工作报告》，中国政府网，http：//www.gov.cn/zhuanti/2019qglh/2019lhzfgzbg/index.htm。
② 《2018 年农民工监测调查报告》，国家统计局网站，http：//www.stats.gov.cn/tjsj/zxfb/201904/t20190429_1662268.html。
③ 《国务院办公厅关于印发职业技能提升行动方案（2019—2021 年）的通知》，中央人民政府网站，http：//www.gov.cn/zhengce/content/2019-05/24/content_5394415.htm?trs=1。
④ 顾仲阳、常钦：《提升劳动技能，拓宽就业门路——看五省市农民工如何端牢含金量更高的铁饭碗》，《人民日报》2019 年 1 月 25 日，第 018 版。

拖欠农民工工资问题。2019 年 12 月 4 日在国务院常务会议中李克强总理强调，"各级政府和国有企事业单位不得以任何理由拖欠农民工工资"。会议通过了《保障农民工工资支付条例（草案）》，明确用人单位主体责任、政府属地责任和部门监管责任，要求按约定及时足额支付农民工工资。① 通过稳定企业生产经营、创造更多的就业机会、支持农民工返乡创业、加强职业技能培训等促进农民工就业创业。同时要落实和完善相关基础设施，要做好在城镇就业农业转移人口落户、农民工随迁子女平等受教育、农民工参加职工社会保险、农民工租房保障等工作。

促进我国残障人就业，贯彻落实 2020 年 1 月开始实施的《就业年龄段智力、精神及重度肢体残疾人托养服务规范》（GB/T 37516 – 2019），使该规范和《残疾人就业条例》形成合力，共同推动残障人事业发展。完善残障人就业配套措施，为残障人就业提供合理便利，创造有利于残障人就业的环境。进一步完善残障人康复医疗系统，完善针对不同残障人群的专业教育和各方面配套服务。

保障女性就业平等，国家或者社会组织设立基金支持企业接收女性职工，积极承担一部分企业的成本，加大对女性生育的补贴，减少企业招录女职工的"额外成本"。国家企事业单位或者部门需要设立女性工作人员比例指标。用人单位招用人员，除国家规定的不适合妇女的工种或者岗位外，不得以性别为由拒绝录用女性或者提高录用标准，优化公平就业环境。

（四）鼓励灵活就业人员参加社保

2019 年 12 月 4 日李克强总理在主持召开国务院常务会议时强调，"各地要着眼稳就业大局，出台更多支持新增就业岗位的措施，抓紧清理取消不合理限制灵活就业的规定"。② 其一，各地要把稳就业摆在更加突出位置，

---

① 《李克强：各级政府和国有企事业单位不得以任何理由拖欠农民工工资》，中国政府网，http://www. mohrss. gov. cn/SYrlzyhshbzb/dongtaixinwen/buneiyaowen/201912/t20191206_ 345583. html。

② 《李克强：抓紧清理取消不合理限制灵活就业的规定》，中国政府网，http://www. mohrss. gov. cn/SYrlzyhshbzb/dongtaixinwen/buneiyaowen/201912/t20191206_ 345584. html。

强化底线思维，做实就业优先政策，结合当地实际情况制定灵活就业群体参
保政策，取消不合理限制灵活就业的规定。其二，符合社保降费条件的省
（自治区、直辖市）继续阶段性降低社保费率。为了促进灵活就业人员参
加社保，要求各省（自治区、直辖市）结合实际调整缴费基数政策，普遍
降低缴费基数下限。其三，进一步落实好社保补贴政策，将更多符合条件
的灵活就业人员纳入补贴范围，对他们参保缴费给予适当帮助。其四，完
善就业托底保障，就业困难人员享受灵活就业社保补贴政策期满仍未实现
稳定就业的，可再享受政策 1 年，[1] 确保生活困难失业人员和灵活就业人员
的基本生活。

---

[1] 《李克强主持召开国务院常务会议　部署进一步多措并举做好稳就业工作等》，中国政府
网，http://www.mohrss.gov.cn/SYrlzyhshbzb/rdzt/zyjntsxd/zyjntsxd_ xdzn/201912/t20191205
_ 345368. html。

B.9
完善公租房制度 保障中低收入群体的住房权

申秋红 *

摘 要： 住房权是一项基本人权，保障公民住房权是政府职责的应有之义。面对高企的商品房价格，中低收入群体住房困难的状况仍然存在。自2010年始中国明确大力发展公租房，以完善住房供应体系，满足城市中低收入家庭对基本住房的需求，现已在一定程度上取得了阶段性成果。然而，由于法律缺失和制度性因素，公租房发展不平衡不充分的问题仍很突出。作为主要责任主体的国家应积极采取措施，完善发展公租房制度，切实保障中低收入群体的住房权。

关键词： 住房权 基本人权 中低收入群体 公租房

一 住房权和公租房制度

（一）住房权是一项基本人权

住房是人们最基本的生产资料和重要的发展资料，住房权是一项最基本的人权，其实现程度反映着人民生活水平和社会文明程度。联合国很多文件

---

* 申秋红，博士、中国人口与发展研究中心研究员，研究方向：农业与农村经济。

强调了对住房权的保障。1948 年《世界人权宣言》第 25 条第 1 款规定："人人有权享受为维持他本人和家属的健康和福利所需的生活水准,包括食物、衣着、住房、医疗和必要的社会服务。"① 1966 年《经济、社会及文化权利国际公约》第 11 条第 1 款规定:"本公约缔约各国承认人人有权为他自己和家庭获得相当的生活水准,包括足够的食物、衣着和住房,并能不断改进生活条件。各缔约国将采取适当的步骤保证实现这一权利……"② 联合国专门负责监督该公约实施的经济、社会和文化权利委员会于 1991 年专门发布了关于获得适足住房权的《第 4 号一般性意见》,该意见第 1 条规定:"适足的住房之人权由来于相当的生活水准之权利,对享有所有经济、社会和文化权利是至关重要的。"③ 1981 年在伦敦召开的城市住宅问题国际研讨会上通过的《住宅人权宣言》指出:"一个环境良好、适宜于人的住所是所有居民的基本人权。"④ 可见,住房权作为一项基本人权应得到保障是国际社会公认的政府职责。从一些国家的实践来看,它们也都把住房权作为一项基本人权纳入各自的宪法文件中。目前世界上有 70 多个国家的宪法都有政府在住房权和有关住房权领域相关义务的不同规定。⑤

(二)保障中低收入群体的住房权是政府职责的应有之义

由于各地经济社会发展不均衡,对中低收入标准的设定没有全国统一的规定。通常按收入水平将人群分为低收入、中等偏低收入、中等收入、中等

---

① 《世界人权宣言》是联合国大会于 1948 年 12 月 10 日第 217A (Ⅱ) 号决议通过并宣布。https://www.ohchr.org/EN/Pages/Home.aspx,最后访问时间:2019 年 12 月 30 日。

② 联合国大会 1966 年 12 月 16 日第 2200A (XXI) 号决议通过并开放给各国签字、批准和加入,于 1976 年 1 月 3 日生效。https://wenku.baidu.com/view/0c11cedea58da0116c174947.html,最后访问时间:2019 年 12 月 30 日。

③ General Comment No. 4 (1991) on the right to adequate housing (Art. 11 (1) of the Covenant). Adopted by the Committee on Economic. Social and Cultural Rights (UN doc. 1992 – 23).

④ 田东海:《住房政策:国际经验借鉴和中国现实选择》,清华大学出版社,1998。

⑤ 赵晓毅:《宪法学视野中的公民住房权及其保障》,《洛阳理工学院学报》(社会科学版)2011 年第 2 期。

偏高收入、高收入五种类型，[①] 本文中低收入群体包括中等偏低收入者和低收入者，该群体的生活质量、收入水平、职业特征等综合指数居于现阶段社会中下层及以下的水平。[②] 据民政部数据，2019 年 11 月全国城市最低生活保障人数为 872.8 万人，城市最低生活保障户数为 532.8 万户，[③] 城市贫困人口约 3000 万人，[④] 这些人中有无生活来源、无劳动能力的城市贫困人口，如孤寡和残疾人；有一定劳动能力但收入不稳定、家庭人均收入低于政府规定标准的；有城镇贫困职工、城镇化后无法适应非农产业的本地失地农民；有外来无固定职业和固定收入的农民工；有暂时找不到工作的大学毕业生等年轻一代待业人员。另一方面，随着经济快速发展，近年全国城市房价呈快速上涨态势。2018 年全国商品房住宅销售均价为 8544 元每平方米，比 2017 年上涨了 930 元每平方米。[⑤] 商品房售价的增长远高于居民收入的增长，高企的房价超出中低收入群体的购房能力，他们凭自身能力不能改善住房状况，住房条件差或无房可住的现状亟待改善，住有所居的需求极为迫切。中低收入群体的住房问题是重大民生问题，这一庞大群体的住房需求若不能满足，将会衍生为影响社会稳定的重大隐患。解决中低收入群体的住房问题，是政府义不容辞的责任，有利于增强困难群众的获得感、幸福感和安全感。

（三）公租房政策是解决中低收入群体住房问题的有效途径

公租房的法律概念存在于地方立法文件中，各地大同小异。本报告采用《北京市公共租赁住房管理办法（试行）》的定义：政府提供政策支持，限定户型面积、供应对象和租金水平，面向本市中低收入住房困难家庭等群体

[①] 孙荣飞：《国家部委对低收入人群的界定》，《第一财经日报》2008 年 2 月 29 日。

[②] 李爱华、韩晶晶、石勇等：《基于数据挖掘的中低收入群体住房保障资格判别》，《管理评论》2007 年第 5 期。

[③] 《2019 年 11 月份民政统计数据》，http：//www. mca. gov. cn/article/sj/tjyb/qgsj/2019/201912 241449. html。

[④] 《十三五中期评估 | 委员：城市贫困人口生活改善问题凸显》，https：//baijiahao. baidu. com/s？ id ＝ 1621143920637116145&wfr ＝ spider&for ＝ pc。

[⑤] 《买房还是赚了？2018 年全国住宅销售均价涨了 930 元》，https：//baijiahao. baidu. com/s？ id ＝ 1623261853800753351&wfr ＝ spider&for ＝ pc&qq － pf － to ＝ pcqq. c2c。

出租的住房。

中国自 1998 年住房制度改革以来，住房市场由单位分房主导的同质化转为市场主导的差异化，但过度市场化和政府主体作用缺失导致房价上涨过快，为了保障居民住房权，政府制定了廉租房、经济适用房、棚户区改造等住房保障政策。廉租房和经济适用房申请条件高、数量少，廉租房主要保障城镇居民中享受低保的低收入群体且住房困难家庭。经济适用房虽针对中低收入家庭，但价格仍显高昂，而公租房保障对象更广，不仅保障低收入家庭，还保障外来务工人员、刚毕业大学生、新就业群体等夹心层。2014 年廉租房和公租房并轨运行统称为公租房。目前，公租房已成为中国政府解决城市中低收入群体住房困难的重要手段，有助于保障公民最基本的居住权，从而保证其生存权和发展权。

党的十八大报告指出："建成覆盖城乡居民的社会保障体系"，"建立市场配置和政府保障相结合的住房制度，加强保障性住房建设和管理"。[①] 党的十九大报告指出："坚持房子是用来住的、不是用来炒的定位，加快建立多主体供给、多渠道保障、租购并举的住房制度，让全体人民住有所居。"[②] 住房是人们安居乐业的基本需要，发挥住房保障在解决群众住房问题中的"补位"作用，保障中低收入群体的住房权是政府职责的应有之义，也是新时期社会治理创新的必然要求。

二　公租房制度2019年新进展

保障性住房建设历来是党和政府高度重视的民生问题。2009 年政府工作报告首次提出积极发展公共租赁住房，满足居民多层次住房需求，努力实现居者有其屋的目标。2010 年 6 月，七部门联合发布《关于加快发展公共

---

① 《坚定不移沿着中国特色社会主义道路前进　为全面建成小康社会而奋斗——在中国共产党第十八次全国代表大会上的报告》，人民出版社，2012。

② 《决胜全面建成小康社会　夺取新时代中国特色社会主义伟大胜利——在中国共产党第十九次全国代表大会上的报告》，人民出版社，2017。

租赁住房的指导意见》，明确了大力发展公租房的改革导向。2011 年 3 月，"十二五"规划纲要强调重点发展公租房。2012 年 5 月，《公共租赁住房管理办法》明确了公租房申请条件、运营监管、退出机制。2014 年 1 月，《关于全面推进公共租赁住房和廉租住房并轨运行的实施意见》出台，公租房成为中国保障性住房体系的主导形式。

中国公租房制度发展在一定程度上取得了阶段性成果。截至 2018 年底，3700 多万困难群众住进公租房，累计近 2200 万困难群众领取了公租房租赁补贴。2019 年中国政府为保障中低收入群体的住房权积极履行义务，中央和地方层面不断出台新举措，彰显了政府履行住房权保障义务的信心和决心。

（一）国家层面

1.《关于进一步规范发展公租房的意见》

2019 年 5 月，住建部、国家发展改革委、财政部、自然资源部四部委联合出台《关于进一步规范发展公租房的意见》。意见明确，要分类合理确定准入门槛，针对不同困难群体，合理设置准入条件，采取适当的保障方式和保障标准。对城镇低保、低收入住房困难家庭要实现应保尽保；对城镇中等偏下收入住房困难家庭要明确合理的轮候期，在轮候期内给予保障；对新就业无房职工和稳定就业外来务工人员，重点保障环卫、公交等公共服务行业，以及重点发展产业符合条件的青年职工和外来务工人员，重在解决阶段性住房困难。

意见提出，要坚持实物保障与租赁补贴并举。人口流入多、公租房需求大的城市，要切实增加公租房实物供给，可通过配建、长期租赁等方式多渠道筹集房源。新就业无房职工和外来务工人员较为集中的开发区和产业园区，应增加集体宿舍形式的公租房供应。要合理确定租赁补贴标准，建立动态调整机制，并根据保障对象的收入水平实行分档补贴，支持保障对象租赁到适宜的住房。①

---

① 中国政府网，http://www.gov.cn/xinwen/2019 - 05/19/content_ 5392886. htm，最后访问时间：2019 年 12 月 30 日。

2. 2019年国务院政府工作报告

2019年3月5日，十三届全国人大二次会议在人民大会堂开幕，国务院总理李克强做政府工作报告。报告指出，要"坚持以中心城市引领城市群发展……抓好农业转移人口落户，推动城镇基本公共服务覆盖常住人口。更好解决群众住房问题，落实城市主体责任，改革完善住房市场体系和保障体系，促进房地产市场平稳健康发展。继续推进保障性住房建设和城镇棚户区改造，保障困难群体基本居住需求"。[①]

3. 国务院农民工工作领导小组会议

2019年1月11日，国务院农民工工作领导小组会议暨保障农民工工资支付工作电视电话会议在北京召开。中共中央政治局委员、国务院副总理胡春华出席会议并讲话。他强调，要认真贯彻习近平总书记重要指示精神，按照党中央、国务院的决策部署，切实做好农民工工作，加大力度解决拖欠农民工工资问题；要落实和完善相关措施，抓好已在城镇就业的农业转移人口的落户工作……提高住房安全保障水平，使农民工更好地融入城市。[②]

（二）地方层面

1. 北京市对公租房违规转租转借和简化申请手续的规定

2019年11月，《北京市公共租赁住房租赁合同》示范文本发布并正式推行使用。与2011年的旧版相比，新版文本细化了违约责任条款，对违规转租转借、空置、从事营利活动等行为除依据《公共租赁住房管理办法》等规定予以行政处罚外，还将其处罚信息纳入中国人民银行征信系统，公租房承租人及其家庭共同申请人将来贷款买房、买车、申请信用卡，金融机构都会查看申请人的个人信用报告，了解申请人的信用记录。违规家庭5年内

---

① 中国政府网，http://www.gov.cn/zhuanti/2019qglh/2019lhzfgzbg/index.htm，最后访问时间：2019年12月30日。

② 央视网，http://politics.cntv.cn/special/gwyvideo/shouye/index.shtml，最后访问时间：2019年12月30日。

不得申请公租房（含市场租房补贴）及共有产权住房。①

2019年12月，北京市住建委印发《关于进一步简化保障性住房申请手续有关工作的通知》，取消保障房申请的全部纸质证明。通知要求，进一步精简申报材料，申请家庭不再提供现居住地或户籍地房屋不动产登记证书、本人及家庭成员工作单位出具的收入及住房证明，即本市申请保障房资格实现"零证明"，申请家庭无须为盖章往返奔波。针对申请表格填写复杂的问题，需由申请家庭填写的内容由此前的"一本"变为"一页"，所有申请家庭成员只需填写1份资格申请表，写明收入、住房和财产情况，并书面承诺符合相应条件。如发现弄虚作假，5年内不许申请各类保障性住房。受理时间也由原来的5日内压缩至1个工作日。②

2. 上海市进一步完善保障房基地的公共服务

截至2019年8月，上海市大规模建设的保障性住房累计开工与供应均达50万套左右，在服务城市更新、市场调控、市民居住条件改善方面发挥了积极作用。建设水平方面，注重住宅产业现代化、装配式建设、绿色节能建筑及BIM技术在保障性住房中的运用；配套设施建设方面，明确基本配套要求；房源供应方面，采取统筹供应，提高房源使用效率；社会管理方面，推动"镇管社区"机制不断完善，加大财政转移支付。市属保障性住房新开工项目全面实施装配式建设，开展标准户型、相关技术标准及大开间灵活隔断设计等研究，启动大开间设计试点，探索符合百姓住房发展新需求的设计标准。为进一步完善保障房基地的公共服务，针对不同阶段大居配套完善分类施策，对已入住居民的基地补短板、促提升，加紧开展卫生、养老、文体、邮政等配套设施补点建设和开办运营；对在建的和新启动基地保基本、抓交付，切实满足入住居民"开门七件事"需求。③

---

① 新华网，http://www.xinhuanet.com//2019-11/23/c_1125266370.htm，最后访问时间：2019年12月30日。

② 北京市住建委，http://zjw.beijing.gov.cn/bjjs/xxgk/qtwj/zfbzltz/659986/index.shtml。

③ 《上海保障房托起幸福安居梦》，http://www.mohurd.gov.cn/dfxx/201911/t20191114_242713.html。

3. 广州市为来穗务工人员推出420套公共租赁住房

2019 年 12 月，广州市住建局计划推出 420 套公共租赁住房，面向符合条件的来穗务工人员供应，12 月 10 日起接受网上预申请，2020 年 4 月 9 日公开进行摇号分配。申请对象包括两类人群：一是来穗时间长、稳定就业的来穗务工人员；二是高技能人才或者获得荣誉称号的来穗务工人员。为方便来穗务工人员进行申请，在街（镇）来穗人员和出租屋服务管理窗口安排有咨询人员和宣传资料，也可拨打广州政府服务热线 12345 了解详情。①

4. 深圳市发布《深圳市公共租赁住房建设和管理办法（征求意见稿）》

2019 年深圳计划建设筹集公共住房 8 万套。截至 2019 年 12 月，已建设筹集 6.3 万多套，完成全年约 80% 的目标任务。② 深圳市深化住房制度改革，2019 年 4 月 29 日，深圳市住房和城乡建设局、深圳市司法局发布《深圳市公共租赁住房建设和管理办法（征求意见稿）》《深圳市安居型商品房建设和管理办法（征求意见稿）》《深圳市人才住房建设和管理办法（征求意见稿）》3 个征求意见稿，向社会各界公开征求意见。以上 3 个政府规章明确了 3 种住房的申请条件，其中公租房和安居型商品房的申请家庭须符合财产限额要求。《深圳市公共租赁住房建设和管理办法》规定，除了面向户籍中等偏下及低收入家庭供应外，还将根据国家有关政策，面向新市民中的公交司机、环卫工人等为社会提供基本公共服务的相关行业人员以及先进制造业职工供应。③

5. 江西省加强城镇保障性住房管理工作

江西省住建厅联合省发改委、财政厅、自然资源厅、民政厅下发《关于加强城镇保障性住房管理工作的指导意见》，进一步完善城镇居民住房保障体系，加大住房保障力度，提升保障性住房运营管理服务水平。建立多层

---

① 广州市住房和城乡建设局，http://zfcj.gz.gov.cn/zjyw/zfbz/zwxx/zbgz/content/post_ 5297134. html。

② 住建部，http://www.mohurd.gov.cn/dfxx/201912/t20191209_ 243002. html。

③ 深圳市住房和城乡建设局，http://zjj.sz.gov.cn/csml/bgs/xxgk/tzgg_ 1/201904/t20190429_ 17145983. htm。

次保障体系，对符合条件的城镇中等偏下收入住房困难家庭在轮候期内予以保障；对新就业无房职工和在城镇稳定就业的外来务工人员等新市民，着力解决阶段性住房困难，重点保障环卫、公交等公共服务行业员工和青年医生、教师等专业技术人员，新市民住房保障可设立最长保障期限。加快实施公租房租赁补贴，将城镇中等偏下收入住房困难家庭和新就业无房职工、在城镇稳定就业的外来务工人员等新市民纳入公租房租赁补贴范围，结合市场租金水平和财力水平，并根据保障对象的收入水平分档确定补贴标准。[①]

6. 贵州省加大对新市民的公租房保障力度

贵州省住房和城乡建设厅等四部门下发《关于进一步规范发展公租房的实施意见》，要求全省各市（州）、贵安新区、县（市、区、特区）根据财政承受能力，通过公租房重点保障符合条件的青年教师、青年医生和环卫、公交等公共服务行业以及当地重点发展产业中的新就业无房职工、城镇稳定就业的外来务工人员，符合条件的家政从业人员也纳入保障，复员退伍军人、优抚对象、进城农村独生子女户和二女绝育户、老年人、鳏寡孤独户、建档立卡贫困户等符合条件的家庭优先纳入保障。新就业无房职工和外来务工人员较为集中的开发区和产业园区，根据用工数量，在产业园配套建设用地中，增加集体宿舍形式的公租房供应，面向用工单位或园区就业人员出租。鼓励为符合条件的新就业大中专毕业生发放租赁补贴。对新就业无房职工和城镇稳定就业外来务工人员，政府筹集的公租房主要对其用人单位定向供应，职工向用人单位提交申请。[②]

7. 辽宁省近4万套公租房为新市民安家

从2017年底开始，辽宁省将新市民住房保障作为改善营商环境、吸引外来人才的一项重要举措，当年出台的《辽宁省培育和发展住房租赁市场四年滚动计划（2017—2020年）》中，明确要求将符合条件的新就业大学生、稳定就业的外来务工人员和青年医生、青年教师等专业技术人员纳入公

---

① 江西省住建厅，http://zjt.jiangxi.gov.cn/bgs_1/wjtz/201912/t20191218_773887.htm。
② 贵州省住建厅，http://zfcxjst.guizhou.gov.cn/jszx/zxwj/201911/t20191101_10191238.html。

租房保障范围，2019 年全省有近 4 万套公租房为新市民安了家，至少有 14 个市已对新市民住房进行了保障。下一步将进行住房保障调标扩面工作，加大公共租赁住房配租力度，重点保障新市民的住房需求，对青年医生、青年教师、军转人员、环卫工人、公交司机等行业及企业职工等群体实施精准保障，让他们在所在的城市安居乐业。①

8. 安徽省公租房配租使用率提升到97%以上，加强运营管理

2019 年安徽省公租房累计竣工 78. 69 万套，累计分配 77. 29 万套，发放公租房租赁补贴 4. 41 万户。2019 年 8 月，安徽省住建厅要求加大公租房建设和筹集力度，对公租房实施分类保障，对城镇低保、低收入住房困难家庭努力实现应保尽保；对城镇中等偏下收入住房困难家庭，在合理轮候期内予以保障；加大对符合条件的新就业无房职工、在城镇稳定就业的无房外来务工人员等新市民的住房保障力度，解决其阶段性住房需求。针对公租房配套设施跟不上或建在偏僻工业园区等导致的部分公租房配租使用率低的问题，安徽省把提高公租房配租使用率作为 2019 年度重点工作，通过完善公租房配套设施等举措，争取 2019 年底前在建政府投资公租房全面达到竣工交付条件，全省公租房配租使用率超97%。②

2019 年 12 月，安徽省住建厅出台《关于进一步加强政府投资公租房运营管理的指导意见》，加强政府投资公租房运营管理。住房保障主管部门可采取直接管理、委托代管、购买服务等方式进行运营管理。鼓励采取政府购买服务方式，引入企业或其他机构参与公租房管理服务，不断提高公租房运营管理专业化、社会化、规范化水平。完善配套设施，满足使用需求，公租房小区水电气通信消防等基础设施应配套齐全、功能完善、运转正常；公租房小区应逐步完善与居住人口规模相适应的公共服务设施；推进基本公共服务、商业便民利民服务和居民支援互助服务等向公租房小区延伸。公租房运

---

① 辽宁省住建厅，http：//epaper. lnd. com. cn/lnrbepaper/pad/con/201909/27/content_ 45519. html? from = singlemessage&isappinstalled =0。

② 安徽省住建厅，http：//dohurd. ah. gov. cn/ahzjt _ front/xwzx/001002/20190321/b6dbe28d － 8895 －4efd － a525 － 93bce20b0fb2. html。

营管理配备专职人员，原则上集中连片的公租房小区每 500 户不少于 1 人，分散布置的公租房每 300 户不少于 1 人。公租房腾退后，承接主体 15 日内完成维修养护，达到重新配租的条件。[①]

9. 广西 14 个设区市公租房信息系统全部上线

2019 年广西创新住房保障线上服务，推动公共租赁住房信息统一归集和开放共享。14 个设区市的公共租赁住房信息管理系统全部上线运行，信息数据与全国联网，是目前全国少数几个实现所有设区市全部上线的地区之一。广西全面推行住房保障事项线上办理，逐步启动并完善申请受理、分配入住、房源管理等功能模块。群众可通过手机 App、微信公众号、政府门户网站等线上方式和热线电话等方式申请公共租赁住房，还可通过绑定银行卡、微信公众号等方式办理公共租赁住房租金缴纳业务。[②]

综上所述，2019 年国家层面保障中低收入群体的住房权主要是出台全国性规范发展公租房的政策文件，并强调通过促进农村转移人口落户提高农民工住房保障水平。在中央和地方各级政府的引导下，各地相继出台积极的公租房保障推进措施并着手部署落实。这些措施的落实对公租房供应和使用以及中低收入群体住房权的实现起了直接的促进作用。例如，深圳为加快公租房建设筹集和供应力度，2019 年 10 月持续掀起公共住房开工建设高潮，首批 13 个集中开工项目中有 1 万余套公共住房；四川累计有 30 多万名农民工通过公租房实物配租或领取货币补贴等方式享受到住房保障。

此外，一些城市也在公租房建设和运营管理方面进行了有益探索，例如，银川市对公租房科学规范管理，依托互联网及手机 App 等渠道，实现"数据多跑路、群众不出门"的办事目标，提升住房保障信息化管理水平。再次降低保障房申请门槛，实现中低收入人群全覆盖，申请公租房租赁补贴的个人或家庭收入标准，由上年度的人均月可支配收入 1650 元调整为 1780

---

① 安徽省住建厅，http://dohurd.ah.gov.cn/public/6991/7386121.html。
② 广西住建厅，http://zjt.gxzf.gov.cn/xyxx/zfbz_ 40602/t1567035.shtml。

元；申请公租房实物配租承租资格的收入标准由人均月可支配收入上年度的3580 元调整为 3855 元。① 杭州公租房保障家庭可凭信用分减免押金，还陆续推出公租房房源调整、网上打印受理单等一系列便民服务。② 乌鲁木齐市保障房申请审核流程提速，最快 7 个工作日即可完成备案。③ 深圳将对符合条件的成年孤儿进行社会化安置，将符合条件的成年孤儿纳入住房优先保障范围，优先配租公共租赁住房。④

三 公租房制度的现实困境

纵观上述对中低收入群体住房权保障所取得的一系列进展，可以看出国家和地方层面均已逐步探索出一些规范和经验，取得了长足进步。但在公租房规划建设和后续运营中仍面临许多困境，这有赖于政策体系的进一步完善。

（一）法律保障方面

公租房分配与监管需要国家顶层设计，即国家在法律层面对政策实施予以有力保障。目前国家层面虽然有关于公租房发展的大政方针，但缺乏全国性的涵盖公租房规划、生产、经营、管理的完整的法律法规体系，这与公租房保障居民住房权的重要地位和作用不相符合。尽管住建部颁布的《公共租赁住房管理办法》和七部委联合颁布的《关于加快发展公共租赁住房的指导意见》（简称《指导意见》）在住房权保障方面发挥了重要作用，《指导意见》也阐明了公租房的重要意义，对公租房的发展提出了指导意见，但《指导意见》只是一个部门规章，各地执行效率层级较低，政策落实情况参差不齐，加之政策落实本身具有时滞性，毕竟政策不是法律，没有威慑

---

① 住建部，http：//www. mohurd. gov. cn/dfxx/201902/t20190219_ 239507. html。

② 住建部，http：//www. mohurd. gov. cn/dfxx/201903/t20190307_ 239682. html。

③ 乌鲁木齐市人民政府，http：//www. urumqi. gov. cn/sy/jrsf/418988. htm。

④ 人民网，http：//sz. people. com. cn/n2/2019/0124/c202846 – 32569423. html。

力，不具有强制执行力，更没有惩治措施，即便不执行不落实也不会影响官员政绩和升迁。关于公租房的规范性文件，各地都在制定，但大都缺乏具体明确的操作细则，有些规定甚至模糊不清。因此，建立一套完备的、科学的、具有较高法律效力的法律体系来确保公租房的健康发展和运营迫在眉睫。

（二）公租房供应方面

1. 土地供应短缺

公租房需求巨大而供给明显不足，根源是公租房土地供应不足。1994 年分税制改革导致地方政府因财政困境形成土地财政，地方政府总是将土地用于能带来地方税收和 GDP 增值的商品房投资，而公租房项目没有增值收益，尽管中央明确各地政府对公租房建设用地要应保尽保，但地方政府积极性不高。

2. 建设资金不足

公租房投资规模大、逐年收取租金、资金回笼周期长、较低的租金和物业费不足以抵消房屋修护和管理所需成本等特点使民间资本和社会资本缺乏参与热情，因此建设资金来源主要是政府财政，后期的运营维护也需要足够的资金支持，给政府造成巨大财政压力。

3. 配套服务不完善

公租房建设多是规定建设面积和户型，而对配套服务设施建设没有统一标准，不同项目差异较大。有的公租房选址在偏远郊区，交通、医疗、教育、金融、卫生等服务设施相对落后，居民出行不便，影响了工作和生活，进而影响入住率。

（三）公租房运营管理方面

1. 准入标准审核困难

公租房准入以家庭收入、住房等财产状况为依据，但由于收入财产动态变化以及信息的不对称性，很难核实验证这些信息，导致有些高收入家庭谎报收入，或通过不正当关系开具假证明，违规享受公租房，造成社会分配不公平。

2. 动态管理清退困难

当保障对象收入和财产发生变化不再符合租房条件时，本应及时退出，但实际上，部分保障对象通过弄虚作假或动用关系继续租住，降低了公租房使用效率，使实际需要保障的群体难以得到及时保障。

3. 监督惩戒机制不健全

公租房制度实施以来，不少地方出现了一些不良现象，如工程不达标、骗租、转租、转借、营利等。公租房监管涉及多个部门，监管中如果责任主体不明确，就不能对具体承担责任的主体进行惩戒。

四　公租房制度的困境破解

完善和推行公租房制度是一项庞大的系统工程，只有政府、社会和个人共同努力，才能助圆群众的安居梦。

（一）构建法律法规体系

用法律的刚性约束来保障公民住房权是最根本手段。改革开放 40 多年来，中国已具备履行住房权保障义务的经济实力，出台住房保障法律法规已具备客观现实基础。在市场化和城镇化背景下，中低收入群体的住房问题事关社会稳定和谐，立法保障住房权更具有社会必要性和迫切性。因此应统一认识，针对立法层次低的现状，尽快出台全国统一的"住房保障法"，明确政府对住房权保障的义务，包括政府对保障对象的住房补贴或保障房建设资金的筹集、建设、分配、维护和管理等事项，以及保障对象的准入和退出条件，确保保障性住房制度健康运行。地方政府以行政法规的形式出台公租房条例。随着各地公租房大规模建设，公租房需求不断增加，对公租房进行管理越来越重要，为提高运营和管理效率，应在条例基础上制定相关操作细则。

（二）拓宽资金来源渠道

为保障公租房制度顺利实施，应建立政府主导、社会补充的投融资体系。政府投资是主渠道，中央政府每年安排合理的财政预算，预备足量资金，保障公租房建设资金充足。地方政府也要加大投资力度，同时提高省级部门统一管理水平，对公共预算不足的市县可增大土地方面的收入和地方政府债券资金比例。若仅依靠政府资金，公租房发展恐难达到社会经济发展要求。政府应号召社会参与，进行多元化融资，以政府名义发行建设公租房债券，吸引社会闲散资金；给开发商税收优惠，引导企业参与公租房建设，让企业帮助政府建造一定数量的公租房；或者通过银行贷款、保险公司融资、社保基金融资等渠道融资，特别是借助政策性银行拓宽融资渠道，在利率、期限方面享有一定的优惠，防止政府投入成本过高。在资金充足的情况下，配套公共设施建设就有了保证。

（三）完善准入退出机制

"互联网＋大数据"的发展使公租房准入退出机制通过搭建住房保障、房地产、民政、银行、税务、公安等部门信息共享的多方联动信息平台而不断完善成为可能。平台上建立若干系统，如住房登记系统能够科学识别保障对象；动态信用监管和定期排查系统将个人收入和财产与动态监管相结合，及时更新数据，确保对租房者相关信息进行经常性检查核验；信用档案系统将骗租、转租转借、谋取私利等不良行为纳入其中，一旦发现弄虚作假就撤销资格并收回住房；平台可依据经济发展情况和可供配租房源情况，不定期地联动调整租金水平、准入标准等指标；申请家庭可以在线申请、在线提交材料，退出也可以在线提交材料，而不需要现场办理。

（四）强化监督惩戒机制

作为一项重大民生工程，公租房制度必须接受全社会的有效监督。在联动信息平台上公布公租房政策法规、规划建设、融资、配租管理、小区管理、监督投诉等信息，并对这些信息进行实时更新，提升管理效率，便于社会监督。鼓励群众举报，对违规或拒不服从管理的行为综合运用法律、经济、行政等手段进行惩戒。通过加大惩戒力度，增强公租房使用的严肃性和威慑力。公租房在审批、建设中因疏忽或利益驱使而履职不力或产生寻租行为的，要严格追责。不同主体在公租房项目中作用不同，由于责任明确，可对责任出现的范围、严重程度进行问责，避免出现"甩锅"现象。平台上还可设立各种论坛、微信群等，及时回应群众关注的热点问题，及时为群众答疑解惑。

（五）培育公民精神，加强法律政策宣传

社会公众普遍对公民住房权认识不清，尤其是中低收入群体，这大都与学历不高相关联，他们更多考虑的是工作、挣钱、攒钱，认为住房问题理应自己解决。他们获取知识的途径狭窄，普遍缺乏法律知识和维权意识，尤其缺乏对住房权的认知和表达意识，不了解自己作为弱势群体应享有的基本权利，更不能充分认识到权利受侵时应如何捍卫合法权利。各级政府部门应积极宣传倡导，注重培育公民精神，提高其政治参与热情，使其知晓政府对弱势群体的各种保障，包括住房保障。通过宣传倡导，使其知晓并不是所有中低收入家庭只要符合住房保障对象条件就有资格享受住房保障，那些收入低但住房不困难的不是对象。引导群众通过关注政府网站、广播电视等知晓公租房政策，积极帮助中低收入群体获得住房保障，对已获取住房保障的群众经常宣传，使其知法守法，同时也告知其在合法权利受侵时如何通过正规渠道将合理合法诉求充分表达出来。

公租房制度和住房权保障都是热门议题，我们要立足于现阶段保障性住房制度所处的社会环境，不断进行修正，以适应不断发展的社会实践。只有这样，才能实现全面建成小康社会的宏伟目标。

参考文献

1. 姚玲珍：《中国公共住房政策模式研究》，上海财经大学出版社，2009。
2. 厉以宁：《中国住宅市场的发展与政策分析》，中国物价出版社，1999。

3. 刘诚、吴姗、李玲玲：《重庆公租房政策实施和评价》，《经济研究导刊》2014 年第 13 期。

4. 周燕珉、林婧怡：《对公租房建设相关政策的探讨与建议——以北京市为例》，《智能建筑与城市信息》2014 年第 1 期。

5. 郭宝荣、纪莹：《我国公租房政策实施中的问题及对策》，《中国市场》2015 年第 17 期。

6. 李兆允：《我国现代城市发展中新居民公租房供给政策研究》，《吉林工商学院学报》2016 年第 3 期。

7. 艾笋：《中国住房制度改革发展 40 年》，《决策与信息》2018 年第 12 期。

8. 邓聿文：《保障房"军令状"与施政新思维》，《人民论坛》2011 年第 7 期。

B.10
2019年中国生殖健康权保障的
实践与成就

刘鸿雁　刘冬梅　杜旻　邹艳辉　王晖*

摘　要： 国家卫生健康委出台了系列政策与文件，以落实健康中国战略的要求，促进联合国可持续发展目标的达成，保证群众生殖健康权利的实现。产前检查率、住院分娩率保持在高水平，孕产妇死亡率、新生儿死亡率、婴幼儿死亡率达到发达国家水平；性传播疾病的母婴传播，以及出生缺陷发生率大大降低。但在机构改革的过程中，未满足的避孕需求上升、人工流产率升高。建议在今后的工作中加强宣传倡导，关注生殖健康未满足的需求；积极发挥群团组织作用，完善生殖健康服务体系；加强服务人员的能力建设，提高生殖健康服务质量和水平。

关键词： 生殖健康　生殖健康权利　妇幼保健　避孕服务

---

* 刘鸿雁，法学博士，中国人口与发展研究中心研究员/副主任，主要研究方向为生殖健康与计划生育、生殖健康权利、人口学，为国家级"百千万人才"人选；刘冬梅，管理学博士，中国人口与发展研究中心研究员，主要研究方向为生殖健康、人权、公共卫生管理；杜旻，管理学博士，中国人口与发展研究中心副研究员，主要研究方向为生殖健康、人口与经济、老龄问题；邹艳辉，法学博士，中国人口与发展研究中心助理研究员，主要研究方向为人口与健康、社会调查与研究方法、政策效果评估；王晖，社会医学与卫生事业管理硕士，中国人口与发展研究中心研究员/人口研究部部长，主要研究方向为生殖健康、计划生育、公共卫生、管理评估。上述人员均为中澳人权技术合作项目——生殖健康权利保护研究项目的核心成员。

1994 年国际人口与发展大会在开罗举行，与会的 179 个国家对生殖健康与生殖权利的重要性达成了共识，[1] 它超越了以前仅仅关注计划生育、关注人口数量的做法，为各个国家改善生殖健康状况，促进全生命周期、全人群的健康提供了基础，从而为世界大多数国家所认可。1995 年北京世界妇女大会重申了生殖健康与生殖权利的概念，强调了性别平等，明确了妇女的健康权利特别是生育自主权是妇女权利的基础。[2] 1997 年国际计划生育联合会在现有国际人权公约的基础上提出了性与生殖健康的十二项权利以及服务对象在获得生殖健康服务时应该享有的十项权利，[3] 强调向全民，特别是妇女提供全面的、高质量的生殖健康服务。在千年发展目标、2030 年可持续发展目标中均有"人人享有生殖健康及其权利"的表述，2019 年，以联合国为主体的国际社会开展了系列的"人发大会 + 25"活动，重申了为妇女提供高质量的生殖健康服务以及保护妇女的生殖健康权利。

"生殖健康是指生殖系统、功能和过程所涉一切事宜上身体、精神和社会等方面的健康状态，而不仅仅指没有疾病或虚弱。"[4] 生殖健康涉及全人群、全生命周期，是人类发展的一个组成部分，其关乎与生殖相关的身体健康和心理健康问题，且关乎性别平等和社会公正。生殖健康的主要内容包括有安全满意的性生活、有生育的能力并能控制自己的生育、安全的妇幼保健、避免性传播疾病感染，包括从怀孕前准备生育一个健康的婴儿，到安全怀孕、安全分娩、产后护理，到婴幼儿的健康成长，到青春期的发育、对两

---

[1] 联合国人权事务：《生殖权利与生殖健康》，https：//www.un.org/chinese/hr/issue/reproductive.htm，2020 年 5 月 6 日。

[2] 《〈北京宣言〉——1995 年 9 月 15 日联合国第四次世界妇女大会通过》，《中国妇运》1995 年第 11 期。

[3] International Planned Parenthood Federation, *IPPF Chapter Guidelines on Sexual and Reproductive Rights*, Published in 1997 in English, London NW1 4NS, United Kingdom.
生殖健康的十二项权利：生命的权利，自由与人身安全的权利，平等及不受任何歧视的权利，隐私权，思想自由的权利，获得信息和教育的权利，自主决定是否结婚、何时建立家庭和计划生育的权利，决定是否或何时生育的权利，保健和健康保护的权利，受益于科技进步的权利，自由集会和参政的权利，免受折磨和虐待的权利。服务对象的十大权利：知情权、选择权、安全权、舒适权、隐私权、保密权、获得权、续用权、尊严权和表达权。

[4] 国际人口与发展大会：《行动纲领》第七章 7.2 节，1994 年 9 月，开罗。

性关系、性行为和生育态度的发展，到成立家庭生儿育女，到老年性关系、性行为，从生到死，囊括整个生命周期，横贯全部人群。

生殖健康权利是实现上述生殖健康内容最高标准的权利，从权利持有者的角度看，生殖健康权利包括人人应享有平等、尊重、自主的权利，在充分知情的基础上作出有关生殖健康决定的权利，获得安全舒适、隐私保护服务的权利，安全怀孕并生育健康生命的权利，以及有尊严地表达个人的想法和意愿的权利，同时，在行使权利时，应考虑到他们自身和未来子女的需要以及对社会所负的责任；从权利责任者的角度看，政府应通过立法保障所有人平等、自由、不受歧视地获得相应服务，促进所有人负责任地行使这些权利，在立法、制定政策以及落实相关法律政策时，应特别关注两性之间的平等、满足青少年教育和服务的需求、关注老年人以及相关弱势人群的需求。

一 生殖健康权保障的基本情况

自 2016 年全面两孩政策实施以来，中国的生殖健康权利保障工作进入了一个新的历史阶段。从控制人口数量全面转向提高人口素质、促进人口可持续发展，从生育、避孕的被动选择转向自主选择，在政策制定、服务提供方面更加关注保障个人生殖健康需求。近年来，为促进生殖健康权利的实现，出台了相关的政策文件，加强管理并开展系列活动以保证政策的落实，达到保护群众生殖健康权利的目的。政策保障、管理到位、措施落实、群众满意。

（一）出台政策保障权利，加强管理促进落实

1. 落实母婴安全行动计划，保障孕产妇安全分娩的权利

为降低孕产妇、婴幼儿死亡率，保障母婴安全，国家卫生健康委于 2017 年 9 月出台了《孕产妇妊娠风险评估与管理工作规范》（以下简称《规范》），① 对

---

① 《国家卫生计生委办公厅关于印发孕产妇妊娠风险评估与管理工作规范的通知》，《中华人民共和国国家卫生和计划生育委员会公报》2017 年第 11 期。

孕产妇的妊娠风险评估与管理过程提出了明确的要求，这对于及时发现并干预危险因素，保障母婴安全具有重要意义。2018 年国家卫生健康委颁布了《母婴安全行动计划（2018—2020）》（以下简称行动计划）①并启动实施，提升了危重孕产妇救治服务能力，促进了生殖健康服务质量的提高，保障了孕产妇安全分娩的权利。2019 年 5～6 月，在全面了解各省（区、市）落实情况的基础上，国家卫生健康委对浙江、广东、广西、陕西 4 个省区的母婴安全优质服务单位现场抽查，②促进了母婴安全行动计划的落实。

促进知情权的实现。国家卫生健康委妇幼健康司分别于 2019 年 8 月在河南举办了妇幼健康促进行动推进会，③2019 年 9 月在北京举办了妇女儿童健康素养提升计划·手牵手卫生项目启动会。④通过普及生殖健康和儿童健康知识，动员社会、家庭及个人广泛参与，促进妇幼健康行为的养成，提高家庭科学孕育和养育健康新生命的能力。医疗机构应积极利用自身优势，采用互联网、面对面宣传等多种方式对孕产妇进行健康教育，促进生殖健康知情权的实现。

保障孕产妇安全权。医疗机构根据《规范》要求，开展孕产妇妊娠风险筛查和评估，按照风险严重程度从轻到重分别以绿色、黄色、橙色、红色和紫色 5 种颜色对孕产妇进行分级评估和分类管理。风险等级标识为"橙色""红色""紫色"的孕产妇需要有专人进行高危专案管理，确保医疗安全，保障孕产妇安全权的实现。

---

① 国家卫生健康委妇幼健康司：《卫生健康委关于印发母婴安全行动计划（2018—2020 年）和健康儿童行动计划（2018—2020 年）的通知》，《中华人民共和国国务院公报》2018 年第 28 期。
② 国家卫生健康委妇幼健康司：《国家卫生健康委办公厅关于 2018 年度母婴安全行动计划实施情况的函》，http://www.nhc.gov.cn/fys/s3581/201907/22280b931e8b4a24ae1360339501d18e.shtml，最后访问时间：2020 年 5 月 4 日。
③ 国家卫生健康委妇幼健康司：《妇幼健康促进行动推进会在河南举行》，《青春期健康》2019 年第 20 期。
④ 国家卫生健康委妇幼健康司：《"妇女儿童健康素养提升计划·手牵手卫生项目"在京启动》，http://www.nhc.gov.cn/fys/s3582/201909/0a77394752a94db2add1ee8e7c18336c.shtml，最后访问时间：2020 年 5 月 4 日。

保障群众安全舒适、有尊严获得服务的权利。随着孕产妇便民优质服务的深入开展，逐步推进全面预约诊疗，北京、上海已经全面推行预约住院分娩，为孕产妇提供从早孕建档到住院分娩无缝衔接的全程服务，提高了孕产妇管理的系统性和安全性。医疗机构以人为本，为孕产妇营造舒适的分娩环境，开展分娩镇痛试点，三级妇幼保健院药物镇痛分娩比例普遍在 40% 以上，[①] 充分体现了医疗机构对孕产妇的尊重，维护了孕产妇生殖健康服务过程中的尊严权和舒适权。

2. 预防出生缺陷发生，保护人类的生命和健康

怀孕后生育一个身心健康的宝宝，是保证人的生命权、健康权的基本需求。预防和减少出生缺陷，不仅关系家庭生活的幸福，而且也是提高出生人口素质、促进经济社会可持续发展的根本要求。为了促进优生优育，提高人口出生素质，国家卫生健康委于 2018 年 8 月印发了《全国出生缺陷综合防治方案》。[②] 从出生缺陷综合防治的具体措施看，主要为三级预防：一级预防是指通过健康教育、优生咨询、孕前优生健康检查及补充叶酸等措施提高群众防治出生缺陷的能力和意识，从而有效减少出生缺陷的发生；二级预防是指通过广泛的产前筛查，做到早发现、早诊断，及时给予医学指导和建议，减少严重缺陷儿出生；三级预防是对那些已经出生的孩子进行苯丙酮尿症、先天性甲状腺功能减低症和听力障碍筛查，促进早发现早治疗，减少先天残疾发生。

促进群众获得相关知识与信息，有效预防出生缺陷的发生。2019 年 8 月国家卫生健康委发布了《国家卫生健康委办公厅关于印发出生缺陷防治健康教育核心信息的通知》，[③] 确定了出生缺陷主题宣传日的宣传主题，发

---

① 国家卫生健康委妇幼健康司：《国家卫生健康委办公厅关于 2018 年度母婴安全行动计划实施情况的函》，http://www.nhc.gov.cn/fys/s3581/201907/22280b931e8b4a24ae1360339501d18e.shtml，最后访问时间：2020 年 5 月 4 日。

② 国家卫生健康委妇幼健康司：《关于印发全国出生缺陷综合防治方案的通知》，《中华人民共和国国家卫生健康委员会公报》2018 年第 8 期。

③ 国家卫生健康委妇幼健康司：《国家卫生健康委办公厅关于开展 2019 年预防出生缺陷日主题宣传活动的通知》，http://www.nhc.gov.cn/fys/s7907/201908/3d82525f47434ce096e70dbc98bb48fc.shtml，最后访问时间：2020 年 5 月 5 日。

布了预防出生缺陷日宣传材料及宣传海报，要求充分发挥新媒体及全媒体的优势，采取通俗易懂、群众易于接受的形式进行广泛宣传，结合举办现场主题宣传活动，提高育龄群众预防出生缺陷知识水平，从而有效预防出生缺陷的发生。

保证群众及时获得咨询服务的权利。要求有遗传病家族史、不良孕产史或有其他疑问的夫妇到医疗机构接受针对性的咨询指导；及时建档立卡，定期进行产前检查，政府免费为孕妇提供艾滋病、梅毒和乙肝筛查，预防疾病母婴传播，以保证育龄妇女对预防出生缺陷相关信息、咨询以及服务的获得和利用。

3. 规范辅助生殖技术服务，保证育龄群众的基本生育权

随着 2016 年全面两孩政策的实施，人们更加关注如何才能生育一个健康宝宝的问题。但是，一些人由于特殊的原因，出现了原发性不孕或继发性不孕问题，影响他们生育权的实现。为了保证这部分家庭能够满足生育愿望，生育一个健康的宝宝，辅助生殖技术的应用越来越广泛。辅助生殖技术（包括人类辅助生殖技术和人类精子库）的临床应用为许许多多的不孕不育家庭带来了福音。截至 2018 年底，中国有 498 家医疗机构经批准允许开展人类辅助生殖技术，26 家医疗机构经批准允许设置人类精子库。为了规范辅助生育服务，2019 年 9 月国家卫生健康委妇幼健康司发布了《关于加强辅助生殖技术服务机构和人员管理若干规定》（以下简称《若干规定》）及《辅助生殖技术随机抽查办法》（以下简称《抽查办法》），[①] 对辅助生殖技术机构进行随机抽查，以保证辅助生殖机构的服务质量。

为了规范辅助生殖机构和从业人员的行为，提高辅助生殖技术的服务质量，《若干规定》从 10 个方面对辅助生殖机构和服务人员进行了严格的规范。[②]《若干规定》第 3 条规定"辅助生殖技术服务机构和人员应当做好不

---

① 甘贝贝：《辅助生殖机构将被随机抽查》，《健康报》2019 年 10 月 18 日，第 002 版。
② 国家卫生健康委妇幼健康司：《国家卫生健康委办公厅关于印发加强辅助生殖技术服务机构和人员管理若干规定的通知》，http://www.nhc.gov.cn/fys/s3581/201910/96a348f78136442bb5381d17be7fa0e7.shtml，最后访问时间：2020 年 5 月 5 日。

孕不育咨询指导，积极宣传生殖健康知识，帮助群众树立科学孕育观。提供生育全程医疗保健优质服务，加强辅助生殖技术服务与孕产期保健、儿童保健服务的衔接，强化追踪随访"。《若干规定》第9条规定"辅助生殖技术服务机构和从业人员应当切实履行有利于患者、保护后代、知情同意、保密、社会公益、严防商业化等伦理原则"。这充分体现了政府对育龄群众在获得生殖健康服务时安全权、表达权、知情权、尊严权、获得权、续用权及隐私保密权的维护。《若干规定》既是相关机构和人员应当熟练掌握和自觉遵守的行为规范，也是各级卫生健康行政部门加强辅助生殖技术监管的重要依据。

为加强辅助生殖技术事中、事后监管，防范辅助生殖技术应用风险，《抽查办法》规定，采取双随机的原则，即抽取的辅助生殖机构及实施检查的人员均为随机产生，以督促辅助生殖机构依法执业、规范服务、落实伦理原则、防范辅助生殖技术应用风险，抽查情况及查处结果按规定向社会公布。《若干规定》与《抽查办法》相辅相成，前者为辅助生殖技术领域的规范，后者为保证前者落实的基础。

4. 预防非意愿妊娠，保护育龄群众计划生育的权利

随着全面两孩政策的实施，绝大多数的意愿怀孕可以通过生育而实现。但是，在现实生活中，相当一部分非意愿怀孕采取了人工流产措施。人工流产给予了女性调控自己生育的权利，但人工流产对女性生育能力和生殖健康损害严重，可能会导致多种并发症和继发不孕，而重复性人工流产发生并发症和继发不孕的风险更高，因此，这项权利的行使需要慎重和平衡。从维护生命健康权的角度看，应该以采取避孕措施预防非意愿怀孕作为控制个人生育行为的主要手段，人工流产不应成为个人计划生育的重要手段，只应作为非意愿怀孕失败后不得不采取的补救措施，而应将更多的计划生育权利的应用放到怀孕前而不是孕后。从近年的数字看，每年的人工流产均在900万左右，而重复性人工流产约占流产的一半以上。①

---

① 吴尚纯、邱红燕：《中国人工流产的现状与对策建议》，《中国医学科学院学报》2010年第5期。

政策和规范保证计划生育的权利。为了提高人工流产后生殖健康服务质量，保证育龄妇女计划生育的权利，保护流产后女性的生育能力和生殖健康，2018 年 8 月，国家卫生健康委妇幼健康司组织制定了《人工流产后避孕服务规范（2018 版）》（以下简称《服务规范》）。①

严格管理，保证服务对象接受服务时的各项权利。《服务规范》指出，应该加强宣传教育，提高怀孕女性及其配偶（伴侣）流产后即时和半年内采取长效、可逆、高效避孕措施预防非意愿妊娠的意识和能力，降低重复流产率，保护妇女生育能力和身心健康。同时《服务规范》对服务内容和流程、咨询人员的专业知识和沟通能力、服务场所的环境及隐私保护（包括视觉隐私和听觉隐私）都提出了明确而具体的要求，以保障育龄群众在获得生殖健康服务时的隐私权、保密权、舒适权及表达权。

落实各项措施，保证各项权利的真正获得。2019 年 9 月 26 日，国家卫生健康委妇幼健康司联合中国计生协在全国开展世界避孕日主题宣传周活动，应用多种新媒体形式如广播、电视、网络等广泛宣传避孕节育知识、国家免费提供避孕药具体政策及获取方法，营造避孕节育的健康促进环境。根据处于不同家庭周期的不同群体，分别介绍不同时期育龄群众适宜的避孕方法，介绍人工流产特别是重复人工流产对女性生殖健康及家庭幸福造成的损害，倡导应用长效、可逆、高效的避孕方法，减少人工流产，维护育龄群众生殖健康。系列的活动与举措保障了育龄群众在接受生殖健康服务时的知情选择权、获得权和安全权。

（二）生殖健康权利实现状况

1. 产前检查率、住院分娩率保持高水平，全方位保障安全孕产

在全面两孩政策之后，各地更加重视孕前的保健工作，各医疗机构设立孕前或高危咨询门诊，开展一对一咨询指导服务。开设孕妇学校，宣传孕产

---

① 国家卫生健康委妇幼健康司：《关于印发人工流产后避孕服务规范（2018 版）的通知》，《中华人民共和国国家卫生健康委员会公报》2018 年第 8 期。

期保健知识，提升孕妇妇幼健康素养和技能。严格落实国家孕产期健康管理基本公共卫生服务，免费为孕妇进行 5 次产前检查，做好优生优育全程医疗保健服务，对于有风险指征的女性增加产前检查的次数与内容，充分保障孕产妇的获得权和安全权。全面落实妊娠风险分级管理和高危孕产妇专案管理制度，防范不良妊娠结局风险。据统计，全国产前检查率已经由 1996 年的 83.7% 上升到 2018 年的 96.6%，农村地区从 80.6% 上升到 95.8%，[①] 孕产妇保健工作取得显著成效。[②]

由于实施农村孕产妇住院分娩项目，农村住院分娩率由 1996 年的 51.7% 上升到 2018 年的 99.8%，全国住院分娩率从 1996 年的 60.7% 上升至近 6 年来的 99% 以上，[③] 地区差距基本消除（见图 1），维护了生殖健康权利的公平性，有效降低了孕产妇死亡率，保障了孕产妇的安全权。

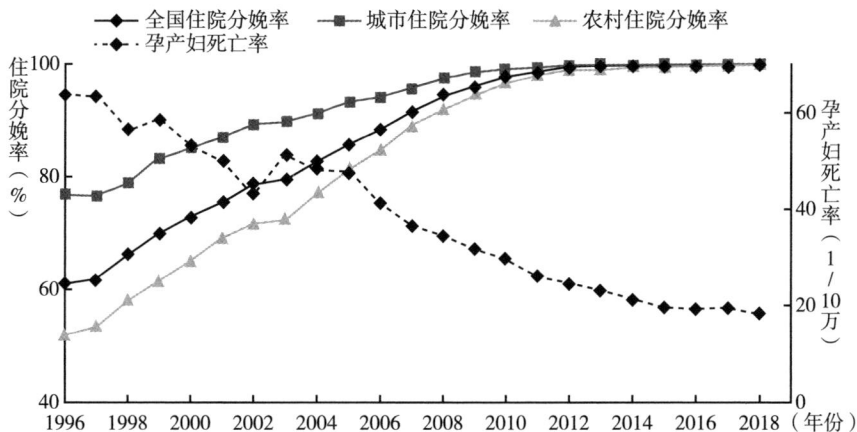

图 1　1996～2018 年全国城乡住院分娩率与孕产妇死亡率变化趋势

数据来源：国家卫生健康委妇幼健康司：《中国妇幼健康发展报告》，2019。

---

① 国家卫生健康委妇幼健康司：《中国妇幼健康事业发展报告（2019）（一）》，《中国妇幼卫生杂志》2019 年第 5 期。

② 《新鲜出炉！2019 年上市公司 CSR 报告统计分析》，搜狐网，https://www.sohu.com/a/346448849_99907869。

③ 国家卫生健康委妇幼健康司：《中国妇幼健康事业发展报告（2019）（一）》，《中国妇幼卫生杂志》2019 年第 5 期。

2. 孕产妇死亡率直线下降，保证基本的生命权

孕产妇死亡率、住院分娩率是衡量安全分娩的重要指标，也是衡量社会经济发展状况的关键指标，较高的孕产妇住院分娩率是安全分娩的保障和基础。而不同地区的孕产妇死亡率以及住院分娩率体现了不同地区的安全分娩的差异，即不同地区安全孕产权利的实现情况。[①] 全国孕产妇死亡率 1990 年为 88.8/10 万，2018 年为 18.3/10 万，比 1990 年下降了 79.4%，处于发达国家的水平，优于中高收入国家平均水平；2018 年，农村和城市孕产妇死亡率分别为 19.9/10 万和 15.5/10 万，1990 年的这两个数字分别为 109.9/10 万和 47.3/10 万，可见，下降的幅度非常大，城乡差异显著缩小（见图 2）。[②]

2014 年，中国提前 1 年实现了联合国千年发展目标要求，即到 2015 年，孕产妇死亡率要在 1990 年基础上下降 3/4，这也充分说明中国在保障生殖健康权利方面已经取得了显著成就。

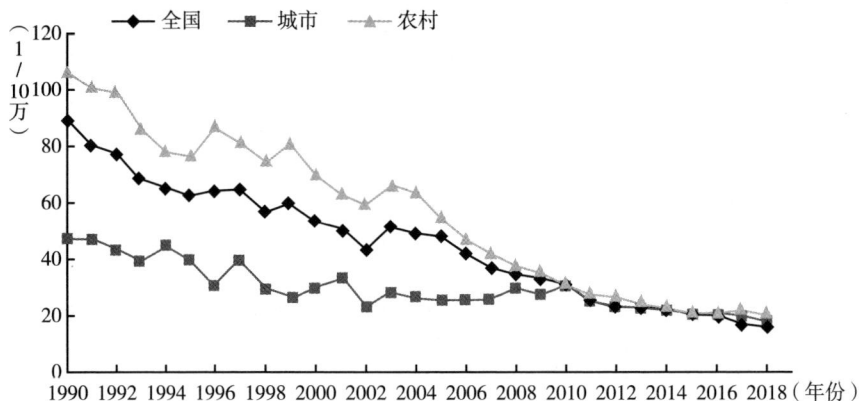

图 2　1990～2018 年全国孕产妇死亡率变化趋势

数据来源：国家卫生健康委妇幼健康司：《中国妇幼健康发展报告》，2019。

[①] 随着孕产妇死亡率的降低，该指标受死亡个案的影响很大，不适合衡量人口较少地区的孕产妇安全情况。建议在省级使用该指标，如果地市级的人口数较少，不建议使用该指标。

[②] 国家卫生健康委妇幼健康司：《中国妇幼健康事业发展报告（2019）（一）》，《中国妇幼卫生杂志》2019 年第 5 期。

3. 新生儿、婴幼儿死亡率明显下降，保证婴幼儿的生命安全

自20世纪90年代以来，中国新生儿死亡率、婴儿死亡率和5岁以下儿童死亡率迅速降低，且城乡差异、东中西地区的差异明显缩小，说明中国在婴幼儿保健方面的均等化程度提升，地区之间的公平性增强。2018年的新生儿死亡率、婴儿死亡率和5岁以下儿童死亡率比1991年分别下降了88.2%、87.8%和86.2%；2018年农村和城市5岁以下儿童死亡率比1991年分别下降了85.7%和78.9%；2018年东、中、西部地区5岁以下儿童死亡率较1991年分别下降了87.5%、89.1%和87.3%（见图3）。①

2007年，中国提前8年实现了联合国千年发展目标，即到2015年，5岁以下儿童死亡率要在1990年的基础上下降2/3，这对我国人均预期寿命的延长发挥了重要作用。②

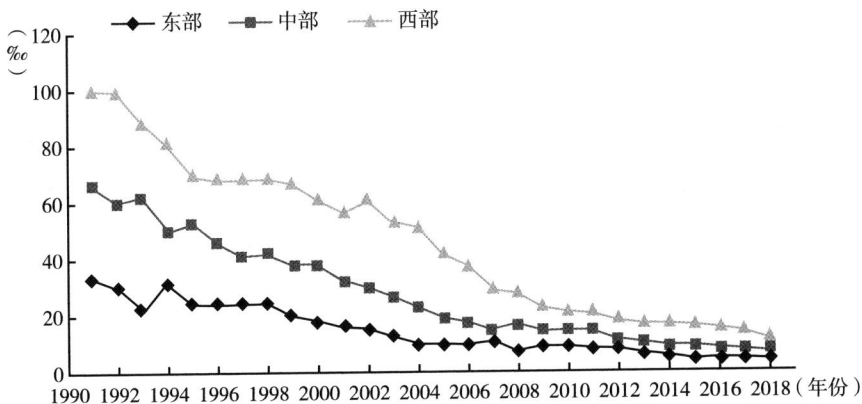

图3　1990～2018年不同地区5岁以下儿童、死亡率变化趋势

数据来源：国家卫生健康委妇幼健康司：《中国妇幼健康发展报告》，2019。

---

① 国家卫生健康委妇幼健康司：《中国妇幼健康事业发展报告（2019）（一）》，《中国妇幼卫生杂志》2019年第5期。
② 国家卫生健康委妇幼健康司：《中国妇幼健康事业发展报告（2019）（一）》，《中国妇幼卫生杂志》2019年第5期。

4.生长发育状况不断改善,促进儿童健康成长

部分重大的通过干预手段可预防的出生缺陷发生率呈下降趋势。近年来通过孕期服用叶酸以及采取相关的筛查手段,2017年全国围生期神经管缺陷发生率比1987年下降了94.5%。广东省和广西壮族自治区2017年重型α地中海贫血的发生率比2006年分别下降了91%和93%。另外,2017年出生缺陷导致的5岁以下儿童死亡率比2007年下降了1倍多,这对于提高我国出生人口素质和儿童健康水平做出了重要贡献。[①] 这充分显示了我国在保障孕产妇生殖健康权利的同时也最大限度地保障了婴幼儿的健康权。

中国5岁以下儿童生长发育状况持续改善,迟缓率持续下降,农村地区降幅更大,城乡差距逐步缩小,城乡的公平性进一步提高。1990年中国5岁以下儿童生长迟缓率为33.1%,2013年已经降为8.1%,且农村下降幅度更大,城乡差距已经明显减小(见图4)。[②]

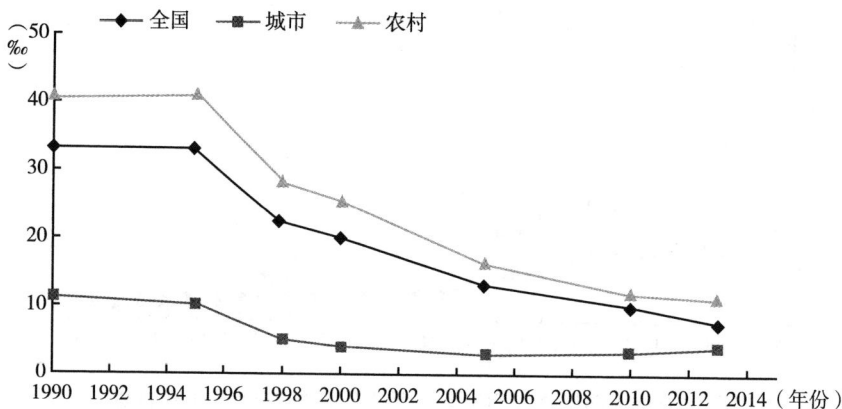

图4　1990~2013年中国5岁以下儿童生长迟缓率变化趋势

数据来源:国家卫生健康委妇幼健康司:《中国妇幼健康发展报告》,2019。

---

① 国家卫生健康委妇幼健康司:《中国妇幼健康事业发展报告(2019)(一)》,《中国妇幼卫生杂志》2019年第5期。

② 国家卫生健康委妇幼健康司:《中国妇幼健康事业发展报告(2019)(一)》,《中国妇幼卫生杂志》2019年第5期。

5. 艾滋病等性传播疾病母婴阻断成效显著，保障孕产妇及胎儿的生命安全

为了阻断艾滋病、梅毒、乙肝等性传播疾病的母婴传播，我国为孕产妇提供免费筛查和综合干预服务，三种疾病的检测率稳定在99%以上，母婴传播阻断成效非常显著。2018年艾滋病母婴传播率下降到4.5%，而干预前的则为34.8%（见图5），先天梅毒报告病例数下降幅度超过70%，乙肝感染孕产妇所生儿童的乙肝免疫球蛋白注射率达到99.7%，[①] 有效保障了孕产妇及胎儿的生命安全。

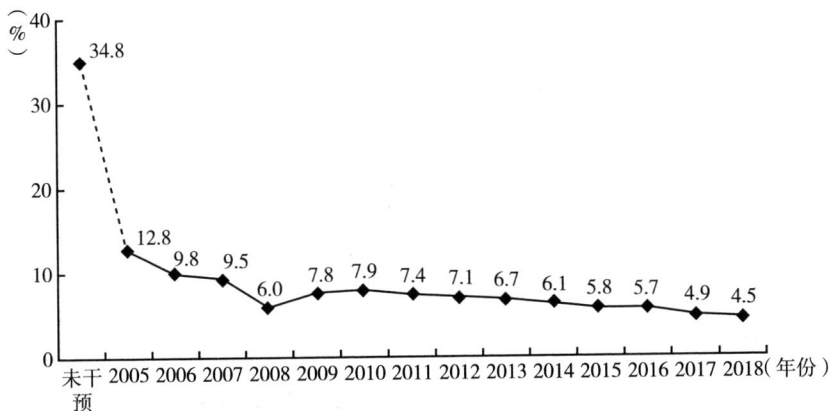

图5 2005～2018年艾滋病母婴传播率变化趋势

数据来源：国家卫生健康委妇幼健康司：《中国妇幼健康发展报告》，2019。

二 中国生殖健康权利实现面临的挑战

近年来，中国的妇幼健康水平有了很大的提升，我们从上述的妇幼健康指标也可以看出，孕产妇死亡率、婴幼儿死亡率、住院分娩率已经提前实现了千年发展目标，且处于国际领先水平。但在避孕节育/计划生育方面在一定程度上面临挑战。

---

① 国家卫生健康委妇幼健康司：《中国妇幼健康事业发展报告（2019）（一）》，《中国妇幼卫生杂志》2019年第5期。

（一）未满足的避孕服务需求增加，人工流产率升高

自 20 世纪 90 年代初至 2016 年，中国避孕率一直维持在较高水平（83%~91%），[1] 但避孕构成和服务需求正在发生巨大变化。首先，高效的避孕方法的比例逐年下降，而有效性相对较低的短效避孕方法比例快速上升。研究发现，避孕套使用与人工流产之间呈正相关关系，避孕套使用比例越高，人工流产率越高。从 2010 年到 2016 年，宫内节育器基本保持在 53%~55%，但绝育所占比例从 30% 下降到 25%，避孕套使用比例翻了一番（从 10% 增至约 20%），包括北京在内的某些地区避孕套使用比例甚至接近 80%。[2] 其次，避孕服务与群众需求之间的差距逐渐拉大。从历次生育/生殖健康调查可以发现，中国的未满足需求（不希望生育孩子但未能获得现代避孕方法）的比例很低，一直在 2% 左右。但自单独两孩和全面两孩政策实施以来，未满足需求从 2011 年的不足 2.5% 上升到了 2017 年的 8.7%。[3]

中国的人工流产率显著上升，重复人工流产占比过高。2017 年出生人口数为 1723 万，[4] 但人工流产数量为 963 万，[5] 几乎每出生 2 个孩子，就有 1 个胎儿被流掉；2010 年至 2017 年，育龄女性人数由 3.8 亿下降至 3.5 亿，但年度人工流产数量由 779 万上升至 963 万，人工流产率从 20‰ 上升至 25‰ 以上，重复人工流产占比接近 1/3。[6] 其中，未婚人工流产比例显著提高，婚后生育健康隐患增加。河北省石家庄第一医院临床数据显示，2010~

---

[1] 根据统计数据得出，数据主要来自《中国人口和计划生育年鉴》《中国卫生和计划生育年鉴》《中国卫生和计划生育统计年鉴》。

[2] 邹艳辉、刘鸿雁、王晖：《新时期避孕模式的演变（2010~2016）》，《人口研究》2018 年第 5 期。

[3] 中国人口与发展研究中心研究小组根据历次调查数据计算。

[4] 央广网：《统计局：2017 年中国出生人口 1723 万较 2016 年有所下降》，https：//baijiahao.baidu.com/s？id=1589991645116434348&wfr=spider&for=pc，2018 年 1 月 9 日。

[5] 国家卫生健康委：《中国卫生健康统计年鉴 2018》，中国协和医科大学出版社，2018。

[6] 中国人口与发展研究中心研究小组根据历年国家《中国卫生统计年鉴》《中国卫生健康统计年鉴》数据计算。

2015 年未婚妇女人工流产占比从不足 30% 提高到 60%。[①] 婚前人工流产对女性的身体健康、心理健康产生极大危害，且可能影响未来生育能力，甚至引起继发不孕，对婚后家庭幸福产生深远影响，这也充分说明生殖健康权利维护水平还有待提高。

（二）生育政策调整及机构整合后避孕服务功能弱化，供给水平不足

在生育政策完善以及卫生、计生机构整合后，避孕服务咨询弱化，其免费避孕服务覆盖水平不足，影响了生殖健康权利的维护。避孕服务是保障育龄群众生殖健康的重要举措，青春期、育龄期、中老年等不同生命周期的群体，都有相关服务需求。避孕服务不仅仅是单纯地供给避孕药具和实施计划生育手术，还涉及性与生殖健康内容的相关咨询、随访、宣传倡导，机构改革后更关系到如何将避孕服务更好地融合到全民健康的整体框架，其不仅涉及纯粹的技术服务，还涉及心理、社会的方方面面。另外，部分地区免费避孕服务逐渐被有偿服务替代，避孕咨询服务弱化，专业咨询服务队伍也逐渐散失。从事避孕节育服务的人员队伍流失严重，难以保障服务体系、内容和方式的完整性。大部分地区从事计划生育服务的人员已经转岗，而新上岗的服务人员的咨询、沟通服务能力有待提升。这在一定程度上也损害了育龄群众生殖健康服务的获得权、知情权、选择权、表达权、续用权等权利。

三　保障生殖健康权利实现的对策与建议

（一）加强宣传倡导，突出生殖健康服务权利实现

新时期孕产妇保健工作有了长足的发展，但避孕节育服务面临新问题、新挑战。建议强化关注避孕服务的未满足需求，在政府新政策和文件出台

---

① 吕英璞、史文会、张娜娜等：《2010—2015 年育龄妇女人工流产原因分析比较》，《河北医科大学学报》2016 年第 9 期。

时，注意从健康促进角度出发，进行生殖健康知识宣传、免费避孕药具政策普及、鼓励避孕服务利用、科学避孕，这对于在生育政策完善和机构合并背景下，改变避孕服务工作不断弱化的现状、促进广大群众生殖健康水平的提升、保护生育力具有重要意义。

（二）发挥群团组织作用，完善生殖健康服务体系

在新的时期、新的形势下，建议借助群团、社会组织以及志愿者的力量，面向广大群众，提供针对已婚育龄群体、中老年群体的宣传教育、个性化咨询和随访工作，提高管理服务人员以及民众的生殖健康权利保护意识，促进健康行为养成。对于政府不便直接干预的特殊、敏感、高危或重点人群（如未婚群体、青少年群体、流动群体等），建议政府采用购买服务的方式，委托群众团体开展宣传、咨询和提供相关服务。帮助群众选择适合的避孕方法并坚持正确使用，减少人工流产特别是未婚人工流产和重复人工流产，保护群体生育力，从而贯彻落实国家生育政策，促进可持续发展目标的实现。

（三）加强服务人员的能力建设，提高生殖健康服务质量和水平

鉴于机构改革后，传统的基层计生工作人员大多流失，从事计划生育工作的新进人员均为多面手，需要承担不同的公共卫生服务职责，他们基本没有接受过系统培训，不熟悉业务的状况，建议根据工作需求分类指导，对从事避孕服务工作的人员进行以人为本意识的规范培训，提高服务技能。对基层从事基本公共卫生服务的人员，要加强咨询技巧、宣传技能、避孕药具基本知识的培训；对于提供技术服务的人员，要加强知情选择服务规范、放置和取出宫内节育器及人工流产手术操作技术、人工流产后关爱能力的培训。

B.11

2019年历史文化地方立法
与文化权利保障

张朝霞 何文杰*

摘　要： 2019年，中国地方有立法权的机关共制定有关历史文化遗产保护的地方性法规、单行条例50部，地方规章6部，涉及历史文化保护的知情权、参与权、传承开发利用的权利、获得政府奖励的权利、获得物质帮助和补偿的权利，以及"非遗"代表性传承人、技艺代表人特殊权利，公众因开发历史文化享有的投资权、收益权，文化成果权利人的知识产权。在历史文化遗产保护中仍然存在着重视对历史文化的"物""非遗"保护、轻视对文化权利保护等问题，需要进一步完善对于公民文化程序权利的保障。

关键词： 历史文化　地方立法　公民文化权利

十九届四中全会提出，"坚持和完善繁荣发展社会主义先进文化的制度""健全人民文化权益保障制度""建立健全把社会效益放在首位、社会效益和经济效益相统一的文化创作生产体制机制"，[①] 目的是牢牢把握社会

---

* 张朝霞，西北民族大学法学院教授，硕士生导师；何文杰，西北民族大学法学院2019年级宪法与行政法学研究生。

① 《中国共产党第十九届中央委员会第四次全体会议公报（2019年10月31日中国共产党第十九届中央委员会第四次全体会议通过）》，《人民日报》2019年11月1日，第002版。

主义先进文化前进方向，激发全民族文化创造活力，更好构筑中国精神、中国价值、中国力量。近年来，我国地方文化立法进程加速，它推动了文化体制改革。①

历史文化因其历史价值、文化价值、精神价值、经济价值、教育价值②成为一个国家和民族发展的软实力，其所蕴含的精神内核给予人民心灵丰富的文化滋养，③ 也有利于促进社会文明的发展进步。为继承中华民族优秀的历史文化遗产，弘扬中华民族优秀传统文化，实现中国特色社会主义文化目标，2019 年，我国有地方立法权的地方权力机关和行政机关通过制定地方性法规和地方规章确立当地历史文化保护的种类和范围、明确当地各级国家机关和相关机构在历史文化保护中的职能和职责，以及对公民文化权利④和权益的保护。这不仅反映了地方立法机关对公民文化权的尊重、保护和落实，而且也成为地方促进国家人权建设的重要措施。

一 我国历史文化地方立法的新发展

自 2015 年《立法法》修改后，地方立法机关日益加大对当地的"古建筑、古城、古树、文物、文化遗存、遗址遗迹、传统村落、传统工艺等历史文化形态的保护"⑤ 的立法。2019 年，地方立法机关根据 2017 年修正的《中华人民共和国文物保护法》以及《中华人民共和国非物质文化遗产法》的规定开展历史文化立法。历史文化的范围包括具有物质形态的历史文化⑥和非物质形

① 周刚志、罗睿：《论地方文化立法：现状、原则与程序》，《邵阳学院学报》（社会科学版）2019 年第 1 期。

② 唐海清：《国际法视野下非物质文化遗产保护问题研究》，法律出版社，2018，第 20~21 页。

③ 丁明明：《安徽省历史文化保护立法研究》，安徽大学硕士学位论文，2019。

④ 吕宁：《宪法的文化转型功能及其实现：建设文化强国的宪法逻辑》，《湖南师范大学社会科学学报》2019 年第 6 期。

⑤ 易有禄：《设区市立法权行使的实证分析——以立法权限的遵循为中心》，《政治与法律》2017 年第 6 期。

⑥ 参见《中华人民共和国文物保护法》（2017 修正）第 2 条。

态的历史文化，^① 地方立法机关开展了对这两类历史文化以及兼具这两种性质的历史文化的立法。同时，为了加强对世界文化遗产的保护和管理，履行《保护世界文化与自然遗产公约》的责任和义务，传承人类文明，^② 各地方立法机关还对我国的世界文化遗产^③进行立法。一年中，我国有立法权的省、自治区、直辖市、设区的市、自治州、自治县立法机关相继制定颁布地方性法规、单行条例 50 部，地方政府规章 6 部，共计 56 部。其中，新修正和修改 10 部，其中地方性法规 8 部、地方规章 2 部。

下面对具有物质形态历史文化、非物质文化遗产（简称"非遗"）、中国的世界文化遗产这三个类别的地方立法分别予以介绍。

（一）对具有物质形态历史文化的地方立法

2019 年，具有物质形态历史文化的地方立法可以分为以下七种。

1. 对传统村落、古镇以及民族村寨、村落保护的地方立法

2019 年，湖南省、贵州省、浙江省、西藏自治区、新疆维吾尔自治区、广西壮族自治区、浙江省、湖北省、山西省共 9 个省、自治区的有地方立法权的设区的市、自治州、自治县的立法机关根据《中华人民共和国城乡规划法》《中华人民共和国文物保护法》《历史文化名城名镇名村保护条例》《中国传统村落名录》先后颁布了 12 部关于保护传统古镇以及民族村寨、村落的地方性法规，其中西藏拉萨市修正了本市古村落保护条例（见表 1）。

表 1 2019 年古镇、传统村落及民族村寨、村落保护地方立法

批准时间	实施时间	制定主体	地方性法规	保护对象
2019 年 3 月 28 日	2019 年 6 月 1 日	湖南省湘西土家族苗族自治州人大常委会	《湘西土家族苗族自治州传统村落保护条例》	传统村落
2019 年 5 月 30 日	2019 年 8 月 1 日	湖南省靖州苗族侗族自治县人民代表大会常务委员会	《靖州苗族侗族自治县传统村落保护条例》	传统村落

---

① 参见《中华人民共和国非物质文化遗产法》第 2 条。
② 参见《世界文化遗产保护管理办法》第 1 条。
③ 参见《世界文化遗产保护管理办法》第 2 条。

续表

批准时间	实施时间	制定主体	地方性法规	保护对象
2019 年 8 月 1 日	2019 年 10 月 1 日	贵州省贵阳市人民代表大会常务委员会	《贵阳市青岩古镇保护条例》	青岩古镇
2019 年 5 月 31 日	2019 年 10 月 1 日	浙江省金华市人大常委会	《金华市传统村落保护条例》	传统村落
2019 年 7 月 25 日	2019 年 10 月 1 日	新疆维吾尔自治区木垒哈萨克自治县人大常委会	《木垒哈萨克自治县传统村落保护条例》	传统村落
2019 年 9 月 27 日	2019 年 10 月 10 日	广西壮族自治区富川瑶族自治县人民代表大会	《富川瑶族自治县传统村落保护条例》	传统村落
2019 年 3 月 29 日	2019 年 11 月 1 日	广西壮族自治区玉林市人民代表大会常务委员会	《玉林市传统村落保护条例》	传统村落
2019 年 8 月 1 日	2019 年 11 月 1 日	浙江省丽水市人民代表大会常务委员会	《丽水市传统村落保护条例》	传统村落
2019 年 11 月 29 日	2019 年 11 月 29 日	拉萨市人民代表大会常务委员会	《拉萨市古村落保护条例（2019 年修正)》	传统村落
2019 年 11 月 29 日	2020 年 1 月 1 日	山西省吕梁市人民代表大会常务委员会	《吕梁市碛口古镇保护条例》	碛口古镇
2019 年 9 月 26 日	2020 年 3 月 1 日	湖北省恩施土家族苗族自治州人民代表大会常务委员会	《恩施土家族苗族自治州传统村落和民族村寨保护条例》	传统村落和民族村寨
2019 年 11 月 28 日	2020 年 3 月 1 日	湖南省怀化市人民代表大会常务委员会	《怀化市传统村落保护条例》	传统村落

资料来源：本表以及以下各表均根据中国法制信息网、北大法律信息网、地方人大网、地方政府网收集统计整理。

2. 对历史文化名城保护的地方立法

2019 年，根据《中华人民共和国城乡规划法》、《中华人民共和国文物保护法》、《中华人民共和国非物质文化遗产法》和《历史文化名城名镇名村保护条例》，河北省石家庄市、湖南省湘西土家族苗族自治州、山东省、云南省、江苏省镇江市地方人大分别制定了关于古城、历史文化名城的地方性法规 5 部，黄冈市人民政府颁布了关于历史文化名城的地方政府规章 1 部，湖南湘西土家族苗族自治州修正了本地历史文化名城保护条例（见表 2）。

表2　历史文化名城的地方立法

通过时间	批准时间	实施时间	制定主体	地方性法规、地方规章	保护对象
	2019 年 3 月 28 日	2019 年 4 月 8 日	湘西土家族苗族自治州人民代表大会常务委员会	《湘西土家族苗族自治州凤凰历史文化名城保护条例》(2019 年修正)	湘西土家族苗族自治州凤凰历史文化名城
2019 年 8 月 28 日	2019 年 9 月 28 日	2019 年 10 月 1 日	河北省石家庄市人大常委会	《石家庄市正定古城保护条例》	正定古城
2019 年 10 月 29 日	2019 年 11 月 29 日	2020 年 3 月 1 日	镇江市人民代表大会常务委员会	《镇江市历史文化名城保护条例》	镇江历史文化名城
2019 年 11 月 29 日		2020 年 3 月 1 日	山东省人民代表大会常务委员会	《山东省历史文化名城名镇名村保护条例》	山东历史文化名城
2019 年 3 月 14 日		2019 年 5 月 1 日	黄冈市人民政府	《黄冈市历史文化名城保护办法》	黄冈市历史文化名城名镇名村
2018 年 12 月 26 日	2019 年 3 月 26 日	2020 年 1 月 1 日	云南曲靖市人大常委会	《曲靖市会泽历史文化名城保护条例》	会泽历史文化名城

3. 对古遗迹、古遗址、古长城保护的地方立法

为加强对古遗址、古长城的保护，继承和弘扬优秀历史文化，发挥文化遗产在社会经济发展中的作用，内蒙古自治区、浙江省、福建省、湖南省、甘肃省、四川省、广东省的省市立法机关先后颁布了 6 部关于保护传统古遗址、古长城的地方性法规，3 部地方规章。其中湖南的两部地方性法规和福建省、广州市的两部地方政府规章属于立法修正（见表3）。

表3　2019 年古遗迹、古遗址、古长城保护地方立法

通过时间	批准时间	实施时间	制定主体	地方性法规、地方规章	保护对象
2018 年 12 月 25 日	2019 年 1 月 7 日	2019 年 3 月 1 日	广东省阳江市人民政府	《阳江市"南海Ⅰ号"古沉船及遗址保护规定》	"南海Ⅰ号"古沉船及遗址
2019 年 5 月 31 日		2019 年 7 月 1 日	甘肃省人民代表大会常务委员会	《甘肃省长城保护条例》	长城段落
2010 年 10 月 27 日	2019 年 7 月 31 日	2019 年 8 月 9 日	湖南省第十三届人民代表大会常务委员会	《长沙铜官窑遗址保护条例》(2019 年修正)	铜官窑遗址
2013 年 6 月 26 日	2019 年 7 月 31 日	2019 年 8 月 9 日	湖南省人民代表大会常务委员会	《长沙市炭河里遗址保护条例》(2019 修正)	炭河里遗址

续表

通过时间	批准时间	实施时间	制定主体	地方性法规、地方规章	保护对象
2019 年 4 月 29 日	2019 年 7 月 25 日	2019 年 9 月 1 日	四川省眉山市人民代表大会常务委员会	《眉山市三苏遗址遗迹保护条例》	三苏遗址遗迹
2019 年 10 月 31 日	2019 年 11 月 28 日	2020 年 1 月 1 日	赤峰市人民代表大会常务委员会	《赤峰市辽代都城州城帝陵遗址保护条例》	赤峰市辽代都城州城帝陵遗址
2019 年 9 月 20 日	2019 年 11 月 29 日	2020 年 3 月 1 日	丽水市人民代表大会常务委员会	《丽水市大窑龙泉窑遗址保护条例》	丽水市大窑龙泉窑遗址
2019 年 11 月 14 日		2019 年 11 月 14 日	广州市人民政府	《广州市南越国遗迹保护规定（2019 年修订）》	古遗迹
2019 年 12 月 17 日		2019 年 12 月 18 日	福建省政府	《福建省"古泉州（刺桐）史迹遗址"文化遗产保护管理办法（2019 年修正）》	福建省"古泉州（刺桐）史迹遗址"

4. 对历史建筑保护的地方立法

为了加强历史建筑保护，传承与弘扬优秀中国文化，推进城乡建设与社会文化协调发展，[①] 上海市第十五届人民代表大会常务委员会对当地历史文化风貌和优秀历史建筑遗址条例进行了第三次修正，江西省制定了有关历史建筑的条例，广西壮族自治区制定了有关历史文化街区的条例，上海市修正了本市历史文化风貌和优秀历史建筑遗址条例。共计 3 部地方性法规（见表 4）。

表 4　历史文化风貌区和优秀历史建筑保护的地方立法

通过时间	批准时间	实施时间	制定主体	地方性法规	保护对象
2019 年 5 月 28 日	2019 年 7 月 26 日	2019 年 10 月 1 日	江西省九江市人民代表大会常务委员会	《九江市历史建筑保护条例》	历史建筑
2019 年 8 月 30 日	2019 年 9 月 27 日	2020 年 1 月 1 日	广西壮族自治区钦州市第五届人民代表大会常务委员	《钦州市历史文化街区保护条例》	历史文化街区
2019 年 9 月 26 日		2020 年 1 月 1 日	上海市第十五届人民代表大会常务委员	《上海市历史文化风貌区和优秀历史建筑保护条例》（2019 年第三次修正）	历史文化风貌和优秀历史建筑

---

① 参见江西《九江市历史建筑保护条例》第 1 条。

5. 对古树名木保护的地方立法

古树名木是"活"的文物，是城乡历史、文化的见证物，是人文景观和自然景观的综合载体。[①] 为了加强对古树名木保护，维护城市的历史文化风貌，传承历史文化，促进生态文明建设和社会经济协调发展，北京市、四川省、贵州省、甘肃省天水市、山东省济宁市根据《中华人民共和国森林法》《城市绿化条例》等法律、法规，[②] 制定了 5 部关于古树名木保护的地方性法规。此外，江西省南昌市人民政府制定了 1 部古树名木保护管理的地方政府规章，北京市修正了本市古树名木条例（见表5）。

表5　2019年古树名木地方立法

通过时间	批准时间	实施时间	制定主体	地方性法规、地方规章	保护对象
2019 年 1 月 13 日	2019 年 3 月 28 日	2019 年 6 月 1 日	甘肃省天水市人民代表大会常务委员会	《天水市古树名木保护条例》	古树名木
2018 年 12 月 27 日	2019 年 5 月 31 日	2019 年 7 月 1 日	山东省济宁市人大常委会	《济宁市古树名木保护条例》	古树名木
2019 年 7 月 26 日		2019 年 7 月 26 日	北京市第十五届人民代表大会常务委员会	《北京市古树名木保护管理条例(2019 年修订)》	古树名木
2019 年 11 月 28 日		2020 年 1 月 1 日	四川省人民代表大会常务委员会	《四川省古树名木保护条例》	古树名木
2019 年 12 月 1 日		2020 年 2 月 1 日	贵州省人大常委会	《贵州省古树名木大树保护条例》	古树名木大树
		2019 年 5 月 1 日	江西省南昌市人民政府	《南昌市古树名木保护管理办法》	古树名木

6. 对革命遗址、红色文化遗址保护的地方立法

为了加强对革命遗址的保护、管理、修缮和利用，发挥革命遗址的爱国

---

① 《〈南通市城市古树名木及古树后备资源保护管理办法〉政策解读》，南通市人民政府网，http://www.nantong.gov.cn/ntsrmzf/bmjd/content/bed72c5b－e680－4661－a87d－a7cba1e0e7d1.html。

② 参见《四川省古树名木保护条例》第 1 条。

主义教育和革命传统教育作用，传播红色文化，践行社会主义核心价值观，根据《中华人民共和国文物保护法》《中华人民共和国文物保护法实施条例》《中华人民共和国英雄烈士保护法》① 以及省级文物保护条例等有关法律、法规的规定，② 江西省赣州市、黑龙江省七台河市、宁夏回族自治区固原市对当代革命遗存、遗址和红色文化遗址的保护分别制定了5部地方性法规，四川省巴中市修正了本市红色文物条例，具体情况见表6。

表6 2019年对革命遗址、红色文化遗址保护的地方立法

通过时间	批准时间	实施时间	制定主体	地方性法规	保护对象
2019年3月1日	2019年3月28日	2019年6月1日	江西省赣州市第五届人民代表大会常务委员会	《赣州市革命遗址保护条例》	革命遗址
2019年3月22日	2019年6月28日	2019年8月1日	黑龙江省七台河市人民代表大会常务委员会	《七台河市东北抗联文化遗存保护利用条例》	东北抗联文化遗存
	2019年7月25日	2019年8月1日	四川省巴中市人民代表大会常务委员会	《巴中市红军文物保护条例》(2019年修正)	红军文物保护
2019年9月27日		2019年10月1日	山西省人民代表大会常务委员会	《山西省红色文化遗址保护利用条例》	红色文化遗址
2019年10月30日	2019年11月29日	2020年1月1日	宁夏回族自治区固原市人民代表大会常务委员会	《固原市红色文化遗址保护条例》	固原市红色文化遗址

7. 对工业遗存保护的地方立法

为了加强对工业遗产的保护与利用，传承和展示工业文明，弘扬历史文化，③ 河北省、湖南省、新疆维吾尔自治区依据《国家工业遗产管理暂行办法》，就工业遗产保护分别制定了地方性法规4部（见表7）。

---

① 参见《山西省红色文化遗址保护利用条例》第1条。
② 参见《赣州市革命遗址保护条例》第1条。
③ 参见《株洲市工业遗产保护条例》和《邯郸市工业遗产保护与利用条例》第1条。

表7　2019年对工业遗存保护的地方立法

通过时间	批准时间	实施时间	制定主体	地方性法规	保护对象
2018年12月10日	2018年11月30日	2019年5月1日	湖南省株洲市人民代表大会常务委员会	《株洲市工业遗产保护条例》	工业遗产
2019年6月14日	2019年7月25日	2019年9月1日	河北省邯郸市人民代表大会常务委员会	《邯郸市工业遗产保护与利用条例》	工业遗产
2019年9月28日	2019年11月29日	2020年1月1日	河北省邢台市人民代表大会常务委员会	《邢台市工业遗产保护与利用条例》	工业遗产
2019年8月29日	2019年9月20日	2020年6月1日	新疆维吾尔自治区人民代表大会常务委员会	《克拉玛依市石油工业遗产保护条例》	工业遗产

（二）非物质文化遗产保护的地方立法

在对"非遗"的地方立法保护中，有两种类型的地方立法，一是直接以"非遗"命名为保护对象的立法，二是以特定"非遗"为保护对象的立法。

1. 对"非物质文化遗产保护"的地方立法

为了加强非物质文化遗产保护、保存工作，传承当地历史文脉，弘扬中华优秀传统文化，① 根据《中华人民共和国非物质文化遗产法》，贵州省、江苏省、辽宁省、广东省、天津市、安徽省、北京市、福建省、湖北省地方人大分别制定了各自地方性法规，河南省郑州市人民政府制定了地方规章《郑州市非物质文化遗产保护办法》。在这一年中，地方立法机关对"非物质文化遗产保护"立法共6部，广东省修正了本市非物质文化遗产条例（见表8）。

---

① 参见《北京市非物质文化遗产条例》和《福建省非物质文化遗产条例》第1条。

表8 2019年对"非物质文化遗产保护"的地方立法

批准时间	实施时间	制定主体	地方性法规、地方规章	保护对象
2019年1月9日	2019年6月1日	宜昌市人民代表大会常务委员会	《宜昌市非物质文化遗产保护条例》	非物质文化遗产
2019年1月20日	2019年6月1日	北京市第十五届人民代表大会	《北京市非物质文化遗产条例》	非物质文化遗产
2019年3月28日	2019年6月1日	福建省人民代表大会常务委员会	《福建省非物质文化遗产条例》	非物质文化遗产
2019年7月30日	2019年10月1日	辽宁省阜新蒙古族自治县人大常委会	《阜新蒙古族自治县非物质文化遗产保护条例》	非物质文化遗产
	2019年11月29日	广东省人大常委会	《广东省非物质文化遗产条例》(2019年修正)	非物质文化遗产
	2019年4月1日	河南省郑州市人民政府	《郑州市非物质文化遗产保护办法》	非物质文化遗产

2. 以特定"非遗"为保护对象的地方立法

为传承和弘扬当地特有的历史文化，保护当地传统文化，促进经济社会发展，根据《中华人民共和国文物保护法》《中华人民共和国非物质文化遗产法》《中华人民共和国环境保护法》等法律、法规，[①] 四川省宜宾市人民代表大会常务委员会制定了有关白酒历史文化的地方性法规，楚雄彝族自治州制定了有关彝族十月太阳历的地方性法规，内蒙古通辽市人民代表大会常务委员会制定了音乐类非物质文化遗产保护条例，共计3部，见表9。

表9 以特定"非遗"为保护对象的地方立法

通过时间	批准时间	实施时间	制定主体	地方性法规	保护对象
	2019年1月14日	2019年4月1日	内蒙古通辽市第五届人民代表大会常务委员会	《通辽市蒙古族音乐类非物质文化遗产保护条例》	蒙古族音乐
2019年2月21日	2019年5月16日	2019年7月1日	云南省楚雄彝族自治州第十二届人民代表大会	《云南省楚雄彝族自治州彝族十月太阳历文化保护条例》	彝族十月太阳历
2019年4月25日	2019年7月25日	2019年10月1日	四川省宜宾市人民代表大会常务委员会	《宜宾市白酒历史文化保护条例》	白酒历史文化

---

① 参见《宜宾市白酒历史文化保护条例》第1条。

（三）对我国世界文化遗产保护的地方立法

《保护世界文化和自然遗产公约》（Convention Concerning the Protection of the World Cultural and Natural Heritage）第1条[①]和第2条[②]对世界文化和自然遗产做了界定。2019年，我国有2部地方性法规对当地的世界文化遗产进行了保护，分别是《厦门经济特区鼓浪屿世界文化遗产保护条例》和《绍兴市大运河世界文化遗产保护条例》，见表10。

表10 世界文化遗产的地方立法

通过时间	批准时间	实施时间	制定主体	地方法规、地方规章	保护对象
2019 年 6 月 28 日		2019 年 7 月 8 日	福建省厦门市第十五届人大常委会	《厦门经济特区鼓浪屿世界文化遗产保护条例》	厦门经济特区鼓浪屿
2019 年 8 月 30 日	2019 年 9 月 27 日	2020 年 1 月 1 日	浙江省绍兴市人民代表大会常务委员会	《绍兴市大运河世界文化遗产保护条例》	大运河

上述立法与往年各地方历史文化立法相比，2019年历史文化地方立法主要具有以下三个方面的特点。一是立法数量增长较快。2019年立法56部，相比去年增加了14部，与2017年的56部持平。二是对古镇古村落、古树名木、红色文化、工业遗存、世界文化遗产这5类地方历史文化的立法较往年数量多。其中，对地方古镇古村落的立法数量最多，高达12部，远超往年。三是四川省、云南省、内蒙古自治区白酒、太阳历文化、音乐文化的立法保护显示了强烈的独特的地方历史文化色彩，这是以前没有的。

二 我国历史文化地方立法对文化权利的保障

根据《经济、社会及文化权利国际公约》第15条[③]的规定，文化权的

---

① 参见《保护世界文化和自然遗产公约》第1条。
② 参见《保护世界文化和自然遗产公约》第2条。
③ 参见《经济、社会及文化权利国际公约》第15条。

内涵可以理解为文化参加权、文化享受权、文化权益被保护的权利集合，这些权利的实现有赖于国家对文化保存、发展和传播、尊重文化自由、促进文化国内外交流的义务的履行。我国《宪法》第 47 条①规定了公民的文化自由权，同时规定了国家鼓励和帮助实现公民文化权的义务。为此，《宪法》第 22 条②规定了国家发展文化的义务，国家保护名胜古迹、珍贵文物和其他重要历史文化遗产的职责。

在各地历史文化地方立法之中，文化权保障主要通过以下两个途径实现：一是在立法中明确公众的文化权利内容；二是通过落实地方各级政府文化职责实现公民的文化权利。

（一）历史文化地方立法对文化权的规定

1. 保护历史文化的知情权

2019 年修订的《中华人民共和国政府信息公开条例》严格遵循"以公开为常态、不公开为例外"的原则，进一步落实对公民的知情权保障。历史文化保护中的公众的知情权，应当是指公民依法享有知悉、获取、利用相关政府历史文化保护法律、法规和政策及文化发展状况，以及涉及本人的相关文化权益信息的权利。如：在地方立法中明确"非遗"代表性项目及其保护单位、历史文化的保护规划、历史文化的保护名录、代表性传承人的认定与保护等信息，政府负有建立健全信息共享机制的职责。《北京市非物质文化遗产条例》第 21 条第 1 款、第 23 条第 2 款、第 27 条第 4 款，③《恩施土家族苗族自治州传统村落和民族村寨保护条例》第 16 条第 1 款，④《福建省非物质文化遗产条例》第 9 条第 3 款，⑤《贵州省古树名木大树保护条例》第 11 条、第 15 条，⑥

---

① 参见《宪法》第 47 条。
② 参见《宪法》第 22 条。
③ 参见《北京市非物质文化遗产条例》第 21 条第 1 款、第 23 条第 2 款、第 27 条第 4 款。
④ 参见《恩施土家族苗族自治州传统村落和民族村寨保护条例》第 16 条第 1 款。
⑤ 参见《福建省非物质文化遗产条例》第 9 条第 3 款。
⑥ 参见《贵州省古树名木大树保护条例》第 11 条、第 15 条。

《四川省古树名木保护条例》第 14 条第 2 款,① 《济宁市古树名木保护条例》
第 10 条、第 13 条,② 《赣州市革命遗址保护条例》第 29 条,③ 这些地方性
法规的条款规定了政府对历史文化信息公开和对社会公众开放的职责,保障
了公民在历史文化保护中的知情权。

2. 公众文化参与权

在当前国家高度重视历史文化保护和全社会历史文化保护意识不断增强
的背景下,全面协调各利益相关者的利益诉求,激励公众广泛参与历史文化
的保护,④ 成为地方立法的重要方面。地方历史文化立法主要通过以下三种
形式规定公众的文化参与。

首先,将社会参与列为地方历史文化立法的一项基本原则。如《北京
市非物质文化遗产条例》第 4 条规定:非物质文化遗产保护应当贯彻新发
展理念,坚持以人民为中心,以社会主义核心价值观为引领,坚持政府主
导、社会参与,推动非物质文化遗产活态传承、融入生产生活、创造性转化
与创新性发展。再如《福建省非物质文化遗产条例》第 3 条⑤、《邯郸市工
业遗产保护与利用条例》第 4 条、《金华市传统村落保护条例》第 3 条都确
定了立法原则。

其次,鼓励和支持公民、法人和其他组织依法开展历史文化保护、保存
工作。如《北京市非物质文化遗产条例》第 11 条,⑥ 《山东省历史文化名城
名镇名村保护条例》第 6 条;⑦ 《甘肃省长城保护条例》第 25 条第 2 款也有
类似规定:鼓励支持公民、法人和其他组织依法通过捐赠、资助、认领、志
愿服务等方式参与长城保护;鼓励建立长城保护利用示范区、长城文化公园
等保护利用模式。《赣州市革命遗址保护条例》第 35 条规定:鼓励公民、

---

① 参见《四川省古树名木保护条例》第 14 条第 2 款。
② 参见《济宁市古树名木保护条例》第 10 条、第 13 条。
③ 参见《赣州市革命遗址保护条例》第 29 条。
④ 民族地区传统村落立法保护实践探析。
⑤ 参见《福建省非物质文化遗产条例》第 3 条。
⑥ 参见《北京市非物质文化遗产条例》第 11 条。
⑦ 参见《山东省历史文化名城名镇名村保护条例》第 6 条。

法人或者其他组织以捐赠、资助、认护等方式，参与革命遗址的保护、管理、修缮和利用。《丽水市传统村落保护条例》第 10 条规定：鼓励单位和个人依法通过投资、捐赠、租赁、入股、设立基金和提供技术服务等方式，参与传统村落保护和利用。《宜宾市白酒历史文化保护条例》第 24 条规定：鼓励和支持公民、法人和其他组织对白酒历史文化文物藏品、重要实物、艺术品、工艺品、文献、手稿和图书影像资料等建立档案、妥善保存、展示利用。再如《富川瑶族自治县传统村落保护条例》第 20 条，[1]《黄冈市历史文化名城保护办法》第 33 条，[2]《通辽市蒙古族音乐类非物质文化遗产保护条例》第 7 条[3]的规定。

最后，鼓励和支持代表性传承人、项目保护单位和专家参与学校开展的非物质文化遗产知识教育和实践活动。如《北京市非物质文化遗产条例》第 45 条的规定。

3. 公众传承、开发和利用历史文化的权利

为了促进地方历史文化的保护、利用、开发，不少地方的历史文化立法鼓励和支持公民、法人和其他组织通过融资、合作、入股等方式参与历史文化的合理开发和利用，挖掘历史文化保护项目中所蕴含的社会、经济、文化价值，赋予公众开发具有地方特色的文化、旅游产品和文化服务的权利。如《贵阳市青岩古镇保护条例》第 20 条第 2 款，[4]《富川瑶族自治县传统村落保护条例》第 19 条第 2 款，[5]《邯郸市工业遗产保护与利用条例》第 28 条，[6]《山西省红色文化遗址保护利用条例》第 29 条，[7]《金华市传统村落保护条例》第 32 条、第 33 条，[8]《丽水市传统村落保护条例》第 28 条，[9]

---

[1] 参见《富川瑶族自治县传统村落保护条例》第 20 条。
[2] 参见《黄冈市历史文化名城保护办法》第 33 条。
[3] 参见《通辽市蒙古族音乐类非物质文化遗产保护条例》第 7 条。
[4] 参见《贵阳市青岩古镇保护条例》第 20 条第 2 款。
[5] 参见《富川瑶族自治县传统村落保护条例》第 19 条第 2 款。
[6] 参见《邯郸市工业遗产保护与利用条例》第 28 条。
[7] 参见《山西省红色文化遗址保护利用条例》第 29 条。
[8] 参见《金华市传统村落保护条例》第 32 条、第 33 条。
[9] 参见《丽水市传统村落保护条例》第 28 条。

《木垒哈萨克自治县传统村落保护条例》第 19 条、第 20 条，①《绍兴市大运河世界文化遗产保护条例》第 22 条第 2 款，②《曲靖市会泽历史文化名城保护条例》第 26 条、第 27 条③的规定。另外，《南昌市古树名木保护管理办法》第 14 条规定：鼓励单位和个人捐资保护、认养古树名木。捐资、认养古树名木的单位和个人享有一定期限的古树名木署名权。《天水市古树名木保护条例》第 12 条第 2 款也有相同的规定。④ 上述内容，反映了政府鼓励公众以各种形式参与历史文化的传承、保护和合理开发利用，共同分享历史文化保护的成果。

4. 获得政府奖励的权利

不少地方历史文化立法中都规定了人民政府对历史文化保护工作中做出突出贡献的单位和个人予以表彰、奖励。如：《曲靖市会泽历史文化名城保护条例》第 9 条，《厦门经济特区鼓浪屿世界文化遗产保护条例》第 8 条第 2 款，《宜宾市白酒历史文化保护条例》第 10 条第 2 款。

5. 获得物质帮助权和补偿权

为了实现对地方历史文化的传承与发展，基于自身在地方历史文化保护过程中所作出的贡献，文化财产所有权人、使用权人、保护责任人、保护责任单位代表传承人、代表传承保护单位等权利主体依法享有取得相应经费补助、物质补偿、物质奖励、精神表彰的权利。如：《湘西土家族苗族自治州传统村落保护条例》第 22 条第 1 款，⑤《云南省楚雄彝族自治州彝族十月太阳历文化保护条例》第 16 条，⑥《上海市历史文化风貌区和优秀历史建筑保护条例》（2019 年修正）第 36 条第 2 款，⑦《南昌市古树名木保护管理办法》第 7 条、第 14 条，⑧《钦州市历史文化街区保护条例》第 32 条⑨等地方

---

① 参见《木垒哈萨克自治县传统村落保护条例》第 19 条、第 20 条。
② 参见《绍兴市大运河世界文化遗产保护条例》第 22 条第 2 款。
③ 参见《曲靖市会泽历史文化名城保护条例》第 26 条、第 27 条。
④ 参见《天水市古树名木保护条例》第 12 条第 2 款。
⑤ 参见《湘西土家族苗族自治州传统村落保护条例》第 22 条第 1 款。
⑥ 参见《云南省楚雄彝族自治州彝族十月太阳历文化保护条例》第 16 条。
⑦ 参见《上海市历史文化风貌区和优秀历史建筑保护条例》（2019 年修正）第 36 条第 2 款。
⑧ 参见《南昌市古树名木保护管理办法》第 7 条、第 14 条。
⑨ 参见《钦州市历史文化街区保护条例》第 32 条。

性法规都规定了公民可因保护历史文化而获得补偿。

6. 赋予"非遗"代表性传承人、技艺代表人特殊权利

文化传承人，也叫非物质文化遗产传承人，涉及民间文学、民间美术、传统手工技艺、传统医药等5大类134个项目。① 不少地方立法赋予了历史文化代表性传承人特殊的权利，如《北京市非物质文化遗产条例》第24条②、《福建省非物质文化遗产条例》第19条③都规定，代表性传承人享有自主开展代表性项目的知识和技艺传授、创作、生产、宣传、展示、交流、研究等活动的权利。《云南省楚雄彝族自治州彝族十月太阳历文化保护条例》第16条④、《郑州市非物质文化遗产保护办法》第37条规定，⑤ 代表性传承人有获得补贴、开展文化活动和研究的自由、免费的健康检查、生活补贴、申报职称的权利。《通辽市蒙古族音乐类非物质文化遗产保护条例》第8条还规定了"传承人可以免费使用公共文化场馆的权利"。⑥ 另外，《宜宾市白酒历史文化保护条例》第25条第1款规定了技艺代表人享有的权利。⑦

7. 公众因开发历史文化享有的投资权、收益权

《九江市历史建筑保护条例》第25条第2款规定：单位和个人可以通过功能置换、兼容使用、经营权转让、合作入股等形式，在历史建筑中开展保护性利用活动。⑧《富川瑶族自治县传统村落保护条例》第19条第2款规定，加强对传统村落内村（居）民的生产经营活动的指导和管理。鼓励传统村落村（居）民在传统村落或者传统建筑内，从事传统特色产品的生产、经营等与旅游相关的活动，合理享有传统村落保护开发的收益。

---

① 文化传承人，见360百科，https://baike.so.com/doc/6182697 - 6395945.html。
② 参见《北京市非物质文化遗产条例》第24条。
③ 参见《福建省非物质文化遗产条例》第19条。
④ 参见《云南省楚雄彝族自治州彝族十月太阳历文化保护条例》第16条。
⑤ 参见《郑州市非物质文化遗产保护办法》第37条。
⑥ 参见《通辽市蒙古族音乐类非物质文化遗产保护条例》第8条。
⑦ 参见《宜宾市白酒历史文化保护条例》第25条第1款。
⑧ 参见《九江市历史建筑保护条例》第25条。

8. 保护文化成果权利人的知识产权

历史文化产品的开发者或者包括代表传承人和代表传承单位在内的权利人对相应的历史文化享有依法申请获得国内外的商标、专利、著作权、地理标志和民俗文化、传统知识、遗传资源等知识产权保护的权利。为保障该知识产权的实现，《长沙铜官窑遗址保护条例》（2019 年修正）第 24 条第 2 款，①《长沙市炭河里遗址保护条例》（2019 年修正）第 32 条，②《眉山市三苏遗址遗迹保护条例》第 29 条第 2 款，③《宜昌市非物质文化遗产保护条例》第 24 条，④《宜宾市白酒历史文化保护条例》第 26 条第 1 款第 4 项、第 37 条第 1 款⑤对历史文化中知识产权的保护做出了规定。

9. 文化监督权

地方历史文化立法赋予公民对地方历史文化的传承、保护、发展工作全过程依法监督的权利。为保障公民文化监督权的实现，《甘肃省长城保护条例》第 5 条⑥规定了公众劝阻和举报权，第 24 条第 2 款⑦规定了新闻舆论监督权。《厦门经济特区鼓浪屿世界文化遗产保护条例》第 8 条第 1 款，⑧《石家庄市正定古城保护条例》第 8 条，⑨《阳江市"南海Ⅰ号"古沉船及遗址保护规定》第 9 条第 1 款，⑩《赣州市革命遗址保护条例》第 10 条，⑪《贵阳市青岩古镇保护条例》第 10 条，⑫《九江市历史建筑保护条例》第 6 条，⑬

---

① 参见《长沙铜官窑遗址保护条例》（2019 年修正）第 24 条第 2 款。
② 参见《长沙市炭河里遗址保护条例》（2019 年修正）第 32 条。
③ 参见《眉山市三苏遗址遗迹保护条例》第 29 条第 2 款。
④ 参见《宜昌市非物质文化遗产保护条例》第 24 条。
⑤ 参见《宜宾市白酒历史文化保护条例》第 26 条第 2 款第 4 项、第 37 条第 1 款。
⑥ 参见《甘肃省长城保护条例》第 5 条。
⑦ 参见《甘肃省长城保护条例》第 24 条第 2 款。
⑧ 参见《厦门经济特区鼓浪屿世界文化遗产保护条例》第 8 条第 1 款。
⑨ 参见《石家庄市正定古城保护条例》第 8 条。
⑩ 参见《阳江市"南海Ⅰ号"古沉船及遗址保护规定》第 9 条第 1 款。
⑪ 参见《赣州市革命遗址保护条例》第 10 条。
⑫ 参见《贵阳市青岩古镇保护条例》第 10 条。
⑬ 参见《九江市历史建筑保护条例》第 6 条。

《木垒哈萨克自治县传统村落保护条例》第9条,①《七台河市东北抗联文化遗存保护利用条例》第7条,②《曲靖市会泽历史文化名城保护条例》第8条,③《巴中市红军文物保护条例》(2019年修正)第8条第1款④对公众的监督权利做出了具体规定。

(二)历史文化地方立法对地方政府历史文化保护职责的规定

公民文化权的实现依赖于地方各级政府部门文化职责的实现。这些职责是地方行政区域内落实宪法上的尊重、保护、促进文化发展义务的必然路径。

1. 将地方各级政府及其工作部门确定为提供历史文化服务的责任主体

56部历史文化地方立法一般在"总则"部分,从政府主导、社会参与原则出发,严格明确各级人民政府及其工作部门、相关工作机构在文化保护中的职能和职责。如:《钦州市历史文化街区保护条例》第1条规定了立法目的,第4条规定了保护工作指导原则,⑤《长沙市炭河里遗址保护条例》(2019年修正)第4条至第7条规定了政府及其各部门、基层自治组织等相关机构在地方历史文化保护工作中的分工和具体职能。⑥

2. 明确地方政府在历史文化保护中的具体职责

对传统村落、古镇以及民族村寨、村落保护,政府的主要职能是申报⑦、规划、保护、利用、管理;⑧ 对历史文化名城保护,政府主要职能是规划、管理、建设和利用;⑨ 对古遗迹、古遗址、古长城保护,政府主要职能

---

① 参见《木垒哈萨克自治县传统村落保护条例》第9条。
② 参见《七台河市东北抗联文化遗存保护利用条例》第7条。
③ 参见《曲靖市会泽历史文化名城保护条例》第8条。
④ 参见《巴中市红军文物保护条例》(2019年修正)第8条第1款。
⑤ 参见《钦州市历史文化街区保护条例》第1条、第4条。
⑥ 参见《长沙市炭河里遗址保护条例》(2019年修正)第4条、第5条、第6条、第7条。
⑦ 参见《富川瑶族自治县传统村落保护条例》。
⑧ 参见《贵阳市青岩古镇保护条例》。
⑨ 参见《曲靖市会泽历史文化名城保护条例》。

是规划、保护、利用;① 对历史建筑的保护,政府主要职能是确定、保护、管理与利用;② 对古树名木保护,政府主要职能是认定和保护;对革命遗址、红色文化遗址保护,政府主要职能是调查、认定、保护、管理和利用;③ 对工业遗存保护,政府主要职能是调查、认定、保护、利用以及监督管理。④

"非遗"保护的特殊性在于政府对"非遗"代表性传承人、技艺代表人的管理和对"非遗"的"传承与利用"。政府在我国"世界遗产"保护上的职能是规划与管理、传承与利用、共享与保障。⑤

地方政府在上述历史文化保护方面的共同职能是保护、利用。

总之,各级地方政府通过对文化项目的规划、申报、文化传承人认定制度,完善地方历史文化的名录保护、监测预警制度,建立体系化的地方文化保护档案,履行对地方历史文化研究、宣传、展示、交流等职责,进一步落实了宪法上的发展历史文化的国家义务。

3. 规定了地方政府的文化执法权限及法律责任

有权必有责、用权受监督、违法必追究,各地历史文化立法机关在对政府各部职权进行划分的同时,赋予文化职能部门执法权,对不履行文化保护职责的行政相对人给予行政处罚,同时,各政府部门也要承担不作为、乱作为的行政法律责任。

三 上述立法对公民文化权利保障的不足及完善建议

上述历史文化地方立法,构建了完善的行政保护体制,明确了文化权利内容,促进了物质文化遗产事业和非物质文化遗产事业的法制化和系统化。⑥

---

① 参见《长沙市炭河里遗址保护条例》。
② 参见《九江市历史建筑保护条例》第二章。
③ 参见《山西省红色文化遗址保护利用条例》第2条。
④ 参见《株洲市工业遗产保护条例》第2条。
⑤ 参见《厦门经济特区鼓浪屿世界文化遗产保护条例》第二章、第三章、第四章。
⑥ 李涛:《非物质文化遗产地方立法的实证分析》,《湖湘论坛》2018年第5期。

但是，就公民基本权利保障而言，由于各地方很难把控各地历史文化保护与公民文化权利保障的平衡，地方对公民文化权利保障存在不少漏洞。分析这些问题，针对性地提出解决思路，将有助于我国未来地方历史文化立法内容完善、立法质量的提升。

（一）我国历史文化地方立法对文化权利保障的不足

1. 重对历史文化的"物""非遗"的保护，轻对权利人的权利保护

就立法目的而言，从2019年56部地方立法中可以看出，"第1条"大多是注重对历史文化"物"和"非遗"的保护和合理利用，没有写对权利人的权利保护，形成了"以历史文化保护为主，公民文化权利保障为辅"的权利保障局面。这些立法大多紧紧围绕地方的经济和旅游开发目标构建对历史文化的立法保护，政府保护职能和责任重视对历史文化"物"和"非遗"本身的保护，而对权利人权利和当地居民权利的保护力度则相对有所欠缺，造成文化主体的商业化，文化内涵的空心化，如何平衡历史文化保护区域内原住民与文化经销商利益，需要各地历史文化立法对此问题做出更多的回应。

同时，各地方立法基本坚持政府主导、社会参与的基本原则，强调政府的管控作用，虽然这确保了地方历史文化保护发展工作的有序开展，但这实际上仍是"政府职能集中化、部门职责多元化"的授权性管理格局，对公民文化参与权等文化权利的落实重视不够。

2. 公民的文化发展的自由权保护不充分

政府在文化的保护发展上有积极的义务，也有消极的义务。上述地方历史文化立法强调政府文化管理职能，突出政府对文化保护、促进和发展的功能，重视政府履行积极的文化义务，而对于政府负有的对公民的文化创作和发展的自由权不受干涉的消极义务没有明确作出规定。

3. 对公众有权接受的历史文化教育的规定不足

在历史文化的地方立法中，政府对物质和非物质文化保护在财力、人力、物力上投入力度非常大。但是，如何通过对文化的传播和利用提高公众接受历史文化教育规定得比较少。

4. 宣示性的实体权利多，缺乏必要的程序保护

我国 2019 年度各地方机关虽然在法规、规章中规定了相应的权利性条款，但是现有权利条款大多为实体性权利规定，比如公众的文化监督权、文化知情权、文化财产中的受益权等实体性权利。然而，上述实体性权利究竟应当通过何种程序予以实现以及权利救济途径，上述立法未作出具体规定。如此会导致文化实体权利得不到有效保障。

（二）完善我国历史文化地方立法文化权利保障的建议

1. 文化权利保障路径应当从"权力导向型"转向"权利导向型"

我国地方历史文化的保护模式几乎是"公法模式"，规定了公权力机关的职权和职责，以及违法的法律制裁，对私权利的保护重视不够。同时，由于历史立法局限于地方立法，立法注重公法主导下的保护机制，轻私法保护机制，历史文化保护的根本意义不在于保护"文化"本身及其多样性，而在于保护共同体、群体和个人创造与传承非物质文化遗产的权利，尊重人的权利与尊严，防止公权力侵犯个人的权利。[①] 所以，在强调政府在地方历史文化保护过程中对客观价值提供保护的同时，还应当构建以主观文化请求权为核心的权利保障体系，遵循权利导向的路径，加大对地方文化保护的价值普及，强调树立保障地方文化就是保障自身文化权利的基本权利意识。同时，根据《保护非物质文化遗产公约》的精神，突出公民在地方文化保护过程中的主体地位，鼓励公民自发组建社会文化自治组织参与地区文化保护，不仅要参与保护，更要参与管理。[②]

2. 尊重文化自由权

文化权利是一个内容庞杂的权利集。文化自由权被默认为文化权利最基

---

① 户晓辉：《〈保护非物质文化遗产公约〉的实践范式》，《民族艺术》2017 年第 4 期。
② 参见联合国《保护非物质文化遗产公约》第 15 条：社区、群体和个人的参与　缔约国在开展保护非物质文化遗产活动时，应努力确保创造、延续和传承这种遗产的社区、群体，有时是个人的最大限度的参与，并吸收他们积极地参与有关的管理。

础的部分，保护公民文化自由是文化法首要的目的。① 一些国家的宪法对文化自由权作出了明确的规定，如《毛里塔尼亚伊斯兰共和国宪法》（1991）第10条，②《哈萨克斯坦共和国宪法》（1995）第20条，③《尼加拉瓜共和国宪法》（1986）第127条。④ 公民文化自由权主要产生三个基本的权利：一是文化创作自由权；二是文化传播自由权；三是文化消费自由权。这三个基本权利可以衍生出几种权利，包括文化方面的自由结社权、自由经营权和诉权。⑤ 文化自由权的规范功能主要体现在主观权利功能和客观规范功能两个方面。作为主观权利的文化自由权具有防御权功能，要求国家不得侵害文化创作主体的文化自由，即权利主体享有排除国家干预的权利，相应地，国家负有"不作为"的尊重义务。⑥

所以，除了禁止公民从事煽动民族仇恨、宗教仇恨、暴力和违反公序良俗等法律限制的活动，国家权力对公民的文化发展应当保持尊重和不干涉的态度，尊重权利主体的自主性。当公民的文化自由权受到不法侵害时，有获取法律救济的权利。

3. 保障公众对历史文化的受教育权

最好的文化传承保护莫过于实现文化的社会性传播。健全文化传承、传播机制：一是扩大推动各地"市民文化节""文化服务日"等活动，推动民间艺术、非物质文化遗产的展示和鉴赏，引导民众注意保护景观和遗址的风貌与特征对社区而言至关重要；二是充分利用现有的科学技术手段，突出时代化特征，建立网上文化馆、博物馆，推动文化广泛传播和更易接受；三是推动景区、景点、名人故居等地免票或者低价购票参观，让更多的低收入者接受历史文化教育；四是建立历史文化志愿者机构，鼓励国家和地方政府向

---

① 宋慧献：《论文化法的基本原则》，《北方法学》2015年第6期。
② 第10条"国家保障所有公民的公共自由和个人自由，特别是：第八项从事知识、艺术和科学创造的自由。自由只能通过法律规定进行限制。"
③ 第20条："1. 保障言论和创作自由，禁止进行新闻检查。"
④ 第127条："艺术和文化创作的自由不受限制。"
⑤ 魏宏：《构建社会主义公民文化权利保障体系》，《探索与争鸣》2014年第5期。
⑥ 刘洲兰：《宪法视域下的文化权利研究》，西南政法大学博士学位论文，2016。

它们提供必要的帮助，招募更多的志愿者宣传历史文化，让更多的民众感受文化的魅力。

4. 加强文化程序权利的实现和保障

权利的实现不仅需要完备的实体性规定，而且还依赖一套科学合理的程序机制，因此，在地方历史文化立法之中，需要更加重视文化程序权利自身的独立价值。具体而言，包括以下几个方面。

完善公众参与的程序。除了已有立法中的公众参与机制，还需对文化保护名录、文化传承人、文化使用权人、所有权人、保护责任人等传承主体的认定申报①、公众异议监督②、公众听证③、惠益分享中的事先知情同意制度④和协议的签订与实施等机制的方式、方法、步骤作出更加详细明确的规定。

完善政府公开程序保障公民文化知情权。各级人民政府及其文化管理部门应当推动完善文化专项资金筹集使用、文化权利人的补偿标准的公开，推进文化经费使用以及文化红利分享的常态化、透明化、有序化。

应当进一步完善文化权利的救济程序。应当规定公民文化权利被侵犯和损害后行政、司法的救济途径，以及争议处理办法。

综上，只有不断完善公民权利的种类，并将权利保障具体落到实处，公民文化权利才能够以看得见的方式得到实现。

---

① 认定申报即是指申请人基于相应的文化载体保护向主管名录申报认定的行政机关提出申请请求行政确认和行政指导。

② 公众异议监督即指公众对行政机关及其作出的历史文化管理行为所作出的监督检查，对公众提出的异议进行答复，对答复不服的，适当介入复议，尊重公众的意见，以保证行政机关的有效作为。

③ 公众听证指各地方行政机关在作出关于地方历史文化保护的决定、决策时也应当接受公众的监督，进一步扩大在地方历史文化保护中的行政公开，广泛听取公众意见，完善地方行政机关对于公众意见的征集答复机制。

④ 事先知情同意制度是指为了充分保障文化资源使用权人和所有权人的合法利益，完善公法框架下的文化受益分享机制，各地方在对历史文化进行传承、保护、开发的过程之中，具体对象存在相应的文化权利人的，须尊重权利人的意愿，事先告知其具体情况并征得其同意。

参考文献

1. 秦前红：《法律能为文化发展繁荣做什么》，中国政法大学出版社，2015。
2. 张松：《城市文化遗产保护国际宪章与国内法规选编》，同济大学出版社，2007。
3. 唐海清：《国际法视野下非物质文化遗产保护问题研究》，法律出版社，2018。
4. 喻少如：《公民文化权的宪法保护研究——以国家义务为视角》，中国法制出版社，2017。
5. 黄明涛、喻张鹏：《论我国文化立法的基本原则及其完善路径》，《三峡大学学报》（人文社会科学版）2018 年第 5 期。
6. 黄明涛：《文化宪法建构中的"国家与文化之关系"》，《人大法律评论》2017 年第 1 期。
7. 马健：《论文化权》，《新闻传播》2017 年第 3 期。
8. 杨泽喜、杨昀：《发达国家公共文化服务的理念、模式与策略》，《湖北理工学院学报》（人文社会科学版）2019 年第 6 期。

B.12
中国垃圾分类制度的实施与环境权保护

张晓玲　赵明霞*

摘　要： 垃圾分类是我国促进生态文明建设、保护环境权利的重要制度设计，其目的是营造安全、健康和良好的国家生态和人居环境。我国垃圾分类制度经过了探索和全面推进的实施阶段，已经取得一定成效，并积累了经验。2019年是我国实施垃圾分类制度的突破性发展时期。通过中央统一部署，各地方积极推行，垃圾分类制度的实施模式得以确立。在垃圾分类制度实施成效显现的同时，也依然有很大的发展潜力和不少需要完善的地方。我国垃圾分类制度的持续推进，需要科学理念的引导与普及，合理配置权责利，完善政府、市场和社会多元主体协同治理的体制机制。

关键词： 垃圾分类　居民环境权　生态文明

当今世界，环境恶化、资源匮乏的同时，垃圾量却在逐年递增，很多地方出现垃圾围城的局面，严重危及居民的安全、健康。生活垃圾的减量化、资源化、无害化是生态保护与污染防治的重要举措，而垃圾分类则是实现"三化"的重要前提和基础。为建设美丽中国，营造安全健康和美好生活环境，党和国家高度重视垃圾分类和处理，党的十九大报告明确指出，要加快

---

* 张晓玲，中共中央党校（国家行政学院）政治与法律教研部教授，博士生导师；赵明霞，天津财经大学马克思主义学院教师，法学博士。

生态文明体制改革，建设美丽中国，着力解决突出环境问题；加强固体废弃物和垃圾处置。党的十九届四中全会报告更加明确地提出，"普遍实行垃圾分类和资源化利用制度"是全面促进资源高效利用的一个重要环节。

垃圾分类是指从源头上将生活垃圾进行分类投放，并通过系统分类收集、分类运输和分类处置，最终实现垃圾的减量化、资源化、无害化的行为过程。垃圾分类制度既是当前切实保障居民环境权益的重要举措，亦是社会生态文明发展的重要表征。2019年我国垃圾分类制度在全国广泛推行，全面开启了居民环境权益保护的新一轮征程。

一　垃圾分类的环境权保护意义

随着全球生态破坏和环境污染，环境权作为一项基本人权，在国际社会确立。1972年联合国人类环境会议通过《人类环境宣言》，其中明确提出"人类有权在一种能够过上尊严和福利生活的环境中，享有自由、平等和充足的生活条件，并且负有保护和改善这一代人和将来世世代代人的环境的庄严责任"，由此确立了人类享有环境权利并承担环境义务的最初含义。经过多年研究与实践，环境权作为公民享有的，免受环境污染，并在安全、健康和良好环境中生活的权利，得到世界各国的广泛确认。我国《宪法》规定，"国家保护和改善生活环境和生态环境，防治污染和其他公害"，这是从宏观上明确了国家在改善公民生活环境方面的责任，同时也隐含了公民享有良好环境的权利。我国全面推动垃圾分类制度实施，目的在于为公众营造安全、健康和良好的生活环境，加快绿色生活方式的自觉形成。这是促进生态文明建设的重要举措，更是环境权保护的重要制度保障。

（一）垃圾分类是维护生态安全的重要举措

随着人口和生产消费的增长，大量生活垃圾产生后无法得到及时消解，这对人类居住环境和生态环境都造成了巨大压力，特别是一些无法降解的有害垃圾不能得到有效处理，对地球生态造成了极大的危害。每年大量垃圾进入河流、大海，导致水源污染，动物因误食垃圾而死亡的事情频繁发生，垃圾问题已成为影响全球生态安全的重大问题之一。而垃圾分类是目前能够将垃圾污染降到最低，并缓解和有效解决垃圾污染问题的前提和有效途径。因此，保护生态环境，进行垃圾分类，避免二次污染，已经到了刻不容缓的地步。不可否认，我国人口基数大，也是一个垃圾生产大国。目前我国全年生活垃圾产量为4亿吨左右，并以大约每年8%的速度增长。[①] 多年来，我国一直积极倡导和致力于生态环境修复，从2018年开始，我国全面禁止进口各种洋垃圾，并着力提升国内垃圾分类和处理的能力，加强对公民环境权的保护。

（二）垃圾分类是保障公民健康的重要举措

近年来，我国因垃圾处理不善而付出了沉重的环境和健康代价。生活垃圾堆积导致的恶臭气体、病菌污染对城乡水源、居民食品安全造成直接影响，甚至有一些村庄因长期遭受污染成为癌症村。"普遍推行垃圾分类制度，关系13亿多人生活环境改善，关系垃圾能不能减量化、资源化、无害化处理。"[②] 2018年5月，习近平在全国生态环境保护大会上强调，要重点解决损害群众健康的突出环境问题，不断满足人民日益增长的优美生态环境需要。[③] 2019年7月我国《固体废物污染环境防治法》修订草案首次将垃圾分类纳入立法范畴，同年垃圾分类又被列入《健康中国行动（2019—2030年)》目标。垃圾分类关系到广大人民群众生命健康，对预防和减少污染，为公民营造良好、宜居的生活环境具有重要作用。

---

① 《为什么中国这么急着垃圾分类？垃圾制造量全球第一》，2019年7月11日，中华财经网，https：//finance. china. com/domestic/11173294/20190711/36588518. html。
② 2016年12月21日，习近平在中央财经领导小组第十四次会议上强调，"普遍推行垃圾分类制度，关系13亿多人生活环境改善，关系垃圾能不能减量化、资源化、无害化处理"。
③ 《习近平出席全国生态环境保护大会并发表重要讲话》，2018年5月19日，新华社，http：//www. gov. cn/xinwen/2018－05/19/content_ 5292116. htm。

（三）垃圾分类是生态文明建设的内在要求

习近平多次强调，"实行垃圾分类，关系广大人民群众生活环境，关系节约使用资源，也是社会文明水平的一个重要体现"。当前各种"垃圾围城"现象已经严重阻碍了生态文明建设的持续推进。因此，通过实施垃圾分类，促进垃圾的减量化、资源化和无害化，并引导人们建立绿色发展方式和生活方式，既有利于资源的循环再利用，又有利于社会的文明进步。因此，垃圾分类是生态文明建设的重要环节，也是绿色生活的题中之义。2015年中共中央、国务院发布的《关于加快推进生态文明建设的意见》及《生态文明体制改革总体方案》也都明确提出，要完善再生资源回收体系，实行垃圾分类回收，垃圾分类成为生态文明制度体系的重要内容之一。

二 我国实施垃圾分类制度的具体措施

从发展历程上看，我国垃圾分类"由来已久"。20 世纪 70 年代在世界环境大会的推动下，我国颁布第一部《环境保护法》推动垃圾分类管理与技术研发，1992 年 6 月国务院颁布的《城市市容和环境卫生管理条例》第 28 条第 4 款规定"对城市生活废弃物应当逐步做到分类收集、运输和处理"，是我国首次明确垃圾分类这一概念。到 90 年代，我国政府作出履行《21 世纪议程》文件的庄严承诺，并逐步建立由末端向全过程、由单一向综合的环境保护模式，开始确立垃圾分类的理念。2000 年建设部城建司确定北京、上海、广州等 8 个城市正式启动垃圾分类试点工作。2016 年全国垃圾分类工作由点到面逐步启动。至 2019 年，从中央统一部署到地方因地制宜，垃圾分类制度实施的各项措施不断提升和完善。

（一）制定垃圾分类制度实施的路线图

随着我国环境保护事业发展和生态文明建设的推进，各级政府和公众对实施垃圾分类的紧迫性和重要性的认识都在不断提升。在总结以往经验的基础上，我国从中央到地方政府主导的垃圾分类制度实施的布局和路线逐步明确。

在中央层面上，党的十九大报告确立的以人民为中心、坚持新发展理念、人与自然和谐共生等都为有效推进垃圾分类制度的实施提供了思想指导。目前，垃圾分类制度已经打破了原有的单一的末端治理模式，更加注重源头治理，成为推进垃圾减量化、无害化和资源化的系统性措施，也是提升基层社会生态治理能力的重要一环。据此中央政府对垃圾分类制度实施做出全面而系统的部署。2016年12月，习近平在中央财经领导小组第十四次会议上强调，"要加快建立分类投放、分类收集、分类运输、分类处理的垃圾处理系统，形成以法治为基础、政府推动、全民参与、城乡统筹、因地制宜的垃圾分类制度，努力提高垃圾分类制度覆盖范围"，这明确了推进垃圾分类的基本要求和系统性行动指导。随后国家发改委等部委发布了《循环发展引领行动》等多项文件，提出促进循环经济、绿色消费，并要实现生活垃圾分类和再生资源回收有效衔接等政策。在2017年3月，国家发改委、住建部发布《生活垃圾分类制度实施方案》，为生活垃圾分类制度实施拟定了具体的路线图，重申生活垃圾减量化、无害化和资源化的基本原则，并确定在46个重点城市实施生活垃圾强制分类，在2020年底重点城市生活垃圾回收利用率达35%以上的目标要求。2019年垃圾分类制度全面启动，住房和城乡建设部等九部门印发了《关于在全国地级及以上城市全面开展生活垃圾分类工作的通知》，确立到2025年全国地级及以上城市要基本建成生活垃圾分类处理系统的远期目标。

在地方层面上，各地政府也在积极转变观念，高度重视垃圾分类工作，将垃圾"三化"，特别是减量化，作为推进本地垃圾分类和绿色发展的重要目标之一。目前，各省市地方政府都制定和出台了推进居民生活垃圾分类的实施方案，有计划有步骤地推进垃圾分类制度落实。同时还注重搭建各种平台，从源头上促进垃圾污染治理，培育公民垃圾分类意识，提升垃圾分类的实效。如2019年浙江台州市成立垃圾分类公众教育学院，建成集地方垃圾分类的培训、策划、宣传、研究于一体、线上线下相结合的综合性平台。①

（二）多项政策驱动，提速垃圾分类进程

政策推动是垃圾分类制度实施的重要环节。自 2015 年 9 月到 2019 年 6 月，中央政府总结出多项行之有效且可推广、可复制的垃圾分类处理经验，并出台了 13 项政策性文件，在全国推进垃圾分类。

1. 确立垃圾强制分类标准

垃圾分类是一项系统工程，而确立科学的垃圾分类标准是垃圾分类的首要环节。2003 年原建设部制定的城市生活垃圾分类标准，将生活垃圾分为可回收物、有害垃圾和其他垃圾三类。2004 年建设部批准《城市生活垃圾分类及其评价标准》，明确了垃圾分类的评价指标。2008 年住建部发布《城市生活垃圾分类标志》，明确各地区应因地制宜地选择垃圾分类方法，例如焚烧处理垃圾的区域可将垃圾分为可回收物、可燃垃圾、有害垃圾、大件垃圾和其他垃圾。2012 年各地开始出现干湿分类的模式，大致将生活垃圾分为干垃圾、湿垃圾、可回收垃圾、有害垃圾。根据 2017 年颁布的《生活垃圾分类制度实施方案》，实施生活垃圾强制分类的城市要结合本地实际，细化垃圾分类类别，其中有害垃圾必须作为强制分类的类别之一。这些分类方法有因地制宜的灵活性，但也有标准变动频繁的问题。为增强垃圾分类制度的可操作性，住建部进一步明确垃圾分类标准，发布了《生活垃圾分类标志》并于 2019 年 12 月 1 日起实施。此次标准调整，按照垃圾的资源和经济价值，进一步扩大了标准的适用范围，将生活垃圾分为可回收物、有害垃圾、厨余垃圾及其他垃圾 4 个大类和纸类、塑料、金属等 11 个小类。② 目前垃圾分类的重点城市中，80% 以上的城市都采用有害垃圾、可回收物、厨

---

① 《台州成立垃圾分类公众教育学院》，2019 年 7 月 2 日，人民网，http：//zj. people. com. cn/n2/2019/0702/c186327 - 33100070. html。

② 《住建部：〈生活垃圾分类标志〉标准发布》，2019 年 11 月 18 日，新华网，http：//www. xinhuanet. com//house/2019 - 11 - 18/c_ 1125243950. htm。

余垃圾、其他垃圾的"四分法"。

2. 建设垃圾分类配套设施体系

《生活垃圾分类制度实施方案》明确，要建立与垃圾分类类别相配套的收运、与再生垃圾资源利用相协调的回收体系，完善与垃圾分类相衔接的终端处理设施，探索建立垃圾协同处置利用基地。据此，国务院各部委依照职责，不断完善垃圾分类配套设施体系。2019年6月住建部进一步明确将垃圾分类设施建设作为新老住宅区建设的配套内容，要求加快垃圾分类设施建设，完善垃圾分类技术设施标准，加强垃圾分类投放、分类收集、分类运输、分类处理各环节的有机衔接。

在国务院统一调配的基础上，各级地方政府因地制宜，积极制定和实施垃圾分类设施建设的标准和方案。南京、上海、深圳等地方较早开始了垃圾分类的设施建设，如2013年南京市出台《南京市生活垃圾分类管理办法》，规定相关部门需根据环境卫生专业规划和年度建设实施计划，建设生活垃圾分类收集、转运、处置设施。2017年深圳市出台《深圳市生活垃圾强制分类工作方案》，要求推进有害垃圾、大件垃圾、园林绿化垃圾等分类收运基础设施的建设。2018年上海市发布了《上海市家用分类垃圾桶（袋）技术规范（试行）》，推行家用分类垃圾桶和垃圾袋，不仅提高了垃圾分类的便利性，同时也起到了必要的宣传和指导作用。2018年成都市出台了专门的《生活垃圾分类设施设备设置规范》以实现设施建设的规范化。特别是2019年，按照《生活垃圾分类制度实施方案》，全国重点城市以及地级及以上的城市政府都加大了垃圾分类设施建设的力度，并制定和出台了规范性文件。目前全国各大中小城市垃圾投放、运输的设施设备都有了很大的改善。大部分居住小区、大厦和工业区等，都设置了生活垃圾分类投放、收集的容器、设备和处理设施，并对容器大小、形状、设置密度等做了统一规定。随着科技发展，也有部分地区设置了智能垃圾分类回收设施，提高了垃圾分类的便捷性和高效性。

3. 出台垃圾分类的多元激励政策

2018年7月国家发改委发布《关于创新和完善促进绿色发展价格机制

的意见》，提出到 2020 年底前，全国城市及建制镇全面建立生活垃圾处理收费制度。这一制度要求，全面建立覆盖成本并合理盈利的固体废物处理收费机制，并加快建立有利于促进垃圾分类的激励约束机制。其后的其他各类文件也陆续提到了研究制定收费制度的目标，这意味着，在鼓励、试点、强制等手段之后，运用市场机制的垃圾分类收费时代即将到来。在地方层面，《深圳市生活垃圾分类工作激励办法》2019 年 11 月 1 日起正式实施，该办法涵盖范围广泛，规定根据单位、个体等年度垃圾分类实际情况，应给予激励补助。在市场激励的同时，住房和城乡建设部发布《城市生活垃圾分类工作考核暂行办法》，将生活垃圾分类制度落实情况作为政府考核评价的重要内容之一，对重点城市开展督导，建立信息报送和信息交流机制，督促和指导党政军机关、学校、医院等加快推进垃圾分类。各级政府也相继研究和制定了本地生活垃圾强制分类工作的年度考核办法，将垃圾分类纳入政绩考核范围。

（三）启动法制建设，持续推进垃圾分类

法律法规建设为推进垃圾分类制度提供了有力的法制保障。垃圾分类立法重点是树立敬畏意识，提高垃圾分类的规范性，鼓励公众参与环境保护，并对污染环境者形成监督压力。[①] 在国家层面上，2020 年 4 月 29 日，《固体废物污染环境防治法》由第十三届全国人民代表大会常务委员会第十七次会议修订通过，"国家推行生活垃圾分类制度"写入了这部重要法律，这将"生活垃圾分类"纳入法治化轨道。在地方层面上，截止到 2019 年 11 月，全国试点城市中已经有 30 个城市出台了垃圾分类的地方性法规或规章，16 个城市正在按照立法计划，持续推进垃圾分类的地方立法。北京、上海、广州、杭州、厦门、无锡等城市在生活垃圾分类地方法制建设中走在前面。通过完善法制建设，为垃圾分类制度的推进提供持续有效的保障力。

---

① 《中国垃圾分类进入"强制时代"》，2019 年 6 月 24 日，央广网新闻观察，https：//baijiahao. baidu. com/s？id = 1637212590735931199&wfr = spider&for = pc。

在国家统一指导思想和目标指引下，各地方垃圾分类的立法内容各具特色。总体而言，目前我国垃圾分类的地方法规和政府规章的内容基本包括了生活垃圾分类的原则、全过程管理、主体义务和相应法律责任，以及激励机制等。如2018年7月1日正式实施的《广州市生活垃圾分类管理条例》，是在总结了2011年《广州市城市生活垃圾分类管理暂行规定》、2015年《广州市餐饮垃圾和废弃食用油脂管理办法（试行）》等政府规章实施经验的基础上，第一次把垃圾分类作为一个全流程和全环节的整体进行的专门立法。而北京市2011年出台了《北京市生活垃圾管理条例》，2019年对该条例进行了修订并从2020年5月1日起实施，该条例旨在从源头推进垃圾减量化、无害化，并强化了个人垃圾分类的法律责任，规定"个人违反本条例第三十三条规定，由生活垃圾分类管理责任人进行劝阻；对拒不听从劝阻的，生活垃圾分类管理责任人应当向城市管理综合执法部门报告，由城市管理综合执法部门给予书面警告；再次违反规定的，处50元以上200元以下罚款"。2019年8月《杭州市生活垃圾管理条例》修订后通过，严格规范垃圾分类的各个环节，注重从源头上控制垃圾产生量，并着力提高生活垃圾的资源化利用效率。2019年6月江苏省第一部城市生活垃圾分类管理的地方性法规《无锡市生活垃圾分类管理条例》出台，并在9月1日正式实施，明确了垃圾分类的规划与建设、分类投放标准、各类责任主体、推行城乡一体化、生活垃圾分类全程覆盖等内容。2019年7月1日《上海市生活垃圾管理条例》正式实施，不仅规定了垃圾分类的全面推行和全程监管，还强化了对个人违规投放垃圾的处罚力度，被称为"史上最严"垃圾分类规定。该条例还规定，"未保持生活垃圾处置设施、设备正常运行，影响生活垃圾及时处置的，责令限期改正；逾期不改正的，处五万元以上五十万元以下罚款"。同时，地方法规中还规定，将多次违规被处罚的单位和个人纳入执法"黑名单"系统，并将其列为重点执法监督对象。此外，各地方的立法还明确将垃圾分类教育纳入国民教育体系。

（四）构建社会多元参与机制

垃圾分类需要社会治理模式的转变和创新。政府、企业、社会组织和个人等都要积极参与到垃圾分类中。2017年国管局、住建部等五部门发布了《关于推进党政机关等公共机构生活垃圾分类工作的通知》，要求党政机关和事业单位率先带头开展垃圾减量和垃圾分类。随着垃圾分类全面推进，学校、医院等事业单位、商业办公楼宇、旅游景区、酒店等各类经营场所也进入垃圾强制分类阶段，逐步实现全社会覆盖。基层党组织也在广泛发动辖区内的居民、企事业单位、社会组织共同参与垃圾分类，党员干部要带头进行垃圾分类。2019年5月上海市民政局、市绿化和市容管理局联合发布《关于发挥本市社区治理和社会组织作用助推生活垃圾分类工作的指导意见》，明确将从购买服务、培育发展、行业引导三方面为社会组织参与垃圾分类创造条件，由此更多的绿色公益组织参与到垃圾分类治理中。

同时，各类环境保护社会组织，如绿色原点、零废弃联盟、自然之友等，也主动参与垃圾分类制度的实施，成为倡导垃圾分类的宣传员和推动者。2019年8月《广州市深化生活垃圾分类处理三年行动计划（2019—2021年）》印发，发动各社会组织，包括志愿者协会、环卫行业协会、再生资源行业协会、社工服务中心、物业管理行业协会、城市矿产协会等，① 发挥服务群众、凝聚群众的优势，深入开展宣传，积极引导居民参与垃圾分类。

三 我国垃圾分类制度的实施效果分析

随着生态文明建设的推进，特别是2019年全面推进垃圾分类以来，垃圾分类成为日常生活新时尚。② 全国各地在生活垃圾分类工作中积累了诸多宝贵经验，成效显著。但作为一项系统性工程，垃圾分类制度要实现全过程的规范、持续和高效运行，还需要不断探索和完善。

---

① 《广州发布深化生活垃圾分类处理三年行动计划》，2019年8月15日，新华网，http://www.xinhuanet.com/local/2019-08/15/c_1124881575.htm。

② 习近平总书记在上海市虹口区市民驿站嘉兴路街道第一分站考察时指出，垃圾分类工作就是新时尚。《学习在路上：垃圾分类工作就是新时尚》，2018年11月7日，新华网，http://www.xinhuanet.com/politics/2018-11/07/c_129987882.htm。

（一）推进垃圾分类制度取得的成效

在中央统一部署和地方因地制宜实施垃圾分类制度的过程中，我国生活垃圾减量化、资源化和无害化处理的能力提升，垃圾分类已初见成效，各种长效机制正在逐步确立。

1. 垃圾分类覆盖率大幅提升

中央统一部署全面推进垃圾分类制度，垃圾分类走进城市、农村、家庭、机关和企业、事业单位，覆盖率大幅提升。截至 2019 年底，已经有237 个地级及以上城市启动了垃圾分类。全国 46 个垃圾分类重点城市居民小区垃圾分类覆盖率已经接近 70%，其他地级以上城市也全面启动生活垃圾分类，各省都在按规划统筹持续推进这项工作。[①] 各类单位积极实施垃圾分类制度，截至 2019 年底，中央单位、驻京部队和各省直属机关已全面推行垃圾分类。以美丽乡村建设为基础，垃圾分类作为人居环境整治、生态文明示范村考核的重要指标之一，农村生活垃圾分类逐步推进。目前，大部分省市已经开始建立农村"户集、村收、镇处理"的垃圾分类模式，国家和省级生态文明示范村镇的垃圾分类覆盖率基本达到 100%。同时，在绿色发展、"无废城市"等新发展理念的引领下，垃圾分类覆盖率将持续扩大。

2. 垃圾分类的保障体系不断完善

人、财、物的投入力度和保障体系的建设直接影响着国家和地区垃圾分类的成效。为有效保障垃圾分类制度实施，46 个重点城市普遍制定垃圾分类实施方案，部分城市还编制了专项规划和行动计划，并组建市级层面的工作领导小组和管理中心。截至 2019 年底，全国大部分省、自治区已制定垃圾分类实施方案；重点城市生活垃圾分类投放、分类收集、分类运输、分类处理系统正在逐步建立。各省市地区都投入一定数量的资金和技术，配备有害垃圾、厨余垃圾等垃圾分类运输车辆，满足垃圾分类处理的各类需求。同

---

① 《重点城市垃圾分类覆盖率近70%》，2020 年 4 月 13 日，中国经济网，https：//baijiahao. baidu. com/s？ id = 1663809181173212339&wfr = spider&for = pc。

时，各地还因地制宜地建立垃圾分类制度的宣传教育、现场引导、监督等实施和保障机制，发挥基层组织和社会组织力量，街道社区党组织、社区居委会、业主委员会、物业公司等都是生活垃圾分类的重要推动力量。据统计，各重点城市开展生活垃圾分类入户宣传已超过 1900 万次，参与的志愿者累计超过 70 万，① 还有地方制作专门的居民家庭生活垃圾分类投放指南等，为居民垃圾分类提供知识和信息支持。

3. 垃圾分类管理监督体系建立

各地方通过立法或行政的形式，建立起了推进垃圾分类制度实施的监管体系，对提升垃圾分类水平和社会治理能力都具有重要的作用。一是明确垃圾分类的行政职能部门，根据地方法规，各地基本都规定本地市容环境绿化部门作为垃圾分类工作的主管部门，同时生态环境、规划、房屋管理、城管执法等部门分工负责推动垃圾分类实施，而教育、交通运输、民政、农业农村、文化旅游等相关行政管理部门为协同管理部门，为保障各部门职责的统筹衔接，部分地方还规定政府要建立联席会议制度，以便部门综合协调。二是明确管理责任人，并课以法定职责。对于办公场所、娱乐场所、公共场所、建设工地、交通场所及责任人不明的场所，均以经营单位或管理单位为责任人。三是明确垃圾分类工作的监督体系，包括行政部门监督、社区服务监督、实施环节监督等。比如广州建立了由社会大众，主要包括村民代表、居民代表、人大代表、政协委员和第三方机构代表等，构成的垃圾分类监管员组织。而社会监督员则有权进入生活垃圾收集点、转运站以及终端处理设施等场所，具体了解和监督生活垃圾分类处理的情况以及集中转运设施、终端处理设施的运行等情况。

4. 垃圾分类的模式形成

经过多年探索，垃圾分类技术和管理方法已经作了数次调整，特别是2019 年全面实施垃圾分类，我国垃圾分类的模式已经确立。一是分类标准

---

① 《继续加快生活垃圾分类处理系统建设》，2019 年 6 月 28 日，中国新闻网，http：//news. eastday. com/eastday/13news/auto/news/china/20190628/u7ai8659102. html。

趋于统一。各地基本按照生活垃圾"四分法",确保有害垃圾单独投放,逐步做到干、湿垃圾分开,可回收垃圾能够有效利用。鼓励居民在家庭滤出湿垃圾水分,采用专用容器盛放湿垃圾,减少塑料袋等一次性用品的使用。二是地方示范模式显著,为其他地区垃圾分类提供了经验借鉴。比如"集中分类投放 + 定时定点督导"的垃圾分类"深圳模式"已初见成效,厦门市已经开展"互联网 + 垃圾分类",可以让民众看到自己进行垃圾分类的成果,更加激发了民众参与的积极性。三是市场参与模式开始形成,比如上海采用政府购买服务的方式,引进有资质和经验的企业加入垃圾分类的收集、管理和运营过程。浙江杭州市街道引入了垃圾分类服务企业,有企业负责上门回收生活干垃圾模式、企业有偿回收厨余垃圾的"金甲虫"模式、企业督导垃圾分类的"洁莱雅"模式等。[①] 广州市引入了第三方企业化服务,由政府监督的第三方企业负责垃圾的分类收运工作。河北、安徽等多地也在探索垃圾分类市场化模式,而且取得了较好的成效。

(二)垃圾分类制度实施中存在的问题

我国的垃圾分类工作起步相对较晚,实施初期难免遭遇阻力。2019 年 6 月 5 日世界环境日,习近平作出重要指示,强调"推行垃圾分类,关键是要加强科学管理、形成长效机制、推动习惯养成"。[②] 而当前生活垃圾分类制度的实施依然存在需要不断完善之处。

1. 公众对垃圾分类的认知和参与度有待提升

我国垃圾分类制度推行已经有近 20 年的时间,但成效并不明显,究其原因,与制度实施的强制性程度有关,更与公民对垃圾分类的认知和参与度有紧密关系。一是目前我国垃圾分类制度主要依靠政府强制推进,对于广大公众而言,仍然缺乏对垃圾分类重要性的理性认识和自觉行动力,认为垃圾

---

① 《探路垃圾分类市场化》,2017 年 7 月 12 日,浙江省人民政府网站,http://www.zj.gov.cn/art/2017/7/12/art_ 15774_ 2239988.html。

② 《持续推进垃圾分类 习惯养成全民参与引领新时尚》,2019 年 6 月 12 日,法制日报,http://www.xinhuanet.com/2019 – 06/12/c_ 1124609793.htm。

分类是政府部门的职责，与己无关。二是从垃圾分类的实践状况看，公众缺乏相应的垃圾分类知识和技巧，错误分类的现象也较为普遍，影响垃圾分类的效果。三是当前中央部门统一部署，要求在 2020 年地级市以上全部实现垃圾分类，对于习惯于不分类的公众而言，不仅需要时间去适应，而且分类成本明显增加，却不能及时看到分类的成效。这些问题都直接影响了公众垃圾分类意识和行动的养成。

2. 垃圾分类操作不规范，影响垃圾分类实效

垃圾分类投放、收集、运输和处理等环节必须有机衔接、规范操作，才能保障垃圾分类制度的实效。从多地垃圾分类的相关报道中发现，普遍存在这样的现象，即做好了前期垃圾分类收集，但在运输环节又将分类收集起来的垃圾集中混合运输或处理，这不仅导致资源浪费，还使许多可回收的垃圾未得到充分利用。而垃圾收集的第一责任主体——物业公司由于成本原因通常积极性不高，加之各地环卫公司的清运能力参差不齐，导致混运混装情况屡有发生。而对于公众而言，因无法了解垃圾分类运输的具体流程，往往也出现了"反正垃圾车都是一股脑全部运走，分类了也没用"的消极心态，①由此导致了垃圾投放主体和收运主体之间互不信任、互相推责的恶性循环。同时，目前我国主要的垃圾处理技术为焚烧、填埋和堆肥处理等，与垃圾分类处理的初衷还有一定的差距，需要技术上的提升和大量成本投入以提高垃圾分类的资源化水平。

3. 垃圾分类法制建设需进一步完善

一是立法难点和法理研究的正当性问题还有争论。垃圾分类立法的初衷应该在于形成垃圾分类意识和习惯，惩罚不是目的。根据我国法律规定，垃圾分类的义务主体应当是政府，而非公民个体。而现行地方性法规基本上都对公民设定强制性义务，与之相关的则是对垃圾分类的行政处罚力度。而设定科学合理的处罚范围是达到约束和激励作用的关键，目前各地方垃圾分类

---

① 《垃圾分类好处多 推行的难点和突破点在哪》，2019 年 7 月 1 日，新华网，http：// www. xinhuanet. com/fortune/2019 – 07/01/c_ 1210172974. htm。

的立法规定并不一致，这需要根据地方特色提出合法性说明。二是立法层次较低影响法制效果。目前，各地方根据需要出台了大量地方性法规或办法，但缺少全国层面的专门针对垃圾分类管理和监督的基本法律，也缺少相应的行政法规，使得垃圾分类缺少强制约束的法律依据。三是法律规范的实施效果还有待提升。全国大部分省市都已经或正在制定垃圾分类管理的法规和规章，但在具体实施过程中，已有的地方性法规、部门规章中还存在法规不详细、约束力有限等现象。上述情况直接导致了公众对垃圾分类法规和条例等规范性文件认可度不高的问题。

四 持续推进我国垃圾分类制度的建议

我国垃圾分类工作经过 2019 年的努力，2020 年将是该项工作成效显现和持续推进的关键时间节点。推进垃圾分类绝不能是运动式的，而应当是渐进式和持续性的。建立系统完善的垃圾分类制度，实现垃圾分类的"三化"目标，不仅涉及社会生产、生活方式的调整，也是一个考验基层治理能力的过程。

（一）建立垃圾分类的协同治理体系

垃圾分类涉及多元主体，建立科学合理的协同治理模式，是垃圾分类制度可持续发展的关键。一是垃圾分类相关主体的协同。垃圾分类涉及多元主体，政府、企业、社会组织和公众的协同参与是垃圾分类的关键。因此，应明确主体职责，强化政府的引导力，调动企业的创新力，突出社会组织的协调力，发挥公众的行动力。二是中央、地方和基层组织力量的协同。中央确立垃圾分类的政策指导和法制依据，各地方因地制宜制定垃圾分类的制度保障，将垃圾分类纳入街道和乡镇的基层社会治理工作中，将垃圾分类纳入居民公约或村规民约。三是垃圾分类环节和流程的协同。建立一套行之有效、经过验证的规范化流程，是垃圾分类制度可持续推进的技术支持。首先是从源头上垃圾减量化，约束塑料和一次性消费品的使用，包括餐饮等行业减少一次性餐具的使用，真正从源头上减少垃圾数量。其次是综合考虑社区的人口规模、生活习性、交通线路等特点合理配置垃圾分类投放的设施设备，完善再生资源回收网点体系的规划布局。再次严格执行垃圾分装分运和处理标准，保障垃圾分类存储、分类运输、分类处理的效果。最后要完善垃圾分类的处理设施体系，特别是有害垃圾必须设置单独的投放、收集、运输体系。垃圾分类投放、收运、处理做到不脱节、不混淆，才能保证垃圾分类的实效性，从而激发公众参与分类的积极性。

（二）健全垃圾分类法制体系

依法实施垃圾分类是生态文明建设和法治建设的重要内容，也是必然趋势。在垃圾分类法制建设上，国家法规正在不断具体化，地方相关办法也在由虚转实。当前 46 个重点城市，不管过去是否有相关规范性文件，各地人大都已经根据地方实际，逐步制定地方性法规，并积累了一定的立法经验。

一是完善法律法规体系，明确主体垃圾分类的权利义务关系。垃圾分类绝非某一部门或某一主体的独立责任，而是每一个公民的共同义务。而垃圾分类义务的设定必须与公民享有的环境权利相对应。在设定时应当将垃圾分类的义务主体设定为相关的政府、企业，而避免为公民设定过多的义务。较之于个人，政府在垃圾的减量化、无害化和资源化的过程中应当起到首要的引导和规范作用，在垃圾分类处理的过程中起决定性的前提作用，也要让公众清楚其承担义务的合理性与必然性。同时，个人在垃圾投放前，先行完成垃圾分类的义务，也可以减少政府对垃圾分类处理的额外支出。因此，垃圾分类立法一定要将垃圾减量化、无害化作为政府的首要职责，同时，确立公民环境权利和垃圾分类的先行义务。二是严格执法才是关键。在制度的落实上应以教育为主、处罚为辅，结合实际情况柔性执法，使垃圾分类从公众的"生活负担"转变成每个人的自觉意识和公共精神。在处罚对象和力度上，应强化对混装混运的现象、违法投放垃圾多次教育不改者追究一定的法律责任。三是建立"交接式"的循环监督机制。建立居民和物业、环卫部门三级相互监督体系，即居民是否标准投放垃圾，由物业监督指导；物业是否分类存储垃圾，可由居民和环境部门监督；垃圾运输车是否混装混运，可由物业监督；环卫部门督促垃圾分类的运输，对垃圾分类个人进行监督和处罚。

（三）培育公众垃圾分类的环境主体意识

垃圾分类制度的持续推进不能依靠过多的"收费""罚款"来"拔苗助长"。从规范立法到行为普及，关键在于强化公民对垃圾分类应然性的认识。因此，唤醒公众环境主体意识，扭转公众数千年来将垃圾"一丢了之"的观念，才是培养垃圾分类生活方式的意义所在。环境主体意识包括了垃圾分类的环境意识、权利义务相统一的意识。环境主体意识的提高主要通过两条途径。一是通过广泛的宣传教育，普及垃圾分类的知识和规范要求。可通过网络、电视、报纸、书籍、宣传册等多种途径普及知识，增强公众对分类物质的识别能力。也可通过正反两方面的案例宣传，改善公众对垃圾分类法律法规的认同感，从而自觉学习垃圾分类知识。二是提升公众对垃圾分类的环境生态价值、能源保护价值和气候价值的认识，培养垃圾分类的责任感，提高自觉性。

（四）将垃圾分类纳入环保产业发展

垃圾的减量化、无害化和资源化具有丰富的产业发展潜力。一方面，通过政策推动垃圾分类相关的环保服务、装备、工程建设、资源化利用等产业和技术创新，将其作为国家绿色发展和环保产业发展的重要环节，纳入经济绿色发展的规划体系中。另一方面，整合现有产业资源，提升垃圾分类实效。在过去的很长时间里，我国就有百万"拾荒大军"，他们非常擅长识别具有潜在价值的各类垃圾或废弃物，但他们遍布城市各个区域，没有形成再生资源产业链条中的有组织的一个环节。当前，在垃圾分类制度推进过程中，应通过政策将该群体的生产活动予以正规化。通过社会组织管理，整合分散网点，形成再生资源回收产业体系。特别是农村地区，在不断补齐资金、人员、设备等硬件上的短板的同时，因地制宜地采取市场化措施，让垃圾分类成为公众的生活习惯和自觉行动。

总之，垃圾分类是解决环境污染、增强资源再利用的重要途径，也是我国公民享有良好环境权的重要制度保障。垃圾分类任重而道远，在新的发展阶段，我国垃圾分类也将走出一条可复制、可推广的中国模式。

参考文献

1. 《习近平对垃圾分类工作作出重要指示强调：培养垃圾分类的好习惯　为改善生活环境作努力　为绿色发展可持续发展作贡献》，《人民日报》2019 年 6 月 4 日。
2. 国家发展改革委、住房和城乡建设部：《生活垃圾分类制度实施方案》。
3. 杨雪锋、王淼峰、胡群：《垃圾分类：行动困境、治理逻辑与政策路径》，《治理研究》2019 年第 6 期。
4. 范文宇、薛立强：《历次生活垃圾分类为何收效甚微——兼论强制分类时代下的制度构建》，《探索与争鸣》2019 年第 8 期。
5. 孟小燕、王毅等：《我国普遍推行垃圾分类制度面临的问题与对策分析》，《生态经济》2019 年第 5 期。
6. 彭韵、李蕾、彭绪亚等：《我国生活垃圾分类发展历程、障碍及对策》，《中国环境科学》2018 年第 10 期。
7. 冯林玉、秦鹏：《生活垃圾分类的实践困境与义务进路》，《中国人口·资源与环境》2019 年第 5 期。

B.13
2019年中国企业履行社会责任状况

王秀梅*

摘　要： 企业社会责任已经成为国际通用的商业语言，是企业核心竞争力的重要组成部分，是企业软实力的重要体现。习近平总书记指出："只有富有爱心的财富才是真正有意义的财富，只有积极承担社会责任的企业才是最有竞争力和生命力的企业。"中国政府高度重视企业社会责任。2019年越来越多的企业通过企业社会责任认证、加强社会责任管理，通过发布企业社会责任报告、发布ESG报告等方式披露企业非财务信息。中国企业在劳工、环境、社区、慈善、反腐败等领域有更为亮眼的表现。这一年企业扶贫继续成为中国特色的企业社会责任议题，走出去的企业日益重视履行对外投资中的社会责任，企业践行社会责任与企业合规的结合和交融非常明显。当然，问题也依然存在，如一些企业在企业社会责任管理上表现得不尽如人意，一些企业仅仅将企业社会责任作为一种公关手段，甚至出现了"漂绿"的现象，此外还有关于"996"的争议，一些关于社会责任的评奖不足以服众等，因此今后中国企业履行社会责任应当继续走向深化。

关键词： 企业社会责任　SDGs　企业扶贫　企业合规

---

* 王秀梅，西北大学法学院教授，法学博士，硕士研究生导师，主要研究方向：国际公法、国际人权法。

企业社会责任是指企业除了股东的责任外还要承担对员工、环境、社区等利益相关方的责任。企业社会责任最初主要集中于劳工权益保护，后来逐渐扩展到企业环境责任、社区责任、企业慈善、企业反腐败等诸多领域。发展到21世纪，企业社会责任已经成为国际通用的商业语言，是企业核心竞争力的重要组成部分，是企业软实力的重要体现。反观企业社会责任自身，其从消费者运动压力使企业自行制定企业生产守则到行业市场守则到第三方生产守则如各种公认的企业社会责任标准，经历了一个发展的过程，在此过程中企业社会责任涵盖的议题也日益广泛，而实践中一些企业往往在企业社会责任的概念下选择性地开展其中的一些活动，粉饰其在社会责任上的表现，却在实质上逃避一些重要的责任，例如通过企业慈善捐款树立企业履行社会责任的良好形象，却侵犯劳工权益、破坏环境等，即企业社会责任在发展中往往成为树立企业形象的工具，企业社会责任的发展陷入了企业中心主义。[①] 为此，国际社会为企业社会责任引入了人权视角，2008年联合国人权理事会发布了《保护、尊重和救济：工商业与人权框架》的报告，2011年制定了《联合国工商业与人权指导原则》。从企业社会责任到工商业与人权，是企业社会责任从企业中心主义向真诚善意履行企业人权责任发展的标志。

对当今中国企业来说，企业社会责任早已是一个耳熟能详的词语，是企业经营管理中不可缺少的环节。很多企业设立了专门的企业社会责任部门，每年编写并发布企业社会责任报告，参加行业、本省（自治区/市）的企业社会责任评比和交流也已司空见惯。中国各级政府部门发布了大量文件推动中国企业履行社会责任。2016年4月19日，习近平同志在网络安全和信息化工作座谈会上强调："只有富有爱心的财富才是真正有意义的财富，只有积极承担社会责任的企业才是最有竞争力和生命力的企业。"2019年是中国企业继续践行企业社会责任的一年，这一年中国企业继续根据通用的各种企业社会责任标准积极进行企业社会责任认证、建立企业社会责任管理体系、

---

① 程骞、周龙炜：《从企业社会责任到工商业与人权：中国企业的新挑战》，《中国发展简报》2014年第4期。

发布企业社会责任报告。仅从数量上看，2019 年中国企业共发布 2030 份年度社会责任报告，与 20 世纪初相比有了巨大的进步。那么，2019 年中国企业履行的社会责任有哪些特征？取得了哪些进步？还存在哪些问题？政府部门在其中起到了何种作用？这是本报告试图分析、研究的主要问题。

一　2019年政府部门在促进企业履行社会责任方面的工作与成就

企业社会责任自从进入中国就有了引人瞩目的发展，如果说开始主要是企业在国际贸易订单压力下进行企业社会责任认证，是全球社会责任运动下的企业自主自为，那么随后中国政府的各级部门则在推动企业社会责任方面发挥了重要作用。2006 年《公司法》首次将"公司承担企业社会责任"写入法律条文中，深圳证券交易所发布了《深圳证券交易所上市公司社会责任指引》，因此，2006 年被称为中国企业社会责任"元年"。2007 年国务院国资委发布了《关于中央企业履行社会责任的指导意见》，上海证券交易所发布《上海证券交易所上市公司环境信息披露指引》，[①] 此后，中央和地方政府部门制定了大量推动企业履行社会责任的文件，如：银监会 2007 年的《关于加强银行业金融机构社会责任的意见》、浙江省人民政府 2008 年的《关于推动企业积极履行社会责任的若干意见》等。商务部 2012 年发布了《对外承包工程行业社会责任指引》、国家认证认可监督管理委员会 2012 年发布了《认证机构履行企业社会责任指导意见》，2016 年 7 月，国务院国资委发布了《关于国有企业更好履行社会责任的指导意见》，对发布社会责任报告提出更加明确的要求。[②] 在中国的体制下，政府部门的引领、要求可以促使企业更好地履行社会责任。2019 年，政府部门继续促进企业履行社会责任的主要工作和成就如下。

---

① 黄群慧、钟洪武、张蒽：《企业社会责任蓝皮书：中国企业社会责任研究报告（2019）》，社会科学文献出版社，2018，第 2 页。
② 王秀梅：《论我国〈国家工商业与人权行动计划〉的制定：基于企业社会责任的分析》，《人权》2019 年第 2 期。

（一）有关部门通过座谈、培训推动企业履行社会责任

2019 年有关部门继续通过座谈会、企业社会责任培训等方式推动企业履行社会责任。例如，国资委于 2019 年 4 月召开中央企业社会责任工作座谈会，再次强调了发布报告、加强利益相关方沟通的重要性，在推动企业社会责任方面发挥了重大作用。2019 年 12 月，国务院国资委科技创新和社会责任局社会责任处与全球报告倡议组织（GRI）等在"2019 中国企业社会责任报告峰会"上启动了《中国企业社会责任报告指南 5.0》的编修工作。再如，2019 年 8 月 21 日，陕西省国资委召开了省属企业社会责任工作动员暨业务培训会议，会议总结了近年来省属企业社会责任工作，安排部署了2019 年重点工作，对企业部门负责人和业务人员进行业务培训。政府部门这些多样化的座谈与培训对企业履行社会责任具有倡导作用，可以促使企业重视社会责任，尚未设立社会责任部门的企业可能因此设立社会责任部门，尚未开始发布企业社会责任报告的企业可能因此开始发布企业社会责任报告，已经发布企业社会责任报告的企业的未来发布可能更加具体、全面。

（二）通过集中发布全国性、行业性或地方企业社会责任报告促进企业履行社会责任

地方和行业每年集中发布关于本区域或本行业特定主题的企业社会责任报告是近年来值得注意的一个现象，表明地方政府、行业管理机构对企业社会责任进行引导与重视，而集中发布企业社会责任报告有助于扩大行业或地方企业社会责任报告的影响。因此，有关部门单独或联合有关研究机构等发布企业社会报告是我国政府部门促进企业履行社会责任的一种重要方式。

1. 国家层面

国家有关部门和全国性企业社会责任研究机构进行的全国性企业社会责任发布会具有比较高的权威，往往成为人们了解和研究企业履行社会责任状况的主要信息来源之一。如 2019 年 8 月 29 日，由国务院国资委主办，中国社会责任百人论坛、国投集团承办的《中央企业社会责任蓝皮书（2019）》发布会，对中央企业社会责任报告首次集中发布，对 2019 年国有企业 100

强、民营企业100强、外资企业100强以及10个重点行业企业的社会责任管理水平与社会责任信息披露水平进行了分析，根据该课题组设计的一系列社会责任指数，2019年企业社会责任管理指数低于企业社会责任实践指数，根据对企业社会责任管理指数的分析，列入分析对象的300家企业中有206家企业的责任管理指数较低，表明其在社会责任管理方面处于旁观者阶段。中国社科院社会责任研究中心的企业社会责任研究在国内具有很高的权威，这一研究结论揭示出中国企业当前在社会责任管理方面的不足。很明显，很多企业设立了企业社会责任管理部门，任命了首席社会责任官，每年发布企业社会责任报告，但是在企业社会责任管理方面还需要改进，特别是在全球化资源配置的情况下，供应链中的企业社会责任管理更是亟待加强。这种层面的企业社会责任发布和评估对于促进企业履行社会责任具有重大导向性作用。

2. 行业层面

通过行业协会等对年度内本行业企业履行社会责任的情况进行评价也是常见的一种社会责任评价方式。2019年行业协会集中发布企业社会责任报告进行社会责任评比的情况如表1所示。

表1　2019年全国行业协会集中发布企业社会责任情况

发布会/论坛名称	主办方	发布时间	主题/目的	发布报告	评奖/评比	评估标准/评比指标
2019煤炭行业企业社会责任报告发布会（第九届）	中国煤炭工业协会	2019年5月12日	汇报煤炭行业企业改革发展的成果	26家煤炭企业发布了社会责任报告	/	/
2019中国汽车行业社会责任发展论坛	中国汽车工业协会、瑞典驻华使馆CSR中心、驱动可持续汽车供应链中国项目（联合主办）	2019年6月12日	/	《2018～2019中国汽车行业社会责任发展报告》	/	/

发布会/论坛名称	主办方	发布时间	主题/目的	发布报告	评奖/评比	评估标准/评比指标
2019 游戏责任论坛	人民网	2019 年 6 月 26 日	创新发展，责任同行	/	2019 游戏社会责任评估十佳	守法合规、数据安全、内容安全、社会评价、文教价值、社会公益
2019 中国食品责任年会（第五届）	中国副食流通协会、中国保护消费者基金会、中国食品报社	2019 年 12 月 16 日	"使命·责任·新时代的行业担当与发展"	《2019 中国食品企业社会责任报告》	/	社会责任治理、员工责任、环境责任、消费者责任、公平运行责任、社区责任、食品安全与质量责任
2019 中国中药创新发展论坛暨《中国中药企业社会责任报告》发布会	中国中药协会	2019 年 12 月 21	"革故鼎新 熠耀未来"	《中药企业社会责任报告》	中药行业"2018 年度履行社会责任明星企业"、中药行业"2018 年度履行社会责任年度人物"	/
2019 中国互联网企业社会责任论坛（第六届）	中国互联网协会	2019 年 12 月 25 日	面向未来的征程	《中国互联网行业社会责任(2018～2019 年度)》	游戏行业十佳	/

（三）多层次与多样化的评价与奖励

随着企业社会责任在中国的发展，各种企业社会责任评价和奖励活动也在增多，不同政府部门、行业协会、研究机构为发布企业社会责任报告的主要机构，发布活动往往是由政府部门与行业协会或研究机构等联合进行的，评价、评比和奖励往往是发布的主要内容。评价、评比和奖励一方面是对全国、行业和地方在履行社会责任方面的成就进行年度表彰，同时也有树立标杆鼓励其他企业履行社会责任的作用。对获奖的企业来说，获奖表明政府、行业协会和研究机构对本企业履行社会责任的高度肯定，是一种荣誉，这往往成为企业网站特别是社会责任栏目重点报道的内容，在以后的企业社会责任履行中也会成为必须展示的亮点。

在企业社会责任评价和发布方面，中国社科院企业社会责任研究中心具有非常重要的地位。2019 年 11 月 17 日，中国社科院发布了《企业社会责任蓝皮书（2019）》，这是继 2009 年其发布第一本《企业社会责任蓝皮书（2009）》以来连续 11 年发布企业社会责任蓝皮书，对中国企业履行社会责任的总体情况进行评价。2019 年的蓝皮书对 2019 年国有企业 100 强、民营企业 100 强、外资企业 100 强，以及 10 个重点行业企业的社会责任发展水平进行了评价。[①] 再比如，"金蜜蜂 2019 优秀企业社会责任报告榜"同期发布，90 家企业的报告在近 1600 份评估报告中脱颖而出，入选"领袖型企业""成长型企业""外商及港澳台企业""首发社会责任报告""社会责任专项报告""长青奖"等榜单。

值得注意的是，这些评价和评比有的以政府部门、专业研究机构或者公信力很高的行业协会为评价者和发布者，有的发布者则在权威性和公信力方面有一定的欠缺，并导致成为企业社会责任评价中的不和谐音。[②]

在地方政府层面，地方政府有关部门单独或联合有关研究机构等发布企业社会责任报告成为一个值得注意的现象。2019 年各地企业社会责任集中发布情况如表 2 所示。

---

① 《第二届北京责任展暨〈企业社会责任蓝皮书（2019）〉发布会在京举办，第 11 次发布〈企业社会责任蓝皮书〉》，http://sdcsgy.qianlong.com/2019/1118/3446811.shtml。

② 参见下文"企业社会责任评价和评比中的不和谐音：企业责任'漂绿'"部分。

表 2 2019 年地方集中发布企业社会责任报告情况

发布会省(自治区、直辖市)及主办机关	发布时间	发布会名称(发布平台)	参加发布企业的数量/企业社会责任发布活动	发布会主题/评价标准/奖项
广西 广西工业和信息化厅、广西企业与企业家联合会共同主办	2019 年 6 月 12 日	2019 广西企业社会责任报告发布会(第六届)	66 家(发布 2018 年度社会责任报告)	履行社会责任,建设壮美广西
上海市 上海市经济团体联合会、上海市质量协会、上海市工业经济联合会共同主办	2019 年 6 月 25 日	2019 上海市企业社会责任报告发布会(第八届)	316 家(含事业单位/社会团体)	科技创新奖、海外拓展奖、绿色生态奖
浙江省 浙江省企业社会责任促进会等机构联合主办	2019 年 6 月 29 日	2019 企业社会责任与可持续发展高峰论坛暨 2018 年浙江省企业社会责任优秀报告与标杆企业表彰大会	/	发布 2018 年浙江省企业社会责任优秀报告名单(82 家)、2018 年浙江省企业社会责任标杆企业名单(劳工实践/环境保护、消费者权益/社区参与和发展各 8 家)
安徽省 安徽省国资委/安徽工业经济联合会共同主办	2019 年 7 月 10 日	2019 年安徽省企业社会责任报告发布会	103 家	践行五大发展理念,构建和谐共赢环境,主动履行社会责任,助力美好安徽建设
湖北省 湖北省工商联主办	2019 年 7 月 30 日	湖北省民营企业社会责任报告发布会	调研基础:749 家民营企业	评出 10 家民营公司为社会责任优秀案例
河北省 河北省工商联、河北省总商会主办	2019 年 9 月 2 日	2019 河北省民营企业 100 强报告暨民营企业社会责任报告发布会	/	/

发布会省(自治区、直辖市)及主办机关	发布时间	发布会名称(发布平台)	参加发布企业的数量/企业社会责任发布活动	发布会主题/评价标准/奖项
江西省	2019年10月30日	赣商创新发展论坛暨江西民营企业100强发布会	《江西省民营企业社会责任报告(2019)》	2019江西民营企业社会责任十大优秀案例
湖南省 湖南省工信厅主办,湖南省企业和工业经济联合会承办	2019年11月13日	2019年湖南企业家活动日暨企业家年会	36家	公布2019年湖南企业社会责任报告,发布企业名单
福建省 福建省工商联、福州市人民政府共同主办	2019年11月20日	2019福建省民用企业社会责任报告	公布福建省民营企业履行社会责任十大优秀案例	民营经济社会贡献、民营企业创新发展、服务国家发展战略、诚信守法经营、承担环境治理责任、构建和谐劳动关系、助力脱贫攻坚、完善社会责任管理体系
陕西省 陕西省国资委、陕西省工业经济联合会共同主办	2019年11月29日	第八届陕西企业社会责任报告发布会	28家企业集中发布了社会责任报告	2019陕西企业社会责任品质奖
贵州省	2019年12月4日	第九届贵州省企业社会责任报告发布会	/	/
广东省 新浪广东橘子公益主办	2019年12月26日	2018年度《广东企业社会责任榜》发布会	2018年度《广东企业社会责任榜》十佳优秀公益项目	年度十佳企业优秀公益项目(扶贫、助学、环保、关爱弱势群体)
粤港澳大湾区	2019年12月26日	粤港澳大湾区上市公司年会暨企业社会责任峰会	49家上市公司	"共创、共享、责任"

通过比较分析可见，许多省（区、市）是连续多年集中发布企业社会责任报告，并且进行各种主题的社会责任评比，这种社会责任报告集中发布和评比有助于总结本地企业社会责任发展状况，对于发现问题和改进问题具有重要意义，同时可以引领本地其他企业重视企业社会责任问题。当然，也可以注意到，东北和西北地区及相对偏远地区的一些省、自治区基本上没有集中发布企业社会责任报告，不过这些省、自治区内的企业发布企业社会责任报告与其他省（区、市）没有多大区别，譬如内蒙古的奶企伊利和蒙牛在履行企业社会责任、发布企业社会责任报告方面非常与时俱进。

二 2019年企业层面履行社会责任的工作与成就

2019年，践行企业社会责任的中国企业继续增加，在履行企业社会责任的广度和深度上均有所变化。整体来看，这一年企业层面上履行社会责任的工作与成就如下。

（一）央企成为践行企业社会责任的核心力量，履行社会责任的民企也在逐步增加

毫无疑问，在践行企业社会责任的中国企业中，国企特别是央企是其中的核心力量。以发布 CSR 报告的 A 股上市公司为例。据统计，截止到 2019 年 9 月 24 日，沪市上市公司共计 1520 家，深市上市公司共计 2182 家，沪深两市 A 股上市公司共计 3702 家。根据东方财富 Choice 统计，2019 年（截至 9 月 23 日）以来，共有 945 家 A 股上市公司发布了 955 份 2018 年度企业社会责任报告，发布公司数量占全部上市公司的 26%，其中有 568 家沪市上市公司（占沪市上市公司的 37.4%），377 家深市上市公司（占深市上市公司的 17.3%）。① 近几年 A 股上市公司 CSR 报告发布数量持续增加。发布报告的企业的属性如图 1 所示。

---

① 《新鲜出炉！2019 年上市公司 CSR 报告统计分析》，搜狐网，https：//www.sohu.com/a/346448849_ 99907869。

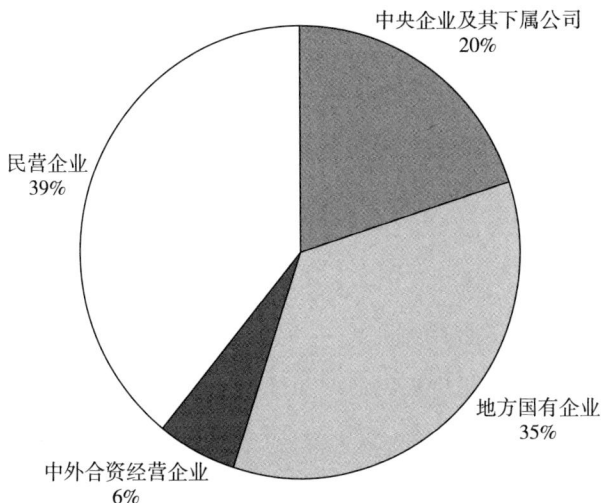

图1 2019 年已发布企业社会责任报告公司的属性

按发布率看，即已发布 CSR 报告的上市公司数量占该类别全部上市公司数量的比重，全 A 股上市公司中超五成央企及其下属公司发布了 CSR 报告，发布率最高。发布率最低的是民营企业，仅有约 16% 的民营企业发布了 CSR 报告。①

（二）企业纷纷建立社会责任管理体系

近年来，越来越多的企业建立了社会责任管理体系，积极践行社会责任，在劳工被保护、绿色环保、公益慈善、精准扶贫等领域作出了巨大贡献，同时也提升了企业的社会责任绩效。不同的企业根据业务特点制定了各自的企业社会责任履行策略和管理体系，2019 年，这一趋势发展，例如，中粮集团以"打造具有国际水准的全产业链粮油食品企业"为履责策略，将经济效益与社会效益置于企业可持续发展的天平之上，聚焦满足全球粮食供给、引领食品安全、贡献新型农业、为利益相关方创造共享价值等核心议

---

① 《新鲜出炉！2019 年上市公司 CSR 报告统计分析》，搜狐网，https：//www.sohu.com/a/346448849_99907869。

题，最终实现"忠于国计、良于民生"的中粮责任，实现企业与社会、经济、环境的可持续发展。①

（三）企业社会责任的履行日益结合可持续发展（SDGs）

可持续发展是当今社会的重要议题，《2030 年可持续发展议程》（A/RES/70/1）于 2015 年在联合国大会第七十届会议上通过，并且于 2016 年 1 月 1 日正式启动。该议程涵盖经济、社会、环境三大维度，共 17 个可持续发展目标和 169 个具体目标，重在消除贫困饥饿、推动社会进步、保护自然环境，为人类社会描绘了美好未来。议程呼吁各国采取行动，为今后 15 年实现 17 项可持续发展目标而努力。中国政府高度重视落实可持续发展议程，2016 年发布了《落实 2030 年可持续发展议程中方立场文件》，2017 年发布了中国落实 2030 可持续发展议程目标文件和中国落实 2030 年可持续发展议程进展报告，2019 年发布了《地球大数据支撑可持续发展目标报告》和《中国落实 2030 年可持续发展议程进展报告（2019）》。② 2016 年 3 月，第十二届全国人民代表大会第四次会议审议通过了"十三五"规划纲要，规定 2030 年可持续发展议程应与国家中长期发展规划有机结合。在此背景下，中国企业也都非常注重将 SDGs 纳入履行企业社会责任的过程中，在减贫、环境和生态系统保护、应对气候变化、促进性别平等等诸领域采取措施促进可持续发展。

随着 SDGs 的发展，企业社会责任的履行越来越多地与 SDGs 相结合。例如，2019 年伊利提出《伊利集团可持续发展行动纲领（十条）》，该行动纲领为伊利高效落实 SDGs 提供了有力的保障。③ 再如，美团发布的企业社会责任报告从"让美好生活触手可及"、"科技驱动供给侧改革，推动行业

---

① 中粮网，企业社会责任，http：//www. cofco. com/cn/CSR/ResponsibilityManagement/。
② 2030 年可持续发展议程，外交部网站，http：//switzerlandemb. fmprc. gov. cn/web/ziliao_674904/zt_ 674979/dnzt_ 674981/qtzt/2030kcxfzyc_ 686343/。
③ 《企业如何高效贡献 SDGs？/运用"长板优势"的伊利样本》，https：//www. csr - china. net/a/guandian/yuanchuang/guanli/2019/1031/4696. html。

高质量发展"、"为了更美好的未来"和"责任护航发展"四个方面全方位展现了企业主营业务与2030年可持续发展目标（SDGs）的高度相关性，以及企业卓有成效的实践。特别是企业通过持续创新，在促进公众福祉、推动生产性就业和可持续经济增长、参与气候行动等领域取得的成绩，以及对实现可持续发展目标的支持作用。① 再如，柯尼卡美能达在其《柯尼卡美能达株式会社CSR（企业社会责任）报告2018—2019》中提到，自2018年度开始，环境部门和CSR部门进行了统合，设立了可持续发展推进部，计划今后将会以这个部门为中心，制定与中期经营计划联动的可持续发展战略。作为签署了联合国全球契约的企业，该企业在从ESG角度强化经营基础的同时，强调通过为达成2030年SDGs目标做贡献，努力成为受全球社会的支持、成为全球社会不可或缺的企业。2019年东洋集团CSR报告第5页至第7页专门讨论了"东洋集团所期待的CSR和SDGs的活动和方向"，指出"SDGs是挑战贸易答案的问题的勇气"。②

（四）企业社会责任的履行日益与企业合规结合

近年来，企业合规成为一个热词，特别是2017年"中兴事件"以后，国家有关部门重视企业合规问题，随着2018年《中央企业合规管理指引（试行）》和《企业境外经营合规管理指引》的发布，企业合规引起了越来越多的关注。《中央企业合规管理指引（试行）》第2条规定："本指引所称合规，是指中央企业及其员工的经营管理行为符合法律法规、监管规定、行业准则和企业章程、规章制度以及国际条约、规则等要求。"第13条则规定了关于合规管理的重点领域：市场交易、安全环保、劳动用工、财务税收、知识产权、商业伙伴等。多数与企业社会责任的主要领域重合。2018年12月，由国家发展改革委、外交部、商务部、中国人民银行、国资委、外汇局、全国工商联

---

① 《美团发布首份企业社会责任报告，助力推动SDGs实现》，http：//www. syntao. com/syntao/index. php/web/article/detail？id＝1029。

② 《柯尼卡美能达株式会社CSR（企业社会责任）报告2018—2019》PDF，第4页，https：//www. konicaminolta. com/about－cn/csr/csr/download/2018/pdf/2018_all_cn. pdf。

联合制定发布的《企业境外经营合规管理指引》第 3 条规定："本指引所称合规，是指企业及其员工的经营管理行为符合有关法律法规、国际条约、监管规定、行业准则、商业惯例、道德规范和企业依法制定的章程及规章制度等要求。"其范围比《中央企业合规管理指引》要宽泛，行业准则、商业惯例、道德规范明确包含在合规范围内。因此，企业合规的"规"除了法律、法规外，行业守则、商业惯例与企业道德的相关规则均包含在内。

全国人大法律委员会原副主任委员王茂林认为，企业合规是企业社会责任的一部分。① 研究表明，企业社会责任问题的实质是企业高层管理者如何处理与企业有关的社会性问题，企业社会责任是为了提高企业社会合法性的合规行动。② 在中央有关部门接连发文要求加强企业合规的背景下，企业纷纷将合规管理作为企业管理的重点，企业社会责任报告也突出强调企业合规。例如，佳能中国在 2018～2019 年企业社会责任报告中将推进合规运用、健全合规体系等作为其中的专门内容。③

（五）企业扶贫继续成为中国企业履行企业社会责任的特色与亮点

贫困是世界各国都或多或少面临的问题。消除贫困，实现共同富裕，是社会主义的本质要求。中国共产党和中国政府历来高度重视扶贫工作，特别是改革开放 40 多年来，中国走出了中国特色的扶贫开发道路，取得了举世瞩目的扶贫成就，创造了人类减贫史上的中国奇迹。④ 中国扶贫的经验之一就是坚持广泛参与，形成了跨地区、跨部门、跨领域的社会扶贫体系，⑤ 其中企业参与扶贫是中国特色的扶贫经验之一。贫困是一个社会问题，企业社

---

① 王茂林：《企业合规经营是企业社会责任的一部分》，http：//finance. people. com. cn/n1/2018/1105/c1004 - 30383097. html。

② 冯臻：《从众还是合规：制度压力下的企业社会责任抉择》，《财经科学》2014 年第 4 期。

③ 《佳能中国 2018～2019CSR 报告》PDF，第 28～29 页。

④ 国务院扶贫办、国务院扶贫办全国扶贫宣传教育中心：《人类减贫史上的中国奇迹》，中国出版集团研究出版社，2018，第 1 页。

⑤ 国务院扶贫办、国务院扶贫办全国扶贫宣传教育中心：《人类减贫史上的中国奇迹》，中国出版集团研究出版社，2018，第 4 页。

会责任的基本内涵之一就是企业作为主体参与社会问题的解决,[①] 企业扶贫在中国的发展是中国企业履行企业社会责任的一个亮点。

2018 年 6 月 15 日,《中共中央国务院关于打赢脱贫攻坚战三年行动的指导意见》对今后 3 年脱贫攻坚做出新的全面部署。明确到 2020 年,确保现行标准下农村贫困人口实现脱贫,消除绝对贫困;确保贫困县全部摘帽,解决区域性整体贫困。因此,2019 年是打赢脱贫攻坚战攻坚克难之年。在此背景下,中国企业在扶贫领域投入更多,有了更多的创新。中国社科院企业社会责任研究中心主任钟宏武认为,"脱贫攻坚 + 乡村振兴"是 2019 年企业履行社会责任的重点和热点之一。2019 年是脱贫攻坚的决胜之年,是乡村振兴的关键之年,企业的参与至关重要。[②] 在企业扶贫与企业社会责任的关系上,企业如果能将发展战略、资源优势、管理经验与扶贫事业相结合,实现战略性企业社会责任,扶贫就会在企业声誉改善、竞争力提升等方面发挥积极作用,实现社会与企业的双赢。[③]

2019 年不论是国企还是民企,越来越多的企业以精准扶贫作为履行社会责任的重要内容,在所有企业发布的企业社会责任报告中,企业扶贫都是不可或缺的内容,众多企业成立了专门部门负责扶贫工作。例如中粮集团 2019 年全年投入扶贫援助资金 7750 多万元,选派扶贫干部 20 名,在中粮集团帮扶的 9 个县开展扶贫攻坚,年度培训基层干部和技术人员达 1500 多人,2019 年助力 6 个定点扶贫县成功摘帽,继续巩固 3 个扶贫脱贫攻坚成果。[④] 此外,企业扶贫方式也日益多样化。企业往往在精准扶贫中结合企业主业的特点,创造多元化的扶贫方式,而且企业扶贫的创新日益增强。例如,淘宝的消费扶贫;再如,碧桂园创立了"4 + X"扶贫模式:党建扶贫、产业扶贫、教育扶贫、就业扶贫等。

[①] 《企业社会责任:不能片面理解合规性》,https://www.csr-china.net/a/zixun/lilun/20141218/2457.html。

[②] 《企业社会责任的中国议题》,http://www.chinanews.com/sh/2019/03-22/8787371.shtml。

[③] 张蒽:《基于战略性企业社会责任的企业扶贫》,《新视野》2018 年第 3 期。

[④] 《中粮集团举办 2019 年脱贫攻坚"三支队伍"示范培训班》,http://news.sina.com.cn/c/2019-12-25/doc-iihnzhfz8248862.shtml。

2019 年 9 月 20 日，由国务院扶贫办社会扶贫司主办，中国社会责任百人论坛承办的《企业扶贫蓝皮书（2019）》发布会暨企业精准扶贫高峰论坛在深圳会展中心召开，25 家企业入选《企业扶贫蓝皮书（2019）》优秀案例。《企业扶贫蓝皮书（2019）》课题组从"精准性""有效性""创新性""可持续性""可复制性"五个方面建构综合评价体系，通过课题组初筛，专家评审等，最终评选出 25 个各类企业的优秀扶贫案例纳入蓝皮书，其中国有企业 12 家，占比 48%；民营企业 7 家，占比 28%；外资企业 5 家，占比 20%。优秀案例的具体分布及各自在扶贫方面的特征如表 3 所示。

表 3　《企业扶贫蓝皮书（2019）》优秀案例

国有企业
1. 中国核工业集团有限公司:为脱贫攻坚注入"核动力"
2. 中国电子科技集团有限公司:"三扶"并举,"三管"齐下,在助力绥德县脱贫攻坚的第一线深耕厚植
3. 中国石油化工集团有限公司:聚焦消费扶贫,全力以赴助力脱贫攻坚
4. 中国华能集团有限公司:精准扶贫,助生活更美好
5. 东风汽车集团有限公司:"润色国计民生"——创 2 新扶贫模式,构建长效机制
6. 中国建筑集团有限公司:发挥资源禀赋优势,打造扶贫"中建模式"
7. 国家开发投资集团有限公司:重任在肩,开拓创新,助力实现可持续脱贫
8. 中国旅游集团有限公司:"教育＋产业"一体两翼精准扶贫
9. 中国人民保险集团股份有限公司:"保险＋"扶贫模式建立持续精准扶贫长效机制
10. 国投创益产业基金管理有限公司:以产业基金巩固脱贫攻坚成果,助力实现全面小康社会
11. 内蒙古蒙牛乳业(集团)股份有限公司:"三位一体"扶贫模式,多方位助力脱贫攻坚
12. 西藏华泰龙矿业开发有限公司:爱洒高原,富民兴藏
民营企业
1. 碧桂园控股有限公司:"4＋X"扶贫模式助提升贫困群体可持续发展能力
2. 华夏幸福基业股份有限公司:涞源扶贫,共建幸福家园
3. 内蒙古伊利实业集团股份有限公司:让世界共享健康
4. 温氏食品集团股份有限公司:"公司＋农户"模式助力贫困户增收脱贫
5. 北京字节跳动科技有限公司:志智双扶,在益童乐园一同成长
6. 上海寻梦信息技术有限公司:拼多多"农产品上行计划",开启新电商扶贫模式
7. 光合新知(北京)科技有限公司:洋葱数学用人工智能助力昭觉教育,开启教育扶贫新模式

外资企业
1. 三星(中国)投资有限公司:分享经营成果,创新产业扶贫
2. 苹果电脑贸易(上海)有限公司:智惠计划,助力脱贫攻坚
3. 北京梅赛德斯 – 奔驰销售服务有限公司:多领域精准扶贫,强劲助力脱贫攻坚
4. 华晨宝马汽车有限公司:着力"非遗保护",助力"精准扶贫"
5. 中国 LG 化学:爱心学校工程——教育帮扶传递希望

资料来源:中国社科院发布《企业扶贫蓝皮书(2019)》优秀案例,中核集团、碧桂园集团、中国三星等 25 家企业入围,http://www.sohu.com/a/343437689_100012596。

(六)中国发布企业社会责任报告的形式多样化:CSR 报告、可持续发展报告、ESG 报告

企业社会责任报告只是企业非财务信息披露的一种方式,伴随着可持续发展、治理等理念的传播,可持续发展报告、ESG 报告也成为与企业责任有关的非财务信息的披露方式。自 2015 年香港联交所发布了《环境、社会及管治报告指引》咨询总结文件,上市公司"一般披露"及"环境范畴关键绩效指标"信息披露上升为"不遵守就解释",[1] 此后,发布 ESG 报告就成了香港联交所上市公司的标配。

2019 年中国企业均继续以 CSR 报告、可持续发展报告、ESG 报告等不同形式发布关于履行企业社会责任的报告。有的企业多年连续发布,有的则是初次发布,如 2019 年 5 月 23 日,美团发布第一份企业社会责任报告,英特尔发布 2018~2019 年度企业社会责任报告,[2] 香格里拉酒店集团于 2019 年 5 月发布《〈全球契约〉——2018 年度进展情况通报(COP)》。

以上市公司为例,根据"商道纵横"的研究,截止到 2019 年 10 月,上市公司发布与社会责任有关的报告名称情况如下:902 份报告以"社会责

---

[1] 《香港上市公司环境、社会及管制报告调研 2019》,https://www.pwccn.com/zh/consulting/sustainability – and – climate – change/esg – report – 2019.pdf。

[2] 《英特尔发布 2018—2019 年度企业社会责任报告》,https://baijiahao.baidu.com/s?id=1651334217035803431&wfr=spider&for=pc。

任"相关名称("社会责任报告""履行社会责任的报告"等)命名,有 23 份报告以 ESG 相关名称("ESG 报告""环境、社会及/和管治报告""环境、社会及/和治理"等)命名,8 份报告以"社会责任报告暨 ESG 报告"命名,另有 23 家公司报告名为"可持续发展报告"(见图 2)。

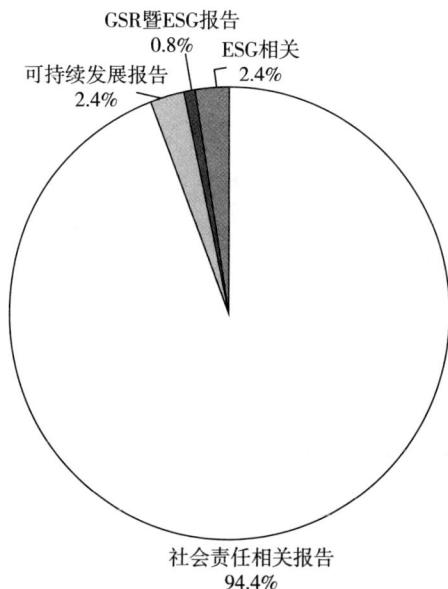

图 2 2019 年 A 股上市公司社会责任报告命名情况

资料来源:《新鲜出炉!2019 年上市公司 CSR 报告统计分析 | ESG 特辑》,https://weibo.com/ttarticle/p/show?id=2309404426842013564963。

(七)走出去企业履行社会责任走向深化

"一带一路"倡议的实施日益趋广趋深,在越来越多企业走出去的背景下,走出去企业履行社会责任也在走向深化。例如中国石化发布《中国石化服务"一带一路"可持续发展报告——中国石化在沙特阿拉伯》。① 再如,上海电力股份有限公司主动响应国家"走出去"发展战略,积极推进在

① 《中国石化发布中国企业在沙特首部社会责任类报告》,http://www.xinhuanet.com/energy/2019-08/19/c_1124894153.htm。

土耳其、马耳他、黑山、日本、巴基斯坦、坦桑尼亚、埃及等国家的海外项目，为当地经济社会发展贡献力量。该公司还积极开展"一带一路"沿线国家法律风险研究，强化海外经营风险管控，为企业国际化发展保驾护航。[①]

2019 年 12 月 20 日，由国务院国资委、中国社科院联合课题组举行的《中央企业海外社会责任蓝皮书（2019）》在北京发布，蓝皮书对中央企业在"一带一路"沿线国家地区主动履行社会责任，促进东道国经济、环境、社会协调发展的情况进行了总结。

三　2019年行业协会等在促进企业履行社会责任方面的工作

（一）行业协会是促进本行业企业履行社会责任的重要力量

行业协会在促进企业履行社会责任方面具有不可或缺的作用。例如，五矿化工进出口商会在 2014 年推出《中国对外矿业投资行业社会责任指引》，这是第一份中国对外投资社会责任指引。2019 年 4 月 10 日至 11 日，全球纺织服装供应链大会·胡志明峰会成功举行，在本次会议上正式发布《中国纺织服装行业负责任海外投资指引》。[②] 该指引为中国纺织服装行业提供了负责任对外投资的行业标准，具有重要意义。

（二）行业协会等发布行业性社会责任报告

行业协会集中发布本行业企业社会责任报告也是常见的一种企业社会责任报告发布方式，行业发布会一般由行业机构单独举办或者与研究机构等共

---

① 《2019 上海市企业社会责任报告发布会举行》，http：//www. saq. org. cn/shzr/detail. html? id = 4612。

② 《2019 全球纺织服装供应链大会·胡志明峰会成功举行》，http：//www. texindex. com. cn/Articles/2019 - 4 - 12/438792. html。

同举办，聚焦于本行业企业社会责任问题，更加具有针对性，所提出的问题及其解决办法也更加切实可行。如煤炭行业协会企业社会责任发布会主要聚焦于安全生产、节能减排和环境保护领域，游戏企业社会责任报告则聚焦于守法合规、数据安全、内容安全、社会评价、文教价值、社会公益等方面。① 行业协会集中发布行业商会责任报告往往同时进行行业商会责任评比或评价，对于引领行业商会责任具有重要意义。

四　2019年中国企业履行社会责任中存在的问题及改进的建议

总体上看，2019 年中国企业履行社会责任在深度和广度上都有了很大发展，但是依然存在不少问题，需要指出，以期改进。

（一）存在的问题

1. 企业社会责任管理缺位

在中国企业履行社会责任的过程中，企业社会责任管理缺位的问题依旧比较严重。根据《企业社会责任蓝皮书（2019）》对 300 家代表性企业履行社会责任的研究，根据其设计的责任管理指数进行评分，中国企业 300 强责任管理指数为 206 家企业责任管理指数低于 20 分，处于旁观者阶段。这表明不少企业的企业社会责任管理比较缺位，企业社会责任的履行比较表面化，停留在企业社会责任报告塑造企业形象的层面，通过加强企业社会责任管理加强企业社会责任的履行是这些企业需要解决的问题。

2. 关于"996"争议中的企业社会责任问题

2019 年 4 月全国最火的两个词莫过于马云提出来的"996"和刘强

---

① 《〈2018—2019 游戏企业社会责任报告〉今日发布》，http：//society. people. com. cn/n1/2019/0626/c1008 - 31196879. html。

东强调的"8116＋8"。所谓"996"，是指工作日早9点上班，晚上9点下班，中午和晚上休息1小时，总计工作10小时以上，并且一周工作6天的工作制度。所谓"8116＋8"指周一到周六6天，从早8点工作到晚11点再加上周日工作8个小时。两位互联网平台"大佬"的言论在中国引发广泛的热议。尽管马云后来说"任何公司不应该，也不能强制员工996"以及"不为996辩护，但向奋斗者致敬"，并且强调"年轻人要明白，幸福是奋斗出来的"；刘强东则强调，京东永远不会强制员工"995"或者"996"，但是依然引起轩然大波，也暴露出互联网公司加班文化的现实。这场关于"996"的争议显示出不少中国企业对企业社会责任的认识依然存在很大的问题。因此有学者呼吁"莫让'996'成为职场潜规则"①"别把超时加班美化为拼搏和敬业"②。这种关于加班文化的争论也昭示出中国企业践行企业社会责任还有很长的路要走。

3. 企业社会责任评价和评比中的不和谐音：企业社会责任"漂绿"

2019年，中国关于企业社会责任的各种评比有很多，从组织者来看，有国家行业主管部门、地方政府有关部门、行业协会、研究机构及其联合进行的评价和评比。例如，2019年12月12日，第一财经发布"2019第一财经·中国企业社会责任榜"，评出了环境生态贡献奖、伙伴关系贡献奖、创新驱动贡献奖、公益实践贡献奖、精准扶贫贡献奖和责任典范奖六大类奖项，40家企业分别斩获上述不同奖项。③ 2019年12月，由美好商业研究中心和专业研究机构"商道纵横"共同发起的"首席责任官"正式进入评选阶段，评选结果于2020年1月9日在上海主办的CRO全球峰会上公开发布。④ 在这些企业责任评比、评奖中一些评价机构具有很强的专业性，评价标准科学，评比过程透明，评价结果令人信服。但是也有一些正相反，譬如

---

① 王俊秀：《莫让"996"成为职场明规则》，《人民论坛》2019年11月（下）。
② 郑莉：《别把超时加班美化为"拼搏和敬业"》，《工人日报》2019年4月11日，第003版。
③ 《2019第一财经"中国企业社会责任榜"系列活动盛大举行》，https：//www. yicai. com/news/100434459. html。
④ 《首席责任官驾到，企业社会责任评选进行时》，http：//www. nbd. com. cn/articles/2019－12－05/1391426. html。

2019 年末，在中国中药协会主办的一场发布会上，鸿茅药业及其副总裁鲍东奇分别荣获"2018 年度履行社会责任明星企业"和"2018 年度履行社会责任年度人物奖"荣誉称号。但是不久前该企业因鸿茅药酒质量问题和跨省抓捕而丧失商誉，其获奖遭遇巨大质疑和群嘲，并且因此陷入巨大的舆论漩涡，随后中国中药协会被曝收取会员单位 8 万元而进行评奖，中国中药协会随后撤回了对鸿茅药业的奖励。① 鸿茅药酒这种在社会责任方面"夸大善行，掩饰恶行"的行为属于企业社会责任"漂绿"，② 换言之，这是一种"企业伪社会责任行为"，③ 这是对企业社会责任的亵渎和侮辱。因此，对企业社会责任评比的乱象应当进行治理，企业应当真实履行社会责任而不能以为花钱就可以购买企业社会责任荣誉。这样的现象虽然不多但是足以影响人们对企业社会责任的印象，有关行业协会应当自律并且防止这种情况的发生。

（二）改进建议

针对以上种种现象和问题，对中国企业履行社会责任提出如下改进建议。

1. 以尊重和保障人权为原则，真诚、善意履行企业社会责任

企业社会责任是以法律为底线，以企业道德和企业伦理为追求目标的，企业社会责任是公认的商业语言，因此，为了企业长期健康发展，为了将企业办成百年老店，企业应当明白，履行企业社会责任不仅仅是为了树立企业形象，企业社会责任不是作秀，更不是给脸上贴金的工具，各种企业社会责任"漂绿"或伪社会责任是终会被拆穿的，而且网络时代会使这些行为无处遁形，会导致企业形象尽毁，严重影响企业发展乃至断送一个企业。鸿茅

---

① 《鸿茅药酒获奖惹争议，中药协道歉！鸿茅药酒"社会责任奖"荣誉被撤》，https：//www.sohu.com/a/363959762_100087653。
② 陆菁琦、孙芝慧、刘明珠：《企业社会责任漂绿述评与研究展望》，《中南财经政法大学研究生学报》2016 年第 1 期。
③ 肖红军、张俊生、李伟阳：《企业伪社会责任行为研究》，《中国工业经济》2013 年第6 期。

药酒获得企业社会责任奖后被"扒皮"被撤回奖励足以对某些企业形成警示。因此，企业应当遵守公认的企业社会责任标准，真诚善意履行企业社会责任。尽管企业生产和商业运营不易，但是依然应当遵守法律，尊重底线伦理。以遵守劳动法保护员工利益为例，催生了中国《劳动法》的深圳致丽玩具厂大火案，还不能够改善劳动条件或者长期无原则的"996"吗？再比如，达标排放导致成本增加是事实，但是随着环境保护执法力度的增强，企业犯环境污染罪被处以高额罚款，企业有关责任人员被判刑的案例不时见诸媒体，与其事后追悔不如诚实遵守法律履行企业社会责任。换句话说，企业应当流道德的血液，应当从自身做起。这也进一步说明，企业中心主义视角下的企业社会责任往往难以避免企业落入把社会责任作为塑造企业形象工具的窠臼，《联合国工商业与人权指导原则》已经将人权视角引入企业社会责任领域，企业应当以尊重和保障人权为原则，真诚、善意履行企业社会责任。在这方面，中国政府部门、行业协会、企业社会责任认证机构、培训机构等应当发挥引领作用。

2. 注意企业社会责任新动向，企业社会责任报告内容应与时俱进

如前所述，2019年企业社会责任领域出现了企业争相发布ESG报告、可持续发展报告、企业社会责任报告中重视供应链中的企业社会责任、结合企业合规、可持续发展成为企业社会责任领域发展的新动向情况。在发布ESG报告方面，香港企业做得很好，内地有的国企做得比较好，民企稍弱。此外，一些企业对供应链中的社会责任关注度不高，应当改进。比较敏感的企业已经将企业合规的相关内容与企业社会责任相结合，值得借鉴。关于可持续发展，2015年联合国通过《2030年可持续发展目标文件》（SDGs），提出了17个可持续发展目标，中国对此非常重视，2016年3月，第十二届全国人民代表大会第四次会议审议通过了"十三五"规划纲要，实现了2030年可持续发展议程与国家中长期发展规划的有机结合。2016年9月出台了《中国落实2030年可持续发展议程国别方案》，并且建立了由外交部牵头的落实可持续发展议程的国内协调机制，包括43家政府部门，它们将各司其职，保障各项工作顺利

推进。① 2017 年、2019 年中国发布了《中国落实 2030 年可持续发展议程进展报告》。在此背景下,在企业社会责任领域,结合可持续发展目标践行社会责任成为一个不可忽视的发展趋势,一些企业制定企业社会责任战略,进行企业社会责任管理时非常注重纳入可持续发展方面的内容,也有一些企业开始发布企业可持续发展报告,一些比较敏锐的企业在近年来撰写企业社会责任报告时结合了《2030 年可持续发展目标文件》和"十三五"规划纲要的有关内容,这也值得其他企业参考。上述新动向值得企业进行研究,在企业社会责任管理中予以实践,将来发布报告时尽量反映企业合规、可持续发展、供应链管理等内容,而且结合企业实际可以 ESG 报告、可持续发展报告的名称进行发布。

3. 企业社会责任评选和评奖应以公信力为标准

企业社会责任评比和评奖的多层次、行业化、区域化中出现一些乱象,但是在全国由一个部门或一个机构统一进行也并不合适,因此,未来企业社会责任评比中这种趋势会继续,不过所应注意的是,企业社会责任评奖、评比,包括在区域或行业发布企业社会责任报告的过程中,不能仅仅将其办成表彰会和庆功会,在表彰和庆功的同时,特别应当注意总结优秀案例予以发布供其他企业学习借鉴,而且发现问题、总结教训也应当成为重要内容。此外,企业社会责任评奖一定要公平、公正、廉洁,追求公信力,中国中药协会收取高额费用给予鸿茅药酒"2018 年度履行社会责任明星企业"的行为只会导致公信力丧失,甚至可能毁坏企业社会责任这一美好事业本身,必须引以为戒。除了众所周知的一些全国性行业协会及其社会责任促进机构、企业社会责任研究机构外,一些地方政府和行业协会非常重视企业社会责任问题,除了制定本地企业履行社会责任的文件,每年集中发布企业社会责任报告外,牵头或批准成立了地方性的或行业性的企业社会责任协会或研究机构,并且充分利用网络新媒体如建立专门的企业社会责任网站、微信公号等

---

① 《落实 2030 年可持续发展议程中方立场文件》,https://www.fmprc.gov.cn/web/ziliao_674904/zt_674979/dnzt_674981/qtzt/2030kcxfzyc_686343/t1357699.shtml。

发布本地或本行业的企业社会责任信息，对于促进企业社会责任发挥了重要作用，如河南省企业社会责任促进中心、责任河北公众号等，值得尚未建立相关机构、网站和微信公号的行业协会和地方政府学习和借鉴。

参考文献

1. 黄群慧、钟洪武、张蒽：《企业社会责任蓝皮书：中国企业社会责任研究报告（2019）》，社会科学文献出版社，2018。

2. 钟洪武、张闽湘等：《中央企业海外社会责任蓝皮书（2019）》，

3. 殷格非、于志宏、管竹笋主编《金蜜蜂中国企业社会责任报告研究》，社会科学文献出版社，2019。

4. 钟洪武、叶柳红、张蒽：《企业社会责任蓝皮书：中资企业海外社会责任研究报告（2016~2017）》，肖伟琪、李思睿数据分析，社会科学文献出版社，2017。

5. 宋贵伦、冯培主编《北京非公有制企业社会责任报告（2019）》，社会科学文献出版社，2019。

6. 梁晓晖：《工商业与人权：从法律规制到合作治理》，北京大学出版社，2019。

7. 〔德〕奥利弗·拉什、〔美〕罗杰·N. 康纳威：《责任管理原理：全球本土化过程中企业的可持续发展、责任和伦理》，北京大学出版社，2017。

8. 〔英〕维恩·维瑟、〔英〕德克·马特恩：《企业社会责任手册》，经济管理出版社，2014。

9. 冯梅、魏钧主编《企业社会责任概论》，经济科学出版社，2017。

B.14
城市居民对司法机关保障公民权利的
信任度研究
——基于天津市部分地区的问卷调查

王 焱*

摘 要： 在法治城市建设中，市民对司法机关的信任和对司法权利的
认知是重要的方面。市民对司法机关的信任度已经达到一定
水平，但还存在一定程度的问题。被调查者的司法信任度和
对司法权利的认知在两个年度中没有太大的变化，司法信任
度处于中等水平，对司法机关和法官有着基本的信任；但也
有相当比重的人群司法信任度偏低，对司法权利缺乏足够的
认知，法治意识和法律素质不高。被调查者对司法权利的认
知与文化程度和经济条件呈现正相关关系。另外，对专业性
的法律服务信任度还需要进一步提高。提高市民对司法机关
和法律服务的信任度还需不断深入推进司法改革，完善法治
实践，提高市民法律素质。

关键词： 司法机关 司法权利 信任度 权利认知 公正审判权

在国际人权法中，1948 年的《世界人权宣言》（以下简称《宣言》）第

---

* 王焱，法学博士，现任天津社会科学院法学研究所副研究员。

10 条规定："人人完全平等地有权由一个独立而无偏袒的法庭进行公正的和公开的审判，以确定他的权利和义务并判定对他提出的任何刑事指控。"《宣言》另列条款规定了辩护权和无罪推定原则。1966 年的《公民权利和政治权利国际公约》（以下简称《公约》）第 14 条将公正审判权的内涵作了扩展——无罪推定原则被纳入其中，同时确立了受刑事指控者所拥有的最低限度的人权保障。《公约》第 14 条为诉讼当事人获得公正审判设计了两方面的保障——组织性保障和程序性保障。组织性保障主要包括对司法机构和司法人员的要求，程序性保障主要包括程序公开与程序公正两项原则。① 因此在公正审判权中，组织性保障就具体体现为一个国家司法机关和司法人员的公正性与合法性。在实践中，考量公正审判权就需要对司法机关和司法人员进行研究。在这其中司法公信力，或者说对司法机关、对法官等人员的信任就成为其中的重要内容。

城市居民对司法机关、对法官等人员的认知和信任程度，是城市法治建设的重要方面。要想正确了解司法公信力的现实状况，不仅要掌握客观指标，而且要掌握主观指标。因为社会的主体是人，人本身的精神状态、态度、意向是社会、法律状况的最重要因素之一，如果不了解这方面的指标，仅凭一些客观数字是很难正确分析社会的。② 本项研究通过实证研究的方法，选取北方特大城市——天津的城市居民为样本，描述法治城市建设中司法信任度和法律服务信任度的基本状况，发现其中存在的问题，并提出对策建议。

一 国内相关研究的综述

国内关于司法信任和司法权利认知的研究主要从三个方面展开。

第一，研究司法信任和司法权利认知的基本要素，为进一步研究提供分析框架。这一类研究多从理论分析入手，分析相关因素和因素之间的结构关

---

① 参见熊秋红《公正审判权的国际标准与中国实践》，《法律适用》2016 年第 6 期。
② 参见王称心、蒋立山主编《现代化法治城市评价——北京市法治建设状况综合评价指标体系研究》，知识产权出版社，2008，第 32 页。

系，并得出理论分析结论。有研究者提出，制约我国司法信任度提升的主要因素为：严格依法裁判有待加强、程序正当化作用不够以及社会关于司法公正的共识缺乏。要增强司法信任，需从降低期望、控制风险、增进参与、促进尊重、形成共识等方面着手，形成系统化的对策体系。① 有学者通过研究发现，人们对司法体系呈现出"虽有信心，却难信任"的二元结构。② 另有学者通过研究提出，为提升司法公信力，应认真对待自媒体时代刑事司法中的公众选择，关注影响公众对刑事司法评判的要素。③

第二，通过研究构建测量司法信任度和司法权利认知的指标体系。有学者提出，建构一个内部融贯又兼具实效性的法官公信力评估体系，在理论和操作层面都存在一定困难。从"信用"和"信任"两个维度，在设置和运行上注意兼顾司法的专业性和社会性，通过实践建立起一个有效、全面、可信、灵活的评估体系。④ 还有学者提出，司法信任及其评估与民众的主观认知是无法割舍的，所以主观程序正义可以成为研究司法信任问题的一个重要视角。主观程序正义影响到人们对司法的反应和态度，如果人们感到司法机关的运作符合程序正义的要求，他们便会更乐意接受该结果、遵从该结果。⑤

第三，通过实证研究描述当前司法信任和司法权利认知的现状，或是找到影响司法信任和司法权利认知的相关因素之作用。有学者通过上海的调查数据认为，当下民众对司法有较高的信任，而且对区县法院的信任度低于上级法院。同时，涉及司法运作和效果的制度论因素对司法信任有着实质的影响，而法律价值观等文化论因素则无。⑥ 有学者通过对浙江省某镇的调研发现，涉城市化民众的司法信任度不是很高，但仍处于较理想的水平；他们的

---

① 参见耿协阳《论人民法院提升司法信任度的基本路径》，《法律适用》2017 年第 15 期。
② 参见李晓飞《司法信任的二元结构及其中国涵义》，《环球法律评论》2019 年第 1 期。
③ 参见胡铭《司法公信力的理性解释与建构》，《中国社会科学》2015 年第 4 期。
④ 参见安哲明《法官司法公信力评估的两个维度》，《人民论坛》2019 年第 25 期。
⑤ 参见苏新建《程序正义对司法信任的影响——基于主观程序正义的实证研究》，《环球法律评论》2014 年第 5 期。
⑥ 参见李峰《司法信任的影响机制分析——基于上海数据的实证探讨》，《甘肃社会科学》2013 年第 6 期。

受教育程度和收入对司法信任有着显著的影响；司法结果与司法程序都影响到司法信任，但前者的影响力明显高于后者；涉城市化民众与司法机关、行政机关以及其他民众之间的互信具有很强的正影响力，如果民众认为司法机关、行政机关和其他民众信任他们，则他们表现出较高的司法信任度。[①] 还有学者运用9省9市的调查数据，就矛盾遭遇、矛盾解决、社会公平感、社会安全感以及法律法规认知水平等问题对现阶段中国民众司法信任的影响进行了实证分析。分析结果表明，"矛盾解决"而非"矛盾遭遇"显著影响司法信任；社会公平感和社会安全感均显著影响司法信任；法律法规认知水平在总体上影响司法信任。[②]

总体来看，国内关于司法信任和司法权利认知的研究已经取得了相当高质量的成果，在实证研究方面，除了现状描述，还需要更多的相关分析，以找到影响司法信任和司法权利认知的相关因素及作用，发现增强信任和认知的途径和方法。另外，实证研究还需要做趋势分析。要在同一地区做不同年份的实证研究，发现司法信任和司法权利认知的变化趋势，找出相关因素的作用，以便更好地提高司法信任度，改进法治建设。

二 调查方案的设计及样本基本情况

（一）地域选择及样本选择

此项研究采取了实证研究方法，笔者在天津全市范围内进行了调研和问卷调查获得第一手数据。2016年5月至6月的问卷调查共发出问卷1000份，收回有效问卷805份，调查对象涉及中心城区、环城四区、滨海新区和部分远郊区。由于条件限制，远郊区的被调查者较少。2018年4月至5月的问

---

① 参见苏新建《城市化中的司法信任——基于浙江省 X 镇的实证研究》，《云南大学学报》（法学版）2015 年第 1 期。
② 参见朱志玲《社会矛盾视野下司法信任的影响因素分析——基于九省九市数据的实证研究》，《长白学刊》2017 年第 4 期。

卷调查共发出问卷 1000 份，收回有效问卷 796 份。调查对象的构成与 2016 年大体相同。在两个年度的调查中，被调查者的文化程度最低是小学，最高达到研究生及以上；在职业分布上，涉及政府机关工作人员、企业事业单位人员、法律工作者、教师和科研人员、私营企业主和个体工商户、农民、外来务工人员和普通居民等。

在样本选取上，采取街头偶遇的方法，在普通市民生活出入的场所、日常活动区域随机选取调查对象，填写调查问卷。另一种方法就是在企业、机关、学校附近发放问卷，随机选取调查对象，获得调查样本。这两种调查方案综合运用，在两个年度获得了规模、性质、结构大体相当的调查样本。

（二）被调查者的基本情况

被调查者的基本情况主要包括性别、年龄、居住地、文化程度、职业、经济收入等。因为条件所限，不能最大限度地了解被调查者的详细情况，只能了解其主要方面。

此次实证研究因为调查力量和经费所限，被调查对象男性比重大一些，居住地大多集中在市内六区和环城四区，滨海新区和较远郊区县的调查对象偏少，但也符合天津市人口分布特点。在年龄分布上，此次被调查对象集中在 18 岁至 45 岁，大部分是青年和中青年，是城市生活的主体人群，是对城市社会的各个方面了解最全面的群体。2018 年的被调查者比 2016 年的略微年轻一些。这一年龄群体的法治观念与法律素质也决定了整个市民群体的情况，他们对法治城市建设的评价应该能代表市民整体的评价（见表 1、表 2、表 3、表 4）。

表 1　您的性别？

单位：%

	男	女	合计
2016 年	55.7	44.3	100
2018 年	54.1	45.9	100

表2　您现在的居住地?

单位：%

	市内六区	滨海新区	环城四区	武清区、宝坻区	蓟州区、静海区、宁河区	无固定住所	合计
2016 年	71.6	6.5	14.1	4.9	0.6	2.3	100
2018 年	70.4	8.1	15.2	4.3	1.8	0.2	100

表3　您的年龄?

	平均值	中值	众值	标准差	最大值	最小值
2016 年	33.50	31.00	28	11.34	74	16
2018 年	34.10	32.00	28	11.26	70	16

表4　年龄分组

单位：%

	18 岁以下	18 岁~25 岁	25 岁~35 岁	35 岁~45 岁	45 岁~55 岁	55 岁~65 岁	65 岁以上	合计
2016 年	1.8	23.6	41.7	17.8	8.6	5.2	1.4	100
2018 年	1.1	21.2	40.6	19.1	9.3	6.7	2.0	100

从被调查者的文化程度看，主要集中在高中（含中专、职专、技校）、大专和大学本科。这三类之和占到被调查者总数的85%以上，大学本科占到一半以上，2016 年达到51.9%，如果加上大专学历和研究生学历的人，2016 年比重就达到77.9%，说明被调查者总体文化程度较高，大部分人都接受过大专及以上教育，而初中以下文化程度的人所占比重较小。天津作为我国北方的特大城市，教育事业非常发达，市民的总体文化程度较高也属正常（见表5）。

表5　您的文化程度?

单位：%

	小学	初中	高中(含中专、职专、技校)	大专	大学本科	研究生及以上	合计
2016 年	1.2	4.9	16.0	19.2	51.9	6.8	100
2018 年	0.6	3.4	16.2	20.1	54.3	5.4	100

在职业分布上，本研究并没有按照国家有关部门的职业分类来列举，只是列出了职业大类，被调查者根据自身的认知选择职业分类。从统计结果上看，2016 年和 2018 年差别不大。企业职员和职工、事业单位工作人员和学生是主要部分，党政机关工作人员、司法机关人员、退休人员都占很小的比重，这也较为符合特大城市的社会结构特征（见表6）。

表6　被调查者的职业分布

单位：%

您的职业	2016 年	2018 年
党政机关工作人员	2.7	2.9
司法机关工作人员	1.4	1.6
人大政协委员及其机关领导人员	0.6	0.5
事业单位工作人员	20.5	19.3
新闻媒体工作者	0.6	0.9
律师等法律工作者	0.6	0.9
教师和科研人员	2.6	1.9
学生	15.7	11.5
企业高级管理人员	3.4	3.1
企业职员和职工	34.5	37.9
居委会干部	0.4	0.3
村委会干部	0.4	0.2
农民及渔民	0.5	0.4
外来务工人员	1.0	1.7
私营企业主、个体经营者	2.9	3.5
自由职业者	4.0	3.6
退休人员	4.4	5.6
城镇普通居民	1.9	2.3
无业人员	1.4	1.5
其他	0.7	0.4
合计	100.0	100.0

对经济收入水平的调查是问卷调查中比较困难的一项。如果采用客观指标的方法，由被调查者自己填写收入，则很有可能由于自身的顾虑和计算等问题出现水平偏低的现象。本项研究调查的是被调查者的主观评价，即由被调查者自行评价自己的经济收入水平。人们对自己经济收入水平的认知，也是自己对自身经济地位的评价。这种主观评价会影响到对其他问题的态度，

有经济地位相同认知的人在其他问题上是否也有着相同认知，也是本项研究中关注的一个重点问题。从统计结果上看，认为自身经济水平是"一般、中等"的被调查者2016年占47.5%、2018年占48.3%，而认为经济水平"比较低"和"很低"的2016年占35.4%、2018年占32.7%，认为自己"很富裕""比较好"的2016年占17.1%、2018年占19.0%。在被调查者对自身经济水平的认知上，并没有形成"橄榄型"的经济水平结构，认为经济水平较低的人所占比重大了一些，但这并不影响作为一个考量和分类标准的"经济水平"，在对其他问题分析时仍然具有分类研究意义（见表7）。

表7　您觉得您的经济收入如何？

单位：%

	很富裕	比较好	一般、中等	比较低	很低	合　计
2016 年	3.4	13.7	47.5	22.5	12.9	100
2018 年	3.8	15.2	48.3	21.7	11.0	100

三　城市居民对司法机关的基本认知与信任度

在2016年、2018年两个年度的问卷调查中，通过对被调查者对法院的信任度、司法机关的作用、对司法程序的信任度、对律师服务的信任度等各类问题的调查，统计分析被调查者总体上的司法信任度和对法律服务的信任度。

（一）对司法机关的信任度

从统计结果上看，被调查者对法院公平司法的信任度较高，"非常信任"和"比较信任"的比重2016年为34.8%、2018年为33.8%，"一般信任"的比例2016年为44.0%、2018年为45.1%，而信任度较低（"不太信任"和"非常不信任"）的人2016年占21.2%、2018年占21.1%，正面评价的比重超出负面评价较多。这反映出一种比较好的司法信任情况，也是法治建设中较为可喜的方面，对司法机关的信任是建设法治政府以及法治社会的基石。同时，也要注意持较低信任度的被调查者也占有相当的比重，超过20%。这也说明司法公信力还未达到法治社会应达到的水平，法治建设还有相当长的路要走（见表8）。

表8　您对法院公平解决纠纷的信任度有多少？

单位：%

	非常信任	比较信任	一般信任	不太信任	非常不信任	合计
2016 年	6.9	27.9	44.0	16.7	4.5	100
2018 年	7.0	26.8	45.1	17.0	4.1	100

对司法机关重要性的认知是对司法机关认知的重要方面。大多数被调查者认为司法机关还是相当重要的，选择"十分重要"和"重要"的比重2016年和2018年均超过73%，认为重要性不那么强（"有点重要"、"不重要"和"很不重要"）的人在2016年和2018年所占比例均超过26%（见表9）。结合上一个问题的调查结果，尽管对司法机关的信任度还未达到较高水平，但人们还是认同司法机关的重要作用，这可以显示人们对司法改革的重大期望。这说明司法改革还是具有相当的民意基础，提高司法公信力，增强司法机关裁决的执行力是当前司法改革的重大目标所在。

**表9　您觉得司法机关的设置在保障社会秩序和维护
公民权利等方面所起的作用如何？**

单位：%

	十分重要	重要	有点重要	不重要	很不重要	合计
2016 年	29.0	44.2	21.2	4.7	0.9	100
2018 年	29.3	44.6	22.1	3.5	0.5	100

从另一个角度看，法律意识的增强意味着人们会越来越信任法律、信任执法机关和司法机关。在调查中发现，在问到"您觉得法律能维护您的切身利益吗"时，28%左右的人选择对法律充满信心，还有50%左右的人认为目前法律还不能完全维护自身利益，目前有缺陷但对未来有信心，另有

23%左右的人对法律缺乏信心（见表10）。公民对法律作用的怀疑要在不断的、多次的法律实践中逐步消除，这需要执法部门和司法部门树立法律的权威和坚持公平正义的原则。

表10　您觉得法律能维护您的切身利益吗？

单位：%

	能，我对法律充满信心	现在不能，但将来能，法律会逐渐完善	不能，法律越来越成为有钱人和有权人的工具	合计
2016 年	28.0	49.0	23.0	100
2018 年	28.4	50.3	21.3	100

（二）对司法程序的信任度

普通市民选择维护自身权利的方式时，是否选择司法程序是一种重要的主观评价。选择司法程序说明信任司法程序，这也是司法公信力的另一种表现方式。

在选择纠纷解决方式上，被调查者中选择司法程序（上法院提起诉讼和选择仲裁都算是司法程序）的人在2016年占57.6%、2018年占58.1%，通过双方上级领导或主管部门解决的人2016年占18.2%、2018年占17.6%，找熟人调解的2016年占13.7%、2018年占13.1%。但是，认为没法解决、自认倒霉的人2016年占10.5%、2018年占10.2%，这在法治建设不断推进的条件下占比较大（见表11）。发生纠纷和解决纠纷是现代社会正常的现象，有了纠纷不愿去解决与现代法治城市要求不太相符。这也反映出民众通过法律方式解决纠纷的观念还不是十分强烈，或者是法律程序本身还没有得到绝大多数人的信任。

表11　当您与他人发生纠纷而双方协商解决不成时，您最愿意选择的处理方案是？

单位：%

	上法院提起诉讼	仲裁	通过双方上级领导或主管部门解决	找熟人调解	没法解决自认倒霉	合计
2016 年	36.7	20.9	18.2	13.7	10.5	100
2018 年	36.9	21.2	17.6	13.1	10.2	100

当合法权益受到政府机关的侵害时，选择走司法程序（"到上诉法院提起诉讼"）的人所占比重进一步上升，2016 年占 29.0%、2018 年占 30.1%；而向媒体曝光成为所占比重第二大的方式，2016 年达到 25.1%、2018 年是 26.4%，说明人们认识到了媒体向社会公开的作用；但同时也要注意到，选择"到政府上访"和"向上级领导写举报信"的比重之和 2016 年也达到了 23.3%、2018 年是 21.5%，相信信访能解决问题的人仍然占相当的比重；选择上网披露（"上网发帖发微博博客披露"）的 2016 年占到 11.2%、2018 年是 11.9%，也说明网络的力量已经被人们认可。但"自认倒霉"的人在 2016 年占到 11.4%，这离法治社会建设的目标还有一定距离。人们信"访"而不信"法"的观念还较重（见表 12）。这说明司法程序和诉讼权还没有完全得到绝大多数人的认可和信任，民众对运用司法程序维护个人权益并不是很看重。①

表 12　如果您的合法权益受到政府有关部门侵害，您会通过什么方式维权？

单位：%

	到上诉法院提起诉讼	向上级领导写举报信	到政府上访	向媒体曝光	上网发帖发微博博客披露	自认倒霉	合计
2016 年	29.0	7.7	15.6	25.1	11.2	11.4	100
2018 年	30.1	8.2	13.3	26.4	11.9	10.1	100

另一项关于信访、举报和投诉的调查也反映出同样的问题。这能从另一个侧面反映出司法程序在群众中的地位。从被调查者的主观认可度上来看，人们认为信访、举报和投诉能够对政府有效行使权力有"很强"和"较强"的推动作用，这部分比重 2016 年达到 41.1%、2018 年达到 42.1%（见表 13）。这种具有中国特色的公民与政府的互动方式，使公民能够去促进政府

---

① 这个调查结果与国内相关研究相印证。有学者通过实证研究发现，尽管法律实体因素和法律程序因素都对司法信任有影响，但影响力明显较强的是法律实体因素，这说明"重实体、轻程序"的传统依然在受访者中发生作用。参见苏新建《城市化中的司法信任——基于浙江省 X 镇的实证研究》，《云南大学学报》（法学版）2015 年第 1 期。

改进工作。虽然只是从具体事件和个案上进行推动，不能在制度变革上起到更大作用，但也要看到量变的积累会促使质变，政府效率的提升也与这种推动方式密不可分。将信访纳入法治化轨道也是法治城市建设中的一个非常重要的方面。

表 13　您觉得群众的信访、举报和投诉对政府有效行使权力所起的作用有多强？

单位：%

	很强	较强	一般	较弱	很弱	合计
2016 年	11.7	29.4	35.1	15.6	8.2	100
2018 年	11.9	30.2	36.3	14.1	7.5	100

（三）对辩护权和法律服务的认识与信任度

法律服务是与司法机关密切相关的一类事务，辩护权也是一项重要的司法权利。对法律服务的信任度调查是通过对律师服务的信任程度来进行的，主要是了解对律师服务重要性的认识和对律师服务的认可度，同时也了解对辩护权的认识。

这个问题的调查结果一方面反映出被调查者的权利意识和法律素质，每个人都有权利要求得到律师的充分辩护，而能够完全意识到这一点的（选择"应该，每个人都有得到充分辩护和公正判决的权利"）2016 年只占55.6%、2018 年占 56.3%，只比一半多一点儿，这个比重还是偏低的。完全没有意识到这种权利的人（选择"基本不应该，他们罪有应得"、"绝对不应该，就是要严厉打击犯罪分子"和"说不清楚"的人）2016 年占15.7%、2018 年占 14.5%，还占有相当的比重，只能说在权利意识和法律素质方面还有相当大的提升空间。另有 28.7%（2018 年是 29.2%）的人还存在模糊的认识（选择"应该受到一些限制，不能和其他公民一样"），还需要不断传播正确的权利观，争取使这部分有模糊认识的人尽快具有完全的权利意识和基本的法律素质（见表 14）。这部分人的观念转变了，有正确观念的人的比重就大大增加了，将会达到法治城市的目标。另一方面，也反映被调查者对律师服务的认可度。律师服务已经成为解决法律问题的一个必要条件，55%以上的认可度与法治社会要求还不十分符合。随着经济发展、教育水平的提高，律师的重要作用体现在社会生活的方方面面。如果对律师服务的认可度偏低，说明城市的法治化水平还偏低。

表 14　您认为犯罪嫌疑人应不应该得到律师的充分辩护?

单位: %

	应该，每个人都有得到充分辩护和公正判决的权利	应该受到一些限制，不能和其他公民一样	基本不应该，他们罪有应得	绝对不应该，就是要严厉打击犯罪分子	说不清楚	合计
2016 年	55.6	28.7	6.1	7.0	2.6	100
2018 年	56.3	29.2	6.2	7.1	1.2	100

在对律师服务的重要性的认识上，2016 年 60.9% 的人认为"很重要，一定要找"，2018 年是 61.4%，说明大部分人已经认同律师在诉讼中的重要性和法律服务的必要性。但必须注意，这一比重还未达到法治城市的相应水平。对律师服务重要性的认识反映城市的法治化程度，而认为不那么重要的人还占约 1/3 的比重（见表 15）。对律师重要性的认识，体现着对法律服务业的信任度。以律师业为代表的法律服务业并不发达是一方面原因，另一方面也反映出法治环境尚未达到居民满意的程度，这才导致对法律服务的信任度不高。律师所提供的法律服务在很大程度上促进了法治城市的建设，因此，加大对律师业及其他法律服务业的支持就是大力支持法治城市建设。

表 15　您认为打官司的时候找律师重要吗?

单位: %

	很重要，一定要找	不一定，我自己也可以看法律规定，看不懂才去找	先参加诉讼，败诉后才会去找	不会找，我相信法院是公正的	合计
2016 年	60.9	26.1	9.4	3.5	100
2018 年	61.4	26.7	9.0	2.9	100

四 不同群体的认识与信任度

在整体统计的基础上，再进行不同人群的研究，可以发现不同人群对司法机关的信任度上的差异。通过这种分析，可以发现哪一类人最信任司法机关，哪一类人最不信任司法机关，不同的人群对司法机关的信任差异会有多大。

（一）不同职业群体的信任度不尽相同

从分类统计上看，不同职业群体对司法机关的信任度差异较大（见表16）。

表16　您对法院公平解决纠纷的信任度有多少？

单位：%

2018年	非常信任	比较信任	一般	不太信任	非常不信任	合计
总体	6.9	27.9	44.0	16.7	4.5	100
党政机关工作人员	4.5	27.3	59.1	9.1	0	100
司法机关工作人员	36.4	9.1	45.5	9.1	0	100
人大政协委员及其机关领导人员	40.0	20.0	40.0	0	0	100
事业单位工作人员	7.9	30.9	46.7	10.9	3.6	100
教师和科研人员	14.3	38.1	23.8	19.0	4.8	100
学生	13.5	39.7	35.7	10.3	0.8	100
企业高级管理人员	11.1	25.9	48.1	11.1	3.7	100
企业职员和职工	1.8	29.1	45.5	18.5	5.1	100
自由职业者	0	3.2	35.5	48.4	12.9	100
退休人员	8.6	20.0	42.9	22.9	5.7	100
私企业主和个体户	4.3	17.4	43.5	30.4	4.3	100

按具体职业的分类统计较为分散。把党政机关工作人员、司法机关工作人员和人大政协委员及其机关领导人员等合为一类进行统计，可以发现这一类被调查者的信任度高于平均水平。信任度较高的人群选择"非常信任"和"比较信任"的比重之和，按由高到低排序，是学生、教师和科研人员、广义党政机关人员、事业单位工作人员、企业高级管理人员，而信任度较低

的是企业职员和职工、退休人员、私企业主和个体户、自由职业者（见表16、表17）。

表17 您对法院公平解决纠纷的信任度有多少？

单位：%

	非常信任	比较信任	一般	不太信任	非常不信任	合计
广义的党政机关人员	18.4	21.1	52.6	7.9	0	100

除了学生、教师和科研人员以外，信任度可以以体制内外划分，体制内的人和越靠近体制的人信任度越高；而体制外的人和越远离体制的人信任度越低。这也反映出处于社会结构中不同位置的人群对目前司法体制的态度。

（二）不同文化程度群体的信任度差异

文化程度是影响被调查者对司法权利的认识和司法信任度的非常重要的因素，统计结果也显示，不同文化程度的群体在信任度和司法权利意识上的差异较大。

在信任度上，大学本科的群体对司法机关信任度较高，超过了40%（选择"非常信任""比较信任"），大专以下（除小学）群体对司法机关的信任度偏低，只有20%多（选择"非常信任""比较信任"）（见表18）；在对司法机关的认知上，大专以上（含大专）的群体对司法机关的认知程度较高，超过了65%（选择"十分重要"和"重要"）（见表19）。由此可见，大专文化是一个分水岭，直接关系到对司法机关的认知和信任度。[1]

---

① 这些调查结果与国内某些研究结论不太相同。有学者通过实证研究发现，民众的"法律意识"、"受教育程度"、"权利意识"和"监督意识"等个人素质条件对司法信任没有明显的积极影响。其中，"受教育程度"对司法信任的影响是显著的，但是影响是消极的；其他的因素则无显著影响，且"权利意识"的系数也呈负数。随着受访者文化知识的增加和法律意识的增强，司法信任在下降。一个人文化程度越高、对法律知识了解越多，对司法的要求会提高；当他们发现法律实践中一些不尽如人意的地方时，便容易与司法产生疏离。参见苏新建《城市化中的司法信任——基于浙江省 X 镇的实证研究》，《云南大学学报》（法学版）2015 年第 1 期。

表 18   您对法院公平解决纠纷的信任度有多少？

单位：%

2018 年	非常信任	比较信任	一般	不太信任	非常不信任	合计
小学	30.0	30.0	20.0	20.0	0	100
初中	7.7	15.4	43.6	28.2	5.1	100
高中（含中专、职专、技校）	3.9	18.8	53.1	19.5	4.7	100
大专	5.2	21.6	47.7	21.6	3.9	100
大学本科	7.9	34.1	41.1	12.3	4.6	100
研究生及以上	5.5	29.1	38.2	21.8	5.5	100

表 19   您觉得司法机关的设置对保障社会秩序和维护公民权利等
方面所起的作用如何？

单位：%

2018 年	十分重要	重要	有点重要	不重要	很不重要	合计
小学	40.0	40.0	20.0	0	0	100
初中	23.1	33.3	35.9	5.1	2.6	100
高中（含中专、职专、技校）	19.0	46.8	25.4	7.9	0.8	100
大专	25.3	40.9	27.3	5.8	0.6	100
大学本科	32.5	45.4	17.3	3.8	1.0	100
研究生及以上	36.4	47.3	14.5	1.8	0	100

在考察不同文化程度的被调查者对诉讼权的认知时，在处理人与人之间的矛盾纠纷时，不同文化程度的选择差异并不大；但在处理政府与公民个人之间的矛盾纠纷（特别是侵权）时，不同文化程度的群体的选择差异很大，大专、大学本科和研究生及以上学历的人选择提起诉讼的比重比较符合学历水平，大学本科的比重甚至达到了 1/3（见表 20、表 21）。这表明学历越高，越倾向于使用诉讼权来维护自身合法权益。

表20　当您与他人发生纠纷而双方协商解决不成时，您最愿意选择的处理方案是？

单位：%

2018 年	上法院提起诉讼	仲裁	通过双方上级领导或主管部门解决	找熟人调解	没法解决，自认倒霉	合计
小学	30.0	50.0	10.0	0	10.0	100
初中	15.8	5.3	21.1	26.3	31.6	100
高中(含中专、职专、技校)	30.7	18.1	19.7	15.7	15.7	100
大专	35.7	18.8	19.5	14.9	11.0	100
大学本科	41.0	22.8	17.7	11.5	7.0	100
研究生及以上	34.5	25.5	14.5	16.4	9.1	100

表21　如果您的合法权益受到政府有关部门侵害，您会通过什么方式维权？

单位：%

2018 年	到法院提起诉讼	向上级领导写举报信	到政府机关上访	向媒体曝光	上网发帖发微博发博客披露	自认倒霉	合计
小学	20.0	0	60.0	10.0	0	10.0	100.0
初中	23.1	2.6	23.1	10.3	10.3	30.8	100.0
高中(含中专、职专、技校)	16.4	10.9	17.2	36.7	7.0	11.7	100.0
大专	28.8	5.2	18.3	22.9	11.1	13.7	100.0
大学本科	33.7	7.9	12.7	23.6	13.2	8.9	100.0
研究生及以上	29.6	11.1	13.0	27.8	9.3	9.3	100.0

　　同样的情况也出现在被调查者对法律专业性的认识上，学历高低对于被调查者对法律服务业的认识影响很大。大专以上人群在这个问题上较为倾向于去找律师，特别是大学本科的人群，选择一定要找的比重达到67.0%，而小学、初中和高中（含中专、职专、技校）文化程度的人则对找律师的态度不是很强烈，这也反映出学历较高的人群对法律专业性的认识也较强，法律素质也较高（见表22）。

表22　您认为打官司的时候找律师重要吗?

单位：%

2018 年	很重要，一定要找	不一定,我自己也可以看法律规定,看不懂才去找	先参加诉讼,败诉后才会去找	不会找,我相信法院是公正的	合计
小学	40.0	20.0	30.0	10.0	100
初中	54.3	11.4	25.7	8.6	100
高中(含中专、职专、技校)	54.6	26.1	11.8	7.6	100
大专	53.1	34.3	8.4	4.2	100
大学本科	67.0	23.8	7.4	1.7	100
研究生及以上	57.7	32.7	7.7	1.9	100

（三）不同经济条件的人群在信任度和认知上的差异

问卷调查中所采用的经济条件状况分类是一种主观评价，即被调查者自己认为处于一种怎样的经济状况之中，问卷采用了"很富裕""比较富裕""一般中等""比较低""很低"五分法。将这种主观评价的分类用于不同经济条件的人群对司法机关的信任度和司法权利的认知情况的统计上，以发现其中的差异。

在对司法机关的信任度方面，可以明显发现，越是认为自己富裕的人对法院的信任度越高，越是认为自己经济状况较低的人对法院的信任度越低，并且这种差距还非常大，在不同的分类选项中，有 10~20 个百分点的差距（见表23）。[1]

---

[1]　这个调查结果与国内学者的一些研究结果相一致。有学者通过研究发现，精英群体在遭遇民事纠纷时也更倾向于诉诸法律来解决。由于阶层地位相近，或是作为"精英主义"价值观的秉持者和既有制度下的受益者，当警察和法官由于行为偏差或失范而备受争议时，社会上层群体更多地希冀警察和法官自身行为的改善或司法机关在体制内自上而下的权威推动而非自下而上的"民粹主义"变革，因而仍保持着对警察和法官较高的信任水平。参见李晓飞《司法信任的二元结构及其中国涵义》，《环球法律评论》2019 年第 1 期。

表23 您对法院公平解决纠纷的信任度有多少?

单位:%

2018 年	非常信任	比较信任	一般	不太信任	非常不信任	合计
很富裕	37.0	18.5	33.3	11.1	0	100
比较富裕	8.3	45.9	33.0	11.0	1.8	100
一般中等	5.6	28.0	46.7	15.7	4.0	100
比较低	2.8	21.8	49.7	20.1	5.6	100
很低	9.7	21.4	37.9	22.3	8.7	100

这种差距也反映在穷人与富人对司法机关公平解决纠纷的态度和认识上。认为自己经济地位很低的人对司法机关的信任度也较低,可信任度("非常信任""比较信任")最低达到31.1%,不信任度("不太信任""非常不信任")甚至达到了31.0%。而中等经济地位成为一个分水岭,位于中等水平以上的人的信任度会出现一个明显的变化。这与较为富裕的人能较多地了解、接触司法机关和相关程序有密切关系。同时也反映出较富裕人群会较多地运用司法手段和司法工具,这与较富裕人群拥有更多的社会资源也密切相关。

在对司法机关作用的认知上,较富裕人群和低收入人群的认识情况较接近,并没有出现认知差异较大的情况(见表24)。这说明在一些基本常识方面,较富裕人群和低收入人群已经获得了同样的知识和认知,也说明这些年的普法宣传取得了一定的效果。

表24 您觉得司法机关的设置对保障社会秩序和维护公民权利等所起的作用如何?

单位:%

2018 年	十分重要	重要	有点重要	不重要	很不重要	合计
很富裕	40.7	29.6	22.2	7.4	0	100
比较富裕	30.3	51.4	13.8	4.6	0	100
一般中等	30.2	45.4	20.2	4.0	0.3	100
比较低	25.0	38.6	28.4	6.8	1.1	100
很低	26.2	44.7	21.4	3.9	3.9	100

对表25和表26对照发现,在与他人发生矛盾纠纷时,较富裕人群与低收入人群处理方面的选择没有特别大的差异,比重分布也比较接近。但在合

法权益受到政府部门侵害时，较富裕人群更愿意选择到法院提起诉讼，比重明显高于其他人群（见表26）。这说明较富裕人群在处理侵权和政府之间的关系时，更倾向于运用诉讼权来维护自身合法权益。但低收入群体在对政府的维权选择中，自认倒霉的还占16%以上，占有一定的比重，这也说明经济条件限制了这部分人群对诉讼权的认识和行动。当经济条件不高时，人们也不会有太强的司法权利意识，也就不会选择司法程序去解决纠纷，而是选择其他方式解决自身的问题。

表25 当您与他人发生纠纷而双方协商解决不成时，您最愿意选择的处理方案是？

单位：%

2018 年	上法院提起诉讼	仲裁	通过双方上级领导或主管部门解决	找熟人调解	没法解决，自认倒霉	合计
很富裕	37.0	18.5	18.5	14.8	11.1	100
比较富裕	34.9	32.1	16.5	11.9	4.6	100
一般中等	39.0	18.6	19.4	13.3	9.8	100
比较低	30.9	21.9	16.9	16.9	13.5	100
很低	39.2	17.6	16.7	11.8	14.7	100

表26 如果您的合法权益受到政府有关部门侵害，您会通过什么方式维权？

单位：%

2018 年	到法院提起诉讼	向上级领导写举报信	到政府机关上访	向媒体曝光	上网发帖发微博发博客披露	自认倒霉	合计
很富裕	55.6	7.4	11.1	14.8	7.4	3.7	100
比较富裕	36.7	11.0	17.4	25.7	4.6	4.6	100
一般中等	29.7	8.2	13.8	25.5	12.7	10.1	100
比较低	22.0	6.2	15.8	26.6	12.4	16.9	100
很低	22.5	4.9	21.6	22.5	11.8	16.7	100

在对法律专业性和对法律服务的态度调查中，不同经济条件的人群并没有显现出太大的差异，对律师的认知并没有因经济条件的差异有正相关的规律。被调查者在这个问题上有着较为一致的看法，说明经过法律服务业多年

的发展，法律的专业性已经深入人心，律师的法律服务也为人们所认可（见表27）。

表27 您认为打官司的时候找律师重要吗?

单位: %

2018 年	很重要，一定要找	不一定，我自己也可以看法律规定，看不懂才去找	先参加诉讼，败诉后才会去找	不会找，我相信法院是公正的	合计
很富裕	40.9	18.2	22.7	18.2	100
比较富裕	64.7	15.7	15.7	3.9	100
一般中等	65.0	25.9	6.6	2.5	100
比较低	50.9	34.9	10.1	4.1	100
很低	61.2	25.5	10.2	3.1	100

五 调查中发现的问题

在问卷调查中，除了调查了市民对司法机关的信任度和对司法权利的认知情况外，还了解了人们认为司法机关存在的问题以及法治城市建设中的问题，从中发现人们现在关注的焦点问题，为下一步法治建设明确重点和方向。

（一）提高司法公信力的紧迫性

在问卷调查中还了解了被调查者认为法治城市建设中最主要的问题和最需要做的事情排位顺序，其中"司法机关公正司法"这个选项显得更为突出。

从统计结果上看，被调查者认为影响"法治天津"建设的最主要的问题主要集中在几个方面：最大的问题是贪污渎职等腐败问题，有超过60%的人选择了这个问题；其次是行政机关执法不规范，然后是司法不公、法治意识淡薄和法律法规不健全。这几个方面的问题也是"法治天津"建设中的难点问题、热点问题，也是下一步法治城市建设进入深水区所必须要解决的问题。司法不公问题排在第三位，49.8%的人选择了这个问题，可以看出司法问题已经成为位列前三的焦点问题了（见表28）。

表28 您认为影响"法治天津"建设的最主要的问题是什么？（多选题）

贪污渎职等腐败问题	行政机关执法不规范	司法不公	法律法规不健全	犯罪问题突出	法治意识淡薄	法律宣传不力	其他	不清楚，没想过
519	466	401	374	178	397	271	11	17
64.5%	57.9%	49.8%	46.5%	22.1%	49.3%	33.7%	1.4%	2.1%

（二）对司法机关的期望

问卷还设计了让被调查者选择法治城市建设最需要做的事情，按被调查者所认为的重要程度排出第一、二、三位。

"法治天津"建设中最需要做的事，在被调查者选择第一位中比重最大的是"领导干部带头守法依法办事"，占21.0%；第二是"惩治各类腐败，约束权力运行"，占19.0%；第三是"行政机关规范执法"，第四是"司法机关公正司法"。在"第一位"中14.7%的人选择了司法机关公正司法，说明司法机关的问题在相当多的人心中是法治城市建设最需要解决的问题（见表29）。

表29 您认为"法治天津"建设中最需要做的是什么：第一位

行政机关规范执法	司法机关公正司法	领导干部带头守法依法办事	健全各类法律法规	企业和市民的行为规范守法	防控各类犯罪加强社会治安	惩治各类腐败，约束权力运行	加强普法宣传，提高法律素质	合计
147	117	167	100	16	62	151	34	794
18.5%	14.7%	21.0%	12.6%	2.0%	7.8%	19.0%	4.3%	100%

在被调查者选择的第二位最需要做的事中，"司法机关公正司法"比重最大，占25.9%，超过其他选项很多，与距其最近的选项有10个百分点的差距；其次是"惩治各类腐败，约束权力运行"，占15.9%；再次是"领导

干部带头守法依法办事"，占 14.9%，后面是"行政机关规范执法"和"防控各类犯罪加强社会治安"等（见表 30）。从以上的分析中可以看出，在排第二位的事情中，"司法机关公正司法"被列为首位，可见居民对司法机关公正司法的期待，同时这也是对司法改革的期望。提高司法公信力就是其中的重中之重。

表 30　您认为"法治天津"建设中最需要做的是什么：第二位

行政机关规范执法	司法机关公正司法	领导干部带头守法依法办事	健全各类法律法规	企业和市民的行为规范守法	防控各类犯罪加强社会治安	惩治各类腐败，约束权力运行	加强普法宣传，提高法律素质	合计
101 13.5%	194 25.9%	112 14.9%	48 6.4%	55 7.3%	73 9.7%	119 15.9%	48 6.4%	750 100%

在被调查者认为的"法治天津"建设最需要做的排第三位的事情中，比重分布有了较大变化，没有特别突出、比重特别大的选项。比重最大的有两项，都是 18.0%，为"领导干部带头守法依法办事"和"行政机关规范执法"。其次是一些比重差距非常小的选项，比重从 10.1% 到 12.7%，共有 5 项。司法机关公正司法所占比重为 12.2%，可见被调查者在第三位的选择中，对重要性的排列就不那么看重了（见表 31）。

表 31　您认为"法治天津"建设中最需要做的是什么：第三位

行政机关规范执法	司法机关公正司法	领导干部带头守法依法办事	健全各类法律法规	企业和市民的行为规范守法	防控各类犯罪加强社会治安	惩治各类腐败，约束权力运行	加强普法宣传，提高法律素质	合计
134 18.0%	91 12.2%	134 18.0%	76 10.2%	57 7.7%	75 10.1%	83 11.1%	95 12.7%	745 100%

六　结论与对策建议

通过统计分析可以发现，在 2016 年和 2018 年两次问卷调查中，被调查者的司法信任度和对司法权利的认识没有太大的变化，司法信任度处于中等水平，对司法机关和法官有着基本的信任；但也有相当比重的人群司法信任度偏低，对司法权利缺乏足够的认知，法治意识和法律素质不高。被调查者对司法权利的认知与文化程度和经济条件呈现正相关关系，经济条件很大程度上影响着司法信任度和司法权利的行使。未来几年内，随着文化程度的提高和经济条件的改善，随着普法教育的不断深入和司法实践的完善，人们的司法信任度也会逐步提高，会更多地选择行使司法权利，维护自身合法权益。

针对在问卷调查中发现的问题，在法治城市建设中对司法信任和司法权利的认知等问题，提出一些相关的对策建议

（一）司法公信力的提升需要法治实践的紧密配合

良好的法治实践是提升居民对司法机关信任度的最佳途径，良好的法治环境就会形成良好的信任关系。从每一起案件、每一起诉讼做起，建立和培养与当事人之间的信任关系。具体措施有：（1）国家机关是全民普法责任主体，应落实好"谁执法谁普法""谁服务谁普法"的普法责任制 。（2）治理阻碍法治城市建设的各种问题，如腐败问题、社会治安问题等，创造一个有利于法治社会形成的环境，让公众相信法律的权威与作用。（3）加强法治理论研究，用正确的法治理论引导法治实践。将法学专家、权威智库的研究成果，与法治宣传教育工作有机结合，组织权威专家录播"名家谈法"微视频公开课。

（二）司法权利意识的提高需要重视规则的形成和专业性的法律服务

司法权利大多为程序性权利，实际上就是一种司法规则。在日常生活中尊重规则、遵守规则，在公共场所和公共空间用规则维护公共秩序。需要用行为示范等方法来引导公众的行为。注重司法行为的规范性，注重司法程序的严谨性，注重对律师服务等专业性法律服务质量的提升，使人们遇到法律问题时更多地选择专业性法律服务，并信任法律服务。以提高领导干部法律

素质为"龙头",加强公务员群体特别是领导干部学法用法,确立执政为民的理念,规范执法,严惩腐败,提升领导干部依法执政、依法行政的能力水平。与此同时,培养广大群众良好的"规则意识",摒弃社会生活中流行的"潜规则",树立宪法法律至上、法律面前人人平等的法治理念。

(三)开展司法惠民活动

在建设法治城市的过程中,让市民真实地感受到司法机关的服务带来的实际效果。更多地开展公益性法律活动项目,让法律服务深入社区,让普通居民感受到法律服务在生活中的作用,相信司法程序与法律服务的作用,相信行使司法权利的作用。高度重视和发挥社区法治宣传阵地作用。设立"巡回法律课堂",通过组织"法律课堂"进社区活动,实现"法律课堂"社区全覆盖,使各项法律法规宣传教育走进千家万户。提高广大群众对法律的认同感和坚定性。

(四)引导社会组织和公民积极参与,提升法治的公信力

社会组织的志愿示范行为会对市民的日常生活起到很好的引导作用,广泛的公民参与会使宣传教育效果不断增强。具体实践中,我们可以定期试行法治行为志愿者示范项目,例如,在每一个社区都建立法治行为志愿者社区组织,从社区开始进行法治行为示范项目。示范项目就日常生活中某些行为进行示范引导,宣传鼓励居民积极参与,以行为示范带动行为规范的实现。通过发挥志愿者组织的积极性,以各类公益活动为依托,运用政府购买、服务外包等方法,扶植和引导各类社会组织参与法治行为志愿者项目,进行专项法制宣传活动。志愿者的带动作用是政府部门的工作无法替代的,一小部分志愿者的行为示范能够在社会生活中引起强烈共鸣,吸引更多的人参与其中,从而达到规模示范效应。

(五)改进法制宣传教育的方法手段,加大法制宣传教育力度

手机报、微博、微信等现代信息技术应成为法制宣传教育必不可少的手

段。丰富宪法宣传教育形式，使宪法走入日常生活、走入人民群众。通过宪法进机关、进学校、进企业、进社区、进乡村、进军营、进家庭、进网络等，大力宣传我国宪法的基本内容和地位、作用，广泛宣传宪法实施的重要成就。高度重视和发挥国民教育的作用，将宪法教育融入国民教育全过程，在九年义务教育过程中规定"宪法课时"，引导青少年从小掌握宪法法律知识、树立宪法法律意识，养成遵法守法的习惯。落实媒体履行公益普法责任。注重传统载体的现代化转型，打造全媒体法律宣传新平台。通过微视频征集活动，把宏大叙事和具象表达结合起来，讲好中国法治故事。

参考文献

1. 苏力：《法治及其本土资源》，中国政法大学出版社，1996。
2. 〔美〕B. 盖伊·彼得斯：《政府未来的治理模式》，中国人民大学出版社，2001。
3. 苏力：《道路通向城市——转型中国的法治》，法律出版社，2004。
4. 王光主编《城市法治环境评价体系与方法研究》，中国人民公安大学出版社，2004。
5. 刘云耕主编《现代化与法治化：上海城市法治化研究》，上海人民出版社，2004。
6. 殷国伟：《法治城市建设研究》，浙江大学出版社，2007。
7. 张志铭等：《世界城市的法治化治理：以纽约市和东京市为参照系》，上海人民出版社，2005。
8. 王称心、蒋立山主编《现代化法治城市评价——北京市法治建设状况综合评价指标体系研究》，知识产权出版社，2008。
9. 舒扬：《现代城市法治研究》，人民出版社，2008。
10. 孙笑侠：《先行法治化："法治浙江"三十年回顾与未来展望》，浙江大学出版社，2009。
11. 赵旭东：《纠纷与纠纷解决原论：从成因到理念的深度分析》，北京大学出版社，2009。
12. 钱弘道主笔《中国法治指数报告（2007—2011 年）——余杭的实验》，中国社会科学出版社，2012。

·（五）特定群体的人权保障·

B.15

中国防治性侵未成年人工作的新进展[*]

李 娟[**]

摘 要： 未成年人保护事关国家和民族的未来，事关未成年人的发展
和幸福。我国近几年在防治性侵未成年人工作中实施了许多
重要举措并卓有成效。例如，制定实施防治性侵害未成年人
法律法规，突出打击性侵害未成年人犯罪，对性侵未成年人
罪犯实施从业禁止，推进性侵未成年人犯罪人员信息公开制
度建设，重视对遭受性侵未成年人的心理康复赔偿，对性侵
未成年人犯罪受害者实施"一站式询问"等一系列举措。其
中亦存在一些问题并需要进一步改进，以更好地保障未成年
人的合法权益。预防与惩治性侵未成年人犯罪直接关涉未成
年人人格尊严和身心健康，是我国儿童优先原则和儿童最大
利益原则的重要表现，也是我国人权保障不断进步的集中体
现。

关键词： 性侵 未成年人 一站式询问

---

* 本文为西南政法大学校级项目（HRI2017006）成果，受"国家人权教育与培训基地西南政法
大学人权研究院 2017 年度人权专项课题研究项目"资助。
** 李娟，法学博士，西南政法大学人权研究院讲师，法社会学与法人类学研究中心研究员，主
要研究方向：法理学、法社会学与法人类学、人权法学。

　　未成年人是国家和民族的未来，对未成年人的伤害，不仅是对整个家庭的伤害，更是对人性尊严的践踏。"全社会都要了解少年儿童、尊重少年儿童、关心少年儿童、服务少年儿童，为少年儿童提供良好社会环境。"① 这是我国对未成年人保护工作提出的具体要求。对未成年人进行特殊、优先保护，既是道德准则，更是法律要求。因此，我国一直把预防与惩治性侵未成年人犯罪、全面保护未成年人身心健康落实在具体行动与成效上。防治性侵未成年人工作是我国儿童优先原则和儿童最大利益原则的重要表现，也是我国人权保障水平不断提高的集中体现。

一　我国防治性侵未成年人工作的成就

（一）国家制定实施防治性侵害未成年人法律法规

　　预防与惩治性侵未成年人犯罪直接关涉未成年人人格尊严和身心健康，是符合儿童最大利益原则、保障未成年人权利的重要举措。根据"女童保护"公益组织《性侵儿童案例统计及儿童防性侵教育调查报告》（2013 年至 2018 年）连续 6 年数据，我国公开的性侵儿童案例近 3 年来呈现下降趋势（见图 1）。这一方面说明性侵未成年人形势依旧严峻，另一方面也充分反映了国家对预防和惩治性侵未成年人工作的重视以及所采取的举措取得了一定成效。

　　针对未成年人的性侵害，我国 2007 年修订的《中华人民共和国刑法》（以下简称《刑法》）规定了如下罪名：强奸罪、猥亵儿童罪。《刑法》第236 条规定："以暴力、胁迫或者其他手段强奸妇女的，处三年以上十年以下有期徒刑。奸淫不满十四周岁幼女的，以强奸论，从重处罚。强奸妇女、奸淫幼女，有下列情形之一的，处十年以上有期徒刑、无期徒刑或者死刑：（一）强奸妇女、奸淫幼女情节恶劣的；（二）强奸妇女、奸淫幼女多人的；

---

　　① 《让祖国的花朵在阳光下绽放》，2015 年 5 月 31 日，新华网，http：//www. xinhuanet. com/politics/2015 - 05/31/c_ 1115464048_ 2. htm。

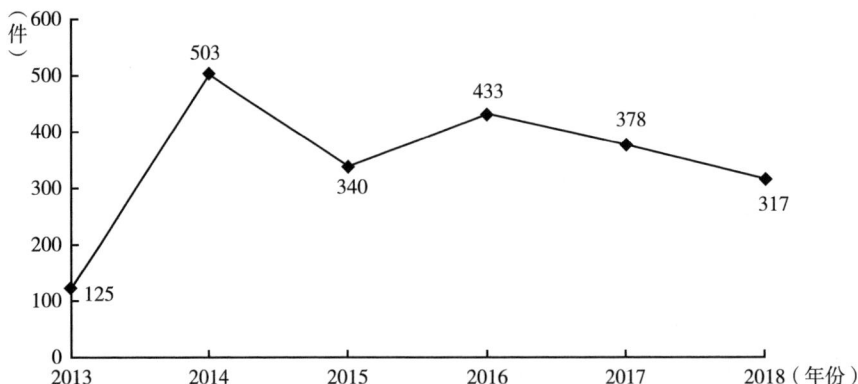

图1 近6年曝光的性侵儿童案例统计情况

数据来源:《"女童保护"2018年性侵儿童案例统计及儿童防性侵教育调查报告》,中国少年儿童文化艺术基金会女童保护基金,北京众一公益基金会,2019年3月2日。

(三)在公共场所当众强奸妇女的;(四)二人以上轮奸的;(五)致使被害人重伤、死亡或者造成其他严重后果的。"《刑法》第237条规定:"以暴力、胁迫或者其他方法强制猥亵他人或者侮辱妇女的,处五年以下有期徒刑或者拘役。聚众或者在公共场所当众犯前款罪的,或者有其他恶劣情节的,处五年以上有期徒刑。猥亵儿童的,依照前两款的规定从重处罚。"这体现了我国刑事立法对性侵未成年人犯罪的惩治力度。2017年3月审议通过的《中华人民共和国民法总则》,第191条就是关于未成年人受到性侵害时诉讼时效的特别保护规定,即"未成年人遭受性侵害的损害赔偿请求权的诉讼时效期间,自受害人年满十八周岁之日起计算"。根据该规定,当未成年人遭受性侵害后,其损害赔偿请求权的诉讼时效并不是从权利受到损害之时立即开始计算,而是自受害人年满18周岁之日起计算,且诉讼时效期间仍然是3年。换言之,对于性侵未成年人的案件,一旦被发现之后,在21周岁之前的追诉期都是有效的。[①]这显然有利于保护未成年人的合法权益。2013年修订施行的《中华人民共和国未成年人保护法》也设有专项条款禁

---

① 胡建兵:《严惩性侵儿童犯罪》,2019年12月20日,中国法院网,https://www.chinacourt.org/article/detail/2019/12/id/4736108.shtml。

止对未成年人实施性侵害，其第 41 条规定，"禁止拐卖、绑架、虐待未成年人，禁止对未成年人实施性侵害"。2019 年 10 月 21 日，未成年人保护法修订草案在十三届全国人大常委会第十四次会议中首次提请审议。其中，针对性侵害未成年人问题分别从以下几个方面作出积极回应。第一，学校的责任主体地位在保护未成年人中被进一步强调，该草案建议在总则中将学校明确列为责任主体之一。第二，建立性侵未成年人再犯预防机制。建议在第六章中增加一条，"实施性侵害、虐待、暴力伤害等严重侵害未成年人行为的犯罪人员刑满释放前应当进行社会危害性评估。被评估为再犯危险性较高的，应当加强监督管理，必要时可以在其活动范围内向社会公开其个人信息，方便公众查询知悉，加强警示与预防"。第三，对性侵未成年人案件的立案制度予以完善。草案建议在第七章司法保护中增加"公安机关接到强奸、猥亵等严重性侵未成年人的报案、控告、举报的，应当立即立案，迅速开展侦查工作"。同时增加"人民检察院应当加强对性侵未成年人犯罪案件的立案监督，确保有案必立、有案必查"这一条款。这主要是基于对性侵未成年人案件特殊性的考量，其立案标准应当与该类案件特点相适应，这样才有助于该类案件的及时侦破，以及解决该类案件立案难等相关问题。① 第四，创设从业资格查询制度，避免未成年人遭受性侵害。草案规定，国务院应当就性侵害等严重侵害未成年人的违法犯罪活动建立全国统一的犯罪人员信息查询系统，对于有用工需求的密切接触未成年人行业的相关组织和机构由公安机关等提供查询服务。第五，加强司法保护，增加女性工作人员相关内容。由于遭受性侵的未成年人大多为女性，草案建议在"司法保护"一章中增加女性工作人员的相关规定。根据草案规定，为了更好地了解遭受性侵的未成年人的身心特点，办理涉及未成年人案件的相关部门工作人员必须经过专门培训。其中的专门机构或者专门人员中，应当安排一定比例的女性工作人员。询问遭受性侵害的女性未成年被害人，应当由女性工作

---

① 《性侵未成年人犯罪人员个人信息可适度公开》，《中国妇女报》2019 年 10 月 28 日，第 1 版。

人员进行。① 上述草案中的这些规定，都体现了我国未成年人保护立法所坚持的最大利益原则、优先保护原则。

除了上述法律规定之外，2013 年 10 月 23 日，最高人民法院、最高人民检察院、公安部、司法部四部门联合发布了《关于依法惩治性侵害未成年人犯罪的意见》，指导各级法院审判及相关工作，给予未成年人群体最有力、最全面的保护。从依法严惩性侵害犯罪、加大对未成年被害人的保护力度等方面作出规定，并明确了"儿童优先、儿童利益最大化"原则。② 最高人民法院、最高人民检察院、公安部、民政部 2014 年 12 月 18 日发布《关于依法处理监护人侵害未成年人权益行为若干问题的意见》；2018 年 2 月，最高人民检察院印发《最高人民检察院关于全面加强未成年人国家司法救助工作的意见》，明确提出，建立对遭受性侵害的未成年人的心理和司法救助支持体系，2018 年 10 月 19 日，由最高检向教育部发出《中华人民共和国最高人民检察院检察建议书》（简称"一号检察建议"），为有效预防和杜绝教职员工性侵害未成年学生违法犯罪情况发生，建议积极推动幼儿园、中小学校园安全建设，这是新中国成立以来最高检察机关向政府行政部门发出的第一号检察建议书。其核心内容在于进一步健全完善预防性侵害的制度机制，加强对校园预防性侵害相关制度落实情况的监督检查，依法严肃处理有关违法违纪人员等。③ 2018 年 12 月 12 日，根据最高人民检察院检察建议书中提出的有关建议，教育部办公厅下发了《教育部办公厅关于进一步加强中小学（幼儿园）预防性侵害学生工作的通知》，要求各地教育行政部门和学校从性侵害学生案件中吸取教训，把预防性侵害教育工作作为重中之重。"深入开展预防性侵安全教育"已被作为一项重要内容予以安排部署。截至2019 年 1 月，全国 25 个省（自治区、直辖市）党委、政府领导对落实"一

① 姜佩杉：《未成年人保护法修订草案首次提请审议》，2019 年 10 月 23 日，中国法院网，https：//www. chinacourt. org/article/detail/2019/10/id/4582930. shtml。
② 徐隽：《人民网评：对性侵儿童的犯罪分子亮出利剑》，2019 年 12 月 19 日，中国法院网，https：//www. chinacourt. org/article/detail/2019/12/id/4736002. shtml。
③ 《人大代表谭琳：性侵儿童案件定罪量刑标准需完善》，2019 年 3 月 14 日，中国法院网，https：//www. chinacourt. org/article/detail/2019/03/id/3786481. shtml。

号检察建议"作出批示，26 个省（自治区、直辖市）教育主管部门采取积极举措，通过检察机关和教育部门的共同努力，预防性侵害幼儿园儿童和中小学学生违法犯罪工作取得积极成效。比如，全国有近 2000 名检察长担任中小学法治副校长。①

（二）突出打击性侵害未成年人犯罪

性侵害犯罪在侵害未成年人犯罪中占有较大比例，检察机关对此类案件一直坚持严厉打击，绝不放过任何一个案件。2019 年 1 月至 11 月，全国法院共一审审结猥亵儿童罪的案件 4159 件。② 当前，奸淫幼女、猥亵儿童等性侵害未成年人犯罪仍处于多发态势。有关数据显示，不少地方性侵案件被害人中，未成年人已经占到 3~5 成。特别是在一些农村，留守女童由于监护不力，遭受性侵现象较为严重。人民法院对于性侵害未成年人犯罪坚持零容忍立场，对犯罪性质、情节极其恶劣，后果极其严重的性侵儿童案件，坚决依法判处死刑。最高人民法院牵头起草的《关于依法惩治性侵害未成年人犯罪的意见》，明确了"奸淫幼女明知认定""公共场所当众猥亵认定""校园性侵案件中教育机构民事责任承担"等一系列重要问题的法律适用标准；对于那些具有教育、监护等专门职责的人员强奸、猥亵未成年人的，以及进入未成年人住所、学生宿舍实施强奸、猥亵等情节严重的人员，明确要求依法对其从严惩处；对于那些强奸未成年人的成年罪犯，一般不得适用缓刑。③ 这些措施加大了犯罪成本，将对此类犯罪产生很好的威慑和遏制作用。

人民法院对未成年人权益历来坚持优先保护、特殊保护和重点保护的原则，不断提升对性侵害未成年人犯罪的处罚力度。2018 年 11 月、2019 年 7

---

① 《最高检副检察长童建明：1796 名检察长担任中小学法治副校长》，2019 年 3 月 15 日，中国青年网，http：//news. youth. cn/gn/201903/t20190315_ 11898282. htm。

② 胡建兵：《严惩性侵儿童犯罪》，2019 年 12 月 20 日，中国法院网，https：//www. chinacourt. org/article/detail/2019/12/id/4736108. shtml。

③ 孙航：《筑牢保护未成年人的法治堤坝——人民法院预防惩治性侵害未成年人犯罪工作综述》，2019 年 9 月 3 日，中国法院网，https：//www. chinacourt. org/article/detail/2019/09/id/4423047. shtml。

月，最高人民法院先后发布的两批典型案例中，就包括云南省大理白族自治州强奸女学生10余名的小学教师陈玉章被判处并执行死刑案，云南省红河哈尼族彝族自治州拦路抢劫未成年学生并结伙强奸未成年女生10余名的潘永贵被判处并执行死刑案，山东省临沂市强奸多名幼女并强迫幼女卖淫的何龙被判处并执行死刑案。[①] 统计数据显示，2018年获刑的猥亵儿童犯罪分子，被判处3年以上有期徒刑的超过23%，高出全国同期刑事案件近8个百分点。[②] 2018年1月至2019年10月共起诉性侵害未成年人犯罪3.25万人。[③] 其中，在严惩校园性侵犯罪中，2019年全国检察机关共批准逮捕教职员工性侵害学生犯罪嫌疑人664人，提起公诉520人。[④] 我国司法部门坚持以高压的态势震慑性侵未成年人犯罪，突出打击性侵害未成年人犯罪并不断提升对性侵未成年人犯罪的惩罚力度。

（三）对性侵未成年人罪犯实施从业禁止

关于性侵未成年人犯罪从业禁止的判罚，早在2016年就已经出现，据不完全统计，在2016年至2019年的3年时间里，江苏、广东、广西、北京、浙江、四川、福建、吉林、贵州、重庆、湖北等十几个省（区、市）出现了从业禁止的判决。例如，吉林省长春市宽城区法院[⑤]、上海市闵行区

[①] 孙航：《筑牢保护未成年人的法治堤坝——人民法院预防惩治性侵害未成年人犯罪工作综述》，2019年9月3日，中国法院网，https://www.chinacourt.org/article/detail/2019/09/id/4423047.shtml。

[②] 张晨：《性侵未成年人案件频发　少年司法离儿童利益最大化有多远》，2019年8月8日，中国法院网，https://www.chinacourt.org/article/detail/2019/08/id/4272424.shtml。

[③] 《最高检：近两年检方起诉侵害未成年人案件10.07万人》，2019年12月20日，中国法院网，https://www.chinacourt.org/article/detail/2019/12/id/4736741.shtml。

[④] 《最高检：校外培训机构成为性侵害未成年人犯罪重灾区》，2019年12月23日，中新网，http://www.nwccw.gov.cn/2019-12/23/content_277585.htm。

[⑤] 2019年6月，吉林省长春市某课后辅导班数学老师张某某在教室内，对年仅11岁的学生彤彤实施了猥亵。彤彤挣扎跑开后，立即告诉了家长，家长随后向公安机关报警。2019年11月，长春市宽城区法院以猥亵儿童罪判处张某某有期徒刑三年六个月，并采纳了宽城区检察院从业禁止的建议，禁止被告人张某某在刑罚执行完毕之日起五年内从事与未成年人教育相关的职业。《让性侵者付出代价多地对性侵未成年人罪犯从业禁止》，中国长安网，https://baijiahao.baidu.com/s?id=1655670802226662002&wfr=spider&for=pc&isFailFlag=1。

人民检察院①、北京市海淀区法院②性侵类从业禁止案。

除了对性侵未成年人犯罪实施从业禁止的判罚之外，各地方也出台了关于性侵未成年人罪犯从业禁止的规定。上海市长宁区人民检察院于 2019 年 1 月 15 日联合区委政法委、区教育局等 8 家单位公布了《关于在未成年人教育培训和看护行业建立入职查询和从业禁止制度的意见（试行）》（简称《意见（试行）》），以推动完善特定违法犯罪人员利用职业便利侵害未成年人的预防机制。《意见（试行）》指出，未成年人教育培训和看护行业的用人单位对于经查询发现存在包括性侵犯罪在内的五类违法犯罪记录的人员，应不予录用。③ 为了进一步从源头上加强对性侵未成年人犯罪的预防，2019 年 5 月 29 日上海市又正式对外发布了《关于建立涉性侵害违法犯罪人员从业限制制度的意见》，将与未成年人有着密切接触的相关行业工作人员的招录和管理机制进一步完善。例如，其将教师、保育员等直接对未成年人负有专门职责的工作人员和保安、门卫等一些具有密切接触未成年人条件的工作人员均纳入适用对象。意见明确，用人单位应当对拟录用人员是否存在性侵害违法犯罪记录的情况进行审查，并可以向公安机关进行核实。发现拟录用人员存在性侵害违法犯罪记录的，则不予录用。④ 2019 年 8 月，贵州省人民检察院、贵州省高级人民法院、贵州省公安厅等 12 家单位联合出台《关于

---

① 2016 年，上海市闵行区人民检察院办理某民办中学教师在补课时强制猥亵女学生一案时，依法建议法院判处禁止其在刑罚执行完毕后的三年内从事教育及相关工作，成为上海市首例性侵类从业禁止案。《让性侵者付出代价 多地对性侵未成年人罪犯从业禁止》，中国长安网，https://baijiahao.baidu.com/s? id = 1655670802226662002&wfr = spider&for = pc&isFailFlag = 1。

② 2017 年 12 月 26 日上午，北京市海淀区法院宣判"家教老师强奸、猥亵女学生"一案，对被告人邹明武数罪并罚，判处有期徒刑十二年零六个月，同时宣告自刑罚执行完毕或者假释之日起五年内，禁止其从事与未成年人相关的教育工作。据了解，该案系北京法院首例对性侵害未成年人的被告人宣告"从业禁止"的案件。《让性侵者付出代价 多地对性侵未成年人罪犯从业禁止》，中国长安网，https://baijiahao.baidu.com/s? id = 16556708022226662002&wfr = spider&for = pc&isFailFlag = 1。

③ 《上海长宁：家暴性侵等违法犯罪人员被禁入未成年人教育培训看护行业》，2019 年 1 月 16 日，新华网，http://www.xinhuanet.com/2019 - 01/16/c_ 1210039164.htm。

④ 《上海市发布意见对涉性侵违法犯罪人员进行"从业限制"》，2019 年 5 月 29 日，新华网，http://www.xinhuanet.com/2019 - 05/29/c_ 1124559324.htm。

在密切接触未成年人行业建立违法犯罪人员从业限制制度的意见》，以限制有侵害未成年人记录的人员从事密切接触未成年人的工作。其中，对曾经严重侵害未成年人人身权利的违法犯罪人员，如虐待、故意伤害、强奸、猥亵，组织、强迫、引诱、容留、介绍卖淫等，要限制或禁止其从事与未成年人密切接触的相关职业。从事与未成年人密切接触行业的政府部门、企事业单位、社会组织等用人单位，应当对本单位拟录用人员进行审查，发现拟录用人员有侵害未成年人相关违法犯罪记录的，不予录用。① 对于有性侵犯罪前科的人员，福建泉州市公安机关将及时通报其户籍所在地，当地派出所列入重点管控对象，实现本地、外地联防联控；对已查明利用从事医生、教师、培训等职业实施性侵的犯罪嫌疑人，将建议检察机关依法向法院提出"从业禁止"的量刑建议，禁止犯罪嫌疑人在刑法执行完毕后继续从事与未成年人相关的职业。② 此外，关于终身禁业的规定也已经写入了未成年人保护法修订草案。2019 年审议的未成年人保护法修订草案规定，对于具有性侵害、虐待、暴力伤害等严重侵害未成年人的违法犯罪记录的，不得录用，禁止其继续从业。这一规定的目的，其实就是终身禁业。未成年人保护法修订草案规定的信息查询，其制度设计的目的就是禁止具有性侵害等严重侵害未成年人的违法犯罪记录的人从事相关行业。无论是前置性的审查，还是对已经录用人员的筛查，都体现了终身禁业这一立法目的。③

对性侵未成年人罪犯实行从业禁止的举措具有重要意义，因为研究发现，性侵未成年人犯罪是一种极为特殊的犯罪形态，中外司法实务都发现，性侵未成年人罪犯再犯概率一般都比较高。而对具有性侵未成年人犯罪前科的相关人员实施从业禁止，可以极大地降低该类罪犯的再犯风险，并能从源头上预防和降低性侵未成年人的风险。

---

① 汪军：《贵州：限制侵害未成年人的人员从事密切接触未成年人的工作》，2019 年 8 月 10 日，新华网，http：//www. nwccw. gov. cn/2019 – 08/10/content_ 267301. htm。

② 李菁雯：《福建泉州坚持从源头治理 部门联动严防性侵未成年人案》，2019 年 12 月 19 日，中国妇女报，http：//www. nwccw. gov. cn/2019 – 12/19/content_ 277415. htm。

③ 《让性侵者付出代价 多地对性侵未成年人罪犯从业禁止》，中国长安网，https：//baijiahao. baidu. com/s？ id = 1655670802226662002&wfr = spider&for = pc&isFailFlag = 1。

（四）推进性侵未成年人犯罪人员信息公开制度建设

建立性侵未成年人犯罪信息库和入职查询制度是性侵未成年人罪犯从业禁止机制的配套措施，也是性侵未成年人犯罪人员信息公开制度建设的重要举措。建立性侵未成年人犯罪信息库和入职查询制度将有效预防未成年人遭受性侵害，减少熟人作案风险，有助于规范职业管理，切断具有潜在危险的犯罪嫌疑人与缺乏自我保护能力的未成年人之间的联系。

早在 2017 年 8 月 25 日，上海市闵行区就启动了全国首个特定行业涉性侵害违法犯罪记录人员禁止从业机制。该机制通过建立"涉性侵害违法犯罪人员信息库"，强化教师等特定行业入职审查，防止有涉性侵害前科劣迹人员进入与未成年人有密切接触的行业。[1] 2018 年 10 月，成都中院联合成都市检察院、公安局等 7 家单位会签了《侵害未成年人利益违法犯罪人员信息查询实施办法》。其中，实施该办法的核心载体是性侵未成年人罪犯数据库，通过运行该数据库，可以将保护未成年人的防线进一步向前移，保护未成年人尽量远离危险源。同时也能够在实践层面上为国家今后建立统一的数据库，提供直接、一手的数据参考，最大限度保护未成年人的合法权益。[2]

2019 年 2 月，由最高人民检察院发布的《2018—2022 年检察改革工作规划》指出，要建立健全性侵害未成年人违法犯罪信息库和入职查询制度。[3] 提高行业准入门槛，有助于改变相关行业在从业人员入职时对道德思想与违法情况考察缺失的情况。相关行业在招聘职工时通过"一键查询"，将有性侵"黑历史"者挡在门外，有效降低了未成年人被性侵的风险，提

---

[1] 《让性侵者付出代价 多地对性侵未成年人罪犯从业禁止》，中国长安网，https://baijiahao. baidu. com/s? id = 1655670802226662002&wfr = spider&for = pc&isFailFlag = 1。

[2] 任然：《成都侵害未成年人犯罪数据库投入使用》，2019 年 9 月 26 日，中国妇女报，http://www. nwccw. gov. cn/2019 - 09/26/content_ 271622. htm。

[3] 张明芳：《全国一"库"查性侵是保护未成年人应有之义》，《中国妇女报》2019 年 5 月 29 日，第 1 版。

升了未成年人学习生活的安全感。① 随后，多地就此积极落地实践。广州市花都区人民检察院 2019 年 4 月整合本辖区内 106 名性侵、拐卖、拐骗未成年人的成年犯罪分子资料，研发了广东首个"未成年被害人已决案件查询系统"。使涉未成年人行业通过"一键查"，将不适宜从事涉未成年人行业的人员"挡在墙外"。② 2019 年 4 月，由无锡市新吴区检察院牵头，与区委政法委、法院、公安、妇联等 11 家职能部门联合制定出台了无锡市首个《关于建立防范性侵害未成年人犯罪入职查询工作协作机制的暂行办法》，要求对与未成年人密切接触的工作岗位实施入职查询，将端口前移，更有助于预防性侵未成年人案件发生，加大对未成年人保护力度。该办法还规定了公安机关以全国违法犯罪记录数据库为基础，建立统一的性侵害未成年人犯罪信息库，定期更新，相关单位招录前应当到所在地公安机关申请防范性侵害未成年人犯罪入职查询，并将入职查询结果向区行政主管部门报备。③ 2019 年 7 月 4 日，重庆市《教职员工入职查询工作暂行办法》正式实施，与此同时，重庆市教职员工入职前涉罪信息查询系统也正式上线运行。根据相关规定，重庆市所有幼儿园、中小学校、高等院校新招录、聘用包括教师、行政勤杂等员工时，都应当进行涉罪信息查询，有犯罪记录特别是性侵犯罪记录的人员，不得被招录聘用。④ 2019 年 9 月，成都市侵害未成年人利益违法犯罪人员数据库也已正式投入使用。⑤

建立性侵未成年人犯罪数据库以及性侵前科一键查询制度，保护未成年人尽可能地远离具有犯罪记录的人员，显示出我国司法部门、社会公众以及相关主管部门等在特别重视预防性侵未成年人犯罪等认知上已达成共识。通过整合大数据面向社会公开，让"有前科者"无处遁形，时时刻刻都处于

---

① 任然：《成都侵害未成年人犯罪数据库投入使用》，2019 年 9 月 26 日，中国妇女报，http://www.nwccw.gov.cn/2019-09/26/content_271622.htm。
② 刘世康：《"一键查"让防性侵"关口前置"》，《中国妇女报》2019 年 4 月 3 日，第 2 版。
③ 《无锡新吴发出首份"从业禁止令"》，《中国妇女报》2019 年 8 月 15 日，第 3 版。
④ 《性侵犯罪者不能当老师扎紧了"安全阀门"》，《中国妇女报》2019 年 7 月 12 日，第 3 版。
⑤ 刘世康：《"一键查"让防性侵"关口前置"》，《中国妇女报》2019 年 4 月 3 日，第 2 版。

社会监督之下，让防患于未然的可能性越来越高，也是降低性侵案件发生的有效之举。

（五）重视遭受性侵未成年人的心理康复理疗赔偿

2018 年 6 月，广州市中级人民法院就一起继父强奸继女案件作出一审判决，法院以强奸罪判处被告人有期徒刑 15 年，并向被害人赔偿医疗费、鉴定费共 663.6 元，但驳回了未成年被害人请求支付心理辅导费 16 万元的诉求。一审判决结束后，被害女童以提高自身生存能力和心理健康为由，在上诉状中提出了 16 万元专业心理辅导费的赔偿请求。2019 年 5 月 17 日，广东省高级人民法院对该案件进行了二审，同时对原判决中的赔偿部分予以改判，对被害女童的诉求予以支持。其终审判决指出，"对于未成年被害人因被性侵害造成心理伤害而实际产生或必然产生的心理康复治疗等合理费用，未成年被害人及其法定代理人、近亲属提出赔偿请求的，法院予以支持，符合对未成年人予以特殊、优先保护的司法理念"。广东省高院依据受害女童的心理现状评估报告，认定其"需进行 180 小时以上的心理辅导，最低报价为每小时 600 元"，终审酌情支持心理康复治疗费 10 万元的赔偿请求。[1] 这是我国公开披露的第二起法院对性侵犯罪受害人提起心理康复费用诉讼请求给予支持的案例。第一起明确规定心理康复费用的判决是 2017 年四川省成都市成华区法院作出的，被告人以强奸罪被判处有期徒刑 11 年，判决赔付被害人的直接经济损失中，就包含有后续心理康复费用 3000 元。[2] 在司法审判中对遭受性侵犯罪被害未成年人的心理康复治疗诉求予以支持并写入判决书中，是落实四部门《关于依法惩治性侵害未成年人犯罪的意见》规定、引领司法实践的重要之举。

---

[1] 张荣丽：《性侵犯罪受害儿童心理康复治疗费应得到支持》，《新民晚报》2019 年 7 月 3 日，第 14 版，http：//xmwb. xinmin. cn/home/html/2019 – 07/03/content_ 14_ 3. htm。

[2] 《性侵犯罪受害儿童心理康复治疗费应得到支持》，《中国妇女报》2019 年 6 月 26 日，第 5 版。

（六）对性侵未成年犯罪被害人实施"一站式询问"

2018 年 5 月 29 日，最高人民检察院就开始推行适合未成年被害人身心特点的办案程序和办案场所。逐步推行"一站式询问"制度，要求在询问未成年被害人时做好预案，并进行同步录音录像，确保在整个诉讼过程中只询问一次。必要时进行心理干预。在办案时对未成年被害人进行同步救助。①"一站式询问"、救助，内容非常丰富，体现了对未成年被害人全方位、综合性的保护，尽可能为被害人提供便利，尽可能避免可能产生的二次伤害。"一站式询问"，更是考虑了未成年人的身心特点和其处于司法程序当中的特殊需求，有利于及时收集、固定证据，使刑事诉讼各个阶段在取证工作、证据收集、证明标准、证据认定、证据运用等方面达成共识。

关于"一站式"救助，多地还探索开展了法律援助、司法经济救助、心理康复，还有的地方探索会商机制，公、检、法、司、民政、教育、居委会、社工组织等相关部门、机构，协调联动为受害人尽快恢复正常生活、学习，以及所在的家庭提供帮助。

（七）发布性侵未成年人犯罪典型案例

根据中国法院网 2017～2019 年所公布的刑事典型案例数据统计，2017 年公布的 40 件刑事典型案例中根本就没有涉性侵未成年人犯罪案件，2018 年公布的 41 件刑事典型案例中有 5 件涉及性侵未成年人犯罪，占 12.2%；2019 年公布的 36 件刑事典型案例中有 6 件涉及性侵未成年人犯罪，占 16.7%（见图 2）。由上述数据可以看出，中国法院网所公布的性侵未成年人犯罪典型案例在这 3 年中呈递增趋势，这足以说明我国对性侵未成年人犯罪的打击力度和重视程度在逐年提高。

2019 年 7 月 31 日，最高人民法院发布了 4 件强奸、猥亵儿童典型案例，即韦明辉强奸幼女被判处死刑案、小学教师张宝战猥亵多名女学生案、

---

① 《性侵犯罪信息库还需配套强制报告制度》，《中国妇女报》2019 年 2 月 19 日，第 4 版。

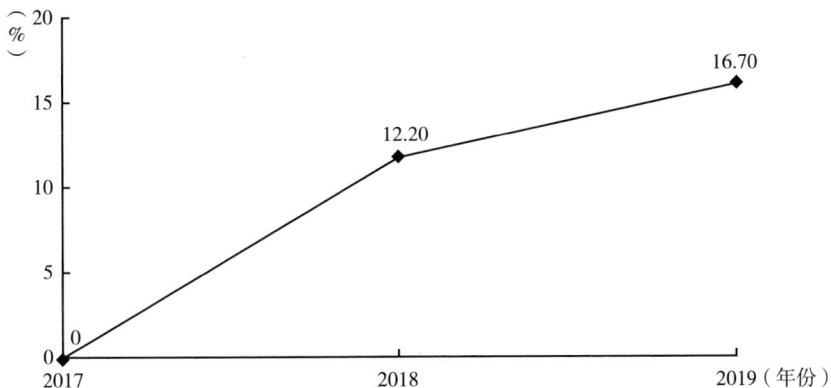

图2　2017~2019年中国法院网公布性侵未成年人犯罪典型案例

数据来源：中国法院网官网，https：//www. chinacourt. org/index. shtml。

蒋成飞以招募童星为名诱骗女童在网络空间裸聊猥亵案、李埔林猥亵男童案。① 2019年11月28日，全国妇联发布"依法维护妇女儿童权益十大案例"，其中有2例涉及严惩性侵未成年人犯罪的典型案例，即郑某某强奸养女案、蒋某某网络猥亵儿童案。② 2019年12月5日教育部公开曝光8起违反教师职业行为十项准则典型案例，其中有4起案例关于性侵未成年人问题，占50%，即贵阳中加新世界国际学校刘某某猥亵儿童案、辽宁水口村小学校长王某某性侵学生案、安徽省六安市轻工中学从教人员袁某某猥亵学生案、青岛市市北区红黄蓝万科城幼儿园某外籍教师猥亵儿童案。③ 2019年12月21日，检察机关发布的20个典型案例中，涉及严惩性侵未成年人犯罪的典型案例就有7个，分别从从重惩处教职人员性侵犯罪、督促健全校园安全机制、严惩网络性侵犯罪、落实强制报告制度、提高性侵犯罪惩罚力度、严惩校外培训机构等方面打击性侵未成年

---

① 《最高法发布四件性侵儿童犯罪典型案例》，2019年7月31日，国务院妇女儿童工作委员会官网，http：//www. nwccw. cn/2019 – 07/31/content_ 266228. htm。

② 《全国妇联发布依法维护妇女儿童权益十大案例》，2019年11月29日，人民网，http：//legal. people. cn/n1/2019/1129/c42510 – 31481143. html。

③ 《教育部公开曝光8起违反教师职业行为十项准则典型案例》，2019年12月5日，中华人民共和国教育部官网，http：//www. moe. gov. cn/jyb_ xwfb/gzdt_ gzdt/s5987/201912/t20191205_ 410994. html。

人犯罪行为。[①] 我国不同部门发布的性侵未成年人犯罪典型案例涉及范围广，内容全面，并附带相应的说明和典型意义介绍，为我国司法部门处理类似案件、有效打击性侵未成年人犯罪提供了很好的指导。

二 我国防治性侵未成年人工作中存在的问题

（一）未成年人防性侵安全教育不足

《"女童保护"2018 年性侵儿童案例统计及儿童防性侵教育调查报告》数据显示，我国仅有 37.35% 的家长在日常生活中对孩子进行过防性侵安全教育，22.91% 的家长从来没有进行过相关的教育，其余 39.75% 的家长偶尔进行过两三次防性侵安全教育（见图 3）。当被问及不对孩子进行防性侵教育的原因时，48.42% 的家长认为是不知道如何进行，32.08% 的家长认为孩子还小应该等他们长大一点，13.58% 的家长认为学校会进行教育，2.74% 的家长认为会教坏孩子，3.18% 的家长则认为这个话题"难以启齿"（见图 4）。不和孩子谈性，似乎是许多中国家长的共同问题。

但是根据"女童保护"调查报告，750 名受害人中，14 岁以下的受害人比例为 80%，年龄最小的为 3 岁；14～18 岁的比例为 10.40%（见图 5）。从数据可以看出，被性侵儿童中，总体上 14 岁以下的占了大多数，但是14～18 岁年龄段的占比并不小，这也说明了儿童自我保护基本知识、防范意识和能力并未随着年龄同步增长，除了开始步入青春期的孩子迫切需要加强防范教育之外，对于未成年人的性教育以及防性侵安全教育必须在更早年龄阶段开展，比如从 3 岁的幼儿阶段开始。

---

① 7 个严惩性侵未成年人犯罪典型案例分别是：保安刘某某猥亵女童案，教师汪某某性侵女生案，杨某甲纠集杨某乙、杨某丙等其他 5 人性侵未成年人案，朱某某组织未成年人卖淫案，曲某某利用网络诱骗猥亵儿童案，教师江某某强制猥亵学生案，张某某猥亵儿童案。《检察机关发布典型案例 包括严惩侵害未成年人犯罪等》，《检察日报》2019 年 12 月 21日，第 03 版。

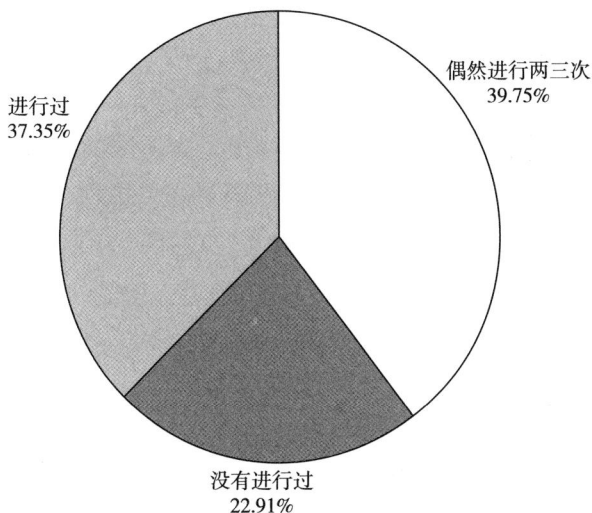

图 3　家长在日常生活中对孩子进行防性侵安全教育情况

数据来源：《"女童保护"2018 年性侵儿童案例统计及儿童防性侵教育调查报告》，中国少年儿童文化艺术基金会女童保护基金、北京众一公益基金会，2019 年 3 月 2 日。

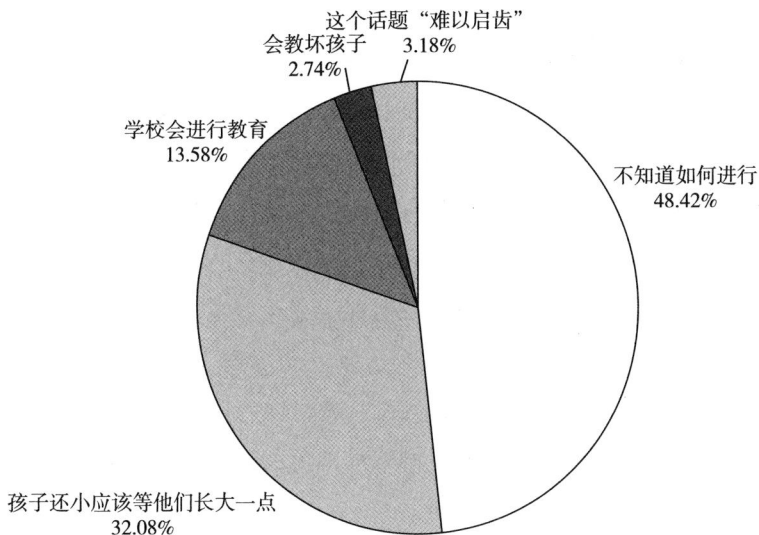

图 4　家长不对孩子进行防性侵安全教育的原因

数据来源：《"女童保护"2018 年性侵儿童案例统计及儿童防性侵教育调查报告》，中国少年儿童文化艺术基金会女童保护基金、北京众一公益基金会，2019 年 3 月 2 日。

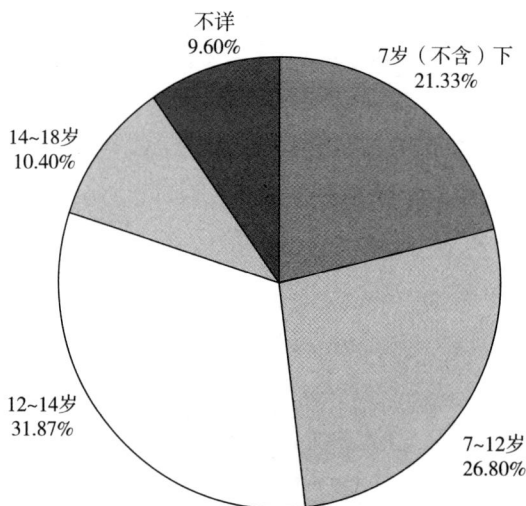

图 5　受害年龄段占比

数据来源:《"女童保护" 2018 年性侵儿童案例统计及儿童防性侵教育调查报告》，中国少年儿童文化艺术基金会女童保护基金、北京众一公益基金会，2019 年 3 月 2 日。

　　除了在家庭中防性侵安全教育比较缺乏之外，在学校以及社会中对于未成年人的防性侵安全教育也明显不足，在我国很多中小学教育中，生理健康课大多是流于形式，其中防性侵安全教育更是寥寥无几，很多关于性教育方面的课程老师羞于讲解，直接让学生自习，甚至在一些农村地区，主动了解性知识的青少年还会遭到嘲笑。从现今我国性教育的内容和方式看，内容形式十分单一：其一，性教育素材匮乏且缺乏统一的标准，自 2002 年中国出版第一部关于青春期性教育系列教材以来，至今都没能对全国性教材的内容、尺度等制定一个统一的标准；其二，教学内容单一，现今性教育内容主要停留在生理健康卫生教育层面，例如性别角色、生理知识等，缺乏对性行为、性道德、性观念等方面的引介。另外，在教学形式上，现今我国性教育大多局限于课堂教学或课后自行阅读教材。[①] 而且长期以来，国人对"性"

---

① 曹岚、周厚余：《再论我国儿童性教育的现状、问题及策略》，《教育现代化》2018 年第 21 期。

的话题十分避讳，对于防性侵安全知识，不仅儿童一无所知，成年人也所知不多，甚至羞于提及。在国民教育体系中补上"性教育"这门课已经刻不容缓，教育的对象不仅仅是儿童，更需要脱盲的是家长、教师以及每个社会成员。

（二）性侵未成年人犯罪取证难度大

证据是定罪量刑的关键。但是，现实中有个别性侵未成年人案件判处的刑罚偏轻，甚至有的性侵加害人并没有受到应有的制裁。这主要在于性侵未成年人犯罪取证困难。性侵未成年人案件多发生于隐蔽的场所，案发时间有时又比较长，物证很难被及时有效提取，客观证据缺乏且很少获得保全，证据类型大多仅仅是被害人陈述和被告人供述等形式单一的言词证据。与此同时，由于受害人年龄限制，其认知和心理尚不成熟，表达能力和记忆力等非常有限，而且很容易受到性侵者威胁、欺骗等外在条件的影响，其很难对自己所遭受的性侵行为进行完整、清晰的表述和理解。尤其是年幼的儿童会省略掉他们认为不重要的事件，时间观念较差，并很难描述出案件发生的细节，甚至会出现前后陈述矛盾的情况。这些都容易成为否定被害人陈述真实性的因素，会让受害人证言的证据效力大打折扣。除此之外，性侵未成年人犯罪一般没有第三方在场，很少有目击证人，一般缺乏具有较强证明力的证人证言。在此种情况下，由被害人转述给亲属犯罪事实这一传闻证据则成为比较常见的证人证言。但是，这种类型的证人证言往往因为受害人与其近亲属之间的利害关系而不被赋予较强的证明力。[①]

（三）"一站式询问"专业化程度不高

推行未成年被害人"一站式询问"、救助机制，必须依靠相关的专业人员，甚至对相关人员的专业性要求比较高。最高人民检察院成立了未检厅，自上到下也成立了相应的未检机构，或者有专门人员从事未检工作。但是，

---

① 向燕：《性侵未成年人案件证明疑难问题研究》，《法学家》2019 年第 4 期。

相当一部分地方公安机关没有专门办理未成年人案件的警务人员,由于未成年人案件办理专业性很强,且十分特殊,检察和公安两家还需要一个磨合的过程。公安机关设立未成年人案件专门机构或者安排专门人员进行未检工作也是需要解决的问题。此外,儿童心理专家、专业社工等在边远地区往往相对匮乏,人员的培养需要不断积累经验,也需要一个过程。"一站式询问"制度还可能涉及正规化、专业化、职业化建设问题,比如软硬件建设、专业人员培训、运作流程等。除了要保证询问人员的专业性,必要时应当有儿童心理专家在场进行参与。① "一站式询问"制度应当提前到公安侦查阶段,以提升基层公安人员办理儿童案件的专业性以及儿童保护的敏感性。这就需要通过采取一些措施使检察机关加强对公安机关取证行为的指导,使未检部门提前介入侦查工作,指导侦查取证。

(四)性侵未成年人犯罪精神损害赔偿缺位

性侵未成年人案件一般都会对未成年被害人造成很大的心理和精神创伤,虽然我国法院在该类案件中已经做出了支持康复理疗赔偿的范例,但是,性侵案件的未成年被害人一般还是很难获得精神损害赔偿的。关于该类案件被害人的精神损害赔偿问题,法律规定还是存在一定的不足。按照《刑事诉讼法》第101条的规定,"被害人由于被告人的犯罪行为而遭受物质损失的,在刑事诉讼过程中,有权提起附带民事诉讼。被害人死亡或者丧失行为能力的,被害人的法定代理人、近亲属有权提起附带民事诉讼"。《最高人民法院关于适用〈中华人民共和国刑事诉讼法〉的解释》第138条第2款规定:"因受到犯罪侵犯,提起附带民事诉讼或者单独提起民事诉讼要求赔偿精神损失的,人民法院不予受理。"

在目前我国法院对于性侵未成年人案件的审理中,其仅仅支持心理治疗康复赔偿,并没有对受害人的精神损害赔偿予以支持。这一方面是由于长期受到"精神不能拿金钱来亵渎"这一观念的影响,另一方面,则是考虑到

---

① 《性侵犯罪信息库还需配套强制报告制度》,《中国妇女报》2019年2月19日,第4版。

被害人的精神会基于追究犯罪人的刑事责任而获得抚慰。但是，犯罪人承担刑罚责任，是其对自身犯罪行为应付出的代价。这种代价，不应该仅仅是物质层面的，还应该是基于犯罪行为被害人所遭受伤害的附随代价。在性侵未成年人案件中，被害人心智尚处于发展期，其更容易遭受精神创伤且不容易恢复，修复周期更长，往往需要接受长期的心理和精神治疗，且花费巨大。这种精神创伤甚至会伴随受害者一生，严重影响其日常生活与成长发展。但是，我国法律显然没有对这种精神损害给予应有的关注。所以，有学者建议"应尽快修改刑事诉讼法第 101 条的规定，从而使性侵被害未成年人能够获得精神损害赔偿"。①

三 完善我国防治性侵未成年人工作的建议

（一）补足未成年人性教育及防性侵安全教育短板

首先，在家庭中父母应该破除"羞于谈性"的传统观念，在孩子很小的时候，就应当采取适当方式对其进行性教育以及防性侵安全教育。比如，父母与孩子谈论性教育以及儿童性侵害的话题应当变成家庭安全教育的一部分，就像日常生活中和孩子交流吃饭等话题一样。父母应当教会孩子说出身体部位的科学名称，让孩子知道哪些是身体的隐私部位，教授一些预防性侵以及遭受性侵如何求助的方法等，提高孩子的警惕性。其次，学校要对各学段学生开展全面性教育，开设相关的教育课程，让每一个未成年人都有机会在学校这样一个正规的教育场所，接受内容完整、符合学生身心发展规律的全面性教育。具体而言，应从国家层面将性教育及防性侵教育纳入教育体系中，由有关部门主导并投入资金，成立由国内外优秀性教育专家组成的全国编写儿童性教育读物的委员会，编写适用于不同年龄阶段儿童的性教育及防

---

① 《死刑判决体现了人民法院对性侵幼女犯罪坚决严惩的立场》，《中国妇女报》2019 年 6 月 10 日，第 2 版。

性侵教材、读物、动画等。书籍内容应包括生理卫生知识、生殖健康、性罪错防范、性道德、性法律等内容，潜移默化地向儿童灌输关于自我保护、尊重他人、道德规范及法律法规等更为重要的性教育知识。[①] 再者，培养全社会保护未成年人的意识，使全社会形成抵制性侵未成年人犯罪、尊重性别平等、保护未成年人的氛围，让保护未成年人成为每个公民自觉履行的社会义务。保障儿童在安全的环境中健康成长，不仅仅是父母和家庭的责任，还是整个社会的义务。一方面，每个人都应认识到，在未成年人保护问题上无小事，只要发现某一个未成年人处于遭受性侵的危险之中，都应该立即采取措施保障未成年人的安全。另一方面，要充分发挥保护未成年人、关爱未成年人社会组织力量的作用，比如，在儿童防性侵安全教育方面做出突出贡献的"女童保护"公益基金组织，"女童保护"公益基金组织以"普及、提高儿童防范意识"为宗旨，致力于保护儿童远离性侵害。其出台了义务教育阶段防性侵专门教案，填补了国内这方面的空白，其还在全国多地开展小学"防性侵一堂课"，并取得了较好的效果。

（二）有必要建立一套性侵未成年人案件证据处理规则

性侵未成年人案件的证据构造和被害主体均具有特殊性，因此，性侵未成年人案件应该设立特殊的证据规则。首先，我国刑事诉讼程序和证据制度应当根据性侵未成年人案件特点作出相应调整。在审查性侵未成年人案件的证据过程中，更需要兼顾证据正向的证实和反向的证伪，并应当注意把握好四个方面："认真审查案件的发案、破案经过是否自然，慎重判断被害人陈述的客观真实性，仔细分析供证关系，充分考察间接证据对案件事实的印证作用。"[②] 具体而言，在判断被害人证言的客观真实性方面，应当充分考虑未成年人特别是幼儿对案件经过陈述的特殊性，不能适用与成年人证言一样的审查标准，而应当依据未成年受害人的年龄特

[①] 胡馨馨、刘湘国：《中国儿童性教育发展现状及对策研究》，《教育现代化》2018 年第 2 期。

[②] 《最高法"案例大讲坛"首次以未成年人权益保护为主题》，《中国妇女报》2019 年 8 月 2 日，第 2 版。

点对其表达能力和认知水平进行综合判断，来认定其陈述的证据资格和证明力。与此同时，间接证据的证明力不容忽略，要充分考察诸如被告人是否有性侵犯罪前科，案发前后与被害人接触情况等间接证据对案件事实的证明作用。如果间接证据足以排除合理怀疑，进一步补强被害人陈述的证明力，将更有助于对整个性侵案件事实的认定。还有学者提出，应对我国性侵未成年人案件中证据的审查判断规则作出以下改革："其一，引入专家证言辅助裁判者对被害人陈述进行审查判断；其二，对遭性侵的未成年被害人延迟揭发犯罪事实、撤回指控以及陈述不一致、缺乏细节等现象要区别对待；其三，对使用具有强暗示性询问方法获取的未成年被害人陈述予以排除。"[1]

此外，公安机关要第一时间进行专业取证，增强办理性侵儿童案件的专业性。取证应要符合未成年人的身心特点，儿童心理、教育专家要提供辅助支持，增强儿童证言的客观性、真实性，保证儿童证言可以采信。例如，对未成年被害人、证人调查取证，应采取"一站式"调查取证模式，要加强对未成年被害人名誉、隐私的保护，进行必要的心理疏导。询问未成年人需要实现保护儿童利益与发现真实两大价值的平衡，应尽可能做到以最少的询问次数获得最多所需要的信息，以避免司法程序中的多次询问对未成年人造成"二次伤害"，对其造成多次心理创伤，这也有助于避免因多次询问可能造成的陈述前后不一致情况，削弱证言的证明力。同时，要在第一时间对被侵害的未成年人提供心理辅导等干预措施。

（三）尽快修法支持性侵受害未成年人获得精神损害赔偿

要以性侵未成年人案件为试点，开展惩罚性经济赔偿的探索。首先，在性侵未成年人案的刑事判决中，根据犯罪行为的社会危害性，在有期徒刑之外并处高额罚金。其次，在附带民事诉讼中，明确支持受害者的精神赔偿要求，制定赔偿标准；明确精神赔偿的惩罚性原则，赔偿基数应在其他类型精

---

① 向燕：《论性侵儿童案件中被害人陈述的审查判断》，《环球法律评论》2018 年第 6 期。

神赔偿基础上提高数倍，且不以精神损害鉴定为赔偿前提。① 通过这样一系列经济惩罚，让罪犯付出高额犯罪成本，才能真正起到预防犯罪的警示作用。这样一种经济惩罚的合理运用还可以更好地发挥惩戒犯罪者和救济受害者的双重作用。

（四）建立性侵受害未成年人专项救助基金

《关于依法惩治性侵害未成年人犯罪的意见》早已明确要求，"各级人民法院、人民检察院、公安机关和司法行政机关应当加强与民政、教育、妇联、共青团等部门及未成年人保护组织的联系和协作，共同做好性侵害未成年人犯罪预防和未成年被害人的心理安抚、疏导工作，从有利于未成年人身心健康的角度，对其给予必要的帮助"。考虑到遭受性侵害犯罪的未成年受害人往往面临身体及精神心理的双重伤害，因此及时获得有效的心理康复理疗和精神损害赔偿对于未成年受害人而言显得尤为重要，但是心理和精神康复治疗费用通常数额较大，如果加害人没有赔偿能力，在某些司法救助金不足以支持未成年受害人心理和精神康复理疗全部费用的情况下，国家则有必要为遭受性侵害未成年人建立专项救助基金，为遭受性侵害未成年人的心理康复理疗和精神创伤修复等提供相应的条件和保障，确保受害未成年人心理和精神的康复质量，提升救助水平。

参考文献

1. 胡建兵：《严惩性侵儿童犯罪》，2019 年 12 月 20 日，中国法院网，https：//www. chinacourt. org/article/detail/2019/12/id/4736108. shtml。

2. 《最高检副检察长童建明：1796 名检察长担任中小学法治副校长》，2019 年 3 月 15 日，中国青年网，http：//news. youth. cn/gn/201903/t20190315_ 11898282. htm。

---

① 《防范儿童性侵事件再发生要补上短板更要扫除盲区》，《中国妇女报》2019 年 7 月 9 日，第 3 版。

3. 张明芳：《全国一"库"查性侵是保护未成年人应有之义》，《中国妇女报》2019年5月29日，第1版。

4. 张荣丽：《性侵犯罪受害儿童心理康复治疗费应得到支持》，《新民晚报》2019年7月3日，第14版。

5. 《全国妇联发布依法维护妇女儿童权益十大案例》，2019年11月29日，人民网，http：//legal. people. com. cn/n1/2019/1129/c42510 – 31481143. html。

6. 向燕：《性侵未成年人案件证明疑难问题研究》，《法学家》2019年第4期。

7. 胡馨馨、刘湘国：《中国儿童性教育发展现状及对策研究》，《教育现代化》2018年第2期。

8. 向燕：《论性侵儿童案件中被害人陈述的审查判断》，《环球法律评论》2018年第6期。

B.16
儿童督导员和儿童主任的设置
及其工作进展

黄晓燕[*]

摘　要： 2019 年，中国继续在基层儿童关爱保护服务体系建设方面发力，通过构建县（市、区、旗）、乡镇（街道）、村（居）三级留守儿童和困境儿童的保障工作网络，改善基层预防机制和干预机制的缺陷。儿童督导员和儿童主任是基层儿童工作中的关键人力资源，覆盖面由试点扩展到全国，建立了明晰的工作职责并开展了一定的能力建设。但作为开拓期的工作队伍，这一基层儿童工作力量还面对许多挑战，需要开展持续性的岗位胜任力培训、完善政策法规体系、健全部门间联席会议制度、探索建立科学可行的岗位评估指标体系。

关键词： 儿童督导员　儿童主任　基层儿童工作

　　2019 年，是中国决胜全面建成小康社会的关键之年，也是实施"十三五"规划的冲刺之年。为了应对当前中国儿童工作面临的挑战，民政部增设儿童福利司，走出整合儿童福利行政职能，完善政府儿童工作机制，系统推进儿童福利政策的重要一步。同时，中国政府逐渐意识到要建设基层儿童工作队伍，打通儿童福利服务"最后一公里"，真正建立起关爱和服务儿童

---

* 黄晓燕，社会学博士，南开大学周恩来政府管理学院社会工作与社会政策系副教授，主要研究方向为儿童福利、社会政策。

的服务递送体系。民政部等 10 部门印发《关于进一步健全农村留守儿童和困境儿童关爱服务体系的意见》（民发〔2019〕34 号），其中一个重要举措是基层儿童工作队伍建设，在村（居）层面设立儿童主任，在乡镇（街道）层面设立儿童督导员，负责儿童关爱保护工作。儿童督导员和儿童主任构成了中国基层儿童福利服务递送体系的主要工作力量。

一 中国基层儿童福利服务制度中的短板

中国《宪法》（2018 年修正）规定，婚姻、家庭、母亲和儿童受国家的保护。[①] 为切实保障儿童权利，中国制定了《未成年人保护法》（2012 年修正）和《预防未成年人犯罪法》（2012 年修正）两部专门法，明确规定了家庭、学校、社会、各级政府及相关部门对未成年人的保护责任以及对未成年人犯罪的防范责任。《未成年人保护法》第 6 条明确规定"保护未成年人，是国家机关、武装力量、政党、社会团体、企业事业组织、城乡基层群众性自治组织、未成年人的监护人和其他成年公民的共同责任"，指出了政府和城乡基层群众性自治组织在未成年人保护方面的责任。《预防未成年人犯罪法》第 3 条明确规定"政府有关部门、司法机关、人民团体、有关社会团体、学校、家庭、城市居民委员会、农村村民委员会等各方面共同参与，各负其责，做好预防未成年人犯罪工作，为未成年人身心健康发展创造良好的社会环境"，指出了基层组织应当发挥的预防作用。其他相关政策文件，也指出了基层组织应该在未成年人工作中履行的责任和义务。然而在政策实施层面，中国基层儿童服务工作体系尚未成熟，尤其是缺乏儿童福利服务递送体系，导致基层在儿童问题预防、干预和发展方面力量薄弱。

儿童福利和儿童基本权益的保障与其他领域有一个较大的差别，即政策框架的制定与直接的服务须同时匹配才能达到效果。因此，在建立健全儿童福利政策体系的同时，儿童福利服务提供体系的建设同样重要，尤其是基层

---

① 《宪法》第 49 条第 1 款。

儿童福利服务网络的建设，关系到制度最终能否落地到村和社区，切实惠及留守儿童和困境儿童的问题。而在中国原有的儿童福利体系建设中，儿童服务递送体系一直处于空缺的状态，即近年来政府在儿童福利法规和政策方面有了较大的突破，但是让政策真正惠及儿童及其家庭的服务递送体系，由于很多现实条件的限制，一直未能建立起来。但在此过程中，政府和很多社会力量一直在实践中努力探索。

二 儿童督导员和儿童主任制度的建立

（一）发端到延展：儿童督导员和儿童主任制度的试点

为保障国家政策法规落地，解决儿童服务"最后一公里"问题，民政部和联合国儿童基金会在 2010 年 5 月启动了"中国儿童福利示范区"项目，其目标是尝试探索在基层建立儿童福利服务递送体系。项目在山西、河南、四川、云南及新疆 5 个省区 12 个县 120 个村里选拔出全国首批 120 个村级儿童福利主任。[①] 对这些基层的儿童福利主任进行社会工作专业培训，要求他们秉持社会工作的价值理念，掌握民政、卫生、教育等部门和儿童福利有关的政策，运用社会工作的方法，和家庭、学校、卫生领域合作，为社区中有需要的儿童提供基本的福利服务。例如儿童福利主任们要建立社区儿童完整的信息资料，从中筛选出需要特殊关注的儿童。他们深入开展家访工作，评估社区中各类儿童群体，如孤儿、残疾儿童、家庭贫困儿童等精准的服务需求，然后链接相关的政策、社会和社区资源，提供儿童和家庭所需要的服务，解决他们面临的实际困难。

基于以上的经验，从 2013 年开始民政部在河南洛宁、江苏昆山、浙江海宁、广东深圳地区开展适度普惠型儿童福利制度"先行先试"试点工作，

---

① 资料来源：儿童福利示范区项目协调办公室：《中国儿童福利示范区项目：总结部署继往开来》，《社会福利》2012 年第 1 期，第 63 页。

在试点地区村（居）委会设立 1 名专职儿童福利督导员，在乡镇（街道）设立儿童福利服务工作站，负责儿童服务信息管理、指导、培训等工作。2014 年，民政部增设了第二批适度普惠型儿童福利制度建设试点，共涉及 46 个市（县、区）。2015 年，基层儿童福利服务建设试点在原中国儿童福利示范区项目 12 个县、120 个村的项目单位基础上新增 89 个县（市、区）、890 个村（社区）。① 根据联合国儿基会发布的报告，截至 2018 年底，各省（区、市）共配备乡镇（街道）儿童督导员 4.46 万名，儿童主任 61.53 万名（见图 1），全国所有村居的儿童主任设置基本完成。② 儿童督导员和儿童主任实行实名制管理，在建立全国留守儿童、困境儿童信息系统的同时，也建立了全国儿童督导员、儿童主任的信息系统。至此，在全国范围内基层的儿童福利服务递送体系的人员队伍已经建立起来了。

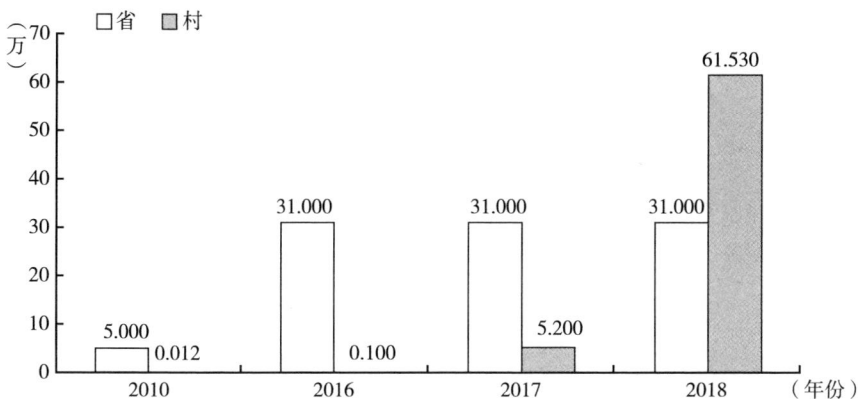

图 1 省级和村级单位儿童主任队伍建设的规模变化

资料来源：中国公益研究院、联合国儿童基金会：《全国基层儿童福利与保护服务体系建设工作 2019 年度报告》，https：//www. unicef. cn/reports/national – grassroot – children – welfare – and – protection – service – system – building – annual – report – 2019。

---

① 《民政部办公厅关于在全国部分地区开展基层儿童福利服务体系建设试点工作的通知》，2015 年 10 月 12 日，http：//mzt. hunan. gov. cn/xxgk/zcfg/wj/201510/t20151012_ 3726703. html。新增地区包括第一、第二批全国适度普惠型儿童福利制度建设试点县（市、区）。

② 中国公益研究院、联合国儿童基金会：《全国基层儿童福利与保护服务体系建设工作 2019 年度报告》，https：//www. unicef. cn/reports/national – grassroot – children – welfare – and – protection – service – system – building – annual – report – 2019。

（二）制度化：基层儿童福利服务递送队伍的建设

在试点建设经验的基础上，国务院在 2016 年分别印发了《关于加强农村留守儿童关爱保护工作的意见》（国发〔2016〕13 号）和《关于加强困境儿童保障工作的意见》（国发〔2016〕36 号），提出要落实县、乡镇人民政府和村（居）民委员会在农村留守儿童关爱保护中的职责，构建县（市、区、旗）、乡镇（街道）、村（居）三级困境儿童保障工作网络。2018 年，《民政部关于贯彻落实〈国务院关于建立残疾儿童康复救助制度的意见〉的通知》（民函〔2018〕154 号）中指出了儿童督导员和儿童主任在残疾儿童康复救助政策宣传引导方面的作用。2019 年 4 月，民政部等 10 部门印发《关于进一步健全农村留守儿童和困境儿童关爱服务体系的意见》（以下简称《意见》），确定了基层儿童工作力量主要由儿童主任和儿童督导员构成，明确了儿童督导员和儿童主任的范畴和工作职责。

《意见》指出儿童主任是负责儿童关爱保护服务工作的村（居）民委员会委员、大学生村官或者专业社会工作者等人员，优先安排村（居）民委员会女性委员担任；儿童督导员是乡镇人民政府（街道办事处）负责儿童关爱保护服务工作的工作人员。基层儿童事务有人做、责任有人负，建立起一支"专业用心"的工作队伍，极大缓解了政策落地和服务可及性问题。

（三）全面保护与服务：儿童督导员和儿童主任的工作职责

《意见》在附件中明确了儿童督导员和儿童主任的工作职责。儿童督导员设置在乡镇（街道）层面，负责组织开展八项工作，包括推进农村留守儿童关爱保护和困境儿童保障等工作，制定有关工作计划和工作方案；负责儿童主任管理，做好选拔、指导、培训、跟踪、考核等工作；负责农村留守儿童、困境儿童、散居孤儿等信息动态更新，建立健全信息台账；指导儿童主任加强对困境儿童、农村留守儿童、散居孤儿的定期走访和重点核查，做好强制报告、转介帮扶等事项；指导村（居）委会做好儿童关爱服务场所建设与管理；开展农村留守儿童、困境儿童、散居孤儿等未成年人保护政策宣传；协调引进和培育儿童类社会组织、招募志愿者或发动其他社会力量参与儿童工作；协助做好农村留守儿童、困境儿童、散居孤儿社会救助、精神慰藉等关爱服务工作。

设置在村（居）委会层面的儿童主任则工作在乡村和社区一线，主要有六项工作职责，包括做好农村留守儿童关爱保护和困境儿童保障日常工作，定期向村（居）民委员会和儿童督导员报告工作情况；组织开展信息排查，及时掌握农村留守儿童、困境儿童和散居孤儿等服务对象的生活保障、家庭监护、就学情况等基本信息，一人一档案，及时将信息报送乡镇人民政府（街道办事处）并定期予以更新；指导监护人和受委托监护人签订委托监护确认书，加强对监护人（受委托监护人）的法制宣传、监护督导和指导，督促其依法履行抚养义务和监护职责；定期随访监护情况较差、失学辍学、无户籍以及患病、残疾等重点儿童，协助提供监护指导、精神关怀、返校复学、落实户籍等关爱服务，对符合社会救助、社会福利政策的儿童及家庭，告知具体内容及申请程序，并协助申请救助；及时向公安机关及其派出机构报告儿童脱离监护单独居住生活或失踪、监护人丧失监护能力或不履行监护责任、疑似遭受家庭暴力或不法侵害等情况，并协助为儿童本人及家庭提供有关支持；管理村（居）民委员会儿童关爱服务场所，支持配合相关部门和社会力量开展关爱服务活动。

儿童督导员和儿童主任的日常工作在建立留守儿童与困境儿童动态信息库、改善儿童监护状态、链接帮扶救助资源、落实政府责任等方面有重要意义。明确的职责范围和分工也有利于划清儿童督导员和儿童主任实施儿童服务时的边界，使他们清晰各自岗位的功能定位，促进决策的效率。

案例：

四川凉山州自治区项目村的一名3岁女童因父母感染艾滋病去世而成为孤儿，孩子寄养在叔叔家。儿童福利主任家访的时候发现孩子并没有根据国家的规定申请孤儿基本生活费，而且叔叔一家也根本不了解相关的政策。因受文化水平限制，叔叔无法给该儿童提交申请。儿童福利主任带着孩子和其叔叔一起到县民政局办理孤儿身份认定，帮助孩子办理一系列的申请手续。最终为孩子申请到每月600元的孤儿基本生活费，一直持续到孩子年满18周岁。

该案例中儿童福利主任不仅宣传了国家的政策，《国务院办公厅关于加强孤儿保障工作的意见》（国办发〔2010〕54号）、《民政部、财政部关于发放孤儿基本生活费的通知》（民发〔2010〕161号），把和儿童权利息息相关的政策传递给了儿童及其家庭，更为重要的是，儿童福利主任协助儿童办理申请所需的所有手续，最终帮助儿童争取到了孤儿基本生活费，保障了儿童的生活。因此，儿童福利主任的一系列操作，政策传递、联合行政体制内的工作人员、入户走访、递交申请以及办理身份认定等，都是属于具体的服务范畴，如果没有这些服务，已经被颁布的政策对于儿童和家庭来讲，依然是远距离的资源，无法让他们受益。由此可见儿童主任和儿童督导员的工作对于儿童权益的实现意义重大。

（四）专业与规范：工作队伍的职业要求

在提升儿童福利水平的体系中，服务队伍的选拔和建立只是其中第一步，要想充分发挥服务队伍的功能则需要增强这支队伍的服务能力，让他们通过具体的服务实践解决儿童和家庭的诸多问题，满足他们的需要，提升福利水平。因为儿童主任和儿童督导员所服务的对象为儿童及其家庭，服务过程中尤其需要恪守价值伦理和服务规范，因此保持服务的规范度和专业性是建设这支工作队伍的必要点。

基层儿童福利服务队伍在全国范围内建立起来之后，各地制定了儿童主任和儿童督导员的培训方案，并且组织儿童福利领域内的相关专家，编订培训手册。针对儿童督导员和儿童主任在服务理念、专业知识、工作技能、法规政策、资源链接能力等方面的提升需要，各地开展了种类多样的专业培训。这样才能保证儿童主任和儿童督导员提供的服务品质，满足儿童各方面和各层次的需要，同时也尽量避免服务过程中可能带来的风险，更好地保障他们的权益。

（五）多元化力量：儿童督导员和儿童主任的立体支持体系

在民政部的推动下，试点地区的工作经验逐渐扩展到全国各地，构建起县（市、区）儿童福利指导中心、乡镇（街道）儿童福利工作站、村（社区）儿童之家（活动中心）三级儿童福利服务工作平台（见图2）。这个工作平台能够很好地为工作的开展提供资源和政策支持，儿童主任并非一个人在工作，而是背靠乡镇和县级的网络体系提供服务，在工作中出现的相关问题也能够通过这个支持网络和体系得到很好的解决。同时依托平台建立起基层儿童福利服务工作动态管理和评价机制，包括儿童福利台账制度、帮扶制度、儿童信息动态监测制度和儿童主任监督管理制度等，这些工作制度能够保证整支队伍的良性运行。政府除了制定政策和完善这支队伍之外，还通过政府购买服务的形式引入社会组织参与基层社区儿童服务，它们有各自的服务方向和领域，能够更加专业地提供各类儿童所需要的服务，这些社会组织的参与和提供的服务对于社区层面的儿童主任来讲，也是一种有力的支持。

（六）公共服务均等化与信任度的打造：服务递送体系的价值

儿童督导员和儿童主任制度属于基层儿童福利服务递送体系中的重要一环，这项制度的建立具有重要价值。首先，在现代社会福利制度中，社会服务的组织、传递和评估等都需要通过专业的人员来完成。[①] 政策只有通过服务的输送才能真正让服务对象受益，而有品质的服务必须依靠受过培训、具有专业价值观的人员来提供，该制度确保了现有的儿童福利政策通过儿童督导员和儿童主任落实到儿童和家庭。其次，该制度提供儿童所需的基本的福利服务，促进了基层公共服务的均等化。再次，服务的对象是社区内全体儿童，服务的普遍性可以有效地降低服务对象被排斥的风险和不公平。最后，该制度的服务可以促进不同主体，即政府、专业人员、社区以及服务对象之间的信任，共同合作，更好地提升中国儿童的福利水平。

---

① 王思斌：《社会工作概论》，高等教育出版社，2015，第80页。

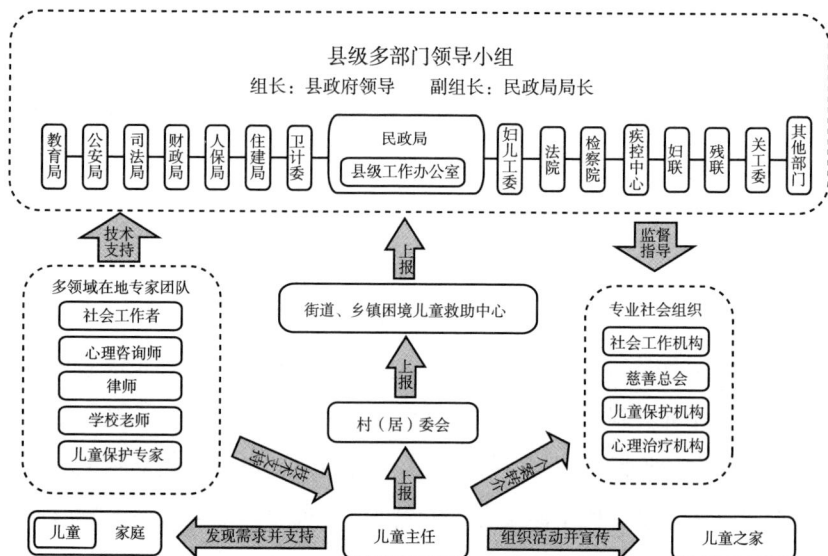

图2　基层儿童服务体系

图片来源：中国公益研究院、联合国儿童基金会：《全国基层儿童福利与保护服务体系建设工作2019年度报告》，https：//www.unicef.cn/reports/national－grassroot－children－welfare－and－protection－service－system－building－annual－report－2019。

三　儿童督导员和儿童主任面临的挑战

2019年的发展明确了基层儿童工作队伍的范畴、工作职责和初步的支持体系。未来在基层提供更加有质量、更加专业化的儿童服务，儿童督导员和儿童主任还面临以下挑战。

（一）岗位胜任力与现实需要的匹配度存在差距

儿童督导员和儿童主任多选拔自基层和本地人才，有熟悉基层环境、流动离职率低、易于接触儿童等优势，但工作经验和工作技巧较为欠缺。从民政部发布的《儿童社会工作服务指南》（MZ/T 058－2014）对儿童社会工作者和儿童社会工作督导者的要求来看，"儿童社会工作者应获得社会工作者职业资格证书并按照《社会工作者继续教育办法》登记或具备社会工作专业专科及以上学历","儿童社会工作督导者应是在儿童服务领域从事社会工作服务满五年以上（含五年）并取得社会工作师资格、对社会工作价值伦理有认同度、拥有良好的社会工作专业知识、具有丰富的儿童工作实务经验和督导技巧的社会工作者"。而试点之初，对儿童主任的学历要求为小学毕业，他们对社会工作专业的知晓率极低；儿童社会工作督导者的5年服务经验也很难满足。与此同时，相当一部分儿童督导员和儿童主任为兼职，如果出现换届、离岗等情况，服务的可持续性难以保证。

从《意见》规定的儿童督导员八项工作职责、儿童主任六项工作职责来看，儿童督导员和儿童主任除了必要的文化基础之外，还应该具备对儿童服务专业知识、政策法规、相关部门协助、社会资源等内容的了解以及应急处理能力、组织管理能力和沟通协调能力等，以促进工作向更加专业化的方向发展。

面对日益复杂和多样化的儿童服务环境，稳定且具有专业胜任力的工作队伍是必要的。儿童督导员和儿童主任作为村级儿童保护平台"儿童之家"的指导者和管理者，在保证充分发挥"儿童活动中心"成为促进儿童早期发展、儿童安全的活动场地以及儿童养护人获取养育知识的途径等功能外，还应该逐渐促进其成为承接岗位职责、保障儿童基本权利的平台。

（二）专业身份认可度不足

在基层设立儿童督导员、儿童主任，可以说是政府主导的儿童福利领域的一项创新。这一创新源于卫生领域"赤脚医生"的概念，但儿童服务能否产生像"看病问诊"一样的刚性需求仍然需要进一步检验。在实践层面，基层群众对儿童督导员和儿童主任的认知是逐渐发展的。儿童主任在初期家访时，家长和儿童对于其身份和服务内容的认知都比较模糊，随着服务的常规化开展和信任关系的建立，家长和儿童开始主动向儿童主任寻求协助，但较少形成儿童主任是"专业助人者"或"儿童社会工作者"的认知，专业身份较难确立，专业服务的边界也很难厘清。在政策法规层面，2016年，

《国务院关于加强困境儿童保障工作的意见》首次在国家级文件中提到了要在村居层面设立儿童福利督导员或儿童权利监察员；直到2019年，《意见》明确了儿童督导员和儿童主任的工作范畴和职责。但现行儿童保护的两部专门法《未成年人保护法》和《预防未成年人犯罪法》，虽然明确了各级人民政府、村（居）委会等的责任，儿童保护工作者的司法身份、权利和义务却没有获得体现，也导致在国家顶层设计中缺少明晰的儿童保护操作体系。对儿童督导员、儿童主任的专业身份认可仍然需要扩大范围。

（三）转介支持制度不完善

儿童督导员和儿童主任从来不是单独行动的主体，发挥基层儿童保护体系的实效需要转介支持制度的建设和完善。县（市、区）、乡镇（街道）、村（居）委会三级体系形成后，不仅需要各个行政层级之间畅通的沟通渠道，也需要各部门、各单位以及各类社会资源的支持和配合。在儿童权益侵害事件发生后，超出儿童督导员和儿童主任能力范围的服务，能够及时在政府部门、社区、司法部门、公安部门、未成年人救助保护中心、儿童福利机构、社会团体等资源网络中寻找到适合转介的机构。目前，这种转介支持制度尚不明确。转介资源的匮乏、转介支持网络的薄弱阻碍了基层儿童服务工作的专业化、职业化发展。

（四）岗位服务评估指标体系缺位

专业化发展是儿童督导员、儿童主任未来的必由之路。科学、合理的服务评估指标体系是专业化发展的助推剂，也为试点经验推广、政策服务创新打下基础。2018年1月，《民政部关于开展全国农村留守儿童关爱保护和困境儿童保障示范活动的通知》（民函〔2018〕4号）在附件中列出了指导标准（见图3），包括领导协调机制、经费保障机制、基本权益保障、救助保护机制、能力建设五个一级指标。如果出现以下三种情况则采取一票否决制，包括近两年内发生涉及儿童权益、冲击社会道德底线的极端事件，造成恶劣影响的；存在没有落实儿童监护责任的；存在没有解决农村留守儿童户籍登记情况的。这一指导标准是针对申请示范县的地区所设置的。而对于儿童督导员、儿童主任岗位本身的实践行为和服务成效还没有具体的评估指标。随着服务的精细化、专业化发展，制定出具体可行的服务评估方案具有必要性。

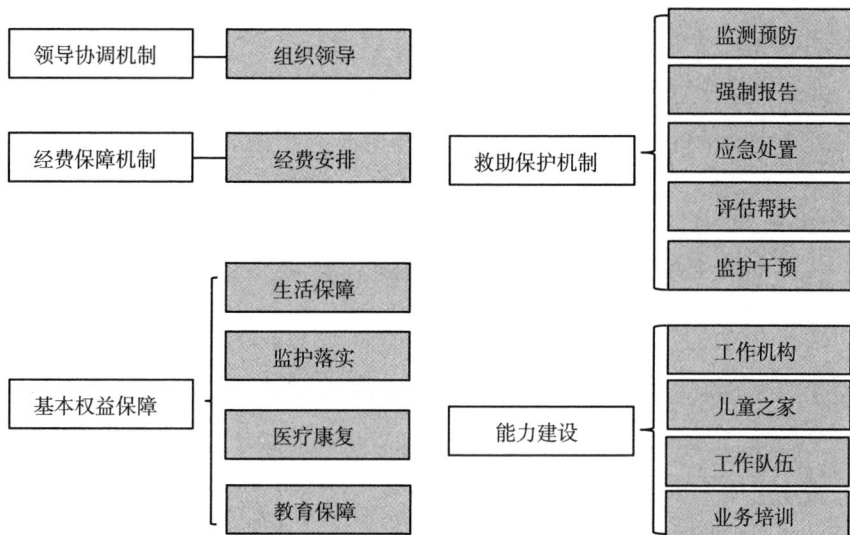

图3　全国农村留守儿童关爱保护和困境儿童保障示范县（市、区、旗）指导标准

资料来源：《民政部关于开展全国农村留守儿童关爱保护和困境儿童保障示范活动的通知》（民函〔2018〕4号）。

四　思考与建议

为了更好地发挥岗位定位和功能，推动基层儿童工作队伍建设，不仅需要队伍本身的能力建设，还需要配套设施的支持和完善。

（一）开展持续性的岗位胜任力培训

基于胜任力的概念①，儿童督导员、儿童主任的岗位胜任力应该既包括

---

① 张兰霞、闵琳琳、方永瑞：《基于胜任力的人力资源管理模式》，《东北大学学报》（社会科学版）2006年第1期。

对儿童社会工作者基础素质的要求，如知识、技能等容易被感知和后天培养的部分，同时也应该包括价值观、态度、自我形象、个性、动机等不容易被感知和培养的部分。在当前全国各地组织的儿童督导员、儿童主任培训中，构成教授主体的是基础知识、技巧以及相关政策法规的解读。随着服务的深入开展，培训内容和方式也应该匹配服务情境和发展阶段做出持续性的调整，尤其应该注重儿童工作者儿童权利意识和专业伦理、价值观的引导，培养服务儿童的动机，为基层儿童工作队伍储备有更高胜任力水平的人力资源。

（二）推动政策法规体系更加完善

清晰明确的政策法规条文及身份认定，一方面可以提高儿童督导员、儿童主任的服务质量和效率，在协调、链接服务资源时有较充分的政策法规依据；另一方面，在一定程度上可以提升基层儿童工作者的公众认知度。尤其是儿童立法体系中涉及县（市、区）、乡镇（街道）、村（居）委会三级儿童保护职责的部分，应该改善原有的较为笼统性、原则性的条文，使之更具条理性和可操作性。

（三）健全部门间联席会议制度

2018年8月，《国务院办公厅关于同意建立农村留守儿童关爱保护和困境儿童保障工作部际联席会议制度的函》批准了由民政部牵头、26个部门和单位参加的部际联席会议制度，联席会议原则上每年召开一次全体会议，推动各成员单位研究议题、参与会议讨论、落实职责任务分工并及时处理跨部门问题。各省市部门间也相继建立起相应的联席会议制度，但联席会议制度更多作为一种工作协调方式，而没有相应的监督追踪机制，无法保证各部门任务分工的落实成效。政府和群团组织作为儿童督导员和儿童主任转介支持体系中的主要力量，应当切实发挥出规划、指导、协调、监督的作用，促进跨部门问题的解决，推动建立高效、创新的工作机制。

（四）探索建立科学可行的岗位评估指标体系

儿童关爱保护服务的效果比较难以量化。岗位评估指标应有与政府绩效要求一致的方面，同时也应该注重发挥工作队伍的积极性和主动性。基层儿童关爱保护体系建立初期，是儿童督导员、儿童主任服务经验的快速积累期，同时也是创新工作方法、工作内容的形成期。这一阶段的岗位评估指标不应成为服务开拓期的约束，应当考虑岗位获得感与岗位评估要求之间的平衡，减少工作懈怠感，保持工作动机和热情。

（五）设立科学必要的预算规划

为了更好地保障儿童督导员和儿童主任在一线开展儿童关爱保护服务，需要设立科学必要的预算规划，目前只有全国层面的指导性文件，但是并没有统一的针对这项制度的财政预算。各省市根据自身的地方财政情况灵活操作，因局限于经费，很多一线的儿童主任是由村（居）级的妇女主任兼职，而且也没有稳定的工作经费，这些会阻碍服务的成效。因此需要在国家层面针对儿童督导员和儿童主任设立配套的预算制度，对于工作经费、人员经费都要做出合理的安排，负担比例可以根据东中西部各地财政的实际情况，根据国家、省级、市级、县级财政的不同而确定。有了预算规划，儿童关爱和服务体系才能有最终的保障。

参考文献

1. 颜湘颖：《我国儿童保护基层预防体制的虚置与完善——对困境儿童非正常死亡事件的反思》，《预防青少年犯罪研究》2019 年第 5 期。
2. 民政部等：《关于进一步健全农村留守儿童和困境儿童关爱服务体系的意见》，《社会与公益》2019 年第 6 期。

3. 王思斌:《社会工作概论》, 高等教育出版社, 2015。

4. Mallion, Geraldp & Cartthess, Pegmac, *Child Welfare for the Twenty-First Century*, New York: Columbia University Press, 2005.

5. Peter J. Pecora, *The Child Welfare Challenge : Policy, Practice, and Research* (3rd ed), New Brunswick, New Jersey: Transaction Publishers, 2010.

B.17
妇女平等就业权保障的新进展和新举措

摘　要： 妇女平等就业权利保障一直是中国特色妇女权益保障的重要
内容。中华人民共和国成立后，尤其是改革开放以来，保障
妇女平等就业的法律法规相继制定并不断完善。近年来，消
除性别歧视、保障妇女平等就业更是党和政府持续关注的议
题，我国持续探索促进性别平等、消除性别歧视的机制和措
施，尤其在妇女平等就业权保障方面取得诸多进展。本文阐
释和评析了2019年妇女平等就业权保障的发展和实践创新，
并对法律政策、执法和司法方面的进一步完善和改革提出建
议。

关键词： 妇女　平等就业权　就业歧视

　　马克思主义妇女观认为，妇女参加社会生产劳动是妇女解放的前提条
件。因此，妇女就业权利保障一直是中国特色妇女权益保障的重要内容。中
华人民共和国成立后，尤其是改革开放以来，保障妇女平等就业的法律法规
相继制定并不断完善。尤其是近年来，消除性别歧视、保障妇女平等就业已
经成为党和政府近几年来持续关注的议题。

---

* 刘小楠，中国政法大学人权研究院教授、博士生导师，主要从事性别与人权、反歧视法方面
的研究；杨慧，全国妇联妇女研究所副研究员，主要从事妇女就业与公共政策、妇女社会地
位调查方面的研究。

一 妇女平等就业权实现状况调研

为了全面掌握当前就业性别歧视的主要表现形式、产生原因，探讨消除就业性别歧视的对策建议，受人力资源和社会保障部就业促进司委托，就业性别歧视研究课题组①设计调查问卷，在 2018 年 5～6 月通过问卷星开展劳动者、用人单位专项问卷调查。调查范围涵盖除西藏外 30 个省（区、市）的各行各业劳动者和用人单位。调查共收回劳动者问卷 11354 份、用人单位问卷 2387 份，有效问卷回收率分别为 98.18%、61.10%。

（一）就业性别歧视的主要形式

课题组对求职应聘中 11 种不同形式的就业性别歧视调查发现，劳动者和用人单位不但对哪些是就业性别歧视基本达成共识，而且劳动者认为是就业性别歧视的比例普遍高于用人单位。在收入、职业发展和限制性生育方面，也存在不同程度的性别歧视。

1. 招聘性别歧视问题

劳资双方对部分招聘性别歧视达成共识。图 1 显示了劳动者和用人单位认为哪些现象属于就业性别歧视。在这些招聘性别歧视中，不但劳动者和用人单位都认为除法定的女性禁忌从事岗位外，在招聘信息中明确表明"限男性"是性别歧视，而且在劳动者和用人单位认为的各类歧视中所占比例最高。这表明招聘信息"限男性"的标注已成为劳资双方公认的性别歧视。此外，劳动者和用人单位认为是就业性别歧视的前三项歧视，都提及在招聘信息中明确表明"适合男性""男性优先"，这表明招聘信息显示"适合男性""男性优先"是性别歧视的观点也在劳资双方达成共识。

劳动者认为是就业性别歧视的比例大部分高于用人单位。图 1 列出

---

① 课题负责人刘小楠，课题组成员叶静漪、王显勇、杨慧、阎天、李少文、王理万、何霞。

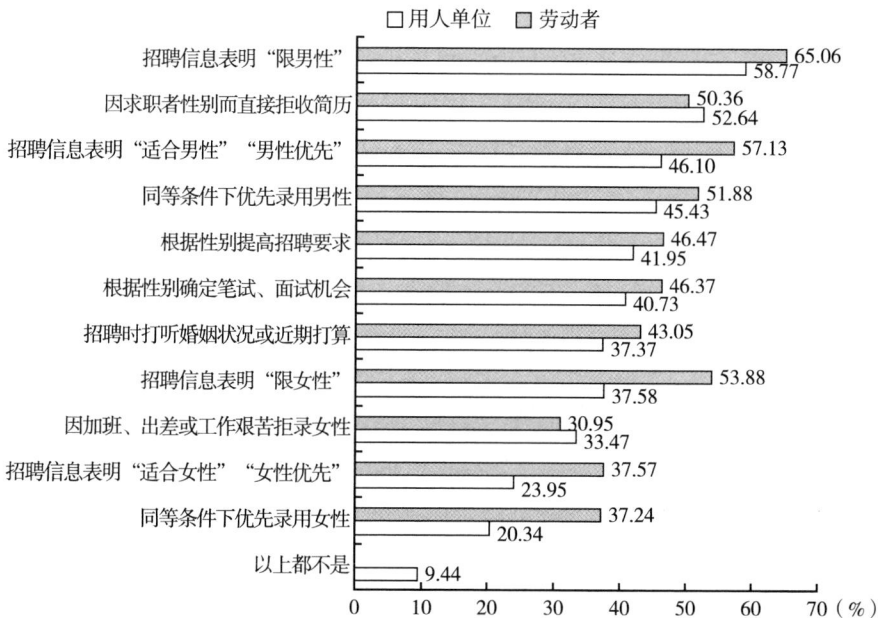

图1 就业性别歧视的表现形式

的11项就业性别歧视中，劳动者认为是就业性别歧视的比例高于用人单位的有9项。其中，劳动者认为"同等条件下优先录用女性""招聘信息表明'限女性'""招聘信息表明'适合女性''女性优先'"是就业性别歧视的比例与用人单位的差距最大，这表明招聘信息显示"限女性"、"适合女性"和"女性优先"是否属于歧视，劳资双方尚未达成共识。

此外，用人单位认为"因求职者性别而直接拒收简历""因加班、出差或工作艰苦拒录女性"是歧视的比例高于劳动者。当然，也有10%左右（9.44%）的用人单位认为图1中的11种现象都不是歧视，虽然比例相对较低，但此类用人单位确实存在。

2. 收入与职业发展性别歧视问题

部分单位存在收入和福利待遇方面的性别歧视。调查发现，虽然大部分用人单位能够依法执行同工同酬及相关福利待遇政策，但是分别有17.53%

的劳动者和13.76%的用人单位报告最近3年单位存在"同等条件下男性收入比女性高"的问题。另有10.82%的劳动者报告单位存在"同等条件下男性福利待遇比女性好"的问题。

半数左右用人单位存在职业发展方面的性别歧视。虽然75%~90%的劳动者所在单位能够依法保障女职工的职业发展权益,但是现实中仍然有1/10到1/4的劳动者在职业发展中面临多种就业性别歧视。在晋升方面,1/4左右的劳动者和单位负责人报告存在同等条件下男性晋升比女性快的现象。在职业发展方面,不但有2成左右劳动者报告近3年来单位存在重要部门或业务多由男性主管、在技术要求高/有发展前途的岗位上男多女少问题,而且单位负责人报告比例都在4成以上。报告同职级女性一般比男性退休早的单位负责人超过56%,见图2。

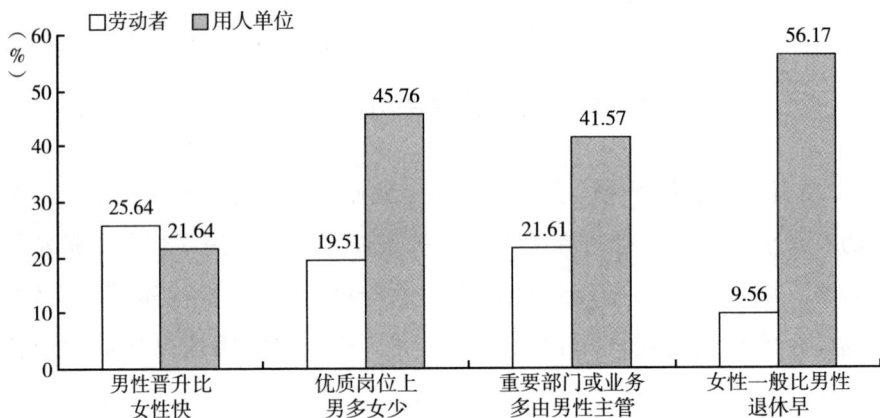

图2　对职业发展性别歧视的认知状况

3. 限制性生育问题

极少数用人单位存在限制性生育或解除生育者劳动合同问题。此次调查数据显示,90%以上的劳动者所在单位并没有限制女职工生育,表明保障女职工生育权的相关法律法规执行状况良好。但是,分别有7.02%和3.92%的劳动者报告所在单位最近3年存在禁止或限制女职工生育的情况,如有的在劳动合同或工作守则中规定"三年内不得生育""生育需提前申请"排队生育",有的解除怀孕、哺乳期女职工的劳动合同。用人单位负责人报告存在上述问题的均约占6%（见图3），虽然上述比例较低，但是对于女职工的法定生育权，任何用人单位都不能限制或剥夺，更不能在女职工怀孕、哺乳期解除劳动合同。此外，上述违法行为还会直接导致全面两孩政策实施效果大打折扣。

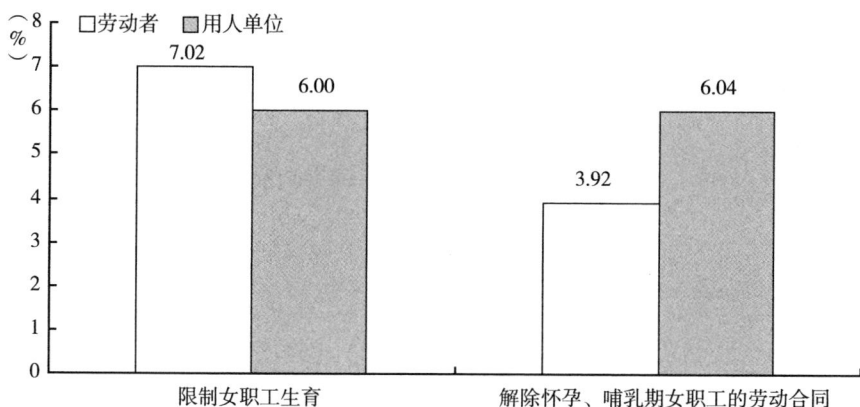

图3　女职工面临的限制性生育问题

（二）就业性别歧视的严重程度

调查发现，不同群体对于就业性别歧视严重程度的判断不同。

（1）劳动者认为就业性别歧视严重的比例高于用人单位

有80%以上劳动者认为我国当前就业性别歧视非常严重、比较严重或一般严重，认为非常严重、比较严重的占38.19%，认为一般严重的占46.46%。在用人单位中，除了14.14%的认为没有就业性别歧视，13.67%的认为就业性别歧视不严重外，其他70%以上的用人单位认为我国当前就业性别歧视非常严重、比较严重或一般严重，认为非常严重、比较严重的占21.69%。由此可见，有2~4成用人单位和劳动者认为我国就业性别歧视非常严重、比较严重，劳动者认为严重的比例高于用人单位，具体数据见图4。

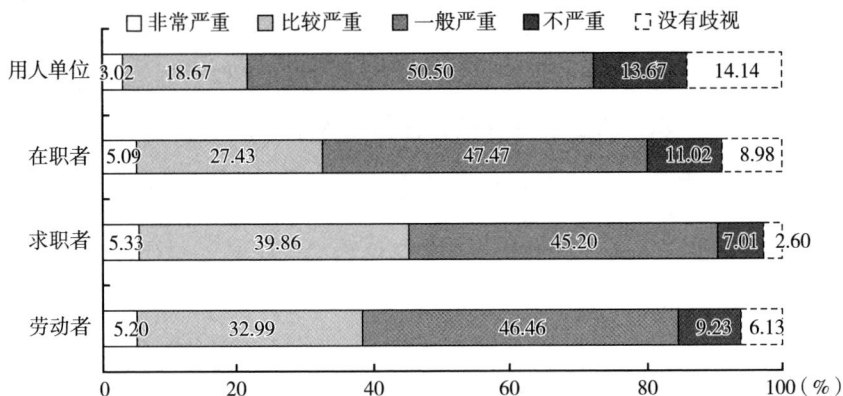

图4 对就业性别歧视严重程度的判断

（2）不同类型单位对就业性别歧视严重程度判断各异

分单位类型看，外企认为就业性别歧视严重的比例最低（13.83%），国有单位次之，认为就业性别歧视非常严重、比较严重的占16.78%；私营/民营单位认为就业性别歧视非常严重、比较严重的比例最高（21.23%）。

（3）求职者认为就业性别歧视严重程度高于在职者

在求职者中，认为就业性别歧视非常严重和比较严重的占45.19%，高出在职者12.67个百分点。在求职者中认为就业性别歧视不严重或没有就业性别歧视的仅占9.61%，低于在职者10个以上百分点（见图4）。

（三）就业性别歧视的主要成因

调查发现，造成就业性别歧视的原因既有主观原因，又有客观原因。其中，主观原因中的偏见和客观原因中的生育对工作影响大以及生育增加用工成本是最主要的。

1. 偏见是产生就业性别歧视最重要的主观原因

对调查数据分析发现，半数以上劳动者和用人单位认为"一些岗位确实不适合女性"是产生就业性别歧视的主要原因，该原因在4项主观原因中比例最高；另有1/4以上劳动者和用人单位负责人认为是"传统观念、文化影响"所致。劳动者认为"女性能力水平不如男性"和"女性对事业投入不如男性"分别占 1 ~ 2 成;用人单位认为"女性能力水平不如男性"和"女性对事业投入不如男性"分别占 2 ~ 3 成。用人单位对女性劳动能力和工作投入的偏见明显高于劳动者,详见图 5。

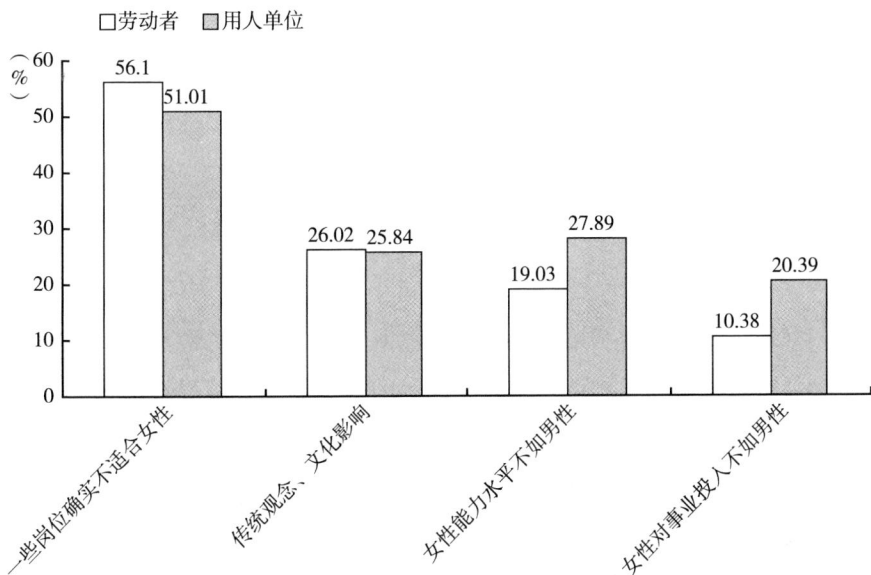

图 5　造成就业性别歧视的主观原因

2. 生育是造成就业性别歧视最重要的客观原因

女职工生育影响工作是造成就业性别歧视的最主要客观原因。此次调查发现,分别有 46.81% 的劳动者和 68.83% 的用人单位认为女性劳动者生育期间(从备孕到孩子婴幼儿阶段)对工作影响较大是造成就业性别歧视的主要原因,特别是对于用人单位而言,该比例不但在 4 项客观原因中最高,而且远远高于主观原因的各项比例,这表明对于用人单位而言,女性劳动者生育期间对工作影响较大是造成就业性别歧视的最重要的原因。另有 1/3 以上的劳动者和用人单位认为女职工在怀孕、生育期间会增加单位用工成本,是产生就业性别歧视的主要原因,见图 6。

此外,分别有 1/4 ~ 1/3 的劳动者认为"相关法律、法规不健全"和有

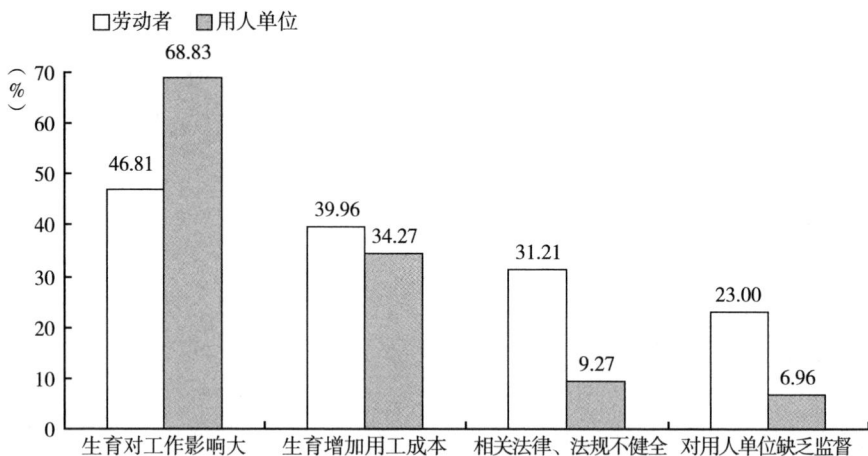

图 6 造成就业性别歧视的客观原因

关部门对用人单位监督力度不够是造成就业性别歧视的主要客观原因，而用人单位认为以上两项是就业性别歧视原因的比例都在 10% 以下。

二 妇女平等就业权保障的发展和实践创新

2019 年党和政府持续关注妇女平等就业权的保障，多次强调消除就业性别歧视。2019 年 3 月在十三届全国人大二次会议上，国务院总理李克强在政府工作报告中再次重申要"坚决防止和纠正就业中的性别和身份歧视"。中共十九届四中全会《中共中央关于坚持和完善中国特色社会主义制度 推进国家治理体系和治理能力现代化若干重大问题的决定》强调"坚决防止和纠正就业歧视，营造公平就业制度环境"。12 月，中共中央办公厅、国务院办公厅印发的《关于促进劳动力和人才社会性流动体制机制改革的意见》也提出，推进公平就业保障困难人员发展机会。建设统一开放、竞争有序的人力资源市场，保障城乡劳动者享有平等的就业权利，依法纠正身份、性别等就业歧视现象。

2019 年我国持续探索促进性别平等、消除性别歧视的机制和措施，尤其在妇女平等就业权保障方面取得诸多进展。

（一）多部门联合治理招聘中的性别歧视

消除就业性别歧视是一项复杂的系统工程，需要各部门明确职责分工，加强协调配合，多种手段齐抓共管才能产生良好的成效。自 2016 年 4 月江苏省人力资源和社会保障厅和省妇联联合出台《关于促进女性平等就业权利保障工作的意见》，截至 2018 年底，全国已有 8 个省市的人力资源和社会保障厅与省妇女联合会针对女性在求职应聘中面临的挑战，陆续出台相关规定，构建信息沟通机制、重大案件联席机制、联动听庭机制、联合督查督办机制、约谈等协作和工作机制。2019 年这种对就业性别歧视的多部门联合治理机制扩展到更多部门、更大范围。

2019 年 2 月，人力资源和社会保障部、教育部、司法部、国家卫生健康委、国资委、国家医保局、全国总工会、全国妇联、最高人民法院九部门在历时 1 年的深度调研、访谈和多方论证的基础上，印发了《关于进一步规范招聘行为促进妇女就业的通知》（以下简称《通知》）。《通知》虽然篇幅不长，但是内容全面，有以下五方面的亮点。

1. 进一步明确就业性别歧视行为

《通知》通过列举各用人单位、人力资源服务机构的"六不得"，进一步明确就业性别歧视判定标准：一不得限定性别（除国家规定的女职工禁忌劳动范围等情况外）或性别优先；二不得询问妇女婚育情况；三不得将妊娠测试作为入职体检项目；四不得差别化地提高对妇女的录用标准；五不得将限制生育作为录用条件；六不得以性别为由限制妇女求职就业、拒绝录用妇女。尤其是其中"不得询问妇女婚育情况""不得将妊娠测试作为入职体检项目"，针对现实中普遍存在的问题，对现行法律做了进一步的解释，将有助于缓解基于婚育状况的歧视。

2. 建立健全女性劳动者维护平等就业权利的机制

（1）建立联合约谈机制

《通知》通过畅通窗口来访接待、建立三条热线等渠道，及时受理就业性别歧视相关举报投诉。人力资源和社会保障部门、工会组织、妇联组织等部门对涉嫌就业性别歧视的用人单位开展联合约谈。①

（2）健全行政管理机制、加大监督和处罚力度

对就业性别歧视行为拒不改正的，处1万元以上5万元以下的罚款并把接受行政处罚等情况纳入人力资源市场诚信记录，依法实施失信惩戒，这些举措有利于对用人单位形成引导、教育和威慑作用。

（3）健全司法救济机制

《通知》强调要依法受理妇女就业性别歧视相关起诉，设置平等就业权纠纷案由。积极为遭受就业性别歧视的妇女提供法律咨询等法律帮助，为符合条件的妇女提供法律援助。积极为符合条件的遭受就业性别歧视的妇女提供司法救助。

3. 加强就业服务，帮助职工平衡工作和家庭，解决后顾之忧

《通知》鼓励用人单位针对产后返岗女职工开展岗位技能提升培训，促进3岁以下婴幼儿照护服务发展，加强中小学课后服务等举措尤为重要。

4. 开展宣传引导，强化舆论监督

《通知》强调加强政府在性别平等方面的宣传教育作用至关重要，这样的规定有助于引导各类用人单位、人力资源服务机构自觉避免就业性别歧视

---

① 2016年7月12日，全国妇联在总结基层促进女性公平就业的相关经验基础上，为了化解招聘性别歧视引发的社会矛盾纠纷，制定并下发了《妇联组织促进女性公平就业约谈暂行办法》。该暂行办法阐明了约谈的目的，即"妇联组织针对招用、录用过程中歧视女性的突出问题，向用人单位通报情况，听取意见，沟通交流，调解矛盾，指导、督促用人单位转变歧视观念，改正歧视行为，建立完善促进公平就业的相关制度和措施的维权工作"。该暂行办法下发各省试行后，各地纷纷探索建立约谈机制，落实约谈办法，通过干预典型个案，引导用人单位依法依规开展人力资源管理。2017年9月1日开始实施的《河北省妇女权益保障条例》已经把约谈机制用地方法规形式加以制度化。该条例第19条规定"对在员工招聘和录用过程中存在歧视女性问题的单位，所在地的妇女联合会可以约谈其主要负责人，并督促指导用人单位在约定期限内纠正歧视女性的制度和行为；必要时，妇女联合会可以邀请劳动保障行政部门、媒体等相关组织参与约谈，并下达整改意见书。对用人单位存在歧视女性问题拒不改正的，可视情况将其纳入不良记录名单"。九部门《通知》把对涉嫌就业性别歧视的用人单位开展约谈的部门扩展到由人力资源和社会保障部门、工会组织、妇联组织等联合进行。

行为，引导女性劳动者知晓并依法依规维护自身平等就业权利。

5. 加强组织领导，多部门分工协作，多手段齐抓共管

消除就业性别歧视是一项复杂的系统工程，多种手段齐抓共管才能产生良好的成效。九部门联合印发《通知》，规定了各部门的具体职责，分工协作，共同促进妇女平等就业。人力资源和社会保障部门会同有关部门加强对招用工行为的监察执法，引导合法合理招聘，加强面向妇女的就业服务和职业技能培训；教育部门负责推进中小学课后服务；司法部门提供司法救济和法律援助；卫生健康部门要促进婴幼儿照护服务发展；国有资产监督管理部门负责加强对各级各类国有企业招聘行为的指导与监督；医疗保障部门要完善落实生育保险制度；工会组织积极推动企业依法合规用工；妇联组织会同有关方面组织开展相关评选表彰，加强宣传引导，加大对妇女的关心关爱；人民法院要积极发布典型案例、指导性案例，充分发挥裁判的规范、引导作用；同时，人力资源和社会保障部门、工会组织、妇联组织等部门分别设立就业性别歧视投诉举报热线，对涉嫌就业性别歧视的用人单位开展联合约谈。

（二）制定《促进工作场所性别平等指导手册》

职工享有平等的劳动权益，对于促进社会公平正义、构建和谐劳动关系具有重要意义，也是中国工会一直关注的问题。为了推动企业贯彻落实男女平等基本国策，落实性别平等法律法规，促进工作场所性别平等的实现，更好地保障女职工合法权益和特殊利益，中华全国总工会在广泛调研的基础上，2019 年初推出《促进工作场所性别平等指导手册》（以下简称《手册》）。《手册》超越单纯促进妇女就业和女职工保护的传统定位，运用社会性别视角看待性别平等，倡导企业社会责任，着力消除就业歧视。《手册》也对工作场所性别平等和性别歧视分别做出界定，并进一步把歧视分为直接歧视和间接歧视两种。

《手册》着重从就业机会平等、职业发展机会平等、薪酬待遇平等、生育保护、为职工平衡工作和家庭责任提供支持、预防和制止职场暴力和性骚

扰六个板块，详细解读性别平等和相关法律法规规定，明示用人单位应建立的制度机制、工会组织应发挥的作用，分析点评实践案例，提供检查清单，旨在推进用人单位建立健全性别平等制度机制，并为工会组织促进工作场所性别平等和职工依法维护自身权益提供帮助和指导。

《手册》年初印发之后，各省工会纷纷组织培训学习。全国总工会也组织建设专家团队，深入企业内部培训，给企业和工会具体的指导，选取性别平等工作基础好的大中型企业先行试点，帮助企业逐步建立性别平等机制。

（三）生育保险和基本医疗保险合并实施

2019年3月，国务院办公厅印发了《关于全面推进生育保险和职工基本医疗保险合并实施的意见》（以下简称《意见》），通过整合生育保险和职工基本医疗保险（以下简称"两项保险"）基金及管理资源，强化基金共济能力，提升管理综合效能，降低管理运行成本，建立适应我国经济发展水平、优化保险管理资源、实现两项保险长期稳定可持续发展的制度体系和运行机制。

生育保险有助于创造公平竞争的条件。如果没有生育保险，女职工生育期间的费用均由所在企业负担，致使女职工多的企业用工成本高于其他企业，进而不愿意招录女职工。生育保险通过社会统筹，使企业支付的生育费用相对均衡，既减轻了女职工多的企业的经济负担，也为相关企业发展和女职工就业创造了公平的竞争条件。

《女职工劳动保护特别规定》第8条规定："女职工产假期间的生育津贴，对已经参加生育保险的，按照用人单位上年度职工月平均工资的标准由生育保险基金支付；对未参加生育保险的，按照女职工产假前工资的标准由用人单位支付。"两项保险合并实施后，生育保险在提高社会统筹程度、强化基金共济能力等方面的优势，将得到进一步彰显。生育保险参保单位将会明显增加，以往由不参加生育保险单位承担的女职工产假工资，也会随之由两项保险合并实施后的保险基金支付。同时，相比于以往生育保险完全由企业缴费、政府没有相应投入，两项保险合并实施后的生育保险基金也可以借助职工基本医疗保险基金，基金共济能力得以强化。此外，两项保险合并实施在提高生育成本社会化水平的同时，减轻了用人单位雇佣女职工的用工成本，有助于促进女性平等就业。

（四）最高人民法院增加平等就业权纠纷案由

我国《妇女权益保障法》和《劳动法》中都明确规定妇女可以运用司法途径维护自己的平等就业权，2008 年开始实施的《就业促进法》更是为遭遇就业性别歧视的求职者提供了通过司法救济维护平等就业权益的途径。但是在 2019 年之前，招聘环节的就业歧视只能用一般人格权案由起诉。在形成劳动关系之后，对于用人单位的歧视行为，原告一般用劳动争议纠纷案由提起诉讼。

2018 年底，最高人民法院增加了"平等就业权纠纷"案由，从 2019 年 1 月 1 日起开始适用。新案由的增加体现了法院对劳动者平等就业权的重视，使这类案件有了"名分"，无须再借名诉讼，有助于劳动者维权，寻求司法救济。2019 年已经有若干用"平等就业权纠纷"这一新案由起诉并判决的案件。比如，珠海市香洲区人民法院于 2019 年 10 月做出一审判决的珠海怀孕歧视案，[①] 法院认为，平等就业权保护的范围应当包括两个方面：一是招录过程中劳动者被平等录用的权利；二是劳动合同履行过程中劳动者被平等对待的权利。本案被告某物业公司因原告怀孕而将其辞退，属于在履行劳动合同过程中对原告的歧视性对待，构成对原告平等就业权的侵害，因此酌定被告向原告赔礼道歉并赔偿精神损害抚慰金 1 万元。

三　妇女平等就业权保障存在的问题和对策建议

就业性别歧视成因复杂，是一个世界性难题，消除歧视不可能一蹴而就。我国现行的禁止就业性别歧视的法律制度中还存在不完善之处，近期

---

① （2019）粤 0402 民初 6356 号。

国家出台的各项保障妇女平等就业权的新举措真正落地实施、发挥作用尚需时日。

（一）我国平等就业权保障制度存在的不足

1. 立法操作性不足

相关法律法规对禁止基于性别的就业歧视仍缺乏必要的概念界定，影响了公众对妇女平等就业权益的认知，给法律适用带来困难。关于就业歧视的法律责任规定过于笼统，处罚力度不足，法律威慑力不够。此外，我国现行法律法规主要还是禁止用人单位实施就业歧视，但是对于用人单位积极宣传倡导平等，或者建立调查、申诉机制预防和制止歧视等都缺乏明确的规定。

2. 行政监管缺失

《劳动保障监察条例》没有明确把就业性别歧视作为监察事项，影响了劳动保障监察机构对就业性别歧视的监管和惩处。属地化监管规定使得劳动保障监察机构难以履行跨地域监管职责，对于通过总部发布招聘信息并进行跨区域招聘的用人单位，即使存在明显的招聘性别歧视，相关劳动保障监察机构也难以监管。劳动保障监察机构受理的一些就业性别歧视投诉，由于缺乏相关证据，查处时面临很多困难。此外，工商行政部门作为招聘广告的行政管理部门，主动履行广告监管职责并在监测中发现违法广告的情况非常有限。

3. 救济途径单一

尚未建立劳动关系的求职者在招聘中遭遇性别歧视时，既难以适用《劳动法》并据此进行调解，也无法通过《劳动争议调解仲裁法》规定的仲裁方式加以解决，只能向人民法院提起诉讼，救济渠道单一，诉讼成本较高，绝大部分平等就业机会受侵害妇女难以获得司法救济。从诉讼案件看，由于诉讼的时间和经济成本较高，通过司法途径解决性别歧视的案件仍然比较少。

（二）进一步完善妇女平等就业权保障制度的建议

1. 完善相关立法政策的建议

我国虽然已经建立起保障妇女平等就业权的法律体系，但是还存在法律规定过于分散、可操作性差等问题。建议国家制定专门的反就业歧视法，并在对《妇女权益保障法》《劳动法》《就业促进法》等法律法规进行修订时，对就业歧视的定义、适用范围、反就业歧视措施和救济机制等作出更明确和详细的规定。

（1）界定就业歧视的概念和适用范围

法律概念的意义并不限于定义本身，明确、具体的定义是法律适用的前提。反就业歧视法中应该明确界定就业性别歧视的定义，即"用人单位基于求职者和劳动者的性别、婚姻、生育状况，在招聘、录用、职业介绍、工作岗位安置、劳动报酬给付、职务晋升、工作时间和工作条件的安排、职业培训、劳动福利和保障的提供、退休和终止劳动关系等活动中做出区别对待，从而取消或损害劳动者平等就业权利的行为"。同时，针对就业性别歧视的不同情形——直接歧视、间接歧视，进行具体的分类和界定。

（2）明确禁止基于婚育状况的歧视

确保女性生育权和平等就业权，不得以生育为由拒绝录用、辞退、调岗减薪。明确女性产假期间的生育津贴和支付办法。认定产检时间为劳动时间。为女性产后返回原岗或同等薪酬的岗位提供保障。生育保险基金应分担企业的替工成本。

（3）加强反就业歧视和促进性别平等的措施

除了消极的不得歧视的义务，法律中还应该明确用人单位、社会、政府在促进妇女平等就业方面的积极义务。比如，德国的《一般平等待遇法》中规定，雇主不仅在招聘时不得有基于法律规定的歧视行为，而且雇主有义务以恰当的方式对雇员进行反歧视培训，制订详细的措施防止歧视行为的发生并对雇员进行禁止歧视行为的教育和宣传。我国现有反歧视立法对于政府和用人单位的积极责任的规定还相对匮乏和抽象，对于政府、用人单位的积极义务，反就业歧视应采取的肯定性行动、保护和扶持措施以及合理便利应该加以明确和详细规定。

（4）鼓励用人单位为哺乳期的女性和有家庭责任的职工提供灵活的工作时间

建立家庭友好型企业环境是企业留住人才、职工有效平衡工作和家庭责任的重要手段。企业为职工提供灵活的工作时间有助于加强员工的忠诚度、提高生产效率、促进和谐的劳资关系，是一种互利互惠的企业管理模式。

（5）明确责任主体，加大处罚力度

为了有效惩罚违反就业歧视法的行为，法律应详细规定用人单位实施就业性别歧视、侵害妇女平等就业权应当承担的相应民事责任、行政责任和刑事责任，具体包括财产性损失、精神损害赔偿等民事责任，招聘启事违法、单位规章制度违法、劳动合同违法等行政责任。

2. 加强相关执法的建议

进一步加强对就业性别歧视的监管，明确就业性别歧视的监管部门和职责。劳动监察部门是劳动法的执法部门，是保证反歧视法律实效性的重要机构。建议在就业促进法实施细则中明确劳动行政部门对就业性别歧视的监管职责，并在《劳动保障监察条例》第11条中将就业性别歧视列为劳动监察部门的监管事项，并追究在劳动监察方面失职或履职不力的责任。为保证劳动监察机构能有效地履行劳动监察职责，各级政府应该在人员和经费上提供保障。

劳动行政部门对就业性别歧视的监察工作可以招聘广告的审查为起点。劳动监察部门可以与人力资源市场及工商行政管理部门合作，对就业性别歧视的招聘广告进行行政指导，辅导用人单位撰写和发布招聘广告，对用人单位的招聘广告进行定期固定抽检，并接受公众的投诉，消除招聘广告中的公开歧视。监管场所主要涉及实体性人力资源市场、招聘网站和大中型用人单位网站。监管方法包括开展人力资源市场现场抽查活动、建立招聘性别歧视投诉受理机制、开展事中事后监管活动、建立人力资源市场监管信息发布制度，构建守信激励、失信惩戒长效机制。针对行政执法人员对监管及招聘性别歧视认识不足问题，对劳动保障监察人员及用人单位进行促进男女平等就业的培训，培训内容包括相关法律法规、新情况新问题及监管对策等。

3. 完善司法救济机制的建议

司法是守护公平正义的最后一道防线，需要进一步完善司法救济机制，保障妇女的平等就业机会。虽然最高人民法院2018年底新增了平等就业权纠纷的案由，但此案由仍放在一般人格权侵权案由之下，仍然无法解决就业歧视诉讼的举证责任和赔偿责任等问题。法院对侵权责任主体认定不明确，增加了妇女的维权难度和成本；偏低的判决损害赔偿额度，既不足以弥补妇女遭受的歧视伤害与所承担的诉讼成本，也不足以震慑侵犯妇女平等就业权的违法者及潜在违法者，不符合国家保障妇女平等就业的精神。

（1）建立举证责任转移规则

最高人民法院2019年虽然新增加了"平等就业权纠纷"案由，但是这一案由仍在一般人格权案由之下。根据一般民事诉讼"谁主张谁举证"的举证规则，劳动者胜诉的可能性将降低。在明确规定举证责任转移的反歧视类法律出台之前，建议最高人民法院对《就业促进法》第62条进行司法解释，对如何使用反性别歧视案的证据作出解释。可以参照《最高人民法院关于民事诉讼证据若干规定》（法释〔2001〕33号）第6条"在劳动争议纠纷案件中，因用人单位作出开除、除名、辞退、解除劳动合同、减少劳动报酬、计算劳动者工作年限等决定而发生劳动争议的，由用人单位负举证责任"的规定，让用人单位更多承担举证责任。

（2）强化性别歧视的法律责任

针对司法实践中就业歧视案件当事人获得的赔偿数额偏低情况，建议推动最高人民法院对《就业促进法》第62条进行司法解释，加大对反性别歧视诉讼的赔偿、补偿数额，明确惩处方式。在赔偿、补偿数额方面，司法解释应明确就业性别歧视补偿范围（财产性损失及精神损害）和补偿数额的计算依据，提高法官判案的可操作性，以有利补偿遭遇就业性别歧视妇女的损失。财产性损失包括进行求职活动支付的合理开支和维权行为支付的额外开支。建议司法解释规定，因为就业性别歧视未能被录用的求职者，可以要求用人单位一次性支付所申请岗位三个月的工资予以赔偿。就业性别歧视通常包含对被歧视者的人格贬低，给求职妇女带来了较为沉重的心理负担和精神创伤，然而，这一问题长期以来并没有得到应有的重视，赔偿额度始终偏低。建议司法解释根据用人单位的过错程度、歧视行为的性质、歧视行为造成的后果等因素，综合考虑赔偿数额，合理补偿遭遇就业性别歧视妇女的心理伤害。

（3）发挥妇联支持诉讼的职能

《民事诉讼法》第15条规定："机关、社会团体、企业事业单位对损害国家、集体或者个人民事权益的行为，可以支持受损害的单位或者个人向人民法院起诉。"《妇女权益保障法》第54条规定："妇女组织对于受害妇女进行诉讼需要帮助的，应当给予支持。"但是，妇联组织支持诉讼的职能没有充分发挥，妇联组织应该积极探索，履行相关职能，并形成相应的制度。

参考文献

1. 中共中央办公厅、国务院办公厅：《关于促进劳动力和人才社会性流动体制机制改革的意见》，2019年12月印发。

2. 人力资源和社会保障部、教育部、司法部、卫生健康委、国资委、医保局、全国总工会、全国妇联、最高人民法院：《关于进一步规范招聘行为促进妇女就业的通知》，2019年2月21日印发。

3. 中华全国总工会编著《促进工作场所性别平等指导手册》，中国工人出版社，2019。

4. 国务院办公厅：《关于全面推进生育保险和职工基本医疗保险合并实施的意见》国办发〔2019〕10号，2019年3月25日印发。

5. 最高人民法院：《关于增加民事案件案由的通知》（法〔2018〕344号）。

B.18

2019年国家人权立法分析报告[*]

班文战^{**}

摘　要： 2019年，全国人大常委会和国务院的人权相关立法工作继续取得显著进展，关于医药卫生、健康事业、食品安全、社区矫正、信息公开、行政决策、劳动报酬、审判人员、检察人员和其他若干重大事项的十余部法律法规获得通过或修订，关于收容教育的法律规定和制度终被废除，中国公民的多项人身、经济、社会和政治权利的立法保障得到了极大加强。

关键词： 人权　公民权利　立法保障

2019年，中国的人权立法保障工作继续取得显著进展。本报告将简要梳理中国2019年与人权相关的法律法规的制定、修订、修改和废除情况，重点说明全国人大常委会和国务院比较重要的人权相关立法活动的主要内容和对人权的影响。

一　2019年人权相关立法的基本情况

（一）全国人大常委会人权相关立法的基本情况

2019年，全国人大常委会共制定6部法律，修订5部法律，通过10项

---

* 本文是中国人权研究会资助的2014年度"人权的立法保障研究"课题项目的阶段性成果。

** 班文战，法学硕士，中国政法大学人权研究院教授、副院长，人权法学专业硕士研究生导师，主要研究方向为国际人权法、人权国内保障和人权教育。

具有法律性质的决定。① 其中，与人权直接相关的活动包括制定《社区矫正法》、《基本医疗卫生与健康促进法》、《疫苗管理法》和《密码法》，修订《法官法》、《检察官法》和《药品管理法》，废止有关收容教育的法律规定和制度，决定对部分服刑罪犯予以特赦。此外，《关于国家监察委员会制定监察法规的决定》和《关于授权最高人民法院在部分地区开展民事诉讼程序繁简分流改革试点工作的决定》的通过对人权也有一定间接影响（见表1）。

表1　2019年全国人大常委会人权相关立法简况

法律形式	法律名称（简称）	立法形式	立法时间	开始实施时间	影响人权的方式
法律	疫苗管理法	制定	2019. 6. 29	2019. 12. 1	直接
法律	密码法	制定	2019. 10. 26	2020. 1. 1	直接
法律	基本医疗卫生与健康促进法	制定	2019. 12. 28	2020. 6. 1	直接
法律	社区矫正法	制定	2019. 12. 28	2020. 7. 1	直接
法律	法官法	修订	2019. 4. 23	2019. 10. 1	直接
法律	检察官法	修订	2019. 4. 23	2019. 10. 1	直接
法律	药品管理法	修订	2019. 8. 26	2019. 12. 1	直接
决定	关于在中华人民共和国成立七十周年之际对部分服刑罪犯予以特赦的决定	通过	2019. 6. 29	2019. 6. 29	直接
决定	关于国家监察委员会制定监察法规的决定	通过	2019. 10. 26	2019. 10. 27	间接
决定	关于废止有关收容教育法律规定和制度的决定	通过	2019. 12. 28	2019. 12. 29	直接
决定	关于授权最高人民法院在部分地区开展民事诉讼程序繁简分流改革试点工作的决定	通过	2019. 12. 28	2019. 12. 29	间接

资料来源：根据2019年《全国人大常委会公报》和全国人大网站公布的文件分析整理。

---

① 除下文列举的人权相关立法活动外，全国人大常委会2019年的其他立法活动包括：制定《外商投资法》和《资源税法》；修订《证券法》和《中华人民共和国森林法》；通过《关于修改〈中华人民共和国建筑法〉等八部法律的决定》、《关于修改〈中华人民共和国土地管理法〉、〈中华人民共和国城市房地产管理法〉的决定》、《关于修改〈中华人民共和国台湾同胞投资保护法〉的决定》、《关于授权澳门特别行政区对横琴口岸澳方口岸区及相关延伸区实施管辖的决定》、《关于授权国务院在自由贸易试验区暂时调整适用有关法律规定的决定》和《关于授予国家勋章和国家荣誉称号的决定》。

（二）国务院人权相关立法的基本情况

2019 年，国务院共通过或/和公布 7 部条例、1 项办法和 1 项规定，废止 1 部条例、2 部细则、1 项暂行规定和 1 项办法，修订 2 部条例，通过并公布 5 项关于修改行政法规的决定。① 其中，《生产安全事故应急条例》的公布，《重大行政决策程序暂行条例》、《人类遗传资源管理条例》和《保障农民工工资支付条例》的通过以及《食品安全法实施条例》和《政府信息公开条例》的修订对人权保障都有不同程度的直接影响（见表2）。

表2　2019 年国务院人权相关立法简况

法规名称（简称）	立法形式	通过时间	公布时间	开始实施时间	影响人权的方式
生产安全事故应急条例	制定	2018. 12. 25	2019. 2. 17	2019. 4. 1	直接
重大行政决策程序暂行条例	制定	不详	2019. 4. 20	2019. 9. 1	直接
人类遗传资源管理条例	制定	2019. 3. 20	2019. 5. 28	2020. 7. 1	直接
保障农民工工资支付条例	制定	2019. 12. 4	2019. 12. 30	2020. 5. 1	直接
食品安全法实施条例	修订	2019. 3. 26	2019. 10. 11	2019. 12. 1	直接
政府信息公开条例	修订	2019. 4. 3	2019. 4. 3	2019. 5. 15	直接

资料来源：根据 2019 年《国务院公报》和国务院网站公布的文件分析整理。

二　医药卫生和健康事业立法对人权的影响

2019 年，全国人大常委会制定和修订了 3 部关于医药卫生和健康事业的法律，极大地加强了对健康权和其他若干相关权利的立法保障。

---

① 除下文列举的人权相关立法活动外，国务院 2019 年的其他立法活动包括：公布《政府投资条例》（2018 年 12 月 5 日通过）；通过并公布《优化营商环境条例》、《外商投资法实施条例》、《报废机动车回收管理办法》和《关于在线政务服务的若干规定》；废止《中外合资经营企业法实施条例》、《外资企业法实施细则》、《中外合作经营企业法实施细则》、《中外合资经营企业合营期限暂行规定》和《报废汽车回收管理办法》；通过并公布《关于修改部分行政法规的决定》（3 月 2 日、3 月 24 日、4 月 23 日三次公布）、《关于修改〈烈士褒扬条例〉的决定》和《关于修改〈中华人民共和国外资保险公司管理条例〉和〈中华人民共和国外资银行管理条例〉的决定》。

（一）制定《疫苗管理法》对人权的影响

2019 年 6 月 29 日，第十三届全国人大常委会第十一次会议通过《疫苗管理法》。该法针对近年来中国境内的疫苗研制、生产、流通和预防接种及其监督管理方面存在的问题，结合《药品管理法》和《疫苗流通和预防接种管理条例》的实施经验，确立了"安全第一、风险管理、全程管控、科学监管、社会共治"的疫苗管理工作方针以及疫苗产品的"战略性和公益性"原则。① 在此基础上，该法围绕疫苗的研制、注册、生产、批签发、流通、预防接种、异常反应监测和处理以及上市后管理等环节，规定了国家、政府、药品监督管理部门、卫生健康主管部门、政府其他有关部门、疫苗批签发机构、疾病预防控制机构、接种单位、疫苗上市许可持有人、疫苗配送单位、医疗机构、传播媒介以及其他单位和个人的义务或职责，明确了需要建立健全的一系列制度和工作机制，规定了违反该法应当承担的民事、行政或刑事责任。②

《疫苗管理法》在加强疫苗管理、保证疫苗质量和供应、规范预防接种、促进疫苗行业发展的同时，注重保障公众健康和维护公共卫生安全。③ 该法规定，居住在中国境内的居民都有接种免疫规划疫苗的权利和义务，任何单位和个人都有权了解疫苗信息，对疫苗监管工作提出意见、建议，举报

---

① 参见《疫苗管理法》第 3~4 条。
② 参见《疫苗管理法》第 3、6~7、9~11、22、26、40~41、47、56~57、60、66、68、72、74~76、79~96 条。根据该法规定，国家应当建立健全免疫规划制度、疫苗全程电子追溯制度、疫苗生产严格准入制度、疫苗批签发制度、儿童预防接种证制度、预防接种异常反应补偿制度、疫苗责任强制保险制度、疫苗安全信息统一公布制度；政府和政府部门应当建立健全疫苗监督管理工作机制、部门协调机制、国家免疫规划疫苗种类动态调整机制、疫苗储备动态调整机制、疫苗质量和预防接种等信息共享机制；药品监督管理部门应当建立疫苗上市许可持有人及其相关人员信用记录制度；疾病预防控制机构和接种单位应当建立疫苗定期检查制度；疫苗上市许可持有人应当建立健全疫苗全生命周期质量管理体系、疫苗质量回顾分析和风险报告制度和疫苗信息公开制度，并在疫苗研制、生产、检验等过程中建立健全生物安全管理制度。
③ 参见《疫苗管理法》第 1 条。

疫苗违法行为和未依法履行监管职责的情况。[①] 与此同时，该法要求在疫苗研制、生产、检验等过程中保护操作人员和公众的健康，在开展疫苗临床试验时取得受试者或/和其监护人的书面知情同意，保护受试者的合法权益。[②] 作为疫苗管理的专门性法律，该法规定了最严格的疫苗管理制度，为公众接种免疫规划疫苗、预防和控制疾病的发生和流行、保障公众健康奠定了重要法律基础。

（二）制定《基本医疗卫生与健康促进法》对人权的影响

2019 年 12 月 28 日，第十三届全国人大常委会第十五次会议通过《基本医疗卫生与健康促进法》。该法针对中国医疗卫生和健康事业面临的问题，结合中国当前社会经济发展水平、近年来医药卫生体制改革的经验和现行有效的相关法律的内容，明确了"发展医疗卫生与健康事业，保障公民享有基本医疗卫生服务，提高公民健康水平，推进健康中国建设"的目标，确立了"以人民为中心，为人民健康服务"的医疗卫生与健康事业的工作方针以及医疗卫生事业的"公益性原则"，突出强调了国家"实施健康中国战略，普及健康生活，优化健康服务，完善健康保障，建设健康环境，发展健康产业，提升公民全生命周期健康水平"以及"尊重、保障公民健康权"的首要职责，[③] 从基本医疗卫生服务、医疗卫生机构、医疗卫生人员、药品供应保障、健康促进、资金保障、监督管理、法律责任等方面，为在中国开展医疗卫生、健康促进及其监督管理活动提供了全面的法律依据。

作为中国"卫生与健康领域第一部基础性、综合性的法律"[④]，《基本医疗卫生与健康促进法》对公民的健康权利和与之相关的若干其他权利

---

① 参见《疫苗管理法》第 6、77 条。
② 参见《疫苗管理法》第 11、17～18 条。
③ 参见《基本医疗卫生与健康促进法》第 1、3～4 条。
④ 参见柳斌杰《关于〈中华人民共和国基本医疗卫生与健康促进法（草案）〉的说明》，2017年 12 月 22 日。

提供了空前广泛和系统的立法保障。首先，该法明确规定公民享有健康权以及获得健康教育、获得基本医疗卫生服务、对接受医疗卫生服务相关事项的知情同意和参加基本医疗保险的权利，居民有接种免疫规划疫苗的权利，同时要求尊重患者的人格尊严，保护患者的隐私，保护公民的个人健康信息，保障妇女、儿童（未成年人）、老年人和残疾人等重点人群以及急危重症患者的健康权益，保护医疗卫生人员的合法权益，禁止侵犯医疗卫生人员的人身安全和人格尊严。① 其次，该法分别规定了国家、政府、政府部门、医疗卫生机构、医疗卫生人员、公共场所经营单位、用人单位、学校、公民、法人、其他组织和其他社会力量在尊重、促进、保护、保障和实现公民健康权利方面所承担的义务或职责。最后，该法规定了地方政府、县级以上政府有关部门、医疗卫生机构、医疗卫生人员、个人和其他相关义务主体违反该法应当承担的民事、行政或刑事责任。② 特别值得肯定的是，该法强调基本医疗卫生服务的公平性、可及性、便捷性、经济性、安全性、优质性、科学性、规范性、先进性、有效性、伦理性、合理性和适宜性，注重公民的多样化、差异化、个性化健康需求，③ 明确了国家和政府应当建立、健全或完善的一系列制度④、

---

① 参见《基本医疗卫生与健康促进法》第 4～5、21、24～28、32～33、36、57、74、76、82、92 条。根据该法第 21 条和第 82 条的规定，依法接种免疫规划疫苗也是居民的义务，依法参加基本医疗保险也是公民的义务。

② 参见《基本医疗卫生与健康促进法》第 98～105 条。

③ 参见《基本医疗卫生与健康促进法》第 8、10、12、15～17、20～22、24～28、36、39、43～45、48、51、54、58～65、67、73～76、83、87～88 条。

④ 主要包括健康教育制度，基本医疗卫生制度，健康影响评估制度，传染病防控制度，预防接种制度，慢性非传染性疾病防控与管理制度，基本医疗服务实行分级诊疗制度，现代医院管理制度，医疗卫生信息交流和信息安全制度，住院医师和专科医师规范化培训制度，医疗卫生人员职业注册制度，医疗卫生人员定期到基层和艰苦边远地区从事医疗卫生工作制度，药品供应保障制度，基本药物制度，以临床需求为导向的药品审评审批制度，药品研制、生产、流通和使用全过程追溯制度，健康知识和技能核心信息发布制度，疾病和健康危险因素监测、调查和风险评估制度，食品和饮用水安全监督管理制度，营养状况监测制度，公共场所卫生管理制度，医疗救助制度，医疗卫生机构绩效评估制度，医疗卫生机构和人员等信用记录制度。

机制①、体系②和应当采取的措施，比较充分地体现了中国承担的保障健康权的国际法律义务的要求。③

（三）修订《药品管理法》对人权的影响

2019 年 8 月 26 日，第十三届全国人大常委会第十二次会议修订通过《药品管理法》，对 2001 年修订并经 2013 年和 2015 年两次修正的《药品管理法》做了全面修改。修订后的《药品管理法》进一步明确了"保障公众用药安全和合法权益，保护和促进公众健康"的立法目的，④ 确立了"以人民健康为中心"的药品管理工作方针和"坚持风险管理、全程管控、社会共治"的药品管理原则，⑤ 突出了对药品研制、生产、经营、使用和监督管理"活动"的规范，⑥ 要求保障药物临床试验受试者的合法权益以及药品的安全性、有效性和质量可控性，⑦ 确定建立、健全或实行国家药品上市许可持有人制度、

---

① 主要包括职业健康工作机制、医疗服务合作机制、医疗风险分担机制、医疗卫生人员培养机制和供需平衡机制、乡村医疗卫生队伍职业发展机制、药品供应工作协调机制、医疗卫生与健康事业投入机制、基本医疗保险可持续筹资和保障水平调整机制、基本医疗保险经办机构与协议定点医疗卫生机构之间的协商谈判机制、政府相关部门沟通协商机制、医疗纠纷预防和处理机制。

② 主要包括医疗卫生服务体系、医学教育体系、突发事件卫生应急体系、妇幼健康服务体系、残疾预防和残疾人康复及其保障体系、院前急救体系、药品价格监测体系、药品供求监测体系、全民健身公共服务体系、医疗保障体系、医疗卫生综合监督管理体系。

③ 关于中国承担的健康权国际法律义务，参见《经济、社会及文化权利国际公约》第 12 条、《儿童权利公约》第 24 条、《消除对妇女一切形式歧视公约》第 11 条 1（f）和第 12 条、《消除一切形式种族歧视国际公约》第 5 条（辰）（4）。关于国家健康权国际法律义务的具体内容，参见经社文权利委员会《第 14 号一般性意见（2000）享有能达到的最高健康标准的权利（〈经济、社会、文化权利国际公约〉第 12 条）》，Distr. GENERAL E/C. 12/2000/ 4，11 August 2000。

④ 参见 2019 年《药品管理法》第 1 条。相比之下，2001 年《药品管理法》第 1 条的相关措辞是"保障人体用药安全，维护人民身体健康和用药的合法权益"。

⑤ 参见 2019 年《药品管理法》第 3 条。

⑥ 参见 2019 年《药品管理法》第 2 条和 2001 年《药品管理法》第 2 条。从结构上看，2019 年《药品管理法》取消了 2001 年《药品管理法》的"药品生产企业管理"和"药品经营企业管理"两章，增加了"药品研制和注册"、"药品生产"、"药品经营"、"药品上市后管理"和"药品储备和供应"五章，体现了规范重点从"机构"到"活动"的转变。

⑦ 参见 2019 年《药品管理法》第 3、6、20~21、24、30~33、35~40、77~80、82~83 条。

药品追溯制度、药物警戒制度、基本药物制度、药品清单管理制度、药品安全信息统一公布制度等一系列药品管理制度以及县级政府药品监督管理工作机制和信息共享机制，充实了国家、县级以上政府和政府部门的药品管理职责，强化了药品监督管理部门的监管职权，[①] 增加了药品上市许可持有人、药品行业协会、伦理委员会、药品网络交易第三方平台提供者和新闻媒体等义务或责任主体，[②] 补充规定了药品使用单位、药品上市许可持有人、药品网络交易第三方平台提供者、县级以上地方政府的违法责任，全面加大了对违法行为的处罚力度，[③] 为公众健康权提供了更加有力的法律保障。

三 制定《社区矫正法》对人权的影响

2019 年 12 月 28 日，第十三届全国人大常委会第十五次会议通过《社区矫正法》。该法按照中共十八届三中全会关于"完善对违法犯罪行为的惩治和矫正法律，健全社区矫正制度"的要求，结合《刑法》和《刑事诉讼法》关于社区矫正的规定和十几年来社区矫正试点的经验，确定了社区矫正的对象、内容和工作方针，[④] 建立了政府统一领导、专门机构具体实施、社会力量广泛参与的社区矫正工作机制，[⑤] 规定了有关机构和人员在社区矫

---

① 参见 2019 年《药品管理法》第 6、8~10、12~13、16、27~28、32、37、40、61~62、78~79、82~84、93~96、99、103~109、113 条。

② 参见 2019 年《药品管理法》第 6、13~14、20、30~40、61、77、79、83、85~86、88条。

③ 参见 2019 年《药品管理法》第 114~151 条和 2001 年《药品管理法》第 73~101 条。

④ 根据《社区矫正法》第 2~3 条的规定，对被判处管制、宣告缓刑、假释和暂予监外执行的罪犯，应当按照监督管理与教育帮扶相结合、专门机关与社会力量相结合的工作方针，进行分类管理和个别化矫正。

⑤ 根据《社区矫正法》第 8~13、17、25、35、37~41、53、55~56、62 条的规定，社区矫正工作由国务院和县级以上政府的司法行政部门主管，由社区矫正委员会统筹协调和指导，并受检察院监督；社区矫正决定由法院、监狱管理机关和公安机关作出；对社区矫正对象的监督管理和教育帮扶工作由社区矫正机构及其委托的司法所实施，由居委会、村委会、共青团、妇联、未成年人保护组织以及社区矫正对象的监护人、家庭成员、所在单位或者就读学校予以协助，并鼓励和吸收企业事业单位、社会组织、志愿者、社会工作者、社区群众、有关部门和单位等社会力量参与。

正的决定、接收、解除、终止以及对社区矫正对象的监督管理和教育帮扶等方面的职责和义务，明确了社区矫正对象和社区矫正工作人员的权益保护和违法责任，为中国社区矫正制度的健全和社区矫正工作的开展奠定了重要的法律基础。

作为社区矫正工作的专门性法律，《社区矫正法》把"促进社区矫正对象顺利融入社会"作为一项重要的立法目的,^① 对社区矫正对象的权利的尊重和保障问题给予了高度重视。首先，该法确立了"尊重和保障人权"的社区矫正工作原则。^② 其次，该法禁止侵犯社区矫正对象的人身权利、财产权利和其他权利，对其在就业、就学和享受社会保障等方面予以歧视，非法限制其人身自由，对其正常工作和生活造成"不必要的影响"，对其实行体罚、虐待，泄露其个人信息，对其依法申诉、控告或者检举的行为进行打击报复。^③ 最后，该法要求保护社区矫正对象的身份信息和个人隐私，保障其合法权益，为其正当外出和迁居提供便利，为其提供就业、学业、教育、心理辅导、职业技能培训、社会关系改善等方面的帮扶，协助其申请社会救助、参加社会保险、获得法律援助，并明确规定其在自身合法权益受到侵害时有权向检察院或者有关机关申诉、控告和检举。^④ 此外，该法还针对未成年人的身心特点，对未成年人社区矫正对象的权利保护和教育帮扶问题做了特别规定。^⑤

在强调尊重和保障社区矫正对象合法权益的同时，《社区矫正法》考虑到这些人员的罪犯身份及其潜在的危害性和重新犯罪的可能性，对其在接受社区矫正期间的义务和责任作出规定。首先，该法要求社区矫正对象遵守法律、法规和社区矫正决定文书确定的义务，遵守国务院司法行政部门的监督管理规定，服从社区矫正机构的管理。^⑥ 其次，该法规定了社区矫正对象外

---

① 参见《社区矫正法》第1条。
② 参见《社区矫正法》第4条第2款。
③ 参见《社区矫正法》第4、34、61条。
④ 参见《社区矫正法》第26～27、34～43条。
⑤ 参见《社区矫正法》第52～57条。
⑥ 参见《社区矫正法》第4条第1款和第23条。

出和迁居的报批手续、社区矫正期间表现情况的考核，以及解除和终止社区矫正的条件和程序。① 最后，该法规定了对违反法律法规、监督管理规定、法院禁令或有其他特定情形②的社区矫正对象的处置或处罚措施，③ 以及对社区矫正工作人员及其近亲属实施殴打、威胁、侮辱、骚扰、报复并构成犯罪的社区矫正对象的刑事责任。④ 这些规定对从事社区矫正工作的人员、其近亲属以及一般公众的权利提供了一定程度的法律保护。

四 修订《法官法》和《检察官法》对人权的影响

2019 年 4 月 23 日，第十三届全国人大常委会第十次会议修订通过《法官法》和《检察官法》，对 1995 年通过并经 2001 年和 2017 年两次修正的《法官法》和《检察官法》做了全面修改，进一步明确、充实和完善了法官和检察官的职责、义务、权利、条件、遴选、任免、管理、考核、奖惩和职业保障等方面的规定。与修订之前相比，修订后的《法官法》和《检察官法》一方面注重全面推进高素质法官和检察官队伍建设，加强对法官和检察官的管理和监督，要求法官和检察官尊重和保障诉讼参与人的权利；另一方面强调维护法官和检察官的合法权益，为法官和检察官依法履行职责、法院依法独立行使审判权、检察院依法独立行使检察权、实现司法公正、尊重和保障人权提供了更为充分的立法保障。

（一）修订《法官法》对人权的影响

修订后的《法官法》把"维护法官合法权益"作为一项重要的立法目

---

① 参见《社区矫正法》第 27 ~ 28、44 ~ 51 条。
② 一是被提请撤销缓刑、假释的社区矫正对象可能逃跑或者可能发生社会危险，二是被裁定撤销缓刑、假释和被决定收监执行的社区矫正对象逃跑。
③ 主要包括制止违法行为、训诫、警告、撤销缓刑或假释、收监执行、使用电子定位装置、追捕、逮捕和治安管理处罚。参见《社区矫正法》第 28 ~ 29、31、46、49、59 条。
④ 参见《社区矫正法》第 60 条。

的，[①] 充实了法官职业保障和权益保护措施。首先，该法明确规定法官依法履行职责"不受行政机关、社会团体和个人的干涉"，禁止任何单位和个人要求法官从事超出法定职责范围的事务，确认法官有权拒绝任何干涉其办理案件的行为并对干涉行为予以全面如实的记录和报告，[②] 这在一定程度上确立了法官的独立地位。其次，该法要求法院设立法官权益保障委员会，作为维护法官合法权益、保障法官依法履行职责的专门机构。[③] 最后，该法禁止任何单位和个人对法官（及其近亲属）进行打击报复，要求保护法官的职业尊严、人身安全和名誉，依法惩治针对法官（及其近亲属）的违法犯罪行为，追究相关单位或个人的责任。[④] 此外，该法还在辞退、惩戒、调岗、工资和伤残待遇等方面加强和完善了保障法官权益的措施。[⑤]

在强调维护法官权益的同时，修订后的《法官法》也强化了法官尊重和保障诉讼参与人权利的义务和责任。一方面，法官必须维护社会公平正义，应当公正对待当事人和其他诉讼参与人，对一切个人和组织在适用法律上一律平等，对在履行职责中知悉的个人隐私予以保密。[⑥] 另一方面，对于变造或故意损毁证据或案件材料、泄露个人隐私、故意违反法律法规办理案件或者因重大过失导致裁判结果错误并造成严重后果的法官，应当给予处分；对于因从事上述行为而构成犯罪的法官，应当依法追究刑事责任；对于涉嫌违纪违法、已经被立案调查或侦查、不宜继续履行职责的法官，应当按照管理权限和规定的程序暂时停止其履行职务；对于因违纪违法不适合在审判岗位工作的法官，应当调离审判岗位。[⑦] 此外，该法要求法官在职权范围内对自己所办理的案件负责，禁止被吊销律师、公证员执业证书或者被仲裁委员会除名的人员担任法官，增列了法官应当实行任职回避的情形，禁止法

---

① 参见 2019 年《法官法》第 1 条。

② 参见 2019 年《法官法》第 7、54 条。

③ 参见 2019 年《法官法》第 52 条。

④ 参见 2019 年《法官法》第 55～57 条。

⑤ 参见 2019 年《法官法》第 35、49～50、53、58、61 条。

⑥ 参见 2019 年《法官法》第 3～4、10 条。

⑦ 参见 2019 年《法官法》第 46～47、53 条。

官兼任监察机关、企业、其他营利性组织、事业单位的职务，或者兼任律师、仲裁员和公证员，或者违规参与营利性活动，[1] 这些规定对于法官独立且公正履行职责、尊重和保障诉讼参与人的权利应有一定的积极作用。

（二）修订《检察官法》对人权的影响

在维护检察官合法权益以及强化检察官尊重和保障诉讼参与人权利的义务和责任方面，新修订的《检察官法》做了与新修订的《法官法》几乎完全相同的规定。[2] 特别值得一提的是，该法规定检察官在履行职责时应当"以事实为根据，以法律为准绳，秉持客观公正的立场"，在办理刑事案件时应当"严格坚持罪刑法定原则，尊重和保障人权，既要追诉犯罪，也要保障无罪的人不受刑事追究"，并把"依法保障当事人和其他诉讼参与人的诉讼权利"增列为检察官的一项义务，[3] 对检察官尊重和保障诉讼当事人的诉讼权利和其他相关权利提出了更为明确的要求。

五 其他立法活动对人权的影响

（一）全国人大常委会其他立法活动对人权的影响

2019 年 10 月 26 日，第十三届全国人大常委会第十四次会议通过《密码法》，建立了旨在"保障网络与信息安全，维护国家安全和社会公共利益，保护公民、法人和其他组织的合法权益"[4] 的密码管理制度。该法在保护国家秘密信息的同时，允许公民、法人和其他组织使用商用密码保护网络与信息安全，禁止窃取他人加密保护的信息，非法侵入他人的秘密保障系

---

① 参见 2019 年《法官法》第 8、22、24、46 条。

② 参见 2019 年《检察官法》第 1、3、6~7、10、13、23、25、36、47~48、50~51、53~59、62 条。

③ 参见 2019 年《检察官法》第 5、10 条。与 1995 年《法官法》不同，1995 年《检察官法》并没有把"依法保障当事人和其他诉讼参与人的诉讼权利"规定为检察官的一项义务。

④ 参见《密码法》第 1 条。

统，泄露或向他人非法提供个人隐私，或者利用密码从事危害国家安全、社会公共利益、他人合法权益等违法犯罪活动，① 为公民信息和个人隐私保护提供了立法保障。

除前述制定或修订的 7 部法律外，全国人大常委会在 2019 年还通过了与人权相关的 4 项决定。12 月 28 日，全国人大常委会第十五次会议通过《关于废止有关收容教育法律规定和制度的决定》，决定废止 1991 年《全国人民代表大会常务委员会关于严禁卖淫嫖娼的决定》第 4 条第 2 款和第 4 款，② 以及据此实行的收容教育制度③，废除了收容教育这种施行了 20 多年的限制和剥夺人身自由的行政处罚措施。④ 6 月 29 日，全国人大常委会第十一次会议通过《关于在中华人民共和国成立七十周年之际对部分服刑罪犯予以特赦的决定》，决定对依据 2019 年 1 月 1 日之前人民法院作出的生效判决正在服刑的九类罪犯实行特赦，⑤ 使得 23593 名⑥罪犯提前恢复了人身自由。除上述两项与人权直接相关的决定之外，全国人大常委会第十四次会议和第十五次会议分别于 10 月 26 日和 12 月 28 日通过两项授权性决定：一是授权国家监察委员会根据宪法和法律制定监察法规，就国家监察委员会执行法律规定或者履行领导地方各级监察委员会工作职责所需要的事项作出规定；⑦ 二是授权最高人民法院在部分地方法院和一定范围内开展民事诉讼程

---

① 参见《密码法》第 8、12、31~32、40~41 条。

② 该两款规定："对卖淫、嫖娼的，可以由公安机关会同有关部门强制集中进行法律、道德教育和生产劳动，使之改掉恶习。期限为六个月至二年。具体办法由国务院规定。""对卖淫、嫖娼的，一律强制进行性病检查。对患有性病的，进行强制治疗。"

③ 该制度集中规定于 1993 年 9 月 4 日国务院发布的《卖淫嫖娼人员收容教育办法》，与收容审查、收容遣送和劳动教养同为限制和剥夺人身自由的行政处罚措施。

④ 《关于废止有关收容教育法律规定和制度的决定》第 2 项规定："在收容教育制度废止前，依法作出的收容教育决定有效；收容教育制度废止后，对正在被依法执行收容教育的人员，解除收容教育，剩余期限不再执行。"

⑤ 该决定同时规定了因犯罪情节严重、剩余刑期较长和具有现实社会危险而不得特赦的五种情形。

⑥ 该数字来源于周强《最高人民法院关于加强刑事审判工作情况的报告》，2019 年 10 月 23 日。

⑦ 参见《全国人民代表大会常务委员会关于国家监察委员会制定监察法规的决定》。

序繁简分流改革试点工作。① 这两项决定对于监察对象和民事诉讼参与人的相关权利都有间接影响，其实际作用尚待实践检验。

（二）国务院相关立法活动对人权的影响

2019 年，国务院公布、通过和修订了 3 部关涉公民生命、健康和财产安全的行政法规。首先，国务院于 2 月 17 日公布了第 33 次常务会议于 2018 年 12 月 5 日通过的《生产安全事故应急条例》，② 完成了这部关涉公众生命和财产安全的行政法规的最后一个立法环节。其次，国务院第 41 次常务会议于 3 月 20 日通过《人类遗传资源管理条例》，禁止在采集、保藏、利用和对外提供中国人类遗传资源时危害中国公众健康，要求尊重人类遗传资源提供者的隐私权，保护其合法权益。③ 最后，国务院第 42 次常务会议于 3 月 26 日修订通过《食品安全法实施条例》，从安全风险监测和评估、安全标准制定和公布、生产经营、检验、进出口和安全事故处置等方面，进一步健全和完善了食品安全监督管理制度、机制和措施，充实了国家、政府和政府部门的食品安全监督管理职责，④ 强化了食品生产经营企业及其主要负责人的食品安全义务，⑤ 增加了食品生产经营者受托方、食品集中交易市场开办者、食品展销会举办者、网络食品交易第三方平台提供者、特殊医学用途配方食品生产企业等在食品生产经营方面的义务，⑥ 提出了关于转基因食

---

① 试点法院包括部分地区的中级法院、基层法院以及若干特定知识产权法院、金融法院和互联网法院，试点范围主要是优化司法确认程序、完善小额诉讼程序、完善简易程序规则、扩大独任制适用范围和健全电子诉讼规则。参见《全国人民代表大会常务委员会关于授权最高人民法院在部分地区开展民事诉讼程序繁简分流改革试点工作的决定》。

② 该条例根据《安全生产法》和《突发事件应对法》，对国务院、地方政府、负有安全生产监督管理职责的部门、生产经营单位以及其他相关政府部门和单位在生产安全事故的应急准备和救援方面的义务、职责和违法责任做了比较系统的规定。

③ 参见《人类遗传资源管理条例》第 1、8～9、12、22、27～28 条。

④ 参见 2019 年《食品安全法实施条例》第 3～7、9～11、16～17、30、40～41、46、52、54～55、57～66 条。

⑤ 参见 2019 年《食品安全法实施条例》第 14、18～21、23、25 条。

⑥ 参见 2019 年《食品安全法实施条例》第 21、25、31～32、36 条。

品、保健食品和特殊医学用途配方食品生产经营的要求，① 细化了2015年《食品安全法》规定的相关违法情形，扩大了违法主体的范围，加大了对违法行为的处罚力度，② 为与食品安全密切相关的公众身体健康和生命安全提供了更为充分的保障。

国务院在2019年开展的另外3项比较重要的人权相关立法活动直接涉及公民的知情权（获取信息权）、劳动报酬权和（决策）参与权。首先，国务院于4月3日公布了修订后的《政府信息公开条例》，进一步明确了政府信息主管部门和信息公开义务主体，补充了"以公开为常态，以不公开为例外"的原则和合法原则，扩大了信息公开的范围和途径，完善和细化了信息主动公开和依申请公开的程序，加强了信息公开的监督和保障措施。③ 其次，国务院第73次常务会议于12月4日通过《保障农民工工资支付条例》，确认农民工有按时足额获得工资的权利，被拖欠工资的农民工有依法投诉、申请劳动争议调解仲裁和提起诉讼的权利，④ 规定了用人单位、建设单位、施工承包单位、施工单位向农民工支付工资和清偿拖欠工资的义务以及拖欠工资的法律责任，明确了政府、政府部门、工会、共青团、妇联、残联等组织保障农民工工资支付的职责。⑤ 最后，国务院于4月20日公布了《重大行政决策程序暂行条例》，确立了乡级以上政府和县级以上政府部门⑥重大行政决策应当遵循的科学决策、民主决策和依法决策原则，明确了重大行政决策的草案形成、合法性审查、集体讨论决定、公布、执行和调整的程序和规则，明确了决策草案形成过程中的公众参与的范围和方式，规定了决

---

① 参见2019年《食品安全法实施条例》第33、35~39条。
② 参见2019年《食品安全法实施条例》第67~85条。
③ 参见2019年《政府信息公开条例》第3、5、9~10、13~53条。
④ 参见《保障农民工工资支付条例》第3、10条。根据该条例第2条的规定，该条例所称农民工是指为用人单位提供劳动的农村居民，该条例所称工资是指农民工为用人单位提供劳动后应当获得的劳动报酬。
⑤ 参见《保障农民工工资支付条例》第4~49、51、53~61条。
⑥ 根据《重大行政决策程序暂行条例》第2条和第42条的规定，县级以上地方政府重大行政决策的作出和调整程序适用该条例，县级以上政府部门和乡级政府重大行政决策的作出和调整程序参照该条例规定执行。

策机关、决策承办单位、承担决策有关工作的单位、决策执行单位以及承担论证评估工作的专家、专业机构和社会组织的违法责任。[①] 考虑到重大行政决策的性质、范围和内容，[②]《重大行政决策程序暂行条例》的公布施行将对人权的尊重和保障产生广泛而深远的影响。

参考文献

1. 《中华人民共和国社区矫正法》（2019 年 12 月 28 日）。
2. 《中华人民共和国基本医疗卫生与健康促进法》（2019 年 12 月 28 日）。
3. 《中华人民共和国疫苗管理法》（2019 年 6 月 29 日）。
4. 《中华人民共和国密码法》（2019 年 10 月 26 日）。
5. 《中华人民共和国法官法》（2019 年 4 月 23 日修订）。
6. 《中华人民共和国检察官法》（2019 年 4 月 23 日修订）。
7. 《中华人民共和国药品管理法》（2019 年 8 月 26 日修订）。
8. 《重大行政决策程序暂行条例》（2019 年 4 月 20 日）。
9. 《保障农民工工资支付条例》（2019 年 12 月 4 日）。
10. 《人类遗传资源管理条例》（2019 年 3 月 20 日）。
11. 《政府信息公开条例》（2019 年 4 月 3 日修订）。
12. 《食品安全法实施条例》（2019 年 3 月 26 日修订）。

---

① 参见《重大行政决策程序暂行条例》第 5～7、10～41 条
② 根据《重大行政决策程序暂行条例》第 3 条的规定，该条例所称重大行政决策事项包括：制定有关公共服务、市场监管、社会管理、环境保护等方面的重大公共政策和措施；制定经济和社会发展等方面的重要规划；制定开发利用、保护重要自然资源和文化资源的重大公共政策和措施；决定在本行政区域实施的重大公共建设项目；决定对经济社会发展有重大影响、涉及重大公共利益或者社会公众切身利益的其他重大事项。

B.19

2019年中国的国际人权合作与交流

罗艳华*

摘　要： 2019年中国在国际人权合作与交流方面进展显著，主要分为政府和民间两个层面。政府层面的国际人权合作与交流，除了稳步推进常规的多边和双边合作与交流，也出现了新的合作与交流形式，并且一些原有的合作与交流也出现了新的进展。民间层面的国际合作与交流主要表现为中国人权社会组织对国际人权事务的参与，这一年中国人权社会组织表现非常活跃，其参与的国际人权合作与交流不仅形式多样、内容丰富，而且成果丰硕。与此同时，2019年中国面临的国际人权挑战也是非常严峻的，对此中国采取了多方面的应对措施。

关键词： 国际人权合作　国际人权交流　人权社会组织

2019年，中国政府在国际人权合作与交流方面一方面继续稳步推进常规的多边和双边合作，另一方面也创造了一些新的交流与合作形式。民间层面在国际人权合作与交流中表现非常活跃，采取了形式多样和内容丰富的交流方式，取得了丰硕的成果。针对来自国际社会日益严峻的挑战，中国积极应对，采取了多方面的措施。

---

* 罗艳华，法学博士，北京大学国际关系学院教授、博士生导师，主要研究方向：人权与国际关系、国际关系史、非传统安全问题。

一 政府层面的国际人权合作与交流

2019 年，中国进行的政府层面的国际人权合作与交流取得了丰硕的成果。

（一）中国与地区组织和国际机构在联合国举办人权主题边会

与地区组织和国际机构在联合国举办人权主题边会成为中国进行多边人权合作与交流的重要方式。

1. "积极就业政策"主题边会

2 月 11 日，中国常驻联合国代表团同欧盟驻联合国代表团、国际劳工组织驻纽约办事处在纽约联合国总部共同举办了"积极就业政策"主题边会。各国代表以及联合国官员约 80 人参加了会议。与会嘉宾围绕积极就业政策进行了深入探讨，普遍认为发展是实现充分和高质量就业的基础，各国政府应提供政策扶持，加大技能培训，保障平等就业机会，着力促进青年、妇女、残疾人等重点群体就业，扩大社会保障覆盖范围。各方积极评价中方在就业领域的理念、政策和成就，期待同中方加强经验交流和务实合作，表示中欧作为具有重要影响的经济体举办此次边会，将对实现充分和高质量就业、落实 2030 年可持续发展议程产生积极影响。①

2. "一个也不能少——《残疾人权利公约》的重要意义"主题边会

2 月 26 日，在联合国人权理事会第 40 届会议高级别会议期间，中国和欧盟常驻日内瓦代表团共同举办了主题边会，会议主题为"一个也不能少——《残疾人权利公约》的重要意义"。这是中欧首次在人权理事会框架下共同举办会议。中国常驻联合国日内瓦办事处和瑞士其他国际组织代表俞建华、中国残疾人联合会主席张海迪、欧盟常驻日内瓦代表史

---

① 《"积极就业政策"主题边会在联合国举办》，国际在线，http：//news.cri.cn/20190212/b6d78aac – 51a2 – 4db5 – f1a4 – 2fe35d977abe.html。

蒂文斯、欧盟委员会司长内泽维奇等出席了会议并发言。来自40多个国家的使节和有关国际组织、非政府组织的代表，以及中外人权领域的专家学者等近百人出席了会议。中欧代表均表示希望加强双方的合作。罗马尼亚、保加利亚、斐济、印度尼西亚、白俄罗斯、希腊等多国代表做了会议发言。各国代表高度赞赏中国与欧盟共同举办此次会议，认为会议对于重申保障残疾人权利、维护多边主义、推动人权理事会工作、促进和保护人权具有重要意义，支持中国和欧盟今后在人权理事会有共识的领域继续开展务实合作。①

3. 残疾人减贫主题边会

6月11日，中国、欧盟常驻团和联合国经社事务部在纽约联合国总部举行了残疾人减贫主题边会，来自英国、意大利、希腊、肯尼亚、印度等50余国和康复国际等残疾人领域非政府组织的约100人出席。会议重点讨论了如何消除残疾人贫困、实现2030年可持续发展目标等问题。中国常驻联合国代表马朝旭指出了消除残疾人贫困的重要性，认为消除贫困是2030年可持续发展议程的首要目标，而消除残疾人贫困对实现可持续发展目标至关重要，并介绍了中国在消除残疾人贫困方面的成功经验和与欧洲加强合作的愿望。②

4. "发展对享有所有人权的贡献"主题边会

7月9日，联合国人权理事会第41届会议期间，中国常驻日内瓦代表团同非洲国家常驻日内瓦代表团共同举办了以"发展对享有所有人权的贡献"为主题的边会，倡导"在发展中促进和保护人权"的理念。50余个国家及国际组织的官员、非政府组织代表及专家学者120余人出席了会议。与会代表高度评价中国和非洲国家共同举办此次会议，强调发展有助于消除贫困，提高人民的生活水平和福祉，同时赞赏中国向非洲国家提供大量援助，

---

① 《中国、欧盟在联合国人权理事会首次共同举办关于残疾人权利问题会议》，新华网，http：//www. xinhuanet. com/world/2019 – 02/27/c_ 1124166877. htm。
② 《中欧在联合国总部共同召开残疾人减贫主题边会》，人民网，http：//world. people. com. cn/n1/2019/0612/c1002 – 31133193. html。

呼吁国际社会继续帮助非洲国家等发展中国家实现发展，在发展中促进和保护人权。①

（二）中国主办"2019·南南人权论坛"

中国为南南人权合作与交流搭建的高端平台——"南南人权论坛"开始走向机制化。

继 2017 年 12 月首届南南人权论坛在北京举办以来，在 2019 年 12 月 10 日"世界人权日"当天，由国务院新闻办公室和外交部共同主办的"2019·南南人权论坛"在北京盛大开幕。此次南南人权论坛的召开标志着这一南南人权合作与交流的高端平台正在逐渐机制化。来自 80 多个国家及联合国等国际组织的高级官员、专家学者、驻华使节等 300 余人出席了此次论坛。在 10～11 日两天的会议时间里，与会中外嘉宾围绕"文明多样性与世界人权事业的发展"这一会议主题进行了深入研讨。会议根据主题下设了四个分议题：（1）文明多样性背景下的人权道路选择；（2）构建人类命运共同体与全球人权治理；（3）从发展权视角："一带一路"促进 2030 年可持续发展议程；（4）南方国家人权保障的实践与经验，并根据四个分议题设置了四个分论坛。中共中央政治局委员、中宣部部长黄坤明出席了论坛并发表了题为"坚持文明多样性，推进世界人权事业发展"的主旨演讲。中国外交部副部长马朝旭与会致辞。②

在论坛召开之前，参加"2019·南南人权论坛"的 70 多个亚非拉发展中国家及联合国的官员、专家学者还赴杭州和上海等地进行了几天的参观考察，对中国的社会发展和人权状况有了直观的感受。

（三）中国与联合国人权理事会的合作

1. 中国参加第三轮国别人权审议的报告顺利获得核可

3 月 15 日，中国参加第三轮国别人权审议的报告顺利获得联合国人

---

① 《中非共同倡导"在发展中促进和保护人权"理念》，人民网，http：//world. people. com. cn/nl/2019/0711/c1002 - 31226538. html。

② 南南人权论坛官网，http：//f. china. com. cn/node_ 8001730. htm。

权理事会核可。中国外交部副部长乐玉成率领中国政府代表团参加了会议，并在会上作了题为《人民对美好生活的向往是中国人权事业的不懈追求》的主旨发言。中国常驻联合国日内瓦办事处和瑞士其他国际组织代表俞建华和中央司法体制改革领导小组办公室、中央统战部等有关单位及新疆维吾尔自治区、西藏自治区和香港、澳门特别行政区的代表与会。乐玉成在发言中介绍了新中国成立70年的人权成就。针对各方提的346条建议，乐玉成表示中方成立跨部门机制，逐条进行研究。只要符合中国国情、有利于中国人权事业发展的建议，我们都乐于接受。中方决定接受284条，占比82%，涉及领域包括消除贫困，创新发展，促进就业，保障民生，妇女儿童等特殊群体保护，尊重和保护宗教自由，言论自由及互联网自由，加强与人权高专办和特别机制合作，继续研究建立国家人权机构，加强防止酷刑和虐待等。中国接受的建议无论是数量还是比例在主要大国中均名列前茅，充分彰显了中方保障和促进人权的决心。同时，也有62条建议中方没有采纳。它们有的不符合中国国情或条件不成熟，有的与事实不符或带有政治偏见。① 核可会议上，马里、毛里塔尼亚、毛里求斯、莫桑比克、缅甸、纳米比亚、尼泊尔、尼日利亚、阿曼、巴基斯坦、菲律宾等国代表对中国取得的人权成就做了积极评价，赞赏中国以开放、自信、坦诚的态度参加审议，欢迎中国对各国建议作出认真、负责任的反馈，支持人权理事会核可中国的报告。②

2. 中国提交的"发展对享有所有人权的贡献"决议获得通过

7月12日，中国提交的"发展对享有所有人权的贡献"决议再次在联合国人权理事会获得通过。继2017年人权理事会通过该决议后，这是

---

① 《人民对美好生活的向往是中国人权事业的不懈追求》，中华人民共和国常驻联合国日内瓦办事处和瑞士其他国际组织代表团网站，http：//www.china-un.ch/chn/hyyfy/t1661097.htm。

② 《联合国人权理事会核可中国参加第三轮国别人权审议报告》，中国新闻网，http：//www.chinanews.com/gn/2019/03－16/8781565.shtml。

中国第二次提出这一重要决议，并得到了人权理事会成员的广泛支持。这一决议重申发展对享有所有人权具有重大贡献，实现人民对美好生活的向往是各国的优先任务，呼吁各国实现以人民为中心的发展，在人民中寻找发展动力，依靠人民推动发展，使发展造福人民；呼吁各国推进可持续发展，加强发展和消除贫困的国际合作。中方呼吁各方与中方一道，支持多边主义，展现合作精神，将支持发展、促进人权的承诺转化为实际行动。① 古巴、埃及、印度、南非、巴基斯坦等国的代表赞赏中国再次提出"发展对享有所有人权的贡献"决议，感谢中国在人权理事会引领关于发展问题的讨论。会后中方代表对媒体表示，这是中国全面深入参与全球治理体系变革的又一次成功实践，决议的通过表明中国提出的构建人类命运共同体、以人民为中心的发展思想、以发展促进人权等重要理念日益深入人心。

3. 中国参与提出的"纪念《北京宣言》和《行动纲领》通过25周年"决议获得通过

9月26日，联合国人权理事会以协商一致的方式通过了中国等国提出的"纪念《北京宣言》和《行动纲要》通过25周年"决议，重申1995年北京第四次世界妇女大会的重要性，并决定在2020年即第四次世界妇女大会25周年之际举办高级别纪念活动。

2020年将是北京世界妇女大会举行25周年，为此，中国、墨西哥、丹麦、肯尼亚等历届世界妇女大会东道国共同倡议人权理事会在第四次世界妇女大会举办25周年之际举行高级别纪念活动。希望各方发扬第四次世界妇女大会精神，以实际行动重申对促进男女平等和妇女发展的共同承诺，落实《北京宣言》和《行动纲要》，为推动全球妇女事业发展不懈努力。该倡议得到了各方热烈响应和人权理事会47个成员国一致支持。76个联合国成员国联署了该决议。许多国家表示，中国和有关国家提出这一重要倡议，有助

---

① 《联合国人权理事会再次通过中国所提"发展对享有所有人权的贡献"决议》，中国新闻网，http://www.chinanews.com/gn/2019/07 - 12/8893302. shtml。

于推动各方重申性别平等承诺、共谋妇女事业发展，再次体现了中国在世界妇女事业发展方面的领导作用。①

4. 中国和不结盟运动共同提出的发展权决议获得通过

9月27日，联合国人权理事会第42届会议以压倒性多数通过了中国和不结盟运动共同提出的发展权决议。该决议重申发展权是一项普遍和不可剥夺的权利，指出发展权对充分实现联合国2030年可持续发展议程至关重要，其中消除贫困是促进和实现发展权的关键，是实现可持续发展的必要条件；决议呼吁各国坚持多边主义，加强国际合作，全面落实联合国《发展权利宣言》，促进全球发展伙伴关系，消除发展的障碍，实现发展权；决议欢迎发展权问题工作组为制定具有法律约束力的发展权国际文书所做的努力，要求成立新的发展权问题专家机制，推动在全世界落实发展权。② 该决议获得发展中国家普遍支持。

5. 中国在联合国人权理事会代表其他国家发表人权观点和立场

9月10日在联合国人权理事会第42次会议上，中国常驻联合国日内瓦办事处和瑞士其他国际组织代表陈旭代表观点相近国家做共同发言，对联合国人权高专和高专办工作提出了四点期待：一是恪守《联合国宪章》宗旨和原则，坚持以公正、客观、建设性、非选择性方式开展工作，反对政治化和双重标准；二是推动各方在相互尊重和平等互利的基础上开展交流对话，反对点名羞辱和公开施压做法；三是进一步加大对经社文权利和发展权的投入，重视发展和减贫对促进和保护人权的重要作用，在反对种族主义、保护恐怖主义受害者权利等方面投入更多资源；四是尊重各国自主选择的发展道路，继续肯定各国在人权领域取得的进展及所做努力，分享各国在人权领域的良好做法与实践。③ 13日陈旭又代表

---

① 《联合国人权理事会通过中国等国提出的纪念第四次世界妇女大会25周年决议》，国际在线，http：//news. cri. cn/20190927/c0e8df29 - 4786 - 7e66 - 375c - afc36d103d4e. html。

② 《联合国人权理事会通过不结盟运动和中国共同提出的发展权决议》，中国新闻网，http：//www. chinanews. com/gj/2019/09 - 28/8967677. shtml。

③ 《中国代表观点相近国家在联合国人权理事会倡导多边主义和对话合作》，中国新闻网，http：//www. chinanews. com/gn/2019/09 - 11/8953274. shtml。

139 个国家发表了题为"充分实现发展权,让发展惠及全体人民"的联合声明,指出各国应以《发展权利宣言》为指引,促进发展权的实现,秉持创新、协调、绿色、开放、共享理念,保证人民平等参与发展的权利,确保人人过上有尊严的生活。[①]

(四)中国与人权条约机构的合作

1. 中国代表团出席联合国《残疾人权利公约》第12届缔约国会议

6 月 10 日至 13 日,中国残联副理事长贾勇率领中国代表团赴美国纽约出席了联合国《残疾人权利公约》第 12 届缔约国会议及相关活动。第 12 届缔约国会议的主题为"在变革的世界中通过切实履行《公约》实现残疾人融合发展"。贾勇代表中国政府在会议一般性辩论中发言,介绍了中国政府为保障残疾人权利、履行《残疾人权利公约》所采取的措施和取得的成绩,特别是近年来出台的困难残疾人生活补贴和重度残疾人护理补贴、对全国 3300 万持证残疾人和尚未持证残疾儿童基本服务状况和需求的实名制调查、对 0~6 岁残疾儿童的抢救性康复制度和第 6 次全国自强模范以及助残先进集体和个人表彰会等相关情况。对于进一步促进残疾人融合发展,贾勇提出了三点建议,包括加强对残疾人发展权利保护、实施精准政策和措施以及支持残疾人事业持续发展。

代表团参加了大会框架下主题为"技术、数字化和信息通信技术促进残疾人赋权和融合发展"、"促进社会融合和保障拥有可能的最高标准健康的权利"和"通过参与文化生活、娱乐、休闲活动和体育促进残疾人融入社会"的三场圆桌会议。贾勇作为主讲嘉宾在"通过参与文化生活、娱乐、休闲活动和体育促进残疾人融入社会"圆桌会议发言,介绍了中国在开展残疾人体育和文化工作方面的做法和经验,呼吁发挥政府主导作用,消除阻碍残疾人参与的各种障碍,进一步加强残疾人艺术和体育国际交流与合作。

---

① 《中国代表近 140 个国家在人权理事会呼吁充分实现发展权,让发展惠及全体人民》,中华人民共和国常驻联合国日内瓦办事处和瑞士其他国际组织代表团网站,http://www.china-un.ch/chn/dbtzyhd/t1697612.htm。

贾勇还应邀出席联大主席埃斯皮诺萨主持的高级别午餐会，同与会代表就促进残疾人融合发展进行探讨。代表团还出席了中方与国际电联、联合国经济和社会事务部和康复国际共同主办的信息无障碍边会、与欧盟共同主办的残疾人减贫边会，分享我国在残疾人信息无障碍和减贫方面的工作经验，探讨与欧盟等深化在相关领域的合作。①

2. 中国鼓励并推荐国内专家到国际人权条约机构任职

2019 年中国专家在国际人权条约机构的任职情况见表 1。

表 1　2019 年中国专家在国际人权条约机构的任职情况

姓名	任职的联合国人权条约机构	担任职务	本届任期到期时间	现任职是否连任
陈士球	经济、社会和文化权利委员会	委员	2020. 12. 31	是
李燕端（女）	消除种族歧视委员会	副主席	2020	否
宋文艳（女）	消除对妇女歧视委员会	委员	2020. 12. 31	否
张红虹（女）	禁止酷刑委员会	委员	2021	否

资料来源：作者根据联合国相关机构的材料整理而成，资料来源分别为联合国网站的如下网页：Membership of the Committee on Economic, Social and Cultural Rights, http://www.ohchr.org/EN/HRBodies/CESCR/Pages/Membership.aspx；Membership of the Committee on the Elimination of Racial Discrimination, http://www.ohchr.org/EN/HRBodies/CERD/Pages/Membership.aspx；Membership of the Committee on the Elimination of Discrimination against Women, http://www.ohchr.org/EN/HRBodies/CEDAW/Pages/Membership.aspx；Membership of the Committee against Torture, http://www.ohchr.org/EN/HRBodies/CAT/Pages/Membership.aspx；Committee on the Rights of Persons with Disabilities, http://www.ohchr.org/ch/HRBodies/CRPD/Pages/Membership.aspx。

（五）中国与联合国的其他人权合作

1. 中国邀请联合国老年人权问题独立专家访华

应中方邀请，联合国人权理事会任命的首位老年人享有所有人权问题独立专家罗莎·科恩菲尔德 - 玛特于 11 月 25 日至 12 月 3 日首次正式访华。

---

① 《贾勇率团出席联合国〈残疾人权利公约〉第 12 届缔约国会议》，上海市残疾人联合会网站，http://shdisabled.gov.cn/clwz/clwz/xwzx/clzyxw/2019/06/14/4028fc766b07d409016b69ff0d856024.html。

在此次访华行程中，罗莎·科恩菲尔德－玛特在深圳参观了多家涉及老年人医疗护理数字化的科技公司。她指出，在关乎老年人安全问题方面，新兴技术行之有效，但应注意数据保护、信息自决和知情权等问题。她赞赏了中国政府为保障老年人人权和应对人口老龄化采取的积极措施，指出中国为老年人提供"老年大学"方面的经验值得世界其他国家和地区借鉴。① 2019 年 11 月 26 日，中国外交部人权事务特别代表刘华会见并主持了同联合国人权理事会老年人权利问题独立专家玛特的联合座谈，全国老龄工作委员会、全国人大社会建设委员会、国家发展改革委、教育部、工业和信息化部、民政部、人力资源和社会保障部、住房和城乡建设部、国家卫生健康委员会、国家医疗保障局、中国老龄协会等部门派代表参加。双方就老年人权益保障相关的法律法规、政策制度、社会保障、司法保障、医疗健康、医养结合、终身教育、智慧养老等问题深入交换了意见。②

2. 《北京宣言25周年——促进性别平等和妇女赋权亚太部长级宣言》获得通过

11 月 29 日，《北京宣言 25 周年——促进性别平等和妇女赋权亚太部长级宣言》在联合国亚太妇女权益审议会议以 37∶1 的投票结果获得通过。本次会议是亚太地区国家为纪念 2020 年北京世界妇女大会 25 周年而举办的区域筹备会议，也是对本地区妇女权益保障相关工作进展情况的一次区域评议。40 多个国家派政府代表团出席了会议，其中有 24 个国家派出部长级别代表团。各方均高度评价北京世界妇女大会的历史性地位和成就，呼吁坚守北京精神，推进性别平等和妇女事业发展。宣言敦促亚太国家继续深入推进 1995 年第四次世界妇女大会通过的《北京宣言》及《行动纲领》的落实，将性别平等纳入国家发展规划与财政预算等决策进程，增进与可持续议程的融合发展。宣言鼓励各国采取包容性社会保护制度、公共服务和基础设施，

---

① 《联合国人权专家访华：高科技将为老年人医疗护理发挥关键作用》，中国新闻网，http：//www.chinanews.com/gn/2019/12－03/9024068.shtml。

② 《外交部人权事务特别代表刘华会见并主持同联合国人权理事会老年人权利问题独立专家玛特联合座谈》，中华人民共和国外交部网站，https：//www.fmprc.gov.cn/web/wjdt_674879/sjxw_674887/t1719115.shtml。

以确保所有女性都有平等的教育机会、体面工作、有利工作条件和薪酬。宣言敦促各国承诺与利益攸关方合作，改变消极的性别规范、歧视性社会态度。[①]

（六）中欧进行双边人权对话与交流

2019年4月1日，中国与欧盟第37次人权对话在布鲁塞尔举行。中国外交部人权事务特别代表刘华与欧盟对外行动署亚太总司副总司长帕姆帕罗尼共同主持了对话。参加对话的有中央统战部、国家民族事务委员会、公安部，以及欧盟对外行动署、欧盟基本权利机构、欧盟委员会贸易总司等部门的代表，欧盟成员国的代表作为观察员列席了会议。

对话中，中欧交流的内容包括双方各自人权领域的新进展、人权与反恐、难移民权利、国际人权合作等问题。中方重点介绍了中国特色的人权道路、理念和成就，希望欧方公正、客观地看待中国人权状况，在平等和相互尊重基础上同中方开展人权交流和合作。[②] 中方还提出了欧方在侵犯难移民权利、种族歧视、排外主义、暴力执法、社会贫富差距等方面存在的问题。对话后，中方代表团还走访了当地有关反恐和去极端化的机构。

二　中国人权社会组织参与的国际人权合作与交流

2019年中国人权社会组织表现非常活跃，其参与的国际人权合作与交流不仅形式多样、内容丰富，而且成果丰硕。

（一）在联合国万国宫举办或参与举办人权主题边会

中国人权社会组织不仅积极参加联合国人权理事会的会议，而且在参会

---

① 《37∶1！联合国亚太妇女权益审议会议对美国说"不"》，国际在线，http：//news.cri.cn/20191201/88ebcb97 - 5be4 - c051 - 103a - c864c4c3d715.html。
② 《中国欧盟举行第37次人权对话》，中华人民共和国外交部网站，https：//www.fmprc.gov.cn/web/wjdt_ 674879/sjxw_ 674887/t1651042.shtml。

期间还多次举办或参与举办人权主题边会（见表2），对于促进国际人权交流发挥了重要作用。

表2 2019年中国人权社会组织在联合国举办人权主题边会情况

主题边会名称	时间	主办方	会议内容及参会情况
"西藏人权事业发展进步"主题边会	2019年3月1日（联合国人权理事会第40届会议期间）	中国人权研究会	中国人权研究会的代表在主题边会上介绍了西藏的经济、社会发展成就和西藏人民的生活发生的巨大变化。50余位来自各国政府、国际组织和非政府组织的代表及专家学者、媒体记者参加了此次边会
"中国人权事业的发展进步"主题边会	2019年3月11日（联合国人权理事会第40次会议期间）	中国人权研究会	中国人权研究会的5位专家在主题边会上从各自领域介绍了中国人权事业的发展进步情况，并重点介绍了新疆和西藏的发展情况
"新疆人权事业发展成就"主题边会	2019年3月13日（联合国人权理事会第40次会议期间）	中国人权研究会和中国常驻联合国日内瓦代表团联合举办	主题边会从历史、现实和法律等角度全面介绍了新疆的真实情况，并集中澄清了一些不实信息。来自70多个国家的近200名各国外交官、国际组织官员及有关非政府组织代表等参加了边会
"70年中国人权事业的发展进步"主题边会	2019年6月25日（联合国人权理事会第41次会议期间）	中国人权研究会	中国人权研究会的代表重点就新疆打击恐怖主义、极端主义问题作了会议发言并介绍了新中国成立70年来通过大力发展基础教育、职业教育及高等教育，在教育扶贫上取得的主要成就和有益经验
"中国少数民族人权保护"主题边会	2019年7月2日（联合国人权理事会第41届会议期间）	中国人权研究会	中国人权研究会的代表详细介绍了藏传佛教活佛转世制度和新疆社会治理与人权保障的情况，并结合亲身经历，列举了极端主义影响、侵犯乃至践踏民众生产生活的事例
"新中国人权事业发展70年"主题边会	2019年9月9日（联合国人权理事会第42次会议期间）	中国人权研究会	中外学者在主题边会上介绍了新中国成立70年来将人权的普遍性原则与本国实际相结合、在促进和保护人权方面所取得的历史性成就。各国常驻日内瓦使节及有关国际组织官员等近百人参加了主题边会
"新疆的去极端化斗争与人权保障"主题边会	2019年9月16日（联合国人权理事会第42次会议期间）	中国人权研究会	中国人权研究会的代表在此次边会上介绍了新疆在去极端化斗争方面的措施和经验以及在人权保障方面所取得的成果。来自多个国家政府、有关国际组织和非政府组织的代表等50余人与会

续表

主题边会名称	时间	主办方	会议内容及参会情况
发展权主题边会	2019年10月25日	中国人权研究会和中国常驻联合国代表团联合举办	俄罗斯、意大利、新加坡、印度、阿尔及利亚等近40国约100名嘉宾与会。与会人员普遍认为实现发展权对落实2030年可持续发展议程至关重要，高度赞赏中国人权发展道路和成就，表示中国在经济发展、消除贫困等领域的成就是"世界奇迹"，为其他发展中国家实现发展权提供了有益经验和可借鉴模式

资料来源：作者根据相关材料整理而成，分别来自如下网页：《"西藏人权事业发展进步"主题边会在日内瓦举行》，新华网，http：//www.xinhuanet.com/world/2019-03/02/c_1124183034.htm；《"新疆人权事业发展成就"主题边会在日内瓦举行》，《人民日报》2019年3月15日，第04版，新华网，http：//www.xinhuanet.com/2019-03/14/c_1210081841.htm；《中国人权研究会在联合国人权理事会举办边会并就新疆反恐作大会发言》，中国新闻网，http：//www.chinanews.com/gn/2019/06-26/8875026.shtml；《中国人权研究会在联合国人权理事会举办"中国少数民族人权保护"边会》，中国新闻网，http：//www.chinanews.com/gj/2019/07-03/8882097.shtml；《"新中国人权事业发展70年"主题边会在日内瓦举行》，中国新闻网，http：//www.chinanews.com/gn/2019/09-10/8952488.shtml；《中国人权研究会在联合国人权理事会举办"新疆的去极端化斗争与人权保障"边会》，中国新闻网，http：//www.chinanews.com/gn/2019/09-17/8957646.shtml；《中国在联合国举办发展权主题边会各方盛赞中国人权发展道路和成就》，央视网，http：//m.news.cctv.com/2019/10/27/ARTIEnQe1DP0jNrgXKLHXZ8kD1 91027.shtml。

（二）主办或参与主办国际人权研讨会

中国的人权社会组织还主办或参与主办了多次国际人权研讨会（见表3），其中涉及的人权领域非常广泛，对增进民间的交流和理解发挥了很好的作用。

表3　2019年中国人权组织主办国际人权研讨会情况

会议名称	时间地点	主办方	会议内容	备注
"2019·中德人权发展论坛"	2019年3月26日，德国柏林	中国人权发展基金会与德国弗里德里希·艾伯特基金会共同主办	此次论坛的主题是"社会发展与人权进步——70年回顾与展望"，来自中德两国人权领域的专家学者围绕相关议题展开了深入的研讨和交流，主要议题包括"扶贫与人权""社会保障体系建设与人权""可持续发展与人权""21世纪反恐怖主义及其与人权的关系"等	中方代表团赴德参会期间拜访中国驻德国使馆进行了工作交流，到访了德国社民党总部、艾伯特基金会和德国人权研究所，与德国前司法部部长格梅林、艾伯特基金会干事长施密特以及德国前驻华大使史丹泽等德方专家学者进行了深入交流

会议名称	时间地点	主办方	会议内容	备注
"2019·中欧人权研讨会"	2019年6月21日，奥地利维也纳	中国人权研究会和奥中友好协会共同举办	会议的主题是"东西方人权价值观比较"，近100位来自中欧人权领域的专家学者、政府官员、社会组织代表参加了会议。中欧人权专家学者围绕人权的普遍性与特殊性、人类命运共同体的人权意义、新中国的人权实践及其世界意义等内容进行了深入研讨	6月20日，出席"2019·中欧人权研讨会"的50余位中国人权专家学者赴奥地利萨尔斯堡大学法学院进行了交流座谈
"反恐、去极端化与人权保障"国际研讨会	2019年9月6日，新疆乌鲁木齐	中国人权研究会主办，西南政法大学人权研究院、新疆大学政治与公共管理学院承办	60多位来自法国、印度、土耳其、阿富汗、中国等18个国家和国际组织的专家学者围绕反恐、去极端化中的人道主义与人权保护，反恐、去极端化的比较研究与国际合作等话题展开了研讨交流。与会专家学者认为，恐怖主义和极端主义的威胁正在成为全球性问题。各国都在不断修订本国反恐怖主义法及相关刑事法律，加大对恐怖分子的惩治力度并采取相应反恐措施，任何人在享受人权的同时必须遵守国家宪法和法律。世界各国应在《联合国宪章》和一系列国际人权公约等的基础上加强在反恐、去极端化与人权保障方面的对话和合作，而不是把本国的人权标准强加于他国	会前的9月4日至5日，中外专家学者在乌鲁木齐市、喀什地区实地参观考察了新疆重点暴恐案例展、新疆伊斯兰教经学院、喀什市职业技能教育培训中心、喀什老城以及艾提尕尔清真寺等，深入了解当地在反恐、去极端化、保护公民宗教信仰自由、少数民族传统文化传承等方面采取的措施和取得的成果
第九届中美司法与人权研讨会	2019年10月28~29日，美国纽约	中国人权发展基金会和美国美中关系全国委员会共同主办	来自中美司法与人权领域的近30位专家学者参加了研讨会，双方围绕司法改革与人权保障等议题进行了深入探讨。与会中方专家学者还就新疆反恐和去极端化举措、有效保障新疆各族人民基本人权情况作了重点介绍	

续表

会议名称	时间地点	主办方	会议内容	备注
"跨文化视角下的国际人权机制"国际研讨会	2019年12月8日,湖南长沙	中国人权发展基金会、中南大学、武汉大学共同主办	来自荷兰、英国、南非、肯尼亚、津巴布韦、纳米比亚、卡塔尔、喀麦隆、布隆迪、乌干达、坦桑尼亚等10多个国家和国内有关高校、研究机构的70余位人权专家学者参加了会议。与会专家学者围绕"国际人权机制与全球人权治理""全球人权治理中的若干重要问题""跨文化背景下的人权"等议题进行了深入探讨	

资料来源:作者根据相关材料整理而成,分别来自如下网页:《2019·中德人权发展论坛在柏林举行》,新华网,http://www.xinhuanet.com/2019 – 03/27/c_ 1124286686.htm;《"2019·中欧人权研讨会"在奥地利维也纳举行》,国际在线,http://news.cri.cn/20190622/f8c6d1b0 – cbb3 – cee4 – 2b63 – 3b15f7db1b62.html;《"反恐、去极端化与人权保障"国际研讨会在乌鲁木齐召开》,中国新闻网,http://www.chinanews.com/gn/2019/09 – 06/8949781.shtml;《第九届中美司法与人权研讨会在纽约举行》,新华网,http://www.xinhuanet.com/world/2019 – 10/31/c_ 1125176100.htm;《"跨文化视角下的国际人权机制"国际研讨会在长沙举行》,中国人权发展基金会网站,http://www.renquanjjh.com/2019/12/11/13ec12a5d66240dfb4d4a48047a5356c.html。

(三)出国交流访问

1. 中国人权研究会代表团访问德国和爱尔兰

6月12日至18日,中国人权研究会代表团在会长向巴平措率领下访问了德国和爱尔兰,并与两国的议会和外交部官员、智库和高校领导人及专家学者等进行了广泛的交流。向巴平措介绍了中国的人权发展成就,双方就相关人权问题达成了很多共识。德国、爱尔兰两国的智库和人权教育专家呼吁在人权领域积极开展建设性的国际交流、沟通与合作。①

2. 中国人权发展基金会代表团访问匈牙利和奥地利

7月14日至17日中国人权发展基金会代表团访问了匈牙利,同匈牙利

---

① 《中国人权研究会代表团访问德国、爱尔兰》,新华网,http://www.xinhuanet.com//world/2019 – 06/19/c_ 1124640785.htm。

外交与对外经济部官员和匈牙利外交与对外经济研究所、考文纽斯大学、塞格德大学等智库和高校的专家学者进行了深入座谈交流。代表团介绍了新中国成立 70 年来人权发展成就，匈方积极评价中国人权事业的发展进步，赞赏中国在减贫等领域取得的突出成就，希望与中国人权发展基金会等中方机构密切联系，构建长期交流合作机制。①

7 月 18 日至 20 日，中国人权发展基金会代表团访问了奥地利，与奥外交部、司法部、发展署和维也纳州议会等部门的官员进行了座谈，同萨尔茨堡州中国事务办公室、奥中关系促进会等机构的主要负责人进行了深入交流。双方就人权司法保障、妇女儿童和少数民族权益保护、移民权益保障、人权知识普及教育等议题研讨交流，就维护公共安全、保护人民免受暴力恐怖主义和宗教极端主义的现实危害深入交换了意见。②

3. 中国人权发展基金会代表团访问埃及、以色列和土耳其

2019 年 11 月 21 日至 23 日，应埃及议会人权委员会邀请，中国人权发展基金会理事长黄孟复率代表团访问了埃及。代表团在埃及首都开罗会见了埃及议会人权委员会主席阿比德和埃及外交部亚洲事务部长助理萨利姆、外交部人权事务部长助理丁等人士，并与埃及全国人权委员会主席法耶克举行了会谈，就推动中埃在人权等领域交流合作进行了深入探讨。③ 11 月 24 日至 26 日，应以色列中以学术交流促进会邀请，中国人权发展基金会代表团访问了以色列。代表团会见了以色列议会副议长哈马德·阿玛尔，与中以学术交流促进会的专家学者进行了座谈，走访了佩雷斯和平创新中心等机构。11 月 27 日至 30 日，应土耳其战略思想研究所邀请，中国人权发展基金会代表团访问了土耳其。代表团会见了土耳其大国民议会人权事务理事会主席查武什奥卢，分别与土耳其马尔马拉基金会、战略思想研究所、亚洲研究中

---

① 《中国人权发展基金会代表团访问匈牙利》，新华网，http：//www.xinhuanet.com/2019-07/17/c_1124766736.htm。

② 《中国人权发展基金会代表团访问奥地利》，新华网，http：//www.xinhuanet.com/2019-07/20/c_1124778225.htm。

③ 《中国人权发展基金会代表团访问埃及》，中国人权基金会网站，http：//www.renquanjjh.com/2019/11/25/70bacf2afc914f3c9540c8c0cd390053.html。

心、光明大学中国研究中心等机构的专家学者进行了坦诚深入的座谈。

访问期间，代表团全面介绍了新中国成立 70 年特别是中共十八大以来中国人权事业发展进步成就，深入阐释了中国特色人权观，主动就涉疆涉港等问题有针对性地进行了解疑释惑、澄清事实工作，强调指出，各国国情、社会制度和文化传统不同，处理人权问题要相互尊重，坚决反对以人权为借口干涉他国内政。代表团介绍了近年来中国非政府组织发展情况，以及中国人权发展基金会在开展人权国际交流、公益慈善事业等方面的做法和成效，就建立人权交流对话机制、合作开展课题研究、推动人权专家学者互访等与三国非政府组织交换了意见。外方积极评价中国在人权领域取得的进展，赞同中方应避免人权问题政治化的主张，希望与中方非政府组织及学术机构加强交流合作，互学互鉴，促进人权事业发展。

三　在国际人权交往中面临的主要挑战及应对措施

2019 年，以美国为首的一些西方国家以"人权"为借口干涉中国内政。中国政府和社会各界积极应对，采取一系列措施回应相关质疑，驳斥各种不实之词。

（一）少数西方国家以"人权"为借口对中国提出的挑战

2019 年，少数西方国家以"人权"为借口，对新疆、西藏、香港等中国主权范围内的管辖事项提出公然挑战，恶意攻击中国的民族和宗教政策以及"一国两制"的基本方针。

2019 年 3 月 13 日美国务院发布的所谓"2018 年度国别人权报告"，其中涉及中国的部分对中国人权状况进行了恶意歪曲。

2019 年 6 月，美国国务院发布所谓"2018 年度国际宗教自由报告"，继续攻击中国宗教自由状况和新疆教培中心问题。

2019 年 9 月 25 日，美国国会参众两院外委会通过了由部分议员提出的所谓"2019 年香港人权与民主法案"，粗暴干涉中国内政，为香港反对派和激进势力张目打气。2019 年 10 月 15 日美国国会众议院通过了该法案。2019 年 11 月 19 日，美国国会参议院通过了该决议。

2019 年 10 月，欧洲议会不顾中方多次严正交涉，决定授予大肆从事分裂国家犯罪活动、煽动暴恐行径的伊力哈木·土赫提所谓"萨哈罗夫"奖。

2019 年 10 月 7 日，美国商务部发布公告，以所谓人权问题为借口，将中国新疆维吾尔自治区公安厅、新疆生产建设兵团公安局等机构以及 8 家中国企业列入出口管制实体清单、实施出口限制。

2019 年 12 月 3 日，美国国会众议院通过了所谓"2019 年维吾尔人权政策法案"，对中国在新疆的民族政策和反对恐怖主义和分裂主义的措施进行肆意歪曲和恶意攻击。

2019 年 12 月 19 日，欧洲议会通过决议，指责中国政府在新疆限制少数民族人权及宗教信仰自由，对美国国会近期通过的涉疆法案表示欢迎，称如有必要欧方应采取有针对性的"制裁"行动。

（二）中国应对挑战所采取的各种措施

针对少数西方国家对中国提出的挑战，中国政府采取了一系列应对措施。

1. 外交部发言人对少数西方国家的恶意攻击进行驳斥和谴责

2019 年 4 月 19 日，针对欧盟外交与安全政策高级代表莫盖里尼在欧洲议会全会上就中国人权问题发表错误言论，中国驻欧盟使团发言人对此表示强烈不满和坚决反对，并向欧方提出严正交涉，敦促欧方从维护中欧关系发展大局出发，尊重事实，摒弃偏见，客观看待中国人权现状，开展建设性对话与合作，停止利用人权等问题干涉中国内政。[①] 6 月 4 日，中国驻美国大使崔天凯以《要尊重中国人权与民主的事实》为题在美国《华盛顿时报》发表了署名文章。文章以摆事实、讲道理的方式，向美国读者介绍了中国在

---

① 《中国驻欧盟使团：坚决反对欧方涉华人权表态已提严正交涉》，中国新闻网，http：//www. chinanews. com/gn/2019/04 - 19/8813920. shtml。

人权事业上的巨大成就，有力回击了西方媒体对中国的无端指责。崔天凯大使还在文章中回应了西方某些无知或无良人士所大肆炒作的"新疆问题"。①6月5日，针对德国联邦政府人权专员发表声明、个别智库和媒体报道无端指责中国言论自由和人权状况，粗暴干涉中国内政情况，中方表示强烈不满和坚决反对，并就此表明立场，希望德国有关方面摒弃偏见，客观看待中国发展进步，尊重中国选择的发展道路，停止发表不负责任言论和干涉中国内政。②6月11日，针对美国国务卿蓬佩奥发表的关于中国新疆的言论，外交部发言人指出蓬佩奥对新疆缺乏最基本的了解和认识，打着人权、宗教的幌子干涉中国内政，其企图注定失败。③6月20日，中国驻瑞典大使馆发言人就瑞典政府发布所谓的涉华人权报告发表谈话，对此强烈不满和坚决反对，并向瑞方提出严正交涉。④6月24日，针对美国2018年度"国际宗教自由报告"对中国宗教自由状况的攻击，外交部发言人表示，中国的民族和宗教政策开放透明，有关事实有目共睹，敦促美方尊重事实，摒弃偏见。⑤8月13日，针对联合国人权高专办新闻发言人罔顾事实，就涉港问题发表错误言论，干涉中国香港事务和中国内政，向暴力违法分子发出错误信号的情况，中方表示强烈不满和坚决反对。⑥10月8日，外交部发言人耿爽表示，中方对美方将中国新疆维吾尔自治区公安厅等机构以及8家中国企业列入出口管制实体清单表示强烈不满、坚决反对，敦促美方立即纠正错误，撤销有关决定，停止干涉中国内政。⑦10月16日，国务院港澳事务办公室发言人

① 《中国驻美大使：中国改善人权取得的成果不容抹杀》，中国人权网，https：//weibo.com/ttarticle/p/show? id=2309404380212795166923。
② 《驻德国使馆就德联邦政府人权专员发表声明等表明立场》，中国人权网，http：//www.humanrights.cn/html/2019/2_0605/44137.html。
③ 《任何干涉中国内政的企图都注定失败》，《人民日报海外版》2019年6月12日，第02版。
④ 《中国驻瑞典大使馆发言人就瑞典政府发布所谓的涉华人权报告发表谈话》，北欧时报网，http：//www.chinanews.se/index.php/content/index/pid/55/cid/12800.html。
⑤ 《美发布2018年度"国际宗教自由报告" · 外交部敦促美停止借宗教干涉中国内政》，央视网，http：//tv.cctv.com/2019/06/24/VIDEGTUh6CkhaeI88EGxEYye190624.shtml。
⑥ 《联合国人权高专指责港警 我代表团：立即停止干涉中国内政!》，观察者网，https：//www.guancha.cn/politics/2019_08_14_513453.shtml。
⑦ 《干涉中国内政注定不会得逞》，《人民日报》2019年10月10日，第03版。

就美国国会众议院通过所谓"2019年香港人权与民主法案"发表了谈话，对有关做法表示严正抗议和强烈谴责。11月28日，国务院港澳事务办公室发表声明，对美方将"2019年香港人权与民主法案"签署成法表示强烈谴责。同日，外交部副部长乐玉成召见美国驻华大使布兰斯塔德，就美"2019年香港人权与民主法案"签署成法提出严正交涉和强烈抗议。10月25日，针对欧洲议会决定授予伊力哈木·土赫提所谓"萨哈罗夫"奖，全国人大外事委员会发言人表示强烈不满和坚决反对，奉劝欧洲议会一些人正视事实，不做损害中欧关系健康发展的事情。① 12月2日，中国外交部发言人宣布，针对美方无理行为，中国政府决定自即日起暂停审批美军舰机赴港休整的申请，同时对"美国国家民主基金会""美国国际事务民主协会""美国国际共和研究所""人权观察""自由之家"等在香港修例风波中表现恶劣的非政府组织实施制裁。中方敦促美方纠正错误，停止任何插手香港事务、干涉中国内政的言行，中方将根据形势发展采取进一步必要行动，坚定捍卫香港稳定繁荣，坚定捍卫中国主权、安全、发展利益。② 12月3日，针对美国国会众议院通过所谓"2019年维吾尔人权政策法案"，全国人大外事委员会、全国政协外事委员会、外交部、国家民族事务委员会、国家反恐办、新疆维吾尔自治区人大常委会、新疆维吾尔自治区人民政府、新疆维吾尔自治区政协委员会接连发声，予以强烈谴责。③ 12月19日，中国驻欧盟使团发言人指出，欧洲议会通过的涉疆决议，恶意攻击中国政府的治疆政策，违背了公理和良知，也严重违反了国际法和国际关系基本准则，严重干涉中国内政，中方对此表示强烈愤慨、坚决反对。④

2. 通过白皮书、专题纪录片和图片展向国际社会介绍实际情况

针对西方国家在新疆和西藏问题上的攻击，国务院新闻办公室于2019

---

① 《中方：授予伊力哈木人权奖是对人权法治的亵渎嘲弄》：中国新闻网，http://www.chinanews.com/gn/2016/10-12/8029443.shtml。

② 《中方宣布对美"香港人权与民主法案"反制措施》，中国网，http://news.china.com.cn/live/2019-12/02/content_620788.htm。

③ 《美众议院通过涉疆法案，中方密集回击！8连发！》，人民日报微信公众号，http://m2.people.cn/r/MV8wXzENDY4MDU4XzIwNDQwOV8xNTc1NDQ5ODk0。

④ 《欧洲议会通过涉疆决议制裁中方官员外交部：敦促欧方摒弃双标》，海外网，http://m.haiwainet.cn/middle/3541083/2019/1220/content_31685986_1.html。

年 3 月发布了《新疆的反恐、去极端化斗争与人权保障》白皮书和《伟大的跨越：西藏民主改革 60 年》白皮书，2019 年 7 月发布了《新疆的若干历史问题》白皮书，2019 年 8 月发布了《新疆的职业技能教育培训工作》白皮书。

为了使国际社会更充分地了解中国人权事业发展的实际情况，国务院新闻办公室于 2019 年 7 月发表了《平等、参与、共享：新中国残疾人权益保障 70 年》白皮书，2019 年 9 月发布了《为人民谋幸福：新中国人权事业发展 70 年》白皮书和《平等发展共享：新中国 70 年妇女事业的发展与进步》白皮书，2019 年 10 月发布了《中国的粮食安全》白皮书。

针对美国务院发布的"2018 年度国别人权报告"涉华部分对中国人权状况的恶意歪曲，国务院新闻办公室 2019 年 3 月 14 日发表了《2018 年美国的人权纪录》和《2018 年美国侵犯人权事记》，对美国侵犯人权的状况进行了揭露。《2018 年美国人权纪录》的内容包括导言、公民权利屡遭践踏、金钱政治大行其道、贫富分化日益严重、种族歧视变本加厉、儿童安全令人担忧、性别歧视触目惊心、移民悲剧不断上演、单边主义不得人心等，全文约 1.2 万字。《2018 年美国侵犯人权事记》全文 1 万余字。①

2019 年 9 月 9 日，中国在联合国万国宫举办了"为人民谋幸福：新中国 70 年人权成就展"。

2019 年 12 月，中国国际电视台先后发布了《揭"东伊运"这一幕后黑手的恶行》和《CGTN 探访新疆教培中心带你走近真相》等专题纪录片，客观地向国际社会介绍了新疆的反恐形势和教培中心的真实情况，让国际社会了解新疆的历史与现状以及设立教培中心的背景。

3. 邀请其他国家代表和记者来中国参观访问进行实地考察

2019 年 2 月 16 日至 19 日，应外交部邀请，巴基斯坦、委内瑞拉、古巴、埃及、柬埔寨、俄罗斯、塞内加尔、白俄罗斯 8 国常驻日内瓦代表和主

---

① 《（受权发布）2018 年美国的人权纪录和 2018 年美国侵犯人权事记》，新华网，http://www.xinhuanet.com/world/2019－03/14/c_ 1124234797. htm。

要外交官到新疆参观访问。参访团成员在与职业技能教育培训中心学员、伊斯兰教教职人员和各族群众进行了面对面交流后表示，某些媒体针对新疆职业技能教育培训工作的指责不实，认可中国政府在依法打击和预防恐怖主义、保护公民宗教信仰自由、保护少数民族传统文化等方面所做的工作和取得的成效。[①] 6月13~15日，联合国反恐事务副秘书长沃伦科夫一行赴新疆地区参观访问，实地了解新疆地区反恐和去极端化的情况。[②] 7月14~22日，由国务院新闻办公室主办的中外媒体"走进丝绸之路经济带核心区"主题采访活动在新疆举行。来自中国、美国、俄罗斯、意大利、沙特阿拉伯、土耳其、日本、伊朗等24个国家的记者赴新疆多地深入采访，与职业技能教育培训中心学员、伊斯兰教教职人员和各族群众面对面交流。多国记者对中国政府依法打击和预防恐怖主义、保护公民宗教信仰自由、保护少数民族传统文化、发展经济惠及民生等方面所做工作表示认可和赞许。[③] 2018年底到2019年12月，共有91个国家的70余个团组1000多人参观新疆教培中心，参访者包括外国官员、驻华使节、媒体记者和宗教人士。[④]

4. 在联合国主办主题边会介绍中国的实际情况

2019年7月3日，中国常驻联合国日内瓦办事处和瑞士其他国际组织代表团在日内瓦万国宫举办了"新疆人权事业发展成就"主题会议，邀请正在出席联合国人权理事会会议的中国新疆维吾尔自治区代表和近期访华并参访新疆的有关国家常驻代表介绍有关情况。包括20余国常驻日内瓦代表在内的各国外交官、国际组织官员、媒体及非政府组织代表160余人与会。近期访问中国新疆的使节们一致表示，恐怖主义是人类面临的共同挑战，恐

---

① 《感受社会稳定 见证团结进步》，人民网，http：//m. people. cn/n4/2019/0227/c22 - 12382442. html。

② 《美方对联合国反恐事务副秘书长访问新疆大放厥词极其荒唐》，人民网，http：// world. people. com. cn/n1/2019/0618/c1002 - 31165436. html。

③ 《24国媒体记者探访新疆 感受社会稳定民生改善 认可去极端化成就》，新华网，http：//www. xinhuanet. com/photo/2019 - 07/22/c_ 1124785182. htm。

④ 《国新办举行介绍新疆稳定发展有关情况发布会》，2019年12月9日，国务院新闻办公室网站， http：//www. scio. gov. cn/xwfbh/xwbfbh/wqfbh/39595/42206/wz42208/Document/1669561/ 1669561. htm。

怖主义、分裂主义和宗教极端主义给中国新疆各族人民造成严重伤害。中国新疆开展一系列有效的反恐和去极端化措施，保障了各族人民的基本人权，中国新疆的反恐和去极端化经验值得各国学习借鉴。希望中国进一步与各国分享反恐和去极端化经验。西方将职业技能教育培训中心称为所谓"再教育营"完全是诬蔑。他们亲眼看到职业技能教育培训中心学习生活条件舒适，学员朝气蓬勃，为有机会在教培中心学习充满感激。国际社会不应被西方的片面之词蒙蔽。① 9 月 18 日，中国常驻日内瓦代表团在万国宫举办"新疆人权事业发展成就"主题研讨会，邀请近期访问新疆的有关国家使节和中国人权研究会专家介绍情况。使节们高度评价新疆发展和人权事业成就及反恐、去极端化成果。40 余国外交官及媒体、学者、非政府组织代表共 100 余人与会。②

5. 在联合国人权会议上进行针锋相对的斗争

2019 年 7 月 11 日，中国常驻日内瓦代表团新闻发言人就有关西方国家联名致函联合国人权理事会主席、人权事务高级专员一事发表谈话，强调这些国家出于政治目的，以致函联合国人权理事会主席和人权高专的方式，罔顾事实，对新疆人权状况和反恐、去极端化措施横加指责，中方对此表示强烈不满和坚决反对。③ 10 月 22 日，中国常驻联合国代表张军大使在联大三委发言中指出新中国成立 70 年来中国人权事业取得举世公认的卓越成就。他批评个别国家总有人自以为站在道德高地，热衷在人权问题上对发展中国家指手画脚，发号施令。奉劝有关国家立即停止人权问题政治化、双重标准等错误做法，停止干涉中国内政。④ 10 月 29 日，联合国大会第三委员会审议人权问题时，美国等个别国家就涉疆问题发表不实之词，对中方进行无理

① 《中国常驻日内瓦代表团举办"新疆人权事业发展成就"边会》，中国新闻网，http: //www. chinanews. com/gn/2019/07 – 04/8883378. shtml。
② 《中国常驻日内瓦代表团举办"新疆人权事业发展成就"研讨会》，中国新闻网，http: //www. chinanews. com/gn/2019/09 – 19/8959608. shtml。
③ 《中国常驻日内瓦代表团回应有关西方国家联名致函联合国人权理事会主席、人权高专》，中国新闻网，http: //www. chinanews. com/gn/2019/07 – 11/8891704. shtml。
④ 《中国代表在联合国就促进和保护人权阐述中方立场主张》，中国新闻网，http: //www. chinanews. com/gn/2019/10 – 23/8987023. shtml。

指责。中国常驻联合国代表张军在会上驳斥了相关不实言论。他指出，"中国是恐怖主义的受害者。新疆采取的预防性反恐和去极端化举措同美国、欧洲采取的反恐行动没有本质区别，于法有据、顺应民意、成效显著，根本不是人权问题，更与宗教和种族歧视无关。美国、英国等个别国家罔顾事实，颠倒黑白，在涉疆等问题上无端指责中方，粗暴干涉中国内政，蓄意在联合国挑起对抗，中方对此坚决反对、绝不接受"。①

中国维护国家主权、反对少数西方国家恶意攻击的斗争，得到了国际社会许多国家的支持。2019 年 7 月 12 日，37 个国家常驻日内瓦大使联名致函联合国人权理事会主席和人权高专，积极评价中国新疆人权事业发展成就和反恐、去极端化成果，支持中国在涉疆问题上的立场。大使们在联名信中赞赏中国坚持以人民为中心的发展思想，通过发展促进人权，取得了巨大的人权成就，也为国际人权事业作出了贡献。② 这 37 个国家包括俄罗斯、阿尔及利亚、安哥拉、白俄罗斯、布基纳法索、布隆迪、科摩罗、刚果（布）、古巴、朝鲜、刚果（金）、厄立特里亚、加蓬、老挝、缅甸、尼日利亚、菲律宾、索马里、南苏丹、叙利亚、塔吉克斯坦、委内瑞拉、津巴布韦、沙特阿拉伯、巴基斯坦、埃及、多哥、柬埔寨、阿曼、卡塔尔、阿联酋、巴林、苏丹、土库曼斯坦、科威特、喀麦隆、玻利维亚。中国外交部发言人表示，这是对少数西方国家无端指责中国的有力回应，中方对这些国家秉持客观公正立场表示赞赏和感谢。10 月 30 日，白俄罗斯代表 54 个国家在联大三委做了关于涉疆问题的共同发言，指出："我们注意到恐怖主义、分裂主义和宗教极端主义对新疆各族人民造成了严重伤害，肆意践踏人民生命权、健康权、发展权等基本人权。面对恐怖主义和极端主义的严峻挑战，中国新疆采取了一系列反恐和去极端化措施，包括设立职业技能教育培训中心，这些举

---

① 《中国代表就人权问题向媒体阐述中方立场》，中国新闻网，http：//www.chinanews.com/gn/2019/10 – 30/8993380.shtml。

② 《37 国大使联名致函联合国人权理事会主席和人权高专，积极评价中国新疆人权成就和反恐、去极端化成果》，中华人民共和国常驻联合国日内瓦办事处和瑞士其他国际组织代表团网站，http：//www.china – un.ch/chn/dbtzyhd/t1680847.htm。

措扭转了新疆安全形势，有效保障了新疆各族人民的基本人权。中国新疆已近3年未发生一起暴恐事件，新疆各族人民幸福感、获得感、安全感显著增强。我们赞赏中国在反恐和去极端化工作中尊重和保障人权。我们赞赏中国坚持开放和透明，邀请各国使节、国际组织官员、记者等赴新疆参观访问，了解新疆人权事业发展和反恐、去极端化成果。访疆人士表示，在新疆所见所闻与媒体报道的情况完全不一样。我们呼吁有关国家在从未访问过中国新疆的情况下，停止借未经证实的信息对中国进行无端指责……"①

参考文献

1. 李君如主编《中国人权事业发展报告（No.9·2019）》，社会科学文献出版社，2019。
2. 中华人民共和国国务院新闻办公室：《改革开放40年中国人权事业的发展进步》白皮书，人民出版社，2018。
3. 中华人民共和国国务院新闻办公室：《为人民谋幸福：新中国人权事业发展70年》白皮书，人民出版社，2019。
4. 中华人民共和国国务院新闻办公室：《新时代的中国与世界》白皮书，人民出版社，2019。
5. 中华人民共和国国务院新闻办公室：《新疆的职业技能教育培训工作》白皮书，人民出版社，2019。

① 《白俄罗斯代表54个国家在联大三委关于涉疆问题的共同发言》，中国驻印度尼西亚大使馆网站，http://id.china-embassy.org/chn/JRZG/t1711860.htm。

调研报告和个案研究

Research Report and Case Study

B.20
南疆深度贫困地区精准扶贫调查*

麦买提·乌斯曼**

摘　要： 近几年南疆深度贫困地区地方经济取得了较快发展、地方财政收支保持高速增长、农村居民收入有了一定幅度的提高。但是，南疆深度贫困地区经济发展水平较低，产业结构处于初级阶段；贫困程度深；农村居民收入水平较低；自然环境差，地理位置偏僻；居民自我发展能力不强，已成为全疆脱贫攻坚的重点和难点。现阶段，新疆面临着前所未有的历史机遇，南疆深度贫困地区紧扣"两不愁三保障"，扎实推进"七个一批"，落实"三个加大力度"，深化要素投入，取得了脱贫攻坚的阶段性成效。不

---

* 本文系国家社科基金一般项目"乡村振兴战略下推进新疆南疆深度贫困地区文化精准扶贫实证调查与政策完善研究"（项目编号:18BSH087）之阶段性研究成果。

** 麦买提·乌斯曼，西南政法大学人权研究院博士后，新疆农业大学管理学院副教授，主要研究方向为刑法学、法理学。

过，南疆深度贫困地区的脱贫攻坚任务仍然很艰巨，有必要巩固和提升在精准扶贫、精准脱贫方面的举措。

关键词： 南疆 深度贫困地区 精准扶贫

党的十八大提出到 2020 年全面建成小康社会的奋斗目标。但是，贫困地区和贫困人口已经成为实现这一奋斗目标的短板。在习近平总书记"精准扶贫、精准脱贫"扶贫开发思想指导下，我国开创了新的扶贫方式，扶贫开发工作呈现出了新的局面。

新疆南疆四地州（和田地区、喀什地区、阿克苏地区和克孜勒苏柯尔克孜自治州）是国家确定的深度扶贫"三区三洲"之一。因为南疆四地州辖区有 22 个深度贫困县，其贫困问题具有特殊性和复杂性，已成为全疆脱贫攻坚的难点和重点。党的十八大以来，在以习近平同志为核心的党中央的亲切关怀下，在国家部委和 19 个对口援疆省市的大力支持下，全区上下提高政治站位，坚持把南疆四地州深度贫困地区作为新疆脱贫攻坚的主战场，紧扣"两不愁三保障"，扎实推进"七个一批"，落实"三个加大力度"，实现"六个精准"动态监管服务全覆盖，深化援疆扶贫、定点扶贫、区内协作扶贫、社会扶贫，实现"千企帮千村"精准扶贫行动，取得了脱贫攻坚的阶段性成效。南疆四地州深度贫困地区，截至 2018 年底，实现 444 个贫困村退出、48.62 万人脱贫，在解决区域性整体贫困方面迈出坚实步伐。[1]上述成果的取得既离不开中央和国家机关、中央企业、援疆省市的无私支援和倾力帮扶，也离不开新疆上下攻克"坚中之坚"不获全胜不收兵的付出和信念。这些更能说明了新疆在决胜全面建成小康社会的脚步更加坚实，更加自信。不过，南疆深度贫困地区贫困深度较深，经济增长的内生动力较弱。所以，脱贫攻坚任务仍然很艰巨，有必要在精准扶贫、精准脱贫的巩固方面提升思路。

---

[1] 《瞄准脱贫合力攻坚》，新疆维吾尔自治区人民政府网，http://egov.xinjiang.gov.cn/2019/07/11/156803.html.

一 南疆深度贫困地区的现状与发展机遇

（一）南疆深度贫困地区经济发展状况

1. 地方经济取得了较快的增长

虽然南疆四地州是国家确定的深度扶贫"三区三洲"之一，但是近几年各地区生产总值有了明显的提高。即，2018 年和田地区生产总值（GDP）是305.57 亿元，比上年增长 7.5%；[①] 喀什地区生产总值（GDP）是 890.12 亿元，比上年增长 4.2%；[②] 克孜勒苏柯尔克孜自治州（简称"克州"）地区生产总值（GDP）是 128.89 亿元，比上年增长 5.7%；[③] 阿克苏地区（含一师）生产总值（GDP）是 1027.4 亿元，比上年增长 6.6%。[④] 其中，和田地区和阿克苏地区的经济增速总体上又明显快于新疆全区（见表 1）。[⑤]

表 1 2018 年南疆四地州 GDP 及增速对比

指标		GDP（亿元）	GDP 增速（%）
南疆四地州	和田地区	305.57	7.5
	喀什地区	890.12	4.2
	克州	128.89	5.7
	阿克苏地区	1027.40	6.6
新疆		12199.08	6.1

数据来源：2018 年各地区国民经济和社会发展统计公报。

[①] 《2018 年和田地区国民经济和社会发展统计公报》，中国统计信息，http://www.tjcn.org/tjgb/31xj/35916.html。

[②] 《2018 年喀什地区国民经济和社会发展统计公报》，喀什政府网，http://www.kashi.gov.cn/Item/47217.aspx。

[③] 《克孜勒苏柯尔克孜自治州 2018 年国民经济和社会发展统计公报》，克孜勒苏柯尔克孜自治州政府网，http://www.xjkz.gov.cn/P/C/32345.htm。

[④] 《阿克苏地区 2018 年国民经济和社会发展统计公报》，阿克苏政府网，http://www.aks.gov.cn/sjkf/tjnb/20190426/i381603.html。

[⑤] 新疆维吾尔自治区全年实现地区生产总值（GDP）12199.08 亿元，比上年增长 6.1%。《新疆维吾尔自治区 2018 年国民经济和社会发展统计公报》，《新疆维吾尔自治区 2018 年国民经济和社会发展统计公报》，新疆维吾尔自治区统计局，http://tjj.xinjiang.gov.cn/tjj/tjgb/201903/53280e02a99649829096a378f515e478.shtml。

就人均 GDP 增速而言，南疆四地州也取得了较好成绩。其中，和田地区 2018 年人均地区生产总值 12094 元，增长 13.0%，① 远远高于全疆的增速（见表 2）。②

虽然喀什地区和克州人均 GDP 增速不及全疆的增速，但是两个地区人均 GDP 比上一年度有了一定程度的提高。

表 2   2018 年南疆四地州人均 GDP 及增速对比

指标		人均 GDP(元)	人均 GDP 增速(%)
南疆四地州	和田地区	12094	13.0
	喀什地区	19176	3.7
	克州	20705	3.8
	阿克苏地区	—	—
新疆		49475	4.1

数据来源：2018 年各地区国民经济和社会发展统计公报。

2. 农村居民收入有了一定幅度的提高

自 2016 年，新疆维吾尔自治区农村居民人均可支配收入突破万元大关以来，③ 南疆四地州农牧民人均可支配收入在不断提高（见表 3）。克州农牧民人均可支配收入增速最高，达到 12.2%；和田地区次之，增速达到 8.7%；阿克苏地区的增速为 8.5%。喀什地区农牧民人均可支配收入增速相对低一些，为 6.9%，不过，近 3 年其农牧民人均可支配收入在不断提高（见表 4）。

① 《2018 年和田地区国民经济和社会发展统计公报》，中国统计信息网：http://www.tjcn.org/tjgb/31xj/35916.html。

② 新疆维吾尔自治区全年人均地区生产总值 49475 元，比上年增长 4.1%。《新疆维吾尔自治区 2018 年国民经济和社会发展统计公报》，新疆维吾尔自治区统计局：http://tjj.xinjiang.gov.cn/tjj/tjgb/201903/53280e02a99649829096a378f515e478.shtml。

③ 2016 年新疆维吾尔自治区农村居民人均可支配收入 10183.18 元，增长 8.0%，扣除价格因素，实际增长 6.7%。《新疆维吾尔自治区 2016 年国民经济和社会发展统计公报》，《新疆维吾尔自治区 2018 年国民经济和社会发展统计公报》，新疆维吾尔自治区统计局：http://tjj.xinjiang.gov.cn/tjj/tjgb/201705/c7d0da27023c42be83e477333a41dffc.shtml。

表3　南疆贫困地区农村居民人均可支配收入及增速对比

指标		人均可支配收入（元）	增速（%）	与新疆的比值（%）	与全国的比值（%）
南疆贫困地区	和田地区	8088	8.7	67.5	55.3
	喀什地区	8565	6.9	71.5	58.6
	阿克苏地区	11915	8.5	99.4	81.5
	克州	8162	12.2	68.16	55.84
新疆		11975	8.4	100	82
全国		14617	6.6	122	100

数据来源：2018 年各地区国民经济和社会发展统计公报。

就结构而言，南疆四地州农村居民人均可支配收入提高的最大原因之一是转移性净收入的份额逐年增多。例如，2016～2018 年，喀什地区农村居民转移性净收入在农村居民人均可支配收入中的贡献度逐年增大（见表4）。转移性净收入的逐年增多，从另一方面可以充分说明扶贫开发已经成为南疆四地州农村居民人均可支配收入增加的最重要动因。

表4　喀什地区农村居民人均可支配收入结构变化情况

指标		人均可支配收入（元）	工资性收入（元）	经营性收入（元）	财产性净收入（元）	转移性净收入（元）
喀什地区	2016 年	7918	2405	3871	62	1580
	2017 年	8013	2420	3811	61	1721
	2018 年	8565	3114	2688	64	2699

数据来源：2016～2018 年喀什地区国民经济和社会发展统计公报。从支出端来看，农村居民可支配收入的增多使得农村居民生活水平有了显著的提高。其主要表现为农村居民消费支出额在不断提高。例如喀什地区，2018 年农村居民人均可支配收入是 8565 元，而农村居民人均消费支出为8144 元。[①]这也似乎表明，南疆四地州农村居民增加的可支配收入优先流向了消费领域。

3. 地方财政收支保持高速增长

2018 年新疆维吾尔自治区全年一般公共预算收入 1531.46 亿元，一般

---

① 《2018 年喀什地区国民经济和社会发展统计公报》，喀什政府网：http：//www.kashi.gov.cn/Item/47217.aspx。

公共预算支出 4985.57 亿元。① 南疆四地州地方财政收入近两年有了高速增长。其中喀什地区财政收入增长最快，为 26.3%；阿克苏地区次之，为 19.3%；克州的财政收入增速相对慢，为 8.1%，但是地方财政支出增速相对较快，为 26.7%，财政自给率 7.9%（见表 5）。

表 5　2017~2018 年南疆贫困地区地方财政收支变化

指标		地方财政收入			地方财政支出			财政自给率（%）
		2017 年（亿元）	2018 年（亿元）	增速（%）	2017 年（亿元）	2018 年（亿元）	增速（%）	
南疆贫困地区	克州	13.41	14.49	8.1	143.70	182.02	26.7	7.9
	喀什地区	64.15	81.02	26.3	606.40	689.9	13.8	11.7
	阿克苏地区	102.88	122.73	19.3	362.4	425.02	17.3	28.8

数据来源：2017~2018 年各地区国民经济和社会发展统计公报。

从上述南疆四地州中的克州、喀什地区和阿克苏地区财政收入和支出与全区公共预算收入和支出的对比来看，新疆的地方财政在不断地向南疆四地州脱贫攻坚倾斜。

（二）南疆深度贫困地区的贫困现状

1. 经济发展水平较低，产业结构仍处于初级阶段

随着脱贫攻坚的深入，南疆四地州生产总值实现了较快增长，但是产业结构处于初级阶段，经济发展水平不高。以南疆深度贫困地区之一的和田地区为例，"和田地区 2017 年农民人均纯收入 7817 元，第一产业人均纯收入为 4096 元，占人均纯收入的 52%；2018 农民人均纯收入 8756 元，第一产业人均纯收入为 4410.34 元，占人均纯收入的 50%"。② 上述情况似乎可以

① 《新疆维吾尔自治区 2018 年国民经济和社会发展统计公报》，新疆维吾尔自治区统计局：http://tjj.xinjiang.gov.cn/tjj/tjgb/201903/53280e02a99649829096a378f515e478.shtml。

② 《和田地区 2018 年国民经济和社会发展统计公报》，中国统计信息网：http://www.tjcn.org/tjgb/31xj/35916.html；《和田地区 2017 年国民经济和社会发展统计公报》，中国统计信息网：http://www.tjcn.org/tjgb/31xj/35607_3.html。

说明两种现实问题：一是南疆地区工业基础薄弱，工业化程度低；二是在第二、三产业规模较小的情况下，南疆深度贫困地区农牧民的收入主要来源是第一产业（见图1、图2）。但是，南疆深度贫困地区的农业发展仍存在诸多问题。一是农业依旧是粗放式经营，龙头企业少规模小，农业的产业化程度很低；二是各类农业合作组织发展缓慢，产品市场开拓力弱等。

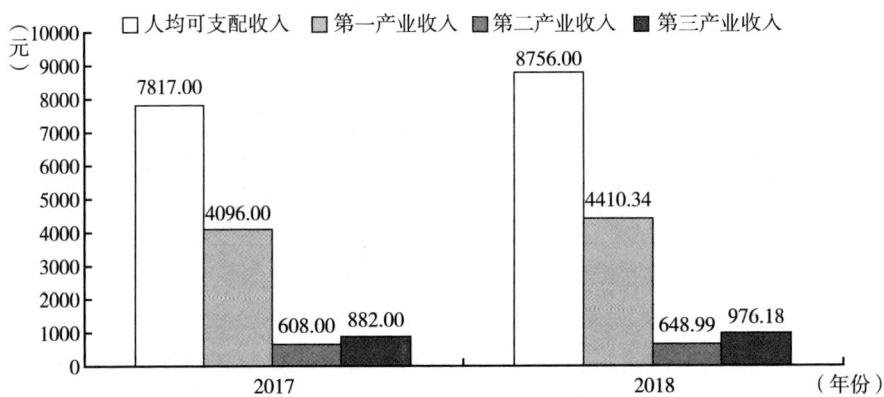

图1　2017～2018年和田地区农民三次产业收入对比

数据来源：和田地区2017～2018年国民经济和社会发展统计公报。

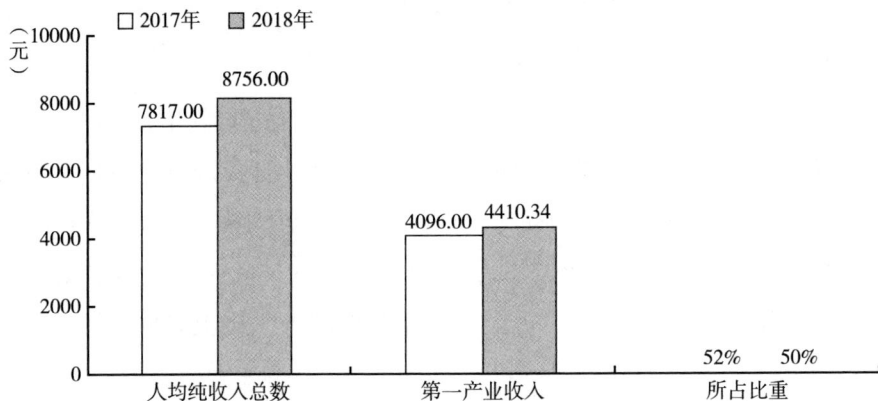

图2　2017～2018年和田地区农民第一产业收入占比

数据来源：和田地区2017～2018年国民经济和社会发展统计公报。

2. 贫困程度深

经过近几年自治区党委和政府的合力攻坚，2018 年，"全疆贫困发生率由 2017 年底的 11.57% 下降至 2018 年底的 6.51%，共有 53.7 万贫困人口实现脱贫、513 个贫困村退出。南疆四地州作为深度贫困地区，其贫困发生率由 2017 年底的 18.3% 下降至 2018 年底的 10.51%，共有 48.69 万贫困人口实现脱贫、513 个贫困村退出"。[①] 但是，南疆四地州深度贫困地区的贫困发生率仍然高于全疆和全国农村贫困发生率（见图 3）。与此同时，南疆深度贫困地区各地区的贫困发生率也存在较大差异。例如，2018 年喀什地区贫困发生率是 9.8%，[②] 和田地区贫困发生率是 17.7%，[③] 分别是 2018 年全国农村贫困发生率 1.7%[④]的 5.76 倍和 10.4 倍。

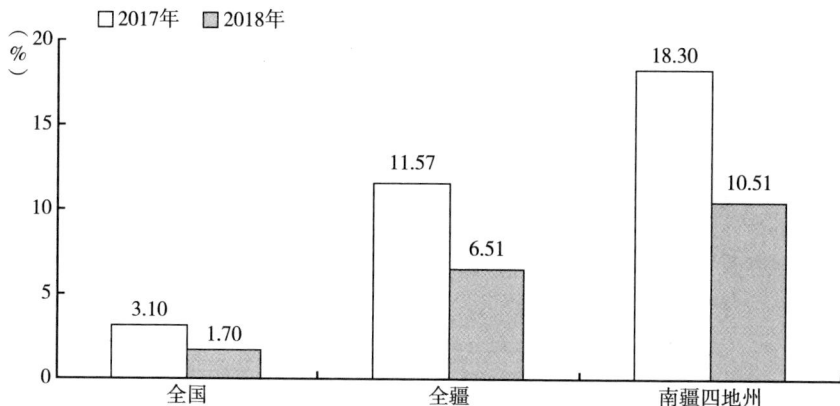

图 3　2017～2018 年贫困发生率对比情况

数据来源：新疆及喀什地区 2017 年和 2018 年国民经济和社会发展统计公报。

---

① 《和田地区 2018 年国民经济和社会发展统计公报》，中国统计信息网：http://www.tjcn.org/tjgb/31xj/35916.html。

② 《喀什地区 2018 年国民经济和社会发展统计公报》，喀什政府信息网：http://www.kashi.gov.cn/Item/47217.aspx。

③ 《和田地区 2018 年国民经济和社会发展统计公报》，中国统计信息网：http://www.tjcn.org/tjgb/31xj/35916.html。

④ 《2018 年国民经济和社会发展统计公报》，国家统计局：http://www.stats.gov.cn/tjsj/zxfb/201902/t20190228_1651265.html。

3. 农村居民收入水平较低

南疆深度贫困地区自然环境差、经济基础弱、群众脱贫内生动力不足等共性难题造成了南疆深度贫困地区农村居民收入的低下（见图4）。

2018 年新疆全区农村居民人均可支配收入 11975 元，[①] 但与 2018 年全国农村居民人均可支配收入 13066 元[②]相比仍存在 1091 元的差距。2018 年，全国贫困地区农村居民人均可支配收入 10371 元，[③] 其仍然高于除了阿克苏地区之外南疆四地州 2018 年农村居民人均可支配收入。例如，和田地区 2018 年农村居民人均可支配收入 8756 元。[④] 喀什地区 2018 年农村居民人均可支配收入 8565 元。南疆四地州深度贫困地区农村居民可支配收入水平的低下使得在此地区贫困发生率高于全国水平。

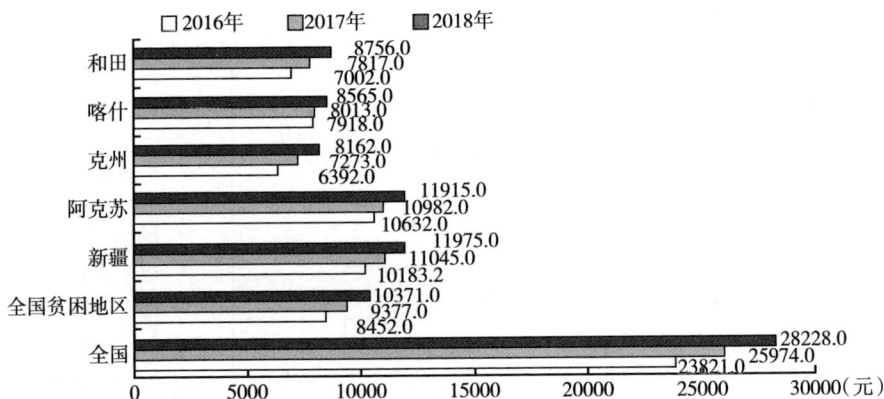

图 4 2016～2018 年农村居民可支配收入变化

数据来源：2016～2018 年国民经济和社会发展统计公报。

---

① 《新疆维吾尔自治区 2018 年国民经济和社会发展统计公报》，新疆维吾尔自治区统计局：http://tjj. xinjiang. gov. cn/tjj/tjgb/201903/53280e02a99649829096a378f515e478. shtml。

② 《2018 年国民经济和社会发展统计公报》，国家统计局：http://www. stats. gov. cn/tjsj/zxfb/201902/t20190228_ 1651265. html。

③ 《2018 年国民经济和社会发展统计公报》，国家统计局：http://www. stats. gov. cn/tjsj/zxfb/201902/t20190228_ 1651265. html。

④ 《喀什地区 2018 年国民经济和社会发展统计公报》，喀什政府信息网：http://www. kashi. gov. cn/Item/47217. aspx。

4. 自然环境差，地理位置偏僻

新疆属于典型的温带大陆性干旱气候，降水稀少、蒸发强烈，年均降水量154.8毫米。[①] 南疆深度贫困地区降水量更少之又少。南疆深度贫困地区生态脆弱，环境遭受破坏之后难以恢复。除此之外，南疆深度贫困地区沙漠、戈壁面积大，农业可利用土地少。恶劣的自然条件是制约南疆深度贫困地区发展，贫困人口生产生活改善的重要因素。

此外，南疆深度贫困地区面积较大，人口居住分散，空间距离较远，与外界联系不足。南疆深度贫困地区中心城市及相关深度贫困县与新疆维吾尔自治区首府之间的距离超过1000公里（见表6）。贫困村与县城之间的平均距离39.76公里，县城与贫困村之间距离50公里以上的占22.98%，100公里以上的占11.51%。[②] 这种自然地理环境的封闭性，造成了信息和交流的不畅，制约了经济发展，使得脱贫攻坚难度加大。

表6　南疆中心城市及相关县距离

单位：公里

	喀什市	阿图什市	和田市	阿克苏市	于田县	皮山县	墨玉县	莎车县	疏附县	柯坪县
乌鲁木齐市	1535.6	1425.4	1405	1003.8	1329.1	1611.4	1426.5	1456.9	1555.2	1150

5. 人口文化程度偏低，自我发展能力不强

（1）贫困的真正含义就是贫困人口缺少创造收入能力和机会的缺失。[③]南疆四地州深度贫困地区少数民族人口文化程度普遍偏低，绝大部分农村人口尚未能完全掌握国家通用语言，其自我发展能力较差，收入增长缓慢。再加上近几年受宗教极端思想的影响，当地少数民族农村人口运用先进技术发展生产受到阻碍。

---

① 《大美新疆》，新疆维吾尔自治区政府网，http：//www.xinjiang.gov.cn/ljxj/xjgk/index.html。
② 韩林芝：《新疆贫困现状与扶贫开发对策建议》，《农村经济与科技》2014年第8期。
③ 王灵桂、侯波：《精准扶贫：理论、路径和和田思考》，中国社会科学出版社，2018。

（2）贫困群体中，福利依赖思想严重。南疆深度贫困地区产业结构中第二产业的比重少，农村居民收入结构中工资性收入所占比例不高。同时，在自然环境影响下，深度贫困地区农民人均可耕土地面积很少，严重影响了农业经营性收入的提高。因此，近几年，政府通过大量的补贴来提高贫困群体的转移性净收入以便使其摆脱贫困（见图5）。不过，从长远看，此种方式可能会在贫困群体中导致福利依赖思想的蔓延，其在一定程度上不利于贫困人口自我发展能力的形成。因此，在南疆深度贫困地区亟须推动产业扶贫、就业扶贫等双保险措施，增加贫困人口固定性收入是南疆深度贫困地区脱贫攻坚的长久之策。例如，和田地区积极组织农村富有劳动力转移就业，2017年农牧民外出劳务人均纯收入1922元，2018年农牧民外出劳务人均纯收入2387.9（见图6）。此类收入在农民人均纯收入中所占比重逐年增多，也似乎说明了南疆深度贫困地区农村居民内生动力开始形成。

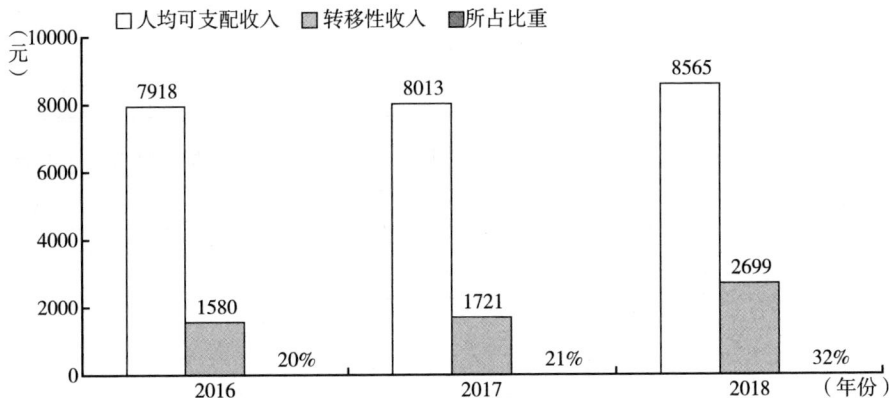

图5　2016～2018年喀什地区农村居民转移性净收入及所占比重

（三）南疆深度贫困地区面临的发展机遇

南疆深度贫困地区虽然自然环境恶劣，经济发展缓慢，贫困发生率较高，但是仍具有发展潜能和基础。

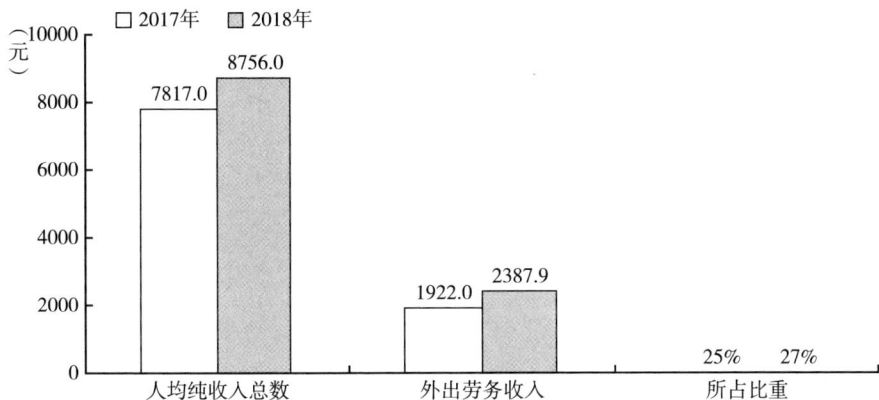

图6　2017～2018年和田地区农村居民外出务工收入及所占比重

（1）党中央、国务院历来重视南疆深度贫困地区工作。特别是第二次新疆工作座谈后，从国家层面部署谋划采取特殊措施，切实解决了南疆深度贫困地区稳定发展中所面临的突出问题。

（2）丰富的自然资源、特殊农业优势为南疆深度贫困地区奠定了坚实的经济基础和发展条件。一是南疆深度贫困地区日照时间长，昼夜温差大，除了有利于喜温作物的生长之外，其太阳能资源极具有潜在开发利用性。二是理论水资源丰富。境内的七大河理论水能蕴藏量达747.46万千瓦，占新疆水能资源量的22.3%。[①] 三是矿产资源丰富。南疆深度贫困地区出产石油、天然气、煤等矿产资源。截至2013年煤炭预测资源储量为438亿吨，查明煤炭资源储量55亿吨。除此之外，南疆深度贫困地区是"西区东输"主气源地，其境内还有铁、铅、锰、铜和锌等金属资源。[②] 四是南疆四地州深度贫困地区除为全国重要商品棉生产基地之外，还是新疆的粮食和特色林果业生产基地。南疆深度贫困地区出产的水果、棉花等在农产品市场上具有一定的优势并已经形成了一定的品牌

[①]《新疆维吾尔自治区南疆四地州片区区域发展与扶贫攻坚"十三五"实施规划》，新疆维吾尔自治区人民政府，http://www.xinjiang.gov.cn/2017/05/31/141198.html。

[②]　新疆维吾尔自治区南疆四地州片区区域发展与扶贫攻坚"十三五"实施规划》，新疆维吾尔自治区人民政府，http://www.xinjiang.gov.cn/2017/05/31/141198.html。

效益。

（3）进一步推进了对口援疆工作。除了援疆资金进一步向南疆深度贫困地区倾斜之外，人才援疆、产业援疆、文化教育援疆等工作不断提高着对口援疆工作的综合效益，持续打牢南疆深度贫困地区社会稳定和长治久安的基础。

（4）国家重大战略在南疆的叠加实施对南疆深度贫困地区的发展具有积极作用。丝绸之路经济带核心区建设、中巴经济走廊建设和喀什经济开发区建设三大国家重点战略的叠加实施，有力推动着南疆深度贫困地区从市场末端成为向西开放的前沿，助推南疆深度贫困地区的加快发展、开放发展。[①]

（5）南疆深度贫困地区的发展稳定和贫困问题早已成为全社会的关注。新疆早已建立专项扶贫、行业扶贫、社会扶贫、援疆扶贫"四位一体"大扶贫格局，全社会扶贫资源已经重点投向南疆深度贫困地区，全社会聚焦南疆深度贫困地区，合力攻坚。

二 南疆深度贫困地区精准扶贫工作的新举措

（一）南疆深度贫困地区脱贫目标和方略

1. 南疆深度贫困地区脱贫目标

南疆深度贫困地区是国家确定的连片特困地区，在该地区开展精准扶贫、精准脱贫，其目标就是农村建档立卡贫困户实现脱贫、建档立卡贫困村全部退出和贫困县全部摘帽。

南疆四地州辖区内的 33 个县有 26 个是国定的贫困县。其中，22 个是深度贫困县。26 个国定贫困县有 3247 个贫困村，占南疆行政村总数的 54%，接

---

① 《新疆维吾尔自治区南疆四地州片区区域发展与扶贫攻坚"十三五"实施规划》，新疆维吾尔自治区人民政府，http://www.xinjiang.gov.cn/2017/05/31/141198.html。

近全疆贫困村总数的88.5%；有284万贫困人口，占全疆330万贫困人口总数的86%。① 然而，全疆脱贫攻坚的重点是南疆四地州22个深度贫困县及所辖的1962个深度贫困村、162.75万贫困人口。其是新疆乃至全国扶贫工作中难啃的"硬骨头"。为此，自治区党委和政府坚决贯彻落实习近平总书记关于精准扶贫、精准脱贫重要讲话精神，把南疆四地州深度贫困地区作为全疆脱贫攻坚的主战场并且强化了顶层设计，完善了体制机制。2018年，在聚焦深度贫困人口，加大政策倾斜和资金整合力度下，南疆四地州深度贫困地区的脱贫攻坚成效较大。南疆深度贫困地区实现了"48.62万人脱贫、444个贫困村的退出，贫困发生率由2017年底的22.28%降至12.71%"。② 其中，2018年喀什地区的贫困发生率降到9.8%。③ 2019年是打赢脱贫攻坚战3年行动承上启下的关键一年，新疆面临的脱贫任务依然艰巨。2019年要确保实现"60.61万贫困人口脱贫，976个贫困村退出，12个深度贫困县摘帽；到2020年底10个贫困县摘帽，561个贫困村退出，21.1万贫困人口脱贫"④（见表7）。

表7　2018~2020年南疆四地州深度贫困地区脱贫攻坚整体进度

年份 \ 指标	脱贫人口（万人）	退出村（个）	摘帽县（个）
2018	48.62	444	
2019	60.61	976	12
2020	21.1	561	10

数据来源：新疆维吾尔自治区扶贫开发办公室官网。

① 《天山南麓起宏图——南疆四地州按下脱贫攻坚快进键》，新疆维吾尔自治区扶贫开发办公室，http://www.xjfp.gov.cn/zzqyw/148508.jhtml。
② 《新疆：2018年48.62万人脱贫贫困发生率降低近10个百分点深度贫困地区脱贫攻坚首战告捷》，中华人民共和国农业农村部官网，http://www.moa.gov.cn/xw/qg/201902/t20190218_6172066.htm；《新疆深度贫困地区脱贫攻坚首战告捷》，新疆维吾尔自治区扶贫开发办公室，http://www.xjfp.gov.cn/zzqyw/153663.jhtml。
③ 《喀什地区2018年国民经济和社会发展统计公报》，喀什政府信息网，http://www.kashi.gov.cn/Item/47217.aspx。
④ 《新疆脱贫攻坚战线缩至南疆》，新疆维吾尔自治区扶贫开发办公室，http://www.xjfp.gov.cn/zzqyw/153900.jhtml。

2. 根据中央决策部署制定了全区脱贫攻坚方略

南疆深度贫困地区作为脱贫攻坚主战场,需要合力攻克坚中之坚。2018 年初,为了确保 2020 年我国农村贫困人口实现脱贫,全面建成小康社会,自治区专门制定了《南疆四地州深度贫困地区脱贫攻坚实施方案 (2018～2020 年)》,形成了深度贫困地区脱贫攻坚实施方案体系。同时,研究制定了《自治区党委、自治区人民政府贯彻落实〈中共中央、国务院关于打赢脱贫攻坚三年行动的指导意见〉的实施意见》,进一步明确全疆 3 年脱贫攻坚的总体要求、任务目标、攻坚举措、支撑保障。除此之外,南疆四地州、22 个深度贫困县和自治区深度贫困地区脱贫攻坚领导小组 16 个专家组的实施方案也全部编制完成,形成了“1＋4＋16＋22” (1 个自治区级、4 个地州级、16 个专项组、22 个深度贫困县) 的深度贫困地区脱贫攻坚方案体系。2019 年是南疆四地州深度贫困地区脱贫攻坚工作的关键时期。为此,2019 年 6 月下旬,自治区党委专门召开了自治区党委九届七次全体会议。这个为脱贫攻坚召开的全体会议认真贯彻了习近平总书记在重庆解决“两不愁三保障”突出问题座谈会上的重要指示精神,部署了脱贫攻坚工作,提出了“九个聚力攻坚”,啃下脱贫攻坚的硬骨头。

(二)南疆深度贫困地区精准扶贫、精准脱贫的具体措施

1. 落实“七个一批”,促进脱贫

(1) 转移就业扶持一批。转移就业对象以零就业贫困户为重点,建档立卡贫困户中劳动年龄内,有劳动能力和就业意愿的贫困劳动力。南疆深度贫困地区多渠道多形式统筹推进城乡富余劳动力、高校毕业生、就业困难人员的就业创业。通过疆内转移一批、疆外输出一批、就地就近吸纳一批“三个一批”途径,为实现 3 年 10 万人转移就业持续实施《南疆四地州深度贫困地区就业扶贫三年规划 (2018—2020 年)》。2019 年,南疆 22 个深度贫困县建档立卡贫困家庭劳动力有组织转移就业 76232 人。2018～2019 年南疆 22 个深度贫困县共计划转移建档立卡贫困家庭劳动力 14 余万人,提

前一年完成了3年10万人转移就业任务。[①]

（2）发展产业扶持一批。自治区党委和政府坚持靶向攻坚，重点聚焦南疆四地州22个深度贫困县，通过发展产业带动脱贫一批。为此，在发展产业扶持一批方面提出：一是第一产业要上水平，发展种羊加合作社，实施林果业提质增效工程；二是第二产业要抓重点，22个深度贫困县每县建立一个扶贫园区，重点发展劳动密集型产业和特色优势产业，例如，纺织服装、农副产品加工、电子产品组装等；三是坚持发展第三产业。在深度贫困地区建设88个旅游扶贫重点村，坚持建设县乡村级电商服务和物流配送网络。同时，发展乡村级集贸市场。[②] 自治区党委和政府在产业扶贫方面的上述路径上已经实现了深度贫困地区贫困人口的稳定脱贫。例如，和田地区推动县乡村三级产业全覆盖和户户受益全覆盖，推进贫困群众每户有1个主导产业。[③] 同时，和田地区按照"县有龙头企业、乡有规模企业、村有'扶贫车间'"的产业模式，引进了500余家纺织服装、箱包企业，发展了889座扶贫车间，1113个农民合作社，带动就业10.58万人。[④] 克州探索"电商企业＋公共服务中心＋电商服务站点＋贫困户"扶贫模式，培养电商人才，孵化电商企业，以产销对接打通销售渠道，实现了"1320吨'木纳格葡萄'的线上线下销售，740万元的电子商务交易额，带动了100余名贫困人口的就业"。[⑤] 2019年，阿克苏地区将产业扶贫作为助农增收的途径，因地制宜开展"一村一品"发展特色农业，大力发展以黑木耳为主的食用菌林下经济，带动贫困户增收。[⑥] 喀

---

① 《提前一年完成南疆贫困家庭劳动力3年10万人转移就业计划》，新疆维吾尔自治区扶贫开发办公室，http：//www. xjfp. gov. cn/fpyw/zzqyw/20200112/i2042. html。

② 《新疆大力推进深度贫困地区"七个一批"脱贫攻坚新路径》，新疆维吾尔自治区扶贫办2018年扶贫简报第1期，http：//www. xjfp. gov. cn/fpjb/131172. jhtml。

③ 《着力解决"两不愁三保障"突出问题扎实推进脱贫攻坚工作》，新疆维吾尔自治区扶贫办2019年扶贫简报第68期，http：//www. xjfp. gov. cn/fpjb/157651. jhtml。

④ 《南疆产业扶贫：各具特色显身手》，新疆维吾尔自治区扶贫办，http：//www. xjfp. gov. cn/dzdt/157414. jhtml。

⑤ 《克州积极构建电商精准扶贫长效机制助力打赢脱贫攻坚战》，新疆维吾尔自治区扶贫办2019年扶贫简报第53期，http：//www. xjfp. gov. cn/fpjb/157549. jhtml。

⑥ 《阿克苏地区：订单式种植助力脱贫攻坚》，新疆维吾尔自治区扶贫办，http：//www. xjfp. gov. cn/dzdt/163997. jhtml。

什地区实现林果和棉花提质增效，发展 51 个良种繁育中心，种植瓜果蔬菜 130 万亩，引导贫困群众发展产业增加收入。① 同时，喀什地区加大"扶贫车间"建设力度，完成 1115 座，吸纳 47748 人，其中贫困人口 19310 人。②

除此之外，南疆深度贫困地区的深度贫困县也在探索着自己的产业发展模式。例如，一是引进龙头企业。2019 年上半年，和田地区和田县引进了 27 家制鞋企业，带动了和田县 1.1 万人就业，其中贫困人口就有 3460 人。③ 二是做强特色产业。莎车县抓好主导产业，带动 14 万户农民增收，发展以巴旦木为主的林果业带动 10 万户农民增收，发展百万头良种牲畜和千万羽禽类养殖，带动 13 万户农民增收。阿克陶县围绕"稳粮、减棉、促果、增畜、优菜"五大功能建设，重点开发和提升特色农产品精深加工，扎实做好"订单蔬菜"产业。柯坪县大力发展蔬菜、黑木耳、馕等订单生产产业，为贫困人口增收开创渠道。④ 总之，南疆深度贫困地区因地制宜、宜农则农、宜牧则牧、宜林则林、宜工则工，因村因户因人施策，完善着自治区的产业扶贫政策。

（3）土地清理再分配扶持一批。土地清理作为助力南疆深度贫困地区脱贫攻坚的一项重要工作，对清理出的土地要进行规划、管理和经营。南疆深度贫困地区采取土地流转或适度规模经营开发，通过入股公司参与分红等形式，以土地收益带动贫困户脱贫。例如，阿克苏地区截至 2019 年 7 月通过土地清理再分配收益累计购买公益性岗位 5687 个，其中，2019 年拟脱贫户上岗 1713 人，人均月平均工资 919 元。⑤

① 《着力解决"两不愁三保障"突出问题扎实推进脱贫攻坚工作》，新疆维吾尔自治区扶贫办 2019 年扶贫简报第 68 期，http：//www.xjfp.gov.cn/fpjb/157651.jhtml。
② 《南疆产业扶贫：各具特色显身手》，新疆维吾尔自治区扶贫办，http：//www.xjfp.gov.cn/dzdt/157414.jhtml。
③ 《国新办举行"建设美丽新疆共园祖国梦想"发布会》，国务院新闻办，http：//www.scio.gov.cn/xwfbh/wqfbh/39595/41204/index.htm。
④ 《着力解决"两不愁三保障"突出问题扎实推进脱贫攻坚工作》，新疆维吾尔自治区扶贫办 2019 扶贫简报第 68 期，http：//fpb.xinjiang.gov.cn/xjfp/zwfpjb/201905/2564cf96fbf94fe18933ca4fabc8912e.shtml。
⑤ 《阿克苏地区聚力解决"两不愁三保障"突出问题》，新疆维吾尔自治区扶贫办 2019 年扶贫简报第 98 期，http：//fpb.xinjiang.gov.cn/xjfp/zwfpjb/201907/07d5e2f7f62a435ba8992ace5bfe729b.shtml。

（4）转为护边员扶持一批。在南疆深度贫困地区优先安排7个深度贫困边境县贫困边民为护边员，其人均收入达到2.4万元，使贫困人口脱贫。①

（5）生态补偿扶持一批。主要是优先安排建档立卡贫困户为草原管护员和生态护林员，可使贫困户稳定脱贫。

（6）易地扶贫搬迁扶持一批。异地搬迁作为"七个一批"重要内容，是自然条件恶劣地区贫困人口脱贫的有效途径。2019年，首批中央预算内投资易地扶贫搬迁工程投资1亿元用于易地扶贫搬迁安置住房建设，计划易地扶贫搬迁1万人。② 自治区发展和改革委还要求各地除了统筹推进搬迁、安置之外，还要确保搬迁一户，稳定脱贫一户。截止到现在大批易地搬迁户进入县城工业园区，通过搬迁实现了搬得出、稳得住、能脱贫。例如，2019年5月，和田地区为了确保搬迁入住的7746户33202人稳得住、能致富，制定了后续产业发展及脱贫措施，投入了各类产业发展资金10亿元。③ 同时，新疆"十三五"易地搬迁建设任务提前一年完成。④

（7）社会保障兜底脱贫一批。社会保障兜底作为最后一个兜底措施，从2017年开始，自治区将所有符合条件，无法通过自己的劳动摆脱贫困的建档立卡贫困人口全部纳入农村低保范围，以便其脱贫。⑤ 新疆制定的2018～2020年社保扶贫攻坚战三年实施方案也明确了将贫困人口纳入全民参保计划的必保人群。南疆深度贫困地区22个深度贫困县使32万名兜底脱贫对象全部纳入低保范围，实现了孤儿和有意愿"五保"老人的集中供养。

① 《新疆大力推进深度贫困地区"七个一批"脱贫攻坚新路径》，新疆维吾尔自治区扶贫办2018扶贫简报第1期，http：//fpb. xinjiang. gov. cn/xjfp/zwfpjb/201801/ccc19b6650804f6e85e035d410ce2602. shtml。
② 《新疆2019年首批中央预算内投资易地扶贫搬迁工程计划下达》，新疆维吾尔自治区扶贫办，http：//fpb. xinjiang. gov. cn/xjfp/fpzzqyw/201905/684207f7ec6c412a989db227f71dbe60. shtml。
③ 《和田地区"三个一"行动确保易地扶贫搬迁户稳定就业能致富》，新疆维吾尔自治区扶贫办2019年扶贫简报第59期，http：//www. xjfp. gov. cn/fpjb/157603. jhtml。
④ 《新疆维吾尔自治区2019年政府工作报告》，新疆维吾尔自治区人民政府官网，http：//xinjiang. gov. cn/xinjiang/gzbg/202001/caadb525b77f44e6b3b9ce9df44f94eb. shtml。
⑤ 《新疆大力推进深度贫困地区"七个一批"脱贫攻坚新路径》，新疆维吾尔自治区扶贫办2018年扶贫简报第1期，http：//www. xjfp. gov. cn/fpjb/131172. jhtml。

同时，全面落实了80岁以上老人的高龄津贴、免费体检和残疾人的"两项补贴"制度。① 同时，自治区强化最低生活保障兜底脱贫专项资金，80%以上的资金安排到南疆深度贫困地区，优先考虑深度贫困地区兜底脱贫工作。② 自治区人社厅制定《2019年人社扶贫重点工作责任分解方案》大力推进社保扶贫。22个深度贫困县贫困人口参保率达到98.02%，精准推进贫困人口参保缴费，推动贫困人口人人持卡，计划全年增发社会保障卡60万张。③

2. 强推"三个加大力度"，补齐脱贫短板

（1）加大教育扶贫力度。新疆通过实施专项教育扶贫举措，推进了南疆深度贫困地区学前三年教育和义务教育，实现了更大范围和更高质量的普及，教育软硬件同步提升。截至目前，学前三年教育普及率达到100%，小学净入学率达到99.89%，初中净入学率达到98.60%，初中毕业生升入高中阶段入学率达到98.6%，高中阶段毛入学率达到90%以上。④ 同时，对建档立卡贫困户和低保特困户进行救助供养，对残疾学生进行了"精准"自助；在各类招生中重点向南疆倾斜，以便促进教育公平，补足深度贫困地区教育发展中的"短板"，阻断贫困代际传递。

（2）加大健康扶贫力度。南疆深度贫困地区除了建立了普惠性城乡医疗保险制度之外，在县乡村各级都建立了医院、卫生院和医务室，做到了"小病不出村，大病不出县"。新疆深入推进医保精准扶贫，实现了贫困人口基本医疗保险、大病保险、医疗救助覆盖100%，贫困人口15种大病集中救治和慢病签约服务全覆盖，⑤ 防止贫困人口因病致贫返贫。同时，实现

---

① 《2019年1月14日在新疆维吾尔自治区第十三届人民代表大会第二次会议上政府工作报告》，新疆维吾尔自治区扶贫办，http：//www. xjfp. gov. cn/zzqyw/152889. jhtml。

② 《着力解决"两不愁三保障"突出问题扎实推进脱贫攻坚工作》，新疆维吾尔自治区扶贫办2019年扶贫简报第68期，http：//www. xjfp. gov. cn/fpjb/157651. jhtml。

③ 《自治区人社厅明确重点细化措施扎实推进人社扶贫工作落实》，新疆维吾尔自治区扶贫办2019年扶贫简报第73期，http：//www. xjfp. gov. cn/fpjb/158010. jhtml。

④ 《教育"托底"阻断贫困代际传递》，新疆维吾尔自治区扶贫办2019年扶贫简报第53期，http：//www. xjfp. gov. cn/fpjb/157549. jhtml。

⑤ 《新疆深入推进医保精准扶贫确保实现贫困人口基本医疗保险、大病保险、医疗救助覆盖率100%》，新疆维吾尔自治区扶贫办，http：//www. xjfp. gov. cn/zzqyw/157055. jhtml。

了 22 个深度贫困县的乡镇卫生院、村卫生室达标率达到 87.3% 和 88.3% ,[①]在地州市区域内实现了农村户籍患者的"先诊疗后付费"和"一站式"结算。深度贫困地区贫困人口补充医疗保险赔付截止到 2019 年 3 月 31 日达到35 万人次,累计赔付金额 2.85 亿元。[②]

（3）加大基础设施建设力度。南疆深度贫困地区加快农村道路、安全饮水和住房建设,有效改善了贫困地区贫困人口的生产生活条件。自治区计划 2019 年底全面解决 9355 户住房安全、26.15 万贫困人口饮水安全问题,2020 年解决 10 万贫困人口饮水安全问题。[③] 2019 年 10 月前完成克州阿克陶县塔尔乡通硬化路项目,2019 年底前完成和田地区 5 个村、喀什地区 9 个村、克州 9 个村通沥青路项目。[④] 大力推进南疆四地州煤改电居民电供暖改造（一期）工程,完成 31.6 万户电供暖改造任务。[⑤]

3. 强化要素投入,提供脱贫保障

（1）强化人力要素投入。为了推动资源和力量向脱贫攻坚倾斜,确保人员到位、责任到位、工作到位、效果到位,全力攻克贫中之贫、坚中之坚,全国各地对贫困村普遍派出了第一书记。新疆不仅派驻了第一书记,而且也派驻了工作队,帮助贫困村开展工作。同时,为进一步激发贫困村创新发展能力,加快贫困村增收脱贫步伐,根据自治区《南疆四地州深度贫困地区脱贫攻坚实施方案（2018—2020 年)》,计划在 22 个深度贫困县 1962个深度贫困村中以每村 4 名标准共培养 7848 名创业致富带头人,预计 3 年

① 《53.7 万人是如何在一年内脱贫的》,新疆维吾尔自治区扶贫办,http：//www.xjfp.gov.cn/zzqyw/153951.jhtml。

② 《新疆实施"四位一体"保险扶贫模式》,新疆维吾尔自治区扶贫办,http：//www.xjfp.gov.cn/zzqyw/155374.jhtml。

③ 《着力解决"两不愁三保障"突出问题扎实推进脱贫攻坚工作》,新疆维吾尔自治区扶贫办2019 年扶贫简报第 68 期,http：//www.xjfp.gov.cn/fpjb/157651.jhtml。

④ 《自治区交通运输厅交通脱贫攻坚工作情况专报》,新疆维吾尔自治区扶贫办,http：//www.xjfp.gov.cn/zzqyw/154560.jhtml。

⑤ 《新疆维吾尔自治区 2019 年政府工作报告》,新疆维吾尔自治区人民政府官网,http：//xinjiang.gov.cn/xinjiang/gzbg/202001/caadb525b77f44e6b3b9ce9df44f94eb.shtml。

内将带动 20000 名贫困人口增收脱贫。①

（2）强化资金要素投入。资金投入是脱贫攻坚的重要保障。自治区协调并调动各方力量和资源，确保了脱贫攻坚的投入。2019 年上半年，全区落实的扶贫资金 381.52 亿元。其中安排到南疆四地州的扶贫资金就有 359.46 亿元，占扶贫资金总量的 94.22%。② 同时，集聚援疆扶贫、社会扶贫、区内协作扶贫、定点帮扶，引导各类资金向深度贫困乡村倾斜。2019 年，122.68 亿元援疆扶贫资金投向南疆深度贫困地区，实施了扶贫项目 970 个；279 个贫困村由自治区厅级单位定点帮扶，27 个贫困县由 16 个中央企业定点帮扶，33 个相对发达的北疆和东疆县帮扶南疆四地州 27 个县，1276 个贫困村由 1240 家企业帮扶。③

三　巩固提升南疆深度贫困地区精准扶贫、精准脱贫成效的对策建议

南疆深度贫困地区经过精准扶贫、精准脱贫取得很多令人瞩目的成绩，但仍然存在难啃的"硬骨头"。具体表现在以下方面。一是南疆深度贫困地区产业发展基础较为薄弱，支柱产业的示范带动效应不强，初步运行的农民专业合作社等新生产组织形式成效不高，一、二、三产业的融合发展处于起步阶段。二是人力资源短板凸显。主要体现在农业科技人才、农业实用人才缺口较大。三是贫困群众内生动力不足，贫困群众中精神贫困现实仍然存在。四是南疆深度贫困地区地质条件复杂，生态环境脆弱，同时公共服务供给不足，发展保障能力弱等问题突出，为"生态宜居"的生活环境的建设

---

① 《自治区 3 年内将培育近 8000 名贫困村创业致富带头人》，新疆维吾尔自治区扶贫办，http://www.xjfp.gov.cn/kfzd/134345.jhtml。

② 《国新办举行"建设美丽新疆共圆祖国梦想"发布会》，国务院新闻办，http://www.scio.gov.cn/xwfbh/wqfbh/39595/41204/index.htm。

③ 《国新办举行"建设美丽新疆共圆祖国梦想"发布会》，国务院新闻办，http://www.scio.gov.cn/xwfbh/wqfbh/39595/41204/index.htm。

增加了难度。为此，南疆深度贫困地区必须巩固提升精准扶贫、精准脱贫的成效，采取以下措施。

（一）落实总目标，为高质量完成脱贫攻坚营造稳定的社会环境

社会稳定和长治久安是新时代党的治疆方略，是以习近平同志为核心的党中央为新疆确定的工作总目标。南疆深度贫困地区精准扶贫、精准脱贫工作要在社会稳定和长治久安总目标的统领下开展，任何时候任何情况下都不能有丝毫动摇、丝毫放松。

（二）短板弱项上发力，确保高质量完成今年脱贫攻坚目标任务

1. 加大基础设施领域薄弱环节的有效投资

首先，加强交通设施建设。道路通，百业兴。瞄准"疆内环起来，进出疆快起来"目标，不断做好交通基础设施建设，助推深度贫困地区脱贫攻坚，确保到 2019 年底全区所有的乡镇、具备条件的建制村通硬化路达到 100%，通客车率达到 100%。[1] 一是着力解决农村公路里程快速增长与养护管理不配问题凸显。农村公路"三分建、七分养"。如今，"村村通""路路美"已经成为新疆各乡村鲜活场景。然而，对南疆深度贫困地区而言，聚力推进"四好农村路"建设是实现精准扶贫脱贫的重点，也是破解经济社会发展瓶颈的关键。拥护"四好农村路"加快实施交通扶贫脱贫攻坚，今后必须在实现"走得好"方面下一番功夫。二是创新贫困地区农村客运发展模式。新疆地广人稀，经常面临"开得通、留不住"的问题。原因在于，客运运距长，客流量少。所以，必须对传统的农村客运运输方式进行改革，建立起新的运输模式。其中，"片区经营、预约班车、按需灵活发班车、冷热线搭配"[2] 等也可以成为提高农村客运通达率的方式。三是探索新的"交

---

[1] 《自治区交通运输厅交通脱贫攻坚工作情况专报》，新疆维吾尔自治区扶贫办，http：//www.xjfp.gov.cn/zzqyw/154560.jhtml。

[2] 《自治区交通运输厅交通脱贫攻坚工作情况专报》，新疆维吾尔自治区扶贫办，http：//www.xjfp.gov.cn/zzqyw/154560.jhtml。

通+"模式,进一步建好产业基地、旅游景区、工业园区的道路。

其次,加强能源设施建设,加强加大农网改造升级工程。2018 年,自治区投资 182 亿元建设新疆电网,完成了 261 个深度贫困村农网改造升级。[①]今后继续实施南疆四地州煤改电配套电网建设及居民电供暖改造(一期)工程 28.87 万户,降低生活成本。[②]

2. 进一步提高南疆深度贫困地区基本公共服务能力

全民健康工程要持续实施,不断完善全民免费健康体检。贫困人口医疗档案要进一步建立健全,同时要完善基本医疗保险、大病保险和医疗救助制度。进一步提高县、乡、村各级治疗保障水平,农村医疗服务水平和能力,完善各级医疗机构签约团队建设,优化医疗团队结构,进一步完善家庭医生签约服务工作,拓展帮扶对象和签约团队健康帮扶工作在线签约、在线咨询、预约挂号、远程会诊、双向转诊、健康资讯推送等服务,落实健康帮扶"一人一策、一病一方"措施,实行"送医上门、送人就医"服务机制建设,建立严格的健康扶贫监督考核体系。广泛加大扶贫医疗救助政策和卫生健康常识的宣传力度。提高群众对政策的知晓度,为了让贫困人口形成良好卫生习惯和健康生活方式,提升农村贫困人口的健康意识。进一步向农村居民普及和宣传急性疾病的预防和救济知识。大力发展康养产业,强化特困群体卫生健康服务。

3. 树牢主体意识,激发内生动力

授人以鱼不如授人以渔。在南疆深度贫困地区脱贫攻坚工作中,坚持扶贫与扶志、扶智相结合。除了做好物质扶贫之外,更加注重贫困群众的"精神扶贫",激发贫困群体的内生动力。一是深入开展政策解读、思想引导、现身说法。创作推进各类励志节目,充分发挥媒体舆论引导作用;各级组建脱贫攻坚宣讲队,打好扶志"组合拳"。二是常抓贫困家庭劳动力的职

---

① 《今年新疆续建、新开工 511 项电力工程加快改造深度贫困地区电网》,新疆维吾尔自治区扶贫办,http://www.xjfp.gov.cn/zzqyw/155006.jhtml。

② 《新疆维吾尔自治区 2019 年政府工作报告》,新疆维吾尔自治区人民政府官网,http://xinjiang.gov.cn/xinjiang/gzbg/202001/caadb525b77f44e6b3b9ce9df44f94eb.shtml。

业技能培训工作。对贫困家庭劳动力而言，实现长期稳定就业的重要前提是掌握一门技术，为此要严格落实《新疆维吾尔自治区技工院校技能脱贫千校行动三年规划（2018—2020 年)》目标要求，让每个贫困家庭劳动力都能接受职业技能培训，实现稳定就业。三是动态调整社会兜底保障，内生动力的激发与产业发展和转移就业相结合。严格落实社会保障兜底措施在精准扶贫中的作用，动态调整享受政策的人员，使贫困人口与产业发展和转移就业之间形成利益联结机制，使贫困人口明白"撸起袖子加油干，幸福是奋斗出来的"。四是进一步完善教育扶贫措施，阻断贫困代际传递。加大优秀教师的引进力度和教师培训力度，优化教师队伍结构，提高教师整体素质和能力水平。有些深度贫困地区体育、音乐、美术、道德与法治等学科教师较少，今后一段时间在教师招聘工作中要大力向副课师资倾斜；缩小教育资源城乡之间的差距，优质的教育资源向偏远的农牧区倾斜，保障偏远农牧区贫困家庭学生受教育的质量；加强控辍保学工作机制。杜绝送教活动流于形式，对贫困家庭残疾学生的送教培养计划严格审查，确保"一人一策"和教学内容的针对性和可行性，完善"送教上门"服务监督机制。充分利用远程教育资源，通过视频教学等途径保障贫困家庭残疾学生的教育质量，杜绝下一代因残疾而陷入贫困，确保应享受政策学生"一个都不能少"。

（三）找准南疆深度贫困地区扶贫与乡村振兴的衔接点，大力实施乡村振兴战略

精准脱贫攻坚与乡村振兴具有内在统一性。"乡村振兴的前提是摆脱贫困，打好脱贫攻坚战本身就是乡村振兴的重要内容。"但是，在基层实践的现实中逐渐凸显了脱贫攻坚与乡村振兴"两张皮"运作现象，① 即，在经济欠发达地区和未脱贫地区，主要还是就脱贫攻坚谈脱贫攻坚；而在经济发达

---

① 豆书龙、叶敬忠：《乡村振兴与脱贫攻坚的有机衔接及其机制构建》，《改革》2019 年第 1 期。

地区或已脱贫地区，则主要是就乡村振兴谈乡村振兴。

南疆深度贫困地区产业发展基础较为薄弱，产业链尚未形成，产业脱贫能力不足，贫困群众内生动力不足；项目发展中，有的扶贫资金主要投向周期短、见效快和易评估的项目；乡村振兴提出的"产业兴旺、生态宜居、乡风文明、治理有效、生活富裕"的总要求与深度贫困地区的乡村之间仍存在很多大的距离。如果南疆深度贫困地区出现脱贫攻坚和乡村振兴的"两张皮"现象，即为了脱贫攻坚而脱贫攻坚，其除了必然会影响近期南疆地区脱贫攻坚的稳定性和延续性之外，还会阻碍"两个一百年"奋斗目标的最终实现。南疆地区的绝对贫困问题在2020年全面建成小康社会之后将会消灭，但是，相对贫困问题仍将长期存在。到那时，针对绝对贫困的现有脱贫攻坚举措应要逐步调整为针对相对贫困的日常性帮扶措施，并纳入乡村振兴战略架构下统筹安排。因此，在具体时间中精准脱贫必须与乡村振兴战略有机衔接，立足于南疆深度贫困地区客观实际长远谋划，健全机制，抓住重点、补齐短板，使脱贫攻坚与乡村振兴一体化统筹推进。

1. 培育和壮大特色优势产业，推动建立现代产业体系

按照"稳粮、优棉、促畜、强果、兴特色"的思路加快乡村产业振兴。

首先，大力发展劳动密集型产业。加快推进南疆深度贫困地区纺织服装、电子产品组装、鞋帽、玩具等劳动密集型产业，进而吸纳更多劳动力；不断吸纳劳动力就业，进一步支持"卫星工厂""扶贫车间"建设。扎实推进创业致富带头人的培养工作，为其创业提供便利以便吸纳一定数量劳动力就业。

其次，农业产业化龙头企业要不断培育壮大。目前深度贫困地区农业发展组织化、规模化程度不高，企业、合作社、大户带动作用不强。要在一产提质增效方面下功夫，以庭院种植、特色种植、畜禽养殖、林果提质增效为主，发挥农业龙头企业的带动作用，加强农村新型经营主体培育，"龙头企业＋合作社＋贫困户"模式要继续发展并不断完善，延伸产业链、拓宽渠道，让农产品卖得更远卖得更好。

再次，促进农产品品牌建设，助推区域经济发展。南疆遍布红枣、核

桃、石榴、巴旦木、红花、大芸，要推进特色林果业优质化发展，为叫响新疆林果业的"金字招牌"，必须打造一批比较优势突出、市场竞争力强的地理标志商标品牌，推进地理标志精准扶贫工作。

最后，注重农业畜牧人才培养，为产业发展提供保障。深度贫困地区因地制宜发展产业，其发展的产业主要是农业和畜牧业。如果没有强有力的农业和畜牧防疫人才就不能为产业发展保驾护航。

2. 加强农村生态保护，改善农村生产生活条件

牢固树立"绿水青山就是金山银山"的发展理念，加强农村生态保护。南疆深度贫困地区生态系统脆弱，遭到破坏很难予以恢复，为此产业发展要严禁"三高"项目。此外，还要持续开展农村人居环境三年整治行动，重点解决农村垃圾处理问题，提升农村村容村貌，建设美丽乡村。

3. 丰富群众精神文化生活

落实乡村振兴战略中的"乡风文明"要求，培育乡村精神，乡村价值，乡村道德，提升农民精气神，提升乡村社会的文明度。[①] 为此，在南疆深度贫困地区积极开展面向基层的文化惠民演出，弘扬社会主义核心价值观，推广普及中华优秀传统文化；全面提升公共文化服务供给能力，抓好县级融媒体中心的建设。

参考文献

1. 韩林芝：《新疆贫困现状与扶贫开发对策建议》，《农村经济与科技》2014 年第 8 期。
2. 王灵桂、侯波：《精准扶贫：理论、路径和和田思考》，中国社会科学出版社，2018。
3. 豆书龙、叶敬忠：《乡村振兴与脱贫攻坚的有机衔接及其机制构建》，《改革》2019 年第 1 期。
4. 张静：《精准扶贫与地方扶贫立法创新思路》，《人民论坛》2015 年第 26 期。

---

① 姜长云：《乡村振兴战略：理论、政策和规划研究》，中国财政经济出版社，2018。

5. 《瞄准脱贫合力攻坚》，新疆维吾尔自治区人民政府网，http：//egov. xinjiang. gov. cn/2019/07/11/156803. html。

6. 《2018 年和田地区国民经济和社会发展统计公报》，和田政府网，https：//www. xjht. gov. cn/article/show. php？itemid＝279324。

7. 《2018 年喀什地区国民经济和社会发展统计公报》，喀什政府网，http：//www. kashi. gov. cn/Item/47217. aspx。

8. 《克孜勒苏柯尔克孜自治州 2018 年国民经济和社会发展统计公报》，克孜勒苏柯尔克孜自治州政府网，http：//www. xjkz. gov. cn/P/C/32345. htm。

9. 《阿克苏地区 2018 年国民经济和社会发展统计公报》，阿克苏政府网，http：//www. aks. gov. cn/sjkf/tjnb/20190426/i381603. html。

10. 《新疆维吾尔自治区 2018 年国民经济和社会发展统计公报》，新疆维吾尔自治区统计局官网，http：//www. xjtj. gov. cn/tjfw/dh_ tjgb/201903/t20190327_ 564478. html。

11. 《新疆维吾尔自治区 2016 年国民经济和社会发展统计公报》，新疆维吾尔自治区统计局官网，http：//www. xjtj. gov. cn/sjcx/tjgb_ 3414/201706/t20170614_ 536853. html。

12. 《新疆维吾尔自治区南疆四地州片区区域发展与扶贫攻坚"十三五"实施规划》，新疆维吾尔自治区人民政府，http：//www. xinjiang. gov. cn/2017/05/31/141198. html。

13. 《和田区 2017 年国民经济和社会发展统计公报》，和田政府网，https：//www. xjht. gov. cn/article/show. php？itemid＝279324。

14. 《新疆脱贫攻坚战线缩至南疆》，新疆维吾尔自治区扶贫开发办公室，http：//www. xinjiang. gov. cn/2019/02/22/154507. html。

15. 《2018 年 48. 62 万人脱贫贫困发生率降低近 10 个百分点深度贫困地区脱贫攻坚首战告捷》，中华人民共和国农业农村部官网，http：//www. moa. gov. cn/xw/qg/201902/t20190218_ 6172066. htm。

16. 《2018 年国民经济和社会发展统计公报》，国家统计局，http：//www. stats. gov. cn/tjsj/zxfb/201902/t20190228_ 1651265. html。

17. 《大美新疆》，新疆维吾尔自治区政府网，http：//www. xinjiang. gov. cn/ljxj/xjgk/index. html。

18. 《天山南麓起宏图——南疆四地州按下脱贫攻坚快进键》，新疆维吾尔自治区扶贫开发办公室，http：//www. xjfp. gov. cn/zzqyw/148508. jhtml。

19. 《新疆：2018 年 48. 62 万人脱贫贫困发生率降低近 10 个百分点深度贫困地区脱贫攻坚首战告捷》，中华人民共和国农业农村部官网，http：//www. moa. gov. cn/xw/qg/201902/t20190218_ 6172066. htm。

20. 《新疆深度贫困地区脱贫攻坚首战告捷》，新疆维吾尔自治区扶贫开发办公室，

http：//www. xjfp. gov. cn/zzqyw/153663. jhtml。

21. 《新疆脱贫攻坚战线缩至南疆》，新疆维吾尔自治区扶贫开发办公室，http：//www. xjfp. gov. cn/zzqyw/153900. jhtml。

22. 《2019 年 1 月 14 日在新疆维吾尔自治区第十三届人民代表大会第二次会议上政府工作报告》，新疆维吾尔自治区扶贫办，http：//www. xjfp. gov. cn/zzqyw/152889. jhtml。

23. 《提前一年完成南疆贫困家庭劳动力 3 年 10 万人转移就业计划》，新疆维吾尔自治区扶贫开发办公室，http：//www. xjfp. gov. cn/fpyw/zzqyw/20200112/i2042. html。

24. 《新疆大力推进深度贫困地区"七个一批"脱贫攻坚新路径》，新疆维吾尔自治区扶贫办 2018 年扶贫简报第 1 期，http：//www. xjfp. gov. cn/fpjb/131172. jhtml。

25. 《着力解决"两不愁三保障"突出问题扎实推进脱贫攻坚工作》，新疆维吾尔自治区扶贫办 2019 年扶贫简报第 68 期，http：//www. xjfp. gov. cn/fpjb/157651. jhtml。

26. 《南疆产业扶贫：各具特色显身手》，新疆维吾尔自治区扶贫办，http：//www. xjfp. gov. cn/dzdt/157414. jhtml。

27. 《克州积极构建电商精准扶贫长效机制助力打赢脱贫攻坚战》，新疆维吾尔自治区扶贫办 2019 年扶贫简报第 53 期，http：//www. xjfp. gov. cn/fpjb/157549. jhtml。

28. 《阿克苏地区：订单式种植助力脱贫攻坚》，新疆维吾尔自治区扶贫办，http：//www. xjfp. gov. cn/dzdt/163997. jhtml。

29. 《着力解决"两不愁三保障"突出问题扎实推进脱贫攻坚工作》，新疆维吾尔自治区扶贫办 2019 年扶贫简报第 68 期，http：//www. xjfp. gov. cn/fpjb/157651. jhtml。

30. 《南疆产业扶贫：各具特色显身手》，新疆维吾尔自治区扶贫办，http：//www. xjfp. gov. cn/dzdt/157414. jhtml。

31. 《国新办举行"建设美丽新疆　共圆祖国梦想"发布会》，国务院新闻办，http：//www. scio. gov. cn/xwfbh/wqfbh/39595/41204/index. htm。

32. 《53. 7 万人是如何在一年内脱贫的》，新疆维吾尔自治区扶贫办，http：//www. xjfp. gov. cn/zzqyw/153951. jhtml。

33. 《喀什地区抓土地清理收益再分配助力脱贫攻坚》，新疆维吾尔自治区扶贫办 2019 年扶贫简报第 62 期，http：//www. xjfp. gov. cn/fpjb/157635. jhtml。

34. 《新疆 2019 年首批中央预算内投资易地扶贫搬迁工程计划下达》，新疆维吾尔自治区扶贫办，http：//www. xjfp. gov. cn/zzqyw/157763. jhtml。

35. 《和田地区"三个一"行动确保易地扶贫搬迁户稳定就业能致富》，新疆维吾尔自治区扶贫办 2019 年扶贫简报第 59 期，http：//www. xjfp. gov. cn/fpjb/157 603. jhtml。

36. 《新疆维吾尔自治区 2019 年政府工作报告》，新疆维吾尔自治区人民政府官网，http：//xinjiang. gov. cn/xinjiang/gzbg/202001/ caadb525f77f44e6b3b9ce9df44f94eb. shtml。

37. 《2019 年 1 月 14 日在新疆维吾尔自治区第十三届人民代表大会第二次会议上政府工作报告》，新疆维吾尔自治区扶贫办，http：//www. xjfp. gov. cn/zzqyw/ 152889. jhtml。

38. 《自治区人社厅明确重点细化措施扎实推进人社扶贫工作落实》，新疆维吾尔自治区扶贫办 2019 年扶贫简报第 73 期，http：//www. xjfp. gov. cn/fpjb/158010. jhtml。

39. 《教育"托底"阻断贫困代际传递》，新疆维吾尔自治区扶贫办 2019 年扶贫简报第 53 期，http：//www. xjfp. gov. cn/fpjb/157549. jhtml。

40. 《新疆深入推进医保精准扶贫　确保实现贫困人口基本医疗保险、大病保险、医疗救助覆盖率 100%》，新疆维吾尔自治区扶贫办，http：//www. xjfp. gov. cn/zzqyw/157055. jhtml。

41. 《新疆实施"四位一体"保险扶贫模式》，新疆维吾尔自治区扶贫办，http：// www. xjfp. gov. cn/zzqyw/155374. jhtml。

42. 《自治区交通运输厅交通脱贫攻坚工作情况专报》，新疆维吾尔自治区扶贫办，http：//www. xjfp. gov. cn/zzqyw/154560. jhtml。

43. 《自治区 3 年内将培育近 8000 名贫困村创业致富带头人》，新疆维吾尔自治区扶贫办，http：//www. xjfp. gov. cn/kfzd/134345. jhtml。

44. 《今年新疆续建、新开工 511 项电力工程　加快改造深度贫困地区电网》，新疆维吾尔自治区扶贫办，http：//www. xjfp. gov. cn/zzqyw/155006. jhtml。

45. 姜长云：《乡村振兴战略：理论、政策和规划研究》，中国财政经济出版社，2018。

B.21
智能教育背景下儿童教育权利的保障

——基于重庆市树人景瑞小学的调查*

王隆文　母　睿**

摘　要： 通过比较景瑞小学与其他中小学开展智能教育的做法，发现当前智能教育大背景下我国儿童教育权利的保障亟待解决的问题有：1. 对智能教育存在碎片化的认知，如将智能教育等同于智识教育，未平衡好教育与保护、教育与人权之间的关系；2. 保障主体的互动与合作不足，如校企之间偏重商业买卖关系，未有效建起相互合作、相互成长并促进儿童教育权利保障的共同体；3. 智能教育应用领域、评价方法相对单一化，如过度依赖人脸识别技术确保课堂纪律的方式或侵犯儿童隐私和人格尊严。以智能教育助力儿童教育权利保障，要协调好教育与安全、教育与人权、集体权利与个体权利的关系，完善促进儿童全面发展、个性发展的教育与评价方法，建立学校、家庭、企业等主体深度合作的共同体。

关键词： 智能教育　儿童教育权利　景瑞小学

---

* 本文为四川大学"智慧法治"超前部署学科（SCU LIAIW）、四川大学2019引进人才科研启动项目（YJ2019 - 44）、西南政法大学研究阐释党的十九大精神专项课题（2017XZZXQN - 21）的阶段性成果。

** 王隆文，四川大学国际关系学院副研究员、四川大学人权法律研究中心研究人员，重庆市沙坪坝区政协特邀信息员，主要教学与研究方向为智慧法治、国际人权法；母睿，西南政法大学监察法2019级博士研究生，主要研究方向为监察法、教育行政法。

一　案例介绍和调查方法

（一）景瑞小学开展智能教育的背景及典型性

1. 树人景瑞小学开展智能教育的背景

智能教育是人工智能技术与教育深度融合、相互赋能、创新发展的产物，具有网络化、智能化、个性化、自主化、终身化、泛在化、交互性和创新性等鲜明特征，是一种智能化的教育新形态。[①] 作为一种教育新形态，智能技术在教育领域的应用价值并非简单基于其技术现代性，而在于现有教育理论、经验与技术平台在优化整合过程中，更好地促进了育人效果的优化和个体受教育权利的实现。在应用智能技术促进教育革新的过程中，重庆市树人景瑞小学（简称"景瑞小学"）坚持以人为本，逐步探索出兼顾教育质量提高与教育权利保障的"景瑞模式"。

2009 年，景瑞小学在重庆市沙坪坝区蓝溪谷地建成。该校教师队伍由调入教师、新入职教师、顶岗实习教师组成，平均年龄不足 25 岁。为凝聚教师队伍，夯实"特色立校"根基，景瑞小学借助 2012 年教育部印发的《教育信息化十年发展规划（2011—2020 年）》带来的信息化"东风"，拉开了智能教育建设的序幕。2014 年，学校开展 BYOD（Bring Your Own Device，即自带设备）教学，全校师生人手一台平板电脑，常态开展信息化教学，在全国属于首例。随后，学校与校外企业共同开发了具有全方位、多功能、校本特色的智能教育统整平台，借助物联网、云平台、大数据全方位开展智能教育。[②]

重庆市树人景瑞小学是国内教育行业向全国乃至全球推广先进智能教育经验的窗口。该校通过校企合作开发的智能教育平台，先后入围联合国

---

① 蒋笃运：《浅析智能教育中的几个哲学问题》，《河南社会科学》2019 年第 11 期，第 119 页。
② 景瑞小学校长：《重庆市树人景瑞小学校：借力信息技术实现发展"三级跳"》，《中国教育报》2019 年 5 月 22 日，第 5 版。

教科文组织"移动学习最佳实践项目"、国家基础教育教学成果一等奖。该校集全方位、多功能、校本特色为一体的智能教育系统，以儿童教育权利充分实现及其利益最大化为开发宗旨，在功能上实现了管理、教学、评价三位一体，在效果上实现了教育、人权与安全的协调统一。教育管理上，平台实现了教务、安全、德育等所有学校管理信息的数据整合，能够让校长实时监控校园所有安全死角并在学生趋近敏感区域时及时预警，在教育与保护之间实现了良性平衡。教育教学上，平台能够将学生个体课前、课中和课后的思维碎片整理成可观测的数据。同时，其在具体知识点教学中融入智力游戏，在尊重教育权利保障个性化的基础上很好兼顾了儿童的闲暇娱乐权利，亦在残障儿童教育权利保障中取得成功的个案尝试。学生评价上，对学生的身心健康、学业水平、素质发展等进行实时记录和及时反馈，方便学校为学龄儿童的全面发展进行定期和长期评估，发现并及时纠正儿童的不良思想与行为。

2. "景瑞模式"作为儿童教育权利保障案例的典型性

景瑞小学的智能教育数据资源平台实现了管理、教学、评价三位一体的功能，促进了教育、安全与人权的协调发展，其典型性和先进性具体有以下几点。

第一，景瑞小学将智能教育发展与儿童教育权利保障紧密结合，成为教育与人权、教育与安全完美结合的典范。该校在发展以互联网、大数据、云平台为特征的智能教育过程中，有效避免了"唯智识"与"唯器物"的两大误区。具体而言，在教学层面，避免将智能教育混同智识教育，而是通过智能教育技术与多元学科教学的结合，来促进儿童的全面发展与个性化发展。与此同时，在管理与评价层面，将智能教育与信息化校园建设进行合理界分，后者更多服务于学校的安全与管理，旨在为前者营造健康安全的育人环境，同时二者数据资源的整合实现了校园秩序、课堂纪律、德育评价等多元领域教育与安全、教育与人权协调发展的目的。

第二，景瑞小学智能教育成就斐然，成为国内教育系统向全国乃至全球推广中国先进智能教育经验的窗口。景瑞小学自2012年开始探索智能教育以来，短短 7 年时间内，其在教学与育人成绩上实现双丰收，各项指标名列所在省（市）、区前茅。近 7 年，其所在沙坪坝区开展的 6 次年度教学质量检测中，区教育评估中心提供的数据显示，该校学生综合成绩始终保持在近 60 所小学前列；同时期，该校教师教学竞赛获奖数量与等次不断攀升，在全国"一师一优课，一课一名师"活动中，入选教育部"优课" 34 节、重庆市"优课" 65 节，居重庆市第一。① 该校通过智能教育助推教学与育人成绩的提高，得到了国内外同行的高度认可，其经验被广泛宣传和推介。2018 年，景瑞小学"智慧学习模式"作为中国唯一案例被推荐至联合国教科文组织参评，在 100 多个国家提交的案例中脱颖而出，成功入围联合国教科文组织 7 个"移动学习最佳实践项目"，并被收录在联合国教科文组织出版物《移动学习最佳实践》中，作为面向全球推广智能教育的典型经验。② 2019 年，景瑞小学智能教育的教改成果——《"兰韵"智慧学习模式构建实践》，获得国家基础教育教学成果一等奖。③

第三，景瑞小学作为智能教育成功案例，其经验模式在全国中小学校推广具有较强的普适性。景瑞小学在其所在的沙坪坝区，硬件条件属于中等偏下，办学时间较短，教育财政支持相对有限。其经验模式在于行动策略上坚持校企互助合作，在激励措施上广泛调动教师的积极性和创造性，在具体思路上，教育、权利保障与安全三位一体，在效果影响上，教育质量与儿童全面、自由发展紧密结合，吸引了全国各地教育工作者现场"取经"。2014 年至 2019 年，学校累计接收国内外 5 万余人次现场教学观摩学习，年均接待人数超过 8000 人次。④

---

① 李华：《大数据背景下学校的发展与创新——以树人景瑞小学为例》，《中国信息技术教育》2019 年第 6 期。

② 《未来教育项目校树人景瑞小学入围联合国教科文组织"移动学习最佳实践项目"》，《中国信息技术教育》2018 年第 22 期。

③ 《2018 年国家级基础教学成果奖公示》，中国教育在线，https：//www.eol.cn/e_ html/zxx/2018jjcgj/index. shtml。

④ 李华：《大数据背景下学校的发展与创新——以树人景瑞小学为例》，《中国信息技术教育》2019 年第 6 期。

（二）调查方法

1. 访谈法

通过走访景瑞小学，与学校管理者和一线教师进行座谈，了解该校开展智能教育的背景、成绩和经验。座谈中，先是校长介绍该校的概况，以及开展智能教育的缘由、模式和在学校管理、课堂教学、学生评价三个领域的主要措施。而后，课题组就智能教育在促进教育权利保障方面向该校教师提出针对性问题，涵盖课堂教学（教学方法、教学秩序、教学效果）、学生评价（学业评价、德育评价、综合评价）、学生发展（特殊教育、个性教育）三个方面。

2. 比较法

为进一步明确"景瑞模式"的典型性，同时也为印证在景瑞小学座谈过程中发现的国内中小学智能教育面临的共性问题和误区，课题组各选取同属沙坪坝区的一所初级中学（以下称"S 初级中学"）、一所小学（以下称"R 小学"）进行横向比较调研。

3. 文献法

搜集并整理国内有关景瑞小学智能教育经验的新闻报道、政策资讯，为本研究的开展提供理论与政策背景的支持。

二 景瑞模式：以智能教育助力儿童教育权利保障

（一）行动策略：校企互助合作助推儿童教育资源深度整合

2014 年开始，景瑞小学通过校企合作，经过大约 5 年的实践，逐步建立了集全方位、多功能、校本特色为一体的智能教育资源平台，打通了设备与设备、人与设备之间的关系，打破了数据不能流通的信息孤岛，实现了多个主体之间的深度交流分享和沟通。

校企合作有别于传统的商业模式，而是致力于建设共商、共建、共享的校企共同体，实现学校与企业的互助共赢。从共商而言，企业根据学校在设备使用过程中的新问题、新需求，不断完善、调整和充实平台功能。从共建来说，企业将该校作为技术实验与人员实训基地，通过免收服务费方式，常年向学校派驻两名技术研发人员，在对教师提供技术培训与服务的过程中，不断促进企业技术的升级完善。就共享而言，平台对学校的教育与教学资源实现了全方位的整合，在开发者、使用者、受益者等不同主体之间实现了信息共享。

校企深度合作，使得技术研发者（企业）与技术使用者（学校）的需求和利益得到了最大限度的相互促进与满足。校企深度合作不仅反映了社会专业分工与合作的需要，也体现了企业将保护未成年人权益的精神原则融入其商业活动当中。我国《未成年人保护法》第5条规定，"保护未成年人，是国家机关、武装力量、政党、社会团体、企业事业组织、城乡基层群众性自治组织、未成年人的监护人和其他成年公民的共同责任"。某种程度上，企业将学校作为了新技术的试验与升级基地，同时在利润上作出一定的让度，通过不断提高学校对新技术的利用率和满意度，客观上有助于切实保障儿童教育权利。

（二）激励措施：儿童教育权利与教师发展权利紧密结合

调研中，景瑞小学校长表示，企业技术支持仅是外部支撑，智能教育成败的关键取决于是否有一支深度理解智能教育的价值并能积极、熟练使用智能教育技术的教师队伍。为鼓励该校教师积极开展智能教学活动，学校为教师提供了相应的组织保障和激励措施。

为使学校在智能教育人力资源建设上实现可持续发展，学校设立分管信息化建设副校长1名，并在二级管理部门中成立信息化办公室，设主任1名。信息化办公室的运作采取的是"6+1模式"，即信息化办公室主任负责总体的管理和技术指导工作，各个年级中抽调信息化能力突出的1名任课教师担任本年级的信息化工作的协调人。在有力的组织保障下，学校为促进教师开展智能教学采取了针对性的激励措施。一方面，为促进教师加速开展智能教学，将教师是否应用富媒体、流媒体，交互工具使用是否充分，纳入教师考评指标，并不定期公布相关数据，进而激发教师参与教学实践的热情；

另一方面，为调动教师参与，开展一学期一次的全校教师信息技术大赛，从学生的参与度、专注度、碰撞度等多个维度的数据进行教学效果评估，为教师定制专业成长方案。①

（三）思路成效：管理、教学与评价三位一体，教育、人权与安全协调发展

1. 智慧管理：教育与儿童身心安全的良性结合

景瑞小学智能教育平台具有强大数据整合与应用功能，学校管理者、教师、学生和家长均可以利用自身的账号实现数据管理，区别在于权限的差异。以校长账户"管理版块"为例，基于教育与保护相结合②的数据应用思路，通过发挥平台对终端数据和各类移动端数据强大的采集与分析能力（如表1所示），其实现了通知、教务（教学）、安全、后勤、德育等所有管理信息的数据整合，极大提高了校方对儿童实施保护性干预行为的及时性、科学性和准确性。保护性干预行为涵盖了儿童的人身安全、心理健康和现场教学环境。

以安全模块为例，校长可以借助预先安置摄像头的信息终端，掌握整个校园的实况全景图和每个学生实时活动轨迹。一旦有学生趋近安全敏感区域，系统在自动报警的同时，会通过数据终端向学生佩戴的智能手环发出警示信息，以便学校管理人员及时对学生进行定位并疏散到安全地带。

以德育模块为例，校长能够通过数据筛选，查看上一周全校、各班乃至每位学生的德育状况。此外，系统能够对排名靠后学生进行原因分析，方便学校和教师及时对心理和思想出现异常的学生进行分析并帮助解决问题。

以教学模块为例，校长不仅能够看见每一间教室课堂的直播情况，还能调取每位学生和每位老师使用教学资源情况。学校管理者能够及时掌握教学秩序情况，并对教学事故以及人为干扰正常教学秩序事件及时发现、重点解决。

---

① 李华：《大数据背景下学校的发展与创新——以树人景瑞小学为例》，《中国信息技术教育》2019年第6期。

② 参见《中华人民共和国未成年人保护法》第5条。

表1　景瑞小学智能教育平台部分数据类型与指标、应用体系

数据类型	数据采集途径	数据指标	数据分析与应用
学生行为数据	可穿戴手环设备	运动量、心率、热量消耗等	形成学生睡眠质量统计图、身高体重走势图、健康分析图，并自动推送饮食建议、运动建议、学习建议
学生思维数据	平台终端	发言次数、发言时间、答题准确率、思维逻辑性等	反馈学生各类微观表现，自动为学生推送个性化作业方案
学生资源使用数据	移动学习终端（人手一台平板电脑）	调取资源类型、学习资源所用时间、完成资源配套作业正确率等	反馈学生各类微观表现，在课堂之外为学生提供个性化教学服务

资料来源：参见李华《大数据背景下学校的发展与创新——以树人景瑞小学为例》，《中国信息技术教育》2019年第6期。

2. 智慧教学：制订包容性的教学方案并实现儿童利益最大化

景瑞小学借助贯穿学生课前、课中和课后全过程的智能教学平台，将学生的思维碎片整理成可观测的数据，搭建起师生之间有效沟通的桥梁。借助师生双向信息的实时反馈，教师能够从学生本位出发，从课前、课中和课后为学生制订个性化教学方案，满足学生个性化的学习需要。

课前，教师将学习资源推送给学生，学生在学习终端自主完成探寻任务，平台就会自动地进行数据采集和分析，帮助教师摸清学生的认知起点。之后，教师从学生观看视频的次数、作答的修改次数、作答效果、作答时间等不同的维度去掌握学生整体和个体的课前学习情况。课中，教师通过后台了解学生整体与个体在课前对知识点的掌握情况，根据这些数据能够及时调整授课安排。这样，教师对于知识点的讲授能够做到详略得当、主次有别，实现因材施教，聚焦学生课程学习中暴露的问题。课后，根据课前、课中反馈出来的数据，系统会自动推送个性化的作业给每位学生，满足个体需求，与此同时，作业形式和内容也变得鲜活起来。视频解题、游戏闯关、编程操作、创新制作等作业形式，让学生们在乐此不疲的同时，学习能力得到大幅的提升。可见，儿童教育权利的实现与获得闲暇娱乐的权利不仅不冲突，反而实现了很好的统一。

借助智慧教学平台可观测的微观数据，教师掌握了每位学生的认知起点差异和对知识点掌握的程度差异，实现了因材施教。在这个过程中，儿童个体的认知差异与需求差异得到了直观表达与包容，实现了学习权利与闲暇娱乐权利的统一，保障了儿童利益的最大化。

3. 智慧评价：对儿童的客观公正评价并促进教育公平

联合国《儿童权利公约》第29条规定了儿童教育的首要目的是："最充分地发展儿童的个性、才智和身心能力。"换言之，儿童教育之最高宗旨，是让每位儿童的综合潜能得到有效开发，而不应将那些因家庭或生理而处于弱势地位的儿童排除在公平教育的"机会大门"之外。教育公平不仅依托于教育资源的均等化，也体现在是否针对所有学生建立全面与公正的评价指标体系，以更好促进学生的自我完善。

景瑞小学针对学生综合素质提升开发的智慧评价系统，对学生的身心健康、学业水平、素质发展等进行实时记录和及时反馈，实现对每个学生针对性的引导和教育。智慧评价系统注重多元评价指标的建设，在促进儿童全面发展的同时促进其个性优势的发掘。平台聚集了每一个学生的微观表现，记录学生在学习过程、社会参与、自主发展、文化修养等方面产生的各种数据。通过海量的过程数据，可以精准分析每位学生的知识能力结构、思维特征、学习路径和学科素养发展状况。开放的评价专注于记录学生成长的全过程，接受并尊重每个学生的成长差异，有效发挥了对学生状态的诊断鉴别、导向和激励的作用，促进了学生线下的自我管理、自我修正和自我完善。此外，评价主体的多元性，是学生评价客观、公正的保证。评价系统集合了教师的教学数据、学生的学习数据、家长的关注数据和社会的参考数据，使评价从单一的学校评价向教育相关者共同参与的多元化评价转变。评价App可在PC端、PAD端、手机端进行安装，实现了评价载体的多元化；教师、学生、家长人手一个账号，实现了评价主体的多元化。

该校借助智慧评价系统海量数据和微观测评优势，针对特殊儿童潜能开发进行了有益尝试。学校曾经接收一位被鉴定为二级智力残疾的儿童。教学团队为其制订个性化的教学方案，让其在学校的网络空间选课，他选择了"快拼中国地图"智力游戏课程，从而发现了这位学生的兴趣点和潜能开发优势领域。经过三周训练，其用了 40 秒完成了中国地图的拼图，在全国同龄儿童中打破了纪录。该案例虽是小范围内的个案尝试，却表明智能化的综合素质评价系统对于残障儿童潜能开发、能力训练具有独到的优势。这避免了这位残障儿童进入特殊教育学校而与正常儿童隔离的命运，为我国残障儿童教育改革提供了启示，也为我国落实联合国《儿童权利公约》第 23 条第 1 款①提供了新思路。

三　横向比较并反思现阶段我国智能教育背景下儿童教育权利保障的问题

"景瑞模式"尽管获得了国内外同行的高度认可，但单一成功案例并无法掩盖我国中小学智能教育背景下儿童权利保障普遍存在的问题。

（一）对智能教育存在碎片化、片面化认知，无法实现教育与人权的协同

1. 将智能教育等同于信息化校园建设

智能教育尽管与信息化校园建设可以在一定范围内共享资源平台及其数据，但二者在功能定位与发展重点上具有明显界分。信息化校园过度依赖资金与设备投入来提升校园管理与安全保障的效能，智能教育更为强调人对设备技术的能动运用并在结果导向上突出教师发展权利与学生教育权利的充分实现。在对 S 初级中学的调研中，负责信息化校园建设的副校长表示，由于信息化校园与智能教育的发展大体同步且均属于新事物，一线的教育管理者对二者之间的区别往往不甚明确，前者着眼

---

① 联合国《儿童权利公约》第 23 条第 1 款规定："缔约国确认身心有残疾的儿童应能在确保其尊严、促进其自立、有利于其积极参与社会生活的条件下享有充实而适当的生活。"

于校园管理，后者聚焦于育人效果；二者混同的弊端最直接的表现是过度依赖或抬高设备的作用，取代了师生的主观判断与能动性。景瑞小学的成功经验表明，资金与设备投入并非唯一决定因素，关键在于以人为本，充分发挥师生的能动性与创造性，促进儿童权利保障与教师发展权利的和谐统一。

2.将智能教育等同于智识教育

一些中小学校管理者侧重于将智能教育作为单一课程来抓，最直接表现即是目前市场上大受欢迎的少儿"编程教学"。这种以单一的智识教育取代智能教育促进儿童全面发展的做法，在现实中并非个案。R小学校长表示，编程教育已成为少儿教育市场的"刚需"，这既有市场炒作的原因，也是国家发展人工智能产业大环境下对教育产业的刺激。反观景瑞小学，其智能教学领域坚持全覆盖，建设成促进儿童身心全面发展的课程体系（如表2所示）。

表2　景瑞小学"E兰"智慧课程体系

课程板块	板块功能	主要课程
E灵课程	行动素养	"巧手兰心"手工实践课；"家长大咖"家校合作实践课；"兰香异彩"校园早间系列微课程
E雅课程	艺术素养	文雅课程："笔墨生香"书法课；"兰花雅韵"诗画课 艺雅课程："艺兰之声"声乐课；"茶韵余香"茶艺课；"巧手撕刻"手工课
E善课程	道德素养	善心课程："每日Talk"善言对话研讨课 善行课程："爱心义卖""绿色生命""尊师爱校""社区义工"
E慧课程	科学素养	慧思课程：STEAM思维训练课；科技DIY编程课；"课题探究"社会调查课 慧学课程："主题阅读"、"数学思维"、"快乐ABC"视频配音课程

资料来源：参见李华《依托信息技术　推动学校整体变革》，《中国信息技术教育》2017年第23期。

（二）利益相关方之间缺乏共同体意识，资源整合力度与实践能动性不足

第一，智能设备供应商（企业）、学校和教师更多只是基于本位利益而

行动，缺乏相互磋商、相互学习的合作意识，教育教学资源无法得到深度的整合优化。校企、校商关系多数单纯定位于商业服务关系，不同供应商之间数据封闭，无法最大限度实现智能技术对育人效果的提升。S初级中学校长表示，国内多数中小学校智能教育技术应用总体处在初级水平，缺乏对资源整合的统一规划，表现为不同管理部门、不同学科对不同设备供应商技术设备的零散应用，没有建立类似景瑞小学的资源统整平台。尽管不同供应商数据整合在技术上可行，但现实中一些企业往往以涉及商业秘密、知识产权为由拒绝整合。

第二，学校管理者未充分激发教师参与智能教学的热情。景瑞小学智能教育与教学的丰硕成果依赖于校方对教师参与度与能动性的激励措施，将智能教学与教师职业成长紧密结合。但在S初级中学与R小学的调研中发现，在没有有效激励措施的前提下，多数教师对智能教学的参与热情不高，50岁以上的临退休教师对此类新事物尤为抵触，认为是给自己增加额外负担。

（三）智能教育应用领域集中且过度依靠智能设备确保课堂纪律，存在侵犯儿童人格尊严与隐私的现象

第一，智能教育应用学科领域相对集中，无法充分助力儿童的全面发展。为追求短平快成绩，当前中小学校智能教育技术应用偏重智识教育学科。S初级中学校长表示，对于公立中学来说，教育行政部门对学校和校长的考核偏重于中高考升学率和优秀率，这必然导致一线教育管理者对于智能教育技术的应用集中在文化考试科目，缺乏在德育、体育和美育应用上的动力。同时，其认为，在这种教育政策导向下，多数中学管理者对于智能教育的实践只能是着眼于考试升学的"点面应用"，如该校在部门文化考试科目中为教师手机端安装作业和试卷批改软件。

第二，过度依赖智能设备确保课堂纪律，未尊重儿童人格尊严与隐私。景瑞模式表明，智能教育在价值导向上应坚持以人为本，实现师生权利与尊严的统一。但是，在开展智能教育过程中，教育者若过度依赖或抬高技术设

备的作用，则很可能陷入反教育的误区。R 小学校长表示，现实中确实有一些中小学校正在或准备用人脸识别技术采集学生课堂肢体表情信息，以对学生课堂纪律进行优劣评价。① 这并不符合该阶段儿童的身心特点，也容易触发儿童对学习和教师的抵触情绪。

四 智能教育开展过程中完善儿童 教育权利保障的建议

（一）将儿童利益最大化作为智能教育背景下教育权利保障的核心指导原则，运用综合性手段避免中小学管理者偏离智能教育的初衷

1. 建立以人为本的智能教育发展思路

教育行政部门应对国内中小学校智能教育开展阶段性评估，加强行政指导，将智能教育的基本思路重点转向教育权利的保障，在政策导向上与《未成年人权益保障法》《儿童权利公约》进行充分对接。建议以"实现儿童利益最大化"为核心指导原则，以实现儿童的全面自由发展、促进教育公平与机会均等作为行动目标，把教育与保护、教育与人权的良性平衡作为行动原则。同时，鼓励各地区、各学校因地制宜开展智能教育的探索，加大资源整合力度，鼓励不同领域、不同学科之间的均衡应用与发展。

2. 采用"培训＋监督"的方式消除智能教育"唯智识""唯器物"的误区

各级教育部门除加强对中小学校管理者的培训，促进其对智能教育的全面、客观认识外，也要通过教育督导、督查和地方巡查等多种方式对当前资金使用不当、激励措施缺位以及对儿童人格尊严、隐私权缺乏尊重的各类问题开展监督。通过各类反面案例促进各地区、各学校逐步将智能教育的发展重心转向促进教育与人权保障的轨道上来。

---

① 熊丙奇：《人脸识别技术用于监控学生表情是反教育》，《北京青年报》2019 年 5 月 2 日，第 A02 版。

（二）筑牢共同体意识，明确不同主体的职责和相应职业伦理规范

要建立兼顾本位利益和共同利益的智能教育共同体，不同主体的本位利益不应超越促进儿童教育权利实现及其利益最大化的整体利益。

1. 校企合作应注重"私权"与"公权"的平衡

学校应以师生满意度作为设备使用成效的首要标准，积极邀请企业定期派驻技术人员为师生开展技术培训。企业应注重产品使用者的个性化使用需求，通过不断的系统整合以及功能优化，不断提升师生对产品的使用满意度。针对一些学校智能设备供应商分散、数据整合困难的问题，立法部门应对教育行业大数据知识产权保护引入强制许可制度，即校企共享数据一定年限后，产权自动转化为校方完全所有，方便校方对大数据教育资源进行统一整合，有效避免教育领域的"公地悲剧"。

2. 采取各种措施促进智能教育与教师职业成长相结合

以智能教育手段促进教育权利的保障和教学效果的升级，除采取多种渠道加强对教师的培训外，也要在评优、晋升中采取相应激励措施。各级教育行政部门应积极开展以应用智能设备为主要特色的教学竞赛，并将竞赛获奖作为教师职称晋升的考核依据。

3. 建立师生双向信息反馈机制，充分赋予儿童表达需求差异的空间

要以开展智能教育为契机，完善并丰富中小学教师伦理规范。学校在智能教育系统的开发过程中，要将师生双向信息反馈作为系统功能开发重点与系统成效评估的重要指标。行业组织要加强对智能教育背景下教师伦理规范的研究，加强行业指导，着力避免教师过度依赖智能设备确保课堂秩序而对儿童人格尊严、个人隐私造成侵犯。

（三）要完善智能教育背景下的儿童评价方法，建立包容差异、兼顾公平并促进儿童全面发展和人权保护的评价体系

1. 建立指标全面并包容差异的学生素质智能评价系统

指标体系以促进儿童全面发展为本旨，覆盖德、智、体、美、行等不同

领域。通过综合性的指标数据记录儿童成长的全过程，同时通过微观数据发现个体潜能的差异，以为儿童制定个性培养方案。

2. 限制智能设备评价的权重，引入多元主体对儿童素质进行评价

不应过度抬高智能评价系统的作用，防止对科技设备的过度依赖而取代教师个体的主观判断。通过评价主体、评价方式的多元化来全面评定儿童的学业能力和综合能力，以客观、公正的评价体系促进对儿童人格尊严的保护。

3. 要积极探究智能化综合素质评价系统在特殊教育领域的应用

要通过个案尝试、科学研究、企业研发等多种手段积极探寻智能教育背景下残障儿童潜能开发的有效路径，从理论、技术、经验中总结残障儿童教育的新思路和新方法。

五　结束语

借助智能教育平台更好保障儿童教育权利实现，除要避免"唯智识""唯器物"的误区外，还要坚持因时因地制宜的发展思路，以促进儿童的全面自由发展及其利益最大化为根本宗旨。从儿童权利保障出发，大数据智能教育平台本质是将不同主体所掌握的教育资源进行整合利用，以更好保障儿童接受个性化学习的权利、获得闲暇娱乐的权利以及在健康安全环境中接受教育的权利等。在数据资源的整合与利用过程中，要坚持以人为本的原则，激发教师与受教育儿童的积极性、能动性和创造性，让二者从教育资源的消费者转变为教育资源的创造者。此外，智能教育资源平台的建设是一项系统工程，需要在儿童教育权利保障共同体的行动框架内，有效促进校企合作、师生合作、家校合作。

参考文献

1. 蒋笃运：《浅析智能教育中的几个哲学问题》，《河南社会科学》2019 年第 11 期。

2. 刘邦奇：《智能教育的发展形态与实践路径——兼谈智能教育与智慧教育的关系》，《现代教育技术》2019 年第 10 期。

3. 李华：《大数据背景下学校的发展与创新——以树人景瑞小学为例》，《中国信息技术教育》2019 年第 6 期。

4. 高婷婷、郭炯：《人工智能教育应用研究综述》，《现代教育技术》2019 年第 1 期。

5. 祝智庭等：《智能教育：智慧教育的实践路径》，《开放教育研究》2018 年第 4 期。

6. 赵银生：《新加坡推进智能教育的经验对我们的启示》，《中国电化教育》2013 年第 3 期。

7. 王珂、雍黎：《探索教育信息化建设　重庆试点"智慧校园"成典型》，《科技日报》2018 年 4 月 24 日。

8. 景瑞小学校长：《重庆市树人景瑞小学校：借力信息技术实现发展"三级跳"》，《中国教育报》2019 年 5 月 22 日。

9. 重庆市教育委员会：《重庆市智慧校园建设基本指南（试行）》，2016 年 12 月。

B.22
天津市妇女就业保障机制的实践与分析

林毓敏*

摘　要: 近年来,天津市不断推动妇女就业保障立法,完善相关配合协作工作机制,致力于消除就业性别歧视、鼓励妇女就业创业与妇女劳动权益保障工作,取得了包括扩大就业规模、拓宽就业领域、完善劳动保障、实现创业增收等方面的工作成效。目前,中国进入全面二孩时代,经济增速也逐渐放缓,天津市妇女就业问题面临包括制度、观念与经济等多重困境,就业促进和权益保障工作仍任重道远。

关键词: 妇女　就业　创业　就业保障

毋庸置疑,性别平等是衡量社会文明的重要尺度。经济参与中的平等权是保障性别平等得以实现的最重要权益。一份能够为妇女提供经济收入、保障生活所需的工作,无论其形式是就业抑或创业,都是妇女得以在家庭生活、社会生活中站稳脚跟、谋求发展的前提。参与劳动,帮助妇女提高个体及家庭收入,一方面有利于妇女的经济独立,提升女性地位,提高女婴存活率,另一方面能帮助提升妇女在家庭中的决策权与议价能力。鼓励、促进妇女平等就业与积极创业,一直是国际上的主流倡议,也是中国一贯的立场与做法。2019年11月29日在曼谷闭幕的联合国亚太妇女权益审议会议上,

---

* 林毓敏,法学博士,天津社会科学院法学研究所助理研究员,主要研究方向:女性问题、青少年问题等。

《北京宣言 25 周年——促进性别平等和妇女赋权亚太部长级宣言》（简称《宣言》）以 37∶1 的投票结果审议通过。①《宣言》敦促亚太国家继续深入推进 1995 年第四次世界妇女大会通过的《北京宣言》及《行动纲领》的落实，将性别平等纳入国家发展规划与财政预算等决策进程，增进与可持续议程的融合发展；鼓励各国采取包容性社会保护制度、公共服务和基础设施，以确保所有女性都有平等的教育机会、体面工作、有利工作条件和薪酬。

《北京宣言》曾声明："我们决心促进妇女经济独立，包括就业，并通过经济结构的变革针对贫穷的结构性原因，以消除妇女持续且日益沉重的贫困负担，确保所有妇女、包括农村地区的妇女作为必不可少的发展推动者，能平等地获得生产资源、机会和公共服务。"作为《北京宣言》的签约国，中国政府明确提出将男女平等作为基本国策，并在 1995 年颁布历史上第一部《中国妇女发展纲要》，至今共发布三部有关妇女发展的专门规划纲要。新中国成立后，先后通过多部与妇女权益保障相关的重要法律，其中于 1992 年通过、2018 年最新修订的《妇女权益保障法》，可谓中国妇女保护的"大宪章"，该法在第 22 条明确赋予了女性与男性平等的劳动权和社会保障权。

天津作为中国北方的工业中心，一直很重视妇女权益保障工作。1996 年天津第一部妇女五年发展规划出台，是天津妇女事业发展的里程碑。目前实施的《天津市妇女发展规划（2011—2020 年）》贯彻《中国妇女发展纲要（2011—2020 年）》，作为天津在 2011—2020 年 10 年间妇女发展的纲领性文件，是国家机关、社会团体、企业事业单位、城乡基层群众性自治组织履行维护妇女权益、促进妇女发展、推动男女平等职责的重要依据。其中有关妇女与经济方面主要目标一共 7 条，有 6 条与就业相关：（1）保障妇女平等享有劳动权利，消除就业性别歧视；（2）妇女占从业人员比例保持在 40% 以上，城镇单位女性从业人数逐步增长；（3）男女非农就业率差距缩

---

① 付志刚：《三十七比一，联合国亚太妇女权益审议会议对美国说不》，《光明日报》2019 年 12 月 2 日，第 8 版。

小，男女收入差距缩小；（4）技能劳动者中的女性比例提高；（5）高级专业技术人员中的女性比例达到35%；（6）保障女职工劳动安全，降低女职工职业病发病率。截至2019年初，天津市16个区妇女发展规划达标率均在九成以上，其中，和平区、河北区提前两年全部达标。①

本篇报告旨在总结、分析近年来天津市妇女就业保障机制的实践经验、工作成效、困境难题与完善进路，除特别注明外，文中相关数据主要是天津市人民政府妇女儿童工作委员会、天津市人力资源和社会保障局、天津市妇女联合会提供的相关数据与资料，包括它们历年来的调研成果、工作汇报及访谈内容。此外，天津作为中国四大直辖市之一、北方工业重镇、东部沿海港口城市，其反映出的妇女就业保障相关经验与问题，具有重要的参考意义。

一 天津市妇女就业促进与权益保障机制的实践经验

天津市在促进、保障妇女就业的道路上摸索已久，并已经初步形成了较为完善的妇女就业权益保障机制。

（一）不断推动地方立法，健全规范性制度体系

天津市一直致力于保障妇女权益方面的立法工作。早在2007年7月，天津市就已通过并实施《天津市实施〈中华人民共和国妇女权益保障法〉办法》。2016年11月，天津市人大又通过《天津市妇女权益保障条例》并废止了前法。《天津市妇女权益保障条例》于2017年3月1日开始正式实施，与《天津市妇女发展规划（2011 - 2020年)》一道，可谓天津市妇女权益保障工作的两翼。

《天津市妇女权益保障条例》明确了政府及各部门、社会团体及组织、用人单位等在保障妇女就业方面的职责，同时严厉禁止性别歧视，规定用人单位在招用聘用人员时，应当向妇女提供平等的就业机会和职业待遇，除国

---

① 相关数据资料由天津市妇女联合会提供。

家规定的不适合妇女的工种或者岗位外，不得提高对妇女的招用聘用标准或者设置排斥妇女平等就业的条件，不得以性别或者变相以性别为由拒绝、限制招用聘用妇女。值得一提的是，《天津市妇女权益保障条例》还将女职工的产假延长至 6 个月，这在全国范围内是比较前沿的做法。

2019 年，天津市人社局等九部门结合本市实际联合发布《关于进一步规范招聘行为促进妇女就业有关问题的通知》，进一步加强妇女平等就业权利和劳动权益保障工作，以规范招聘行为。该通知要求各类用人单位、人力资源服务机构应向妇女提供平等的就业机会和职业待遇，否则将受相应处罚，比如发布含有性别歧视内容招聘信息拒不改正的，将被处以 1 万元以上 5 万元以下的罚款，情节严重者将面临被吊销人力资源服务许可证的处罚。[1] 天津市人社局人才处相关工作人员表示，他们分管负责监督相关单位与机构按规定进行招聘，并联合其他部门每年对就业歧视现象进行专项整治。

（二）完善协作配合工作机制，促进多部门联动部署

根据《天津市妇女发展规划（2011—2020 年）》，天津市人民政府妇女儿童工作委员会负责组织、协调、指导和督促，政府有关部门、相关机构和社会团体结合各自职责，承担落实规划中相应目标任务。[2] 妇女就业问题牵涉方方面面，促进妇女就业需要多部门之间的联动部署与协作配合。实践中，妇女儿童工作委员会往往与妇女联合会密不可分，因此，在包括保障妇女就业等妇女工作中，妇女联合会往往起主导作用，各项相关工作机制中都有妇联的身影。目前，天津市形成了妇联与人社部门的就业权益保障合作机

---

[1] 《市人社局市教委等九部门关于进一步规范招聘行为促进妇女就业有关问题的通知》，文号：津人社办发〔2019〕97 号，天津市人力资源和社会保障局网站，http：//hrss. tj. gov. cn/ecdomain/framework/tj/gnnknhmjegifbbodkjajlpafcampibii/innplgdkegifbbodkjajlpafcampibii. do? isfloat = 1&fileid = 20190828092000220&moduleIDPage = innplgdkegifbbodkjajlpafcampibii&site IDPage = tj&pageID = gnnknhmjegifbbodkjajlpafcampibii，2020 年 3 月 6 日。

[2] 《天津市妇女发展规划（2011—2020 年）》，天津市妇女联合会网站，http：//www. xinddy. com/system/2014/06/27/011173603. shtml，2020 年 3 月 6 日。

制、促进就业工作机制、就业维权合作机制等，还建立了妇联与法院的司法保护合作机制，后者在全国范围内都是一个典范。

2019 年 12 月 25 日，天津市妇联与市一中院联合签署《关于进一步加强妇女儿童权益保护的合作机制》，形成十项工作机制，其中一项是建立重难点案件信访互动工作机制，聚焦就业性别歧视等重点难点问题开展信访互动，由市妇联与市一中院共同做好相关矛盾化解工作。相关机制的建立，推动市妇联改革创新融入了司法改革、家事审判改革和社会治理创新进程，综合运用惩治、预防、监督、教育等多种手段，为全面加强妇女儿童司法保护奠定了基础。[①]

早在 2017 年，天津市人社局、天津市妇联就已联合出台《关于加强妇女平等就业权益保障工作的意见》，规定了相关部门在进一步加强妇女平等就业权利和劳动权益保障工作、消除就业性别歧视、促进妇女公平就业等方面的工作机制，内容包括加强监督监管、畅通维权渠道、建立联动机制、加大法治宣传等。在妇女就业维权方面，天津市人社局与妇联依托人社部门的执法优势和妇联组织深入基层的群众基础，建立起相互配合、定期会商、快速维权的协作机制，对于妇联组织提供的涉嫌就业性别歧视等侵害女性合法权益的线索，由劳动保障监察机构依法查处，并及时反馈查处结果。[②]

（三）推动特色公益项目，烘托鼓励妇女创投的社会氛围

天津市注重培育妇女工作社会组织，社会组织不仅能释放出一定的公益性岗位，还可以帮助妇女实现就业。天津市妇联作为保障妇女权益最重要的社会团体，一直将女性双创服务活动作为民心工程来做，依托"津帼众创空间"连续几年举办"巾帼筑梦 双创扬帆"天津市津帼众创专场服务活

① 《市妇联、市一中院签署合作机制 加强妇女儿童权益全方位司法保障》，天津市妇女联合会网，http://www.xinddy.com/system/2019/12/25/020022042.shtml，2020 年 3 月 6 日。
② 《市妇联、市人社局出台意见促进妇女平等就业》，天津市妇女联合会网站，http://www.xinddy.com/system/2017/04/19/011260320.shtml，2020 年 3 月 6 日。

动，通过引导社会组织参与妇女就业技能培训、组织创业大赛等多种形式，累计开展的专场服务活动超过180场，直接受益创业女性超过20000人次。因此，在相关调查中，有超过50%的受访者认同各级妇联为女性创业带来的归属感。①

近年来，与中国的乡村振兴战略相结合，天津市妇联积极实施乡村振兴巾帼行动，天津市妇联出台了《关于开展"乡村振兴巾帼行动"的实施意见》，并以此开设了以农村妇女需求为导向的"新农学堂"。每年开展"新农学堂"200余场，培训妇女万余人次，创建"巾帼现代农业示范基地"，宣传推广"巾帼好品牌"，帮助天津市农村妇女实现就业、创业及增收；同时还举办女大学生专场招聘会，实施春风行动，举办天津市女性创新创业大赛和巾帼家政职业技能竞赛，开展女性创新创业专场服务活动，为上千名创业者提供创业咨询指导服务。

此外，早从2007年起，天津市财政都会拨付市妇联妇女儿童发展基金会专项资金，作为"单亲困难母亲救助专项基金"用以救助单亲困难母亲。天津市妇联坚持"输血"与"造血"并重，争取到女企业家支持，建立"单亲困难母亲创业循环金"，为有志于创业的单亲困难母亲提供最高2万元为期1年的免息创业资金。

（四）畅通维权机制，纠正就业性别歧视

天津市人社局完善了维权工作机制，建立起相应的联合约谈机制。劳动争议调解仲裁机构依法对侵害妇女合法权益劳动争议案件及时予以处理，畅通信访窗口来访接待，12333、12338、12351热线等渠道都可及时受理就业性别歧视相关举报投诉。上述机构或窗口根据举报投诉，对涉嫌就业性别歧视的用人单位开展约谈，采取谈话、对话、函询等方式，开展调查和调解，督促限期纠正就业性别歧视行为。如被约谈单位拒不接受约谈或约谈后拒不改正的，人社部门将依法进行查处，并通过媒体

---

① 相关数据资料由天津市妇女联合会提供。

向社会曝光。

天津市妇联系统还建立就业性别歧视观察制度，制定下发《关于纠正就业性别歧视行为的参考口径》《关于加强全市就业求职市场性别歧视行为监督的通知》，明确招聘公告中涉嫌就业性别歧视行为的认定标准，各区观察员根据要求密切关注招聘动态，如发现招聘公告涉嫌就业性别歧视，由各区妇联按照"五步工作法"进行处理：一是判断该招聘所处的阶段；二是及时向相关部门沟通了解情况；三是提出妇联的意见建议；四是督促相关责任部门予以改正；五是结果反馈，由相关责任部门向本区妇儿工委或妇联作出书面情况说明，报告处理结果。

二 天津市妇女就业与权益保障的积极成效

（一）就业规模扩大，工作收入较高

近年来，天津市女性就业规模不断扩大，超出全国平均水平。2019年上半年天津市女性就业人员占全部就业人员的比例约为44.8%，这与近年来的数据（该比例一直保持在45%左右）大概持平；2019年上半年天津市新增女性就业人数为11.32万人，占全部新增就业的44.82%，截至2019年11月，上述数据分别为18.82万人、41.38%；城镇登记失业人员中女性人数约为12.5万人，占城镇登记失业人员总数的48%左右。[1]而2018年，全国女性就业人员占全社会就业人员的比重为43.7%。[2]此外，就高校毕业生而言，2018年天津市普通本科、高职毕业生中女生就业率都均高于男生。[3]

---

[1] 该数据来自对天津市人社局就业处的访谈。

[2] 王俊岭：《国家统计局发布最新监测报告显示——中国女性就业者占比超四成》，《人民日报海外版》2019年12月11日，第11版。

[3] 《天津市2018年普通高等学校毕业生就业质量年度报告》，天津市教育委员会网站，http://jy.tj.gov.cn/show.jsp?classid=201707190829444547&informationid=201901311432344128，2019年12月15日。

在失业方面，天津女性占失业人员总数的比例有所下降。《天津市妇女发展规划（2011—2020年）》中期评估结果显示，城镇登记失业人员中女性人数为11.56万人，占城镇登记失业人员总数的51.3%，比2010年下降了1.65个百分点。① 而此前，《天津市妇女发展规划（2001—2010年）》终期评估显示，截至2010年，天津市城镇登记失业率连续五年保持在3.6%;② 根据北京大学中国社会科学调查中心最新一期中国家庭追踪调查的数据〔以下简称 CFPS（2018）〕，天津市尚未退出劳动力市场的女性失业率为3.77%。③

就工作收入而言，天津市妇女就业收入水平尚未与男性持平，但在全国范围内也属于较高的范畴，大多数妇女对工作满意度较高。根据 CFPS（2018）调查结果，对比天津市妇女及其他群体的收入情况（见表1），可以看出，天津市妇女就业收入水平虽尚未实现男女同工同酬，但无论月税后工资还是年度工作总收入，均已超过全国范围内的妇女就业收入水平。此外，在2018年下半年，天津市政府妇儿工委围绕"天津女性美好生活需求"主题，在全市范围内开展了万人大调查活动，参与调查的被访者为天津市年龄在20~65岁的女性居民。调查结果显示，81.5%的被访者目前为从业状态，近三成被访者月收入在5001元以上，近五成的家庭月均收入在5001~10000元。收入较高带来天津女性对整体工作较高的满意度（满意度72.99%）。将近60%的被访女性认为其过去5年间的工作情况有所改善（改善指数为73.30%），其中农业户籍女性对工作改善评价（76.9%）高于非农户籍女性（72.4%）。④

---

① 相关数据资料由天津市妇女联合会提供。

② 相关数据资料由天津市妇女联合会提供。

③ 中国家庭追踪调查系统：https://www.isss.pku.edu.cn/cfps/download/oslogin?_rand=0.09751410767065172&token=4e4a0bd1576dea07f3675f1d51fdb663#/fileTreeList，最后查询时间：2020年8月10日（可能无法直接打开该链接，因为需要账号登录。或者可以用登录前的系统首页网址：https://www.isss.pku.edu.cn/cfps/sjzx/gksj/index.htm）。

④ 相关数据资料由天津市人民政府妇女儿童工作委员会提供。

表1　天津市在职女性及其他群体的平均收入情况

单位：元

主体	每月税后工资	年度工作总收入
天津市在职女性	3584.88	45356.10
天津市在职男性	4140.35	50133.33
全国在职女性	3112.62	32877.64
全国样本（不分性别）	3770.0956	38598.655

注：年度工作总收入指把所有工资、奖金、现金福利、实物补贴都算在内，扣除税和五险一金之后的年度总收入。

（二）就业领域拓宽，结构有所优化

女性就业多集中于第三产业。根据天津第三期中国妇女社会地位调查主要数据报告，在业妇女从事第一、二、三产业的比重分别为10.9%、26.9%和62.2%。根据上述万人大调查结果，天津市妇女在卫生和社会工作、工业企业、教育以及批发零售业等行业所占比例较高。早在2010年，女性从业人员在教育、卫生社会保障和社会福利、居民服务和其他服务业三个行业中所占比例基本与男性持平。

新兴产业、行业中女性的就业比例不断提高，金融业、信息传输、计算机服务和软件业、房地产业等领域女性的就业比例尤其高。截至《天津市妇女发展规划（2001—2010年）》终期评估时，女性在金融业从业比例为53.52%，超过男性，比2001年增加8.5个百分点，信息传输、计算机服务和软件业、房地产业比例接近40%；各类专业技术人员和中高级专业技术人员中女性比例分别达到54.54%和56.03%，比2001年提升3.11个百分点和9.04个百分点。

截至《天津市妇女发展规划（2011—2020年）》中期评估时，国民经济新行业分类19个门类中，天津市已有4个行业的女性从业比例超过男性，其中金融、卫生、教育系统中的女性从业比例分别为64.37%、58.15%、55.71%，文化、信息行业中女性从业比例超过40%。女性从业人员的专业技术水平也有所提升。女性占公有经济企事业单位专业技术人员的比例为

53.2%，比2010年高出3.4个百分点，其中中、高级职称人员中女性比例分别为58.3%和44.7%。[①]

（三）劳动保障水平提高，消除性别歧视工作不断前行

天津市对妇女劳动保障比较到位，一方面实现特定企业女职工权益保护专项集体合同的全市覆盖，另一方面着力提升全市妇女社会保障水平。为保障女职工的劳动权益，天津市从企业端入手，推广女职工权益保护专项集体合同制度，对已建立工会女职工组织且签订集体合同的企业实现了女职工权益保护专项集体合同（含专章）的全覆盖。根据上述天津第三期中国妇女社会地位调查结果，天津市妇女社会保障已达到显著水平，城乡女性社会保障比例均略高于男性。城镇户口女性中87.1%享有社会养老保障，86.9%享有社会医疗保障。随着新型农村合作医疗和新型社会养老试点不断推行，农业户口女性中高达91.9%的人能享有社会医疗保障，28.8%的人享有社会养老保障。[②]

就与妇女就业息息相关的生育保险而言，天津市职工生育保险覆盖率不断提升，截至2018年末，全市生育保险参保871.88万人，增长4.9%；其中职工生育保险参保330.42万人，增长11.3%；其中女性参保136.60万人，增长10.2%，占比41.3%。全年享受各项职工生育保险待遇25.04万人次，下降8.7%。其中支付生育医疗费8.15万人，人均6430元，增长10.9%；支付生育津贴6.34万人，人均23154元，增长7.8%。[③] 值得一提的是，天津市男性职工生育保险参保规模有所扩大，这有利于消弭用工单位在招聘不同性别职工时的用工成本差距，从而有利于消除劳动力市场上的性别歧视问题。

有关部门在消除性别歧视的工作上也较有成效。2017年起，因天津市调整事业单位工作人员招聘录用方案，人社部门将权限下放至各用人单位，导致个别事业单位在招录工作中出现"重男轻女"现象。天津市及时纠正

---

① 相关数据资料由天津市妇女联合会提供。
② 相关数据资料由天津市妇女联合会提供。
③ 相关数据资料由天津市人力资源和社会保障局提供。

该类行为，在一年半内累计纠正 12 起涉嫌就业性别歧视行为，涉及部分下辖区的区委宣传部、区政府办等 42 个部门 88 个职位，各被监督约谈部门均及时纠正了错误。对企业招聘中存在的性别歧视案件，同样予以了及时查处。[①] 天津市各级妇联对人力资源市场也一直保持持续监督，对各类大型招聘公告密切关注，对招聘公告中涉嫌就业性别歧视行为及时处理。

（四）妇女创业热情高涨，农村妇女就业能力有所提升

截至《天津市妇女发展规划（2011—2020 年）》中期评估，天津市妇女创业就业规模持续扩大、领域不断拓展、方式日益多样。根据天津市妇女联合会与天津市科学研究所于 2017 年共同开展的天津市女性创业的社会支持调查结果，天津市妇女创业的群体集中于 20～40 岁具有大专以上学历的女性，创业重点方向为服务业，创业聚集于和平区、南开区和河东区等城市核心区域。近 50% 的妇女创业者年收入在 20 万~50 万元，且能保持盈利。值得一提的是，对妇女来说，实现自我需要已超越其他因素成为其创业的最大动机。

大多数妇女创业者都有着较高的学习热情。上述调查结果表明，超过 50% 的受访者认为需要参与创业相关的深度学习。上述天津市政府妇儿工委万人大调查显示，将近 50% 的受访者在过去 5 年里参加过教育培训或进修，女性继续教育比例提升 10 个百分点。这在一定程度上影响了天津市的妇女在业率，即适龄就业的妇女群体中有较大比例选择继续接受教育而非择业。天津市妇联为鼓励妇女双创，近年来打造了"津帼众创"体系，通过培育"津帼众创空间"等 30 多个新型女性双创服务载体，持续地开展相关服务活动，累计达万余名女性从中受益。除城镇妇女积极创业之外，在天津农村地区，与乡村振兴战略相融合的乡村振兴巾帼行动得以实施。通过"新农学堂"等"乡村振兴巾帼行动"，天津市农村妇女的就业技能得到大幅提升，实现了创业、增收。[②]

---

① 高丽：《用监督约谈利剑促女性公平就业》，《中国妇女报》2018 年 9 月 27 日，第 A3 版。
② 相关数据资料由天津市妇女联合会提供。

三　天津市妇女就业与权益保障的现实困境

天津市在促进妇女就业、保障妇女劳动权益方面已经取得令人瞩目的成就，但尽管如此，妇女就业促进与权益保障工作仍任重道远，近年来天津市妇女从业人数占全部从业人员的比例有所上升，但始终无法超过50%，男女同工同酬也一直无法真正实现。现实中，女性面临就业歧视现象普遍存在。天津市经济发展研究院的经济师于2019年9月以互联网为主要依托，在全市范围内进行"关于妇女就业需求的调查"，回收问卷2039份。调查结果显示，66.45%的受访者遭遇过就业歧视，其中得到很好解决的仅占6.96%，31.49%的受访者表示不知如何寻求帮助，还有将近20%的受访者选择沉默。① 诸多现实困境的背后，是制度、观念与经济等多重原因的交叉影响。

（一）制度原因——隐性性别歧视难规范，"体制内"性别歧视明显

尽管已有法律、地方法规等相关制度明确规定用人单位不得以性别为由歧视妇女，但是对于隐性的性别歧视仍缺乏有力的措施。实践中，用人单位因为性别不接收妇女并不需要明示。对于这类隐性性别歧视，不管是受害人的主张、举证还是有关部门的认定、查处，都很困难。天津市人社局人才处工作人员表示，2019年他们尚未发现企业用工招聘公告中出现性别歧视的情形，即使招聘公告符合法律规定，隐性的性别歧视仍无可避免地存在，而且因为缺乏外在证据无法对其进行有效惩处。

甚至，"体制内"的招聘还存在较普遍的显性性别歧视。对企业用工，尚有明确的规定如《关于进一步规范招聘行为促进妇女就业的通知》禁止限

---

① 尹晓丹：《天津市妇女就业现状及促进措施研究》，载靳方华主编《天津社会发展报告（2020）》，天津社会科学院出版社，2020，第335～348页。

定性别，而体制内的招聘计划对于性别限定并没有严格要求，甚至后者招聘公告中还可以有"限定男性报考"或"推荐男性报考"等明示。2019 年天津市面向全国招录 1035 名农村专职党务工作者，男女职位比例竟达到 8∶2。[1] 要知道，天津市政府在基层工作岗位设置时，曾对妇女就业作出了相当努力的倾斜。2018 年天津市委专门印发《关于做好 2018 年村级组织换届选举工作的意见》，规定要着力优化村"两委"班子性别结构，村民委员会中一般要有 1 名女性委员，村"两委"班子成员中至少要有 1 名女性。当年换届后，天津市 3538 个行政村实现了上述目标；新产生的"两委"班子成员中，女性成员 4581 人，占 25.5%，比上届提高 7.6 个百分点；女性正职 281 人，占 7.9%，比上届提高 1.9 个百分点，既优化了村"两委"班子结构，也吸纳了优秀女性参与社会治理岗位。2018 年，天津市委组织部还面向全国招录 1019 名 30 周岁以下具有全日制大学本科以上学历的农村专职党务工作者，其中女性 561 人，占比达 61.6%。[2] 一年之后，情况陡转直下。可以说，这种政策的不连续性，对女性平等就业非常不利。

（二）观念原因——妇女就业意愿降低，家庭因素成一大掣肘

中国传统文化观念推崇男主外、女主内。随着新中国的成立，男女平等的观念，是以自上而下的方式在中国得以推广的；这种推广，并不是中国妇女自发地为自身权利斗争后的结果，妇女本身对于男女平等并没有深刻的认知和坚定的主张，不少女性对于女性的社会功能还保留着根深蒂固的保守态度，或者认为女性有条件时就应该回归家庭，或者认为女性应该选择更加轻松稳定的职业。总之，妇女运动在中国进行的并不彻底。

因此，当国家百废待兴时，"妇女撑起半边天"的观念自然可以顺利得

---

① 《天津市 2019 年度招录农村专职党务工作者公告》，天津先锋网，http：//www.tjzzb.gov.cn/ywkd/tjxw/201812/t20181225_ 57424.html，2020 年 3 月 6 日。

② 高丽：《天津优化村"两委"班子性别结构　为女性进村"两委"划出"硬杠杠"》，《中国妇女报》2018 年 11 月 29 日，第 A1 版。

到推崇；但随着社会发展和生活水平的提高，社会及妇女本身对女性就业的看法也容易出现回归传统的苗头。天津市人社局就业处相关负责人表示，目前天津市妇女就业的意愿正在趋于降低，有一部分女性宁愿当全职家庭主妇也不愿意工作，还有一部分妇女为了生二胎选择放弃工作；这可能是因为经济水平提高，但也可能是因为性别平等的理念在当前受挫。

社会对于女性与家庭进行了默认的捆绑，在谈及妇女就业时，往往会不自觉考虑职业与家庭的平衡问题，而男性就业往往并不需要考虑家庭生活尤其是家务等因素。上述"关于妇女就业需求的调查"结果显示，53.57%的妇女认为家庭与工作难以平衡，还有分别32.07%、9.56%的人因为需要照看子女和老人选择不就业。

（三）经济原因——经济增速逐渐放缓，企业女性用工成本攀升

随着天津市经济增速的放缓，社会所能创造的就业岗位不断缩减，对女性就业冲击无疑是很大的。女性因为生理特征在劳动力市场上的竞争力本来就明显低于男性，在经济爬坡过坎的时期，女性专业的局限性更容易制约其就业。天津市人社局就业处相关负责人表示，天津市女性就业结构性矛盾也较明显，女性入学的专业方向往往较为集中，差别不大，毕业后就业技能与社会岗位需求不匹配，也容易导致女性就业质量不高。

此外，中国已经全面放开二孩政策，加之生育保险制度与产假制度的推广，企业的妇女用工成本大幅攀升。出于成本－效益的考虑，同岗位有男性应聘时，企业自然会更倾向于接收男性。

四 天津市妇女就业促进与权益保障机制的完善建议

（一）加强性别平等观念宣传，引导社会正确认识妇女地位

天津市有着传播新思想的优良传统，在这片土地上曾经诞生了《大公

报》等近代报纸，也是近代性别平等观念涌入中国较早的地区之一。目前，应该发挥制度优势，继续宣传推广性别平等观念，引导社会正确认识女性的社会功能，引导女性认可自身的社会价值与个人价值，鼓励女性走向社会，实现更加彻底的妇女解放。

（二）完善就业歧视等维权机制，发挥体制引导作用

破解就业歧视的一大关键，在于完善相应的维权长效机制。天津作为新中国的重要改革阵地，对促进女性就业应有更大胆的突破，进一步规范性别歧视行为，探索对隐性性别歧视的有效监管，比如鼓励妇女维权、试行举证责任倒置等。同时，政府更应该以身作则，践行性别主流化，发挥体制的引导作用，在公职岗位录用时进行更加平等的岗位条件设置，逐步放宽公职岗位录用对性别的限制，并保障政策的延续性。

（三）加速构建社会支持体系，缓解职业妇女的家庭压力

加速推动家庭服务业的发展，尤其是鼓励促进家政行业、养老行业与育儿行业的发展，这样既可缓解职业妇女的家庭事务压力，还能创造更多的女性就业岗位。政府应继续鼓励对家政行业的技能培训工作，同时大力增加普惠性幼儿园的数量，探索多元化的养老服务业运营发展模式，消除就业妇女"一老一小"的顾虑。

（四）全面推动经济可持续发展，促进就业岗位增加

经济的快速发展，是激发社会活力、释放就业容量的根本动力。当前，应继续大力推动实体经济持续稳定向前，鼓励中小企业的创新发展，结合互联网等新技术积极发展数字经济、共享经济，探索多种经济发展的新业态新模式，提升产业吸纳就业的能力，鼓励企业设置适合女性的弹性就业岗位，拓宽培养弹性就业岗位，尽可能地拓宽女性就业渠道。天津作为中国的北方工业中心与港口城市，更应发挥地理优势，吸引更多的资本，推动产业创新，在创造就业岗位、促进女性就业方面发挥更大的作用。

（五）平衡企业男女用工成本，消解企业相关顾虑

破解就业歧视的另一关键在于降低企业女性用工的成本。只有平衡企业男女用工成本，才能从根本上消除企业招聘妇女职工的顾虑。一方面可以加大政府对妇女生育的福利性补贴，降低企业在该方面的用工成本；另一方面可以致力于推广男性产假、男性生育保险的强制性适用与覆盖，探索构建更加合理的生育成本分担模式。

参考文献

1. 〔美〕白凯：《中国的妇女与财产：960～1949 年》，上海书店出版社，2003。
2. 刘爱玉：《制度、机会结构与性别观念：城镇已婚女性的劳动参与何以可能》，《妇女研究论丛》2018 年第 6 期。
3. 刘佳佳、邓欢：《全面二孩时代的女性就业权益保障问题研究——以京津冀地区为例》，《法制与社会》2019 年第 30 期。
4. 张会平：《女性家庭经济贡献对婚姻冲突的影响——婚姻承诺的调节作用》，《人口与经济》2013 年第 5 期。
5. 〔俄〕E. C. 巴拉巴诺娃：《女性经济依附性的实质原因及后果》，《国外社会科学》2007 年第 5 期。

附　　录

Appendices

B.23
中国人权大事记·2019

许　尧　付丽媛*

1月

1日　民政部制定的《儿童福利机构管理办法》正式实施。该办法细化明确了儿童福利机构的管理制度，如规定儿童福利机构应当实行24小时值班巡查，无死角安装视频监控且监控录像资料保存期不少于3个月。

6日　"推进新时代人权研究：学术期刊的角色"学术研讨会在中国人民大学召开。来自期刊和人权研究两个领域的专业人士，就新时代人权研究的前沿课题、人权领域学术发表的现状及问题等进行了交流探讨。

---

* 许尧，管理学博士，南开大学周恩来政府管理学院、南开大学人权研究中心（国家人权教育与培训基地）副研究员，主要研究方向为人权政治学、公共冲突管理；付丽媛，南开大学周恩来政府管理学院博士生，主要研究方向为公共冲突管理。

8 日　人力资源和社会保障部和国务院扶贫办联合发布《关于深入推进技能脱贫千校行动的实施意见》，面向建档立卡贫困家庭应、往届"两后生"和具备劳动能力人员，大力开展技工教育和职业技能培训。

8 日　最高人民法院、最高人民检察院和公安部联合印发《关于依法惩治妨害公共交通工具安全驾驶违法犯罪行为的指导意见》，对社会广泛关注的妨害安全驾驶和公共秩序的有关违法犯罪行为提出了防治措施、制定了办法。

10～11 日　全国医疗保障工作会议在北京召开。强调要集中力量抓好医疗保障精准扶贫、推进抗癌药降税降价、启动打击欺诈骗保专项行动、推进跨省异地就医直接结算等。

14 日　国务院办公厅印发《关于深入开展消费扶贫助力打赢脱贫攻坚战的指导意见》，动员社会各界扩大贫困地区产品和服务消费，大力拓宽贫困地区农产品流通和销售渠道，全面提升贫困地区农产品供给水平和质量，大力促进贫困地区休闲农业和乡村旅游提质升级。

14 日　司法部发布信息，2018 年，司法部指导各地法律援助机构组织办理农民工案件41.3 万件，其中，办理农民工请求支付劳动报酬案件35.3 万件，51.5 万人次农民工获得法律援助，131.8 万人次农民工享受到便捷的法律咨询服务。

15～16 日　中央政法工作会议在北京召开。中共中央总书记习近平出席会议并发表重要讲话，强调要全面深入做好新时代政法各项工作，促进社会公平正义，保障人民安居乐业。

18 日　由国家林业和草原局主办，海口市人民政府和海南省林业局共同承办的2019 年世界湿地日中国主场宣传活动在海口市举行。会上发布了《中国国际重要湿地生态状况白皮书》。

22 日　国务院办公厅印发《关于开展城镇小区配套幼儿园治理工作的通知》，强调着力构建以普惠性资源为主体的学前教育公共服务体系，聚焦小区配套幼儿园规划、建设、移交、办园等环节存在的突出问题开展治理。

22 日　最高人民检察院与生态环境部等九部委联合印发《关于在检察

公益诉讼中加强协作配合依法打好污染防治攻坚战的意见》，从调查取证、司法鉴定、提起诉讼等 8 个方面作出了明确规范。

23 日 中央网信办、工业和信息化部、公安部、国家市场监管总局联合发布《关于开展 App 违法违规收集使用个人信息专项治理的公告》，进一步规范个人信息收集使用行为，提升个人信息保护水平。

25 日 民政部举行新闻发布会，2018 年，全国所有县（市、区）的农村低保标准均动态达到或超过国家扶贫标准。

2月

11 日 由中国常驻联合国代表团、欧盟常驻联合国代表团以及国际劳工组织共同举办的"积极就业政策"主题边会在纽约联合国总部举行。各国代表以及联合国官员约 80 人参加了会议。

12 日 最高人民检察院发布《2018—2022 年检察改革工作规划》，进一步明确了新时代检察改革的方向和路径，对检察改革做了系统规划和部署。

12 日~3 月 15 日 人力资源和社会保障部、国务院扶贫办、中华全国总工会、全国妇联等联合开展"2019 年春风行动"，活动主题为"促进转移就业，助力脱贫攻坚"。

13 日 国务院印发《国家职业教育改革实施方案》，指出要把职业教育摆在教育改革创新和经济社会发展中更加突出位置。

14 日 国务院办公厅印发《关于有效发挥政府性融资担保基金作用切实支持小微企业和"三农"发展的指导意见》。提出要坚持以供给侧结构性改革为主线，规范政府性融资担保基金运作。

15 日 国家统计局公布数据：按现行国家农村贫困标准测算，截至2018 年末，全国农村贫困人口从 2012 年末的 9899 万人减少至 1660 万人；贫困发生率从 2012 年的 10.2% 下降至 1.7%。

18 日 司法部发布《全国刑事法律援助服务规范》，为受援助人提供符合标准的刑事法律援助服务，对刑事法律援助服务原则、刑事法律援助和服务质量控制等提出具体要求。

18 日 国家市场监管总局、国家标准化管理委员会批准发布《养老机构等级划分与评定》国家标准，对养老机构等级划分与评定提出了 102 条要求。

19 日 《中共中央 国务院关于坚持农业农村优先发展做好"三农"工作的若干意见》发布。明确了"聚力精准施策，决战决胜脱贫攻坚""夯实农业基础，保障重要农产品有效供给""扎实推进乡村建设，加快补齐农村人居环境和公共服务短板""发展壮大乡村产业，拓宽农民增收渠道"等要求。

20 日 最高人民法院、最高人民检察院、公安部、司法部、生态环境部首次联合出台《关于办理环境污染刑事案件有关问题座谈会纪要》。

21 日 人力资源和社会保障部、教育部等九部门印发《关于进一步规范招聘行为促进妇女就业的通知》。

23 日 中共中央、国务院印发《中国教育现代化 2035》。中共中央办公厅、国务院办公厅印发《加快推进教育现代化实施方案（2018—2022年）》。

26 日 最高人民法院发布《人民法院国家司法救助案件办理程序规定（试行）》《人民法院国家司法救助文书样式（试行）》《最高人民法院司法救助委员会工作规则（试行）》。

26 日 中国和欧盟常驻日内瓦代表团在联合国人权理事会第 40 届会议高级别会议期间，在日内瓦共同举办题为"一个也不能少——《残疾人权利公约》的重要意义"的主题边会。来自 40 多个国家的使节和有关国际组织、非政府组织的代表，以及中外人权领域的专家学者等近百人出席了会议。

27 日 中国常驻联合国日内瓦办事处和瑞士其他国际组织代表俞建华在联合国人权理事会第 40 届会议一般性辩论中阐述中国人权主张，介绍新疆人权事业发展成就。

27 日 最高人民法院印发《最高人民法院关于深化人民法院司法体制

综合配套改革的意见》，该意见作为《人民法院第五个五年改革纲要（2019—2023）》贯彻实施。

3月

1日 联合国人权理事会第40届会议期间，中国人权研究会在日内瓦万国宫举办"西藏人权事业发展进步"主题边会。来自各国政府、国际组织和非政府组织代表及专家学者、媒体记者等50余人参加了此次边会。

2日 最高人民法院发布《中国环境资源审判2017—2018》白皮书。2018年，全国法院共受理环境资源刑事一审案件26481件，环境资源民事一审案件192008件，环境资源行政一审案件42235件。

4日 全国"扫黄打非"办公室专门部署"净网2019""护苗2019""秋风2019"等专项行动。"净网2019"聚焦整治网络色情和低俗问题；"护苗2019"着重强化网上网下两项整治，查办涉未成年人的"黄""非"案件；"秋风2019"重点打击假媒体假记者站假记者及新闻敲诈行为。

4~8日 中国常驻联合国日内瓦办事处和瑞士其他国际组织代表团与中国人权研究会在日内瓦万国宫举办了"中国新疆人权事业发展进步"图片展。展示了新疆实行民族区域自治制度、基层民主选举、宗教信仰自由和少数民族文化等情况。

6日 最高人民检察院、国务院扶贫开发领导小组办公室联合印发《关于检察机关国家司法救助工作支持脱贫攻坚的实施意见》。

7日 中国常驻联合国日内瓦办事处和瑞士其他国际组织代表俞建华在联合国人权理事会第40届会议"与人权事务高级专员（人权高专）对话"环节，代表近50个发展中国家发表联合声明，呼吁联合国人权理事会加强对话与合作。

8日 银保监会发布《关于做好2019年银行业保险业服务乡村振兴和助力脱贫攻坚工作的通知》，要求适当放宽对深度贫困地区和特殊贫困群体的贷款期限，实行更加优惠的贷款利率。

11 日 在联合国人权理事会第 40 次会议举行期间，中国人权研究会在日内瓦万国宫举办"中国人权事业的发展进步"主题边会。5 位来自中国人权研究会的专家从各自领域介绍了中国人权发展进步情况。

11 日 人力资源和社会保障部、财政部、国家发展改革委、工业和信息化部发布《关于失业保险支持企业稳定就业岗位的通知》。明确了加大稳岗支持力度、放宽技术技能提升补贴申领条件、加大对深度贫困地区的倾斜支持力度、发放价格临时补贴等具体措施。

12 日 国家市场监管总局印发《关于开展"守护消费"暨打击侵害消费者个人信息违法行为专项执法行动的通知》。

13 日 在联合国人权理事会第 40 次会议举行期间，中国常驻联合国日内瓦代表团和中国人权研究会联合在日内瓦举行"新疆人权事业发展成就"主题边会，从历史、现实和法律等角度全面介绍新疆真实情况。来自 70 多个国家的近 200 名各国外交官、国际组织官员及有关非政府组织代表出席。

14 日 国务院新闻办公室发表《2018 年美国的人权纪录》《2018 年美国侵犯人权事记》，对美国侵犯人权的状况进行揭露。人权纪录分为导言、公民权利屡遭践踏、金钱政治大行其道、贫富分化日益严重、种族歧视变本加厉、儿童安全令人担忧、性别歧视触目惊心、移民悲剧不断上演、单边主义不得人心等部分。

15 日 联合国人权理事会顺利核可中国参加第三轮国别人权审议的报告。中国外交部副部长乐玉成率中国政府代表团与会，并作了题为"人民对美好生活的向往是中国人权事业的不懈追求"的主旨发言，介绍了新中国成立 70 年来的人权成就。

18 日 国务院新闻办公室发表《新疆的反恐、去极端化斗争与人权保障》白皮书。白皮书强调了新疆是中国领土不可分割的一部分，回顾了恐怖主义、极端主义在新疆的由来，揭示了暴力恐怖和宗教极端行为对人权的践踏，强调要依法严厉打击恐怖主义和极端主义，并要坚持把预防性反恐放在第一位。

25 日 国务院办公厅公布《关于全面推进生育保险和职工基本医疗保险合并实施的意见》，提出生育保险基金并入职工基本医疗保险基金，统一征缴，统筹层次一致。

26 日 教育部召开新闻发布会，全国有 2717 个县实现义务教育基本均衡发展，占全国总县数的 92.7%；中西部地区实现义务教育基本均衡发展的县数比例达到 90.5%。

26 日 2019·中德人权发展论坛在德国柏林举行。论坛主题为"社会发展与人权进步——70 年回顾与展望"，来自中德两国人权领域的专家学者围绕"扶贫与人权""社会保障体系建设与人权""可持续发展与人权""21 世纪反恐怖主义及其与人权的关系"等议题进行了研讨交流。

27 日 国务院新闻办公室发表《伟大的跨越：西藏民主改革 60 年》白皮书。白皮书包括黑暗的封建农奴制度、不可阻挡的历史潮流、彻底废除封建农奴制、实现了人民当家作主、解放和发展了生产力、推进了各项事业发展、加强了生态文明建设、保障了宗教信仰自由、促进了民族平等团结、西藏发展进入新时代等部分。

28 日 庆祝西藏民主改革 60 周年大会在拉萨举行，近万名来自西藏各界的代表参会。同日，位于拉萨市东郊的"西藏百万农奴解放纪念馆"正式开馆。

28 日 中国社会科学院法学研究所与社会科学文献出版社联合发布《中国法治蓝皮书（2019）》。

30～31 日 由中国政法大学人权研究院主办、中国人权网协办的首届"中国人权青年论坛"在北京举行，主题为"新中国七十年的人权发展"。来自中国人权研究会、部分高校及研究机构等从事人权研究的专家和青年学者共 70 余人与会。

4月

1 日 中国、欧盟第 37 次人权对话在布鲁塞尔举行。中国外交部人权事务特别代表刘华与欧盟对外行动署亚太总司副总司长帕姆帕罗尼共同主持，中央统战部、国家民族事务委员会、公安部，以及欧盟对外行动署、欧盟基本权利机构、欧盟委员会贸易总司等部门代表参加了会议，双方就人权领域新进展、人权与反恐、难移民权利、国际人权合作等问题交换了意见。

1 日 由教育部、国家市场监管总局和国家卫生健康委员会共同制定的《学校食品安全与营养健康管理规定》施行。

7 日 第 70 个世界卫生日。国家卫生健康委员会确定的宣传主题为"维护人人健康，迈向全面小康"。

8 日 国家发展和改革委印发《2019 年新型城镇化建设重点任务》。要求 2019 年底所有义务教育学校达到基本办学条件"20 条底线"要求，在随迁子女较多城市加大教育资源供给，实现公办学校普遍向随迁子女开放；全面推进建立统一的城乡居民医保制度；强化全方位公共就业服务。

9 日 最高人民法院、最高人民检察院、公安部、司法部联合印发《关于办理实施"软暴力"的刑事案件若干问题的意见》，明确依法惩处采用"软暴力"实施的犯罪。

10 日 国务院新闻办、吉林省政府等共同主办的"追寻美好生活"中国脱贫成就展在布鲁塞尔欧洲议会总部展出。

11 日 教育部发布《禁止妨碍义务教育实施的若干规定》，要求各地教育部门对机构或个人违法违规导致适龄儿童、少年未接受义务教育的行为坚决予以纠正，依法依规严厉查处问责，切实保障适龄儿童、少年接受义务教育。

11 日 最高人民检察院、共青团中央在北京市海淀区等 40 个地区启动未成年人检察社会支持体系建设试点，共同促进涉案未成年人顺利回归社会，全面维护未成年人合法权益。

11~12 日 全国易地扶贫搬迁后续扶持工作现场会在贵州省黔东南州召开，总结分析了易地扶贫搬迁特别是后续扶持工作进展情况，交流了经验做法。李克强总理作出批示，指出 2016 年来，顺利完成了 870 万建档立卡贫困人口的搬迁建设任务，要继续攻坚克难，全力推进产业培育、就业帮扶、社区融入等各项工作，大力提升搬迁群众的获得感和安全感，确保搬得出、稳得住、能脱贫。

13 日 "2019·国家人权行动计划 10 周年"学术研讨会在广州举办。

来自中国人权研究会、部分高校及研究机构的百余名专家学者对《国家人权行动计划》发布 10 年来中国人权事业的发展进行了研讨。

15 日 国务院总理李克强签署国务院令，公布修订后的《中华人民共和国政府信息公开条例》。这次修订强调公开为常态，不公开为例外，进一步完善了依申请公开程序，切实保障申请人及相关各方的合法权益，强化了便民服务要求，通过加强信息化手段的运用提高公开实效。

16 日 国务院办公厅印发《关于推进养老服务发展的意见》，提出 28 条具体举措。直指为养老服务打通"堵点"，消除"痛点"，让老年人及其子女获得感、幸福感、安全感显著提高。

19 日 第五届中美妇女儿童健康论坛在广西南宁市召开。论坛围绕妇科新技术、儿童疾病与遗传、护理等热点问题进行了广泛深入交流。

22 日 最高人民法院在安徽合肥发布《中国法院知识产权司法保护状况（2018 年）》白皮书。白皮书指出，2018 年中国知识产权案件结案数量显著提升、服判息诉率持续向好、案件调撤率大幅上升。同时，通报了 2018 年中国法院 10 大知识产权案件和 50 件典型知识产权案例。

27 日 以"凝聚女性力量　共建'一带一路'"为主题的中国 – 东盟妇女"和美"——2019 民族文化会演在广西桂平市举行，来自中国、老挝、泰国、越南等国家和地区的妇女组织代表共 200 人参加活动。

28 日 中共中央办公厅、国务院办公厅印发《关于解决部分退役士兵社会保险问题的意见》。要求依法合理解决广大退役士兵最关心最直接最现实的利益问题，完善基本养老、基本医疗保险参保和接续政策。

5月

7~8 日 全国公安工作会议在北京召开。国家主席习近平出席会议并发表重要讲话，强调要坚持政治建警、改革强警、科技兴警、从严治警，履行好党和人民赋予的新时代职责使命。

9 日 由中国人权研究会和中共吉林省委宣传部共同主办的"新中国人

权 70 年：道路、实践与理论"研讨会在吉林大学举行。来自国家人权教育与培训基地、人权研究机构的专家学者和相关实务部门代表约 100 人参加了会议。

14 日 民政部、财政部、国家卫生健康委员会、国务院扶贫办、中国残疾人联合会五部门联合印发通知，要求在脱贫攻坚中扎实做好贫困重度残疾人照护服务工作。

15 日 国务院扶贫开发小组办公室副主任夏更生在"2019 全球减贫伙伴研讨会"上介绍中国经验。近年来，中国脱贫攻坚取得重大成就。现行标准下农村贫困人口从 2012 年的 9899 万人减少到 2018 年的 1660 万人，累计减少 8239 万人，贫困发生率从 10.2% 下降到 1.7%。

15 日 全国妇联、教育部等九部门发布《关于印发〈全国家庭教育指导大纲（修订）〉的通知》。修订后的大纲增加了家庭道德教育相关内容，根据时代特征增加了父辈、祖辈联合教养指导，多子女养育及互联网时代的家庭媒介教育等内容。

15 日 第十个全国公安机关打击和防范经济犯罪宣传日，活动主题是"与民同心 为您守护"。宣传重点是打击和防范非法集资、网络传销等常见多发的涉众型经济犯罪。

15 日 亚洲文明对话大会在北京举行，国家主席习近平出席大会并发表主旨演讲。来自亚洲全部 47 个国家和世界其他国家及国际组织的 1300 多名代表出席大会。会议聚焦"亚洲文明交流互鉴与命运共同体"主题，达成广泛共识并发表《亚洲文明对话大会 2019 北京共识》。

16 日 第六次全国自强模范暨助残先进表彰大会在北京举行。

16 日 中共中央办公厅、国务院办公厅印发《数字乡村发展战略纲要》。着力提高农村互联网普及率，发展农村数字经济，缩小城乡"数字鸿沟"，培育农村电商产品品牌，形成乡村智慧物流配送体系，完善乡村数字治理。

17 日 2019 年全国医改工作电视电话会议在北京召开。国务院总理李克强作出批示，强调深入实施健康中国战略，以更大力度更有效举措推进医改各项工作。

18 日 国务院办公厅发布《关于印发职业技能提升行动方案（2019—2021 年）的通知》。要求 2019 年至 2021 年，要持续加大开展职业技能培训力度，提高培训针对性实效性，全面提升劳动者职业技能水平和就业创业能力。

19 日 第 29 次全国助残日，主题为"自强脱贫 助残共享"。截至 2018 年，全国贫困残疾人数量已由 281 万人减少到 169.8 万人。为 11.3 万贫困残疾人家庭进行了危房改造，1.3 万贫困残疾人享受到康复扶贫贴息贷款支持，近 900 万残疾人被纳入低保范围。

20 日 中共中央、国务院印发《关于深化改革加强食品安全工作的意见》。意见要求，到 2020 年，基于风险分析和供应链管理的食品安全监管体系初步建立；到 2035 年，基本实现食品安全领域国家治理体系和治理能力现代化。

22 日 国家卫生健康委发布《2018 年我国卫生健康事业发展统计公报》。公报显示，中国居民人均预期寿命由 2017 年的 76.7 岁提高到 2018 年的 77 岁。

23 日 民政部、国家卫生健康委、应急管理部、国家市场监管总局四部门联合召开视频会议，部署 2019 年的全国养老院服务质量建设专项行动工作。

27 日 民政部、教育部等十部门联合印发《关于进一步健全农村留守儿童和困境儿童关爱服务体系的意见》，明确了未成年人救助保护机构和儿童福利机构的职能定位，以及加强基层儿童工作队伍建设的总体要求。

29 日 国务院常务会议部署进一步促进社区养老和家政服务业加快发展的措施，并决定对养老、托幼、家政等社区家庭服务业加大税费优惠政策支持。

30 日 农村人居环境整治暨"厕所革命"现场会在福建省宁德市召开。国务院副总理胡春华出席会议并讲话，强调要全面深入推进农村人居环境整治，独立开展农村"厕所革命"，按时保质完成三年行动目标任务。

6月

5日 《最高人民法院关于审理生态环境损害赔偿案件的若干规定（试行）》发布。对于司法实践中亟待明确的生态环境损害赔偿诉讼受理条件、证据规则、责任范围、诉讼衔接、赔偿协议司法确认、强制执行等予以规定。

5日 2019年世界环境日全球主场活动在浙江省杭州市举行，来自国内外政府部门、企业、社会组织的代表和公众代表1100多人参加活动。生态环境部发布《中国空气质量改善报告（2013—2018年)》。

10～13日 中国残联副理事长贾勇率团赴美国纽约出席联合国《残疾人权利公约》第12届缔约国会议。贾勇代表中国政府在会议一般性辩论中发言，介绍了中国政府为推动残疾人工作、履行公约所采取的措施和取得的成绩。代表团还参加了"技术、数字化和信息通信技术促进残疾人赋权和融合发展"、"促进社会融合和保障拥有可能的最高标准健康的权利"和"通过参与文化生活、娱乐、休闲活动和体育促进残疾人融入社会"三场圆桌会议。

11日 住房和城乡建设部等部门发布《关于在全国地级及以上城市全面开展生活垃圾分类工作的通知》。要求到2025年，全国地级及以上城市基本建成生活垃圾分类处理系统。

11日 中国、欧盟常驻联合国代表团和联合国经济和社会事务部在纽约联合国总部举行残疾人减贫主题边会。来自英国、意大利、希腊、肯尼亚、印度等50余国和康复国际等残疾人领域非政府组织的约100人出席会议。会议重点围绕如何消除残疾人贫困、实现2030年可持续发展目标进行了讨论。

12～18日 中国人权研究会会长向巴平措率中国人权研究会代表团访问德国、爱尔兰，与两国议会和外交部官员、智库和高校领导人及专家学者等进行了交流，中方介绍了中国的人权发展成就，双方就相关人权问题达成了很多共识。

14 日 由国务院新闻办公室、西藏自治区人民政府主办的"2019·中国西藏发展论坛"在西藏拉萨举行，论坛主题为"'一带一路'与西藏开放发展"，国家主席习近平致信祝贺，来自 37 个国家及地区的近 160 名政府官员、专家学者、媒体记者出席了论坛。

17 日 中共中央办公厅、国务院办公厅印发《中央生态环境保护督察工作规定》，明确中央实行生态环境保护督察制度，设立专职督察机构，对省、自治区、直辖市党委和政府、国务院有关部门以及有关中央企业等组织开展生态环境保护督察。

18 日 世界银行集团发布的研究报告显示，"一带一路"倡议全面实施可使 3200 万人摆脱日均生活费低于 3.2 美元的中度贫困状态，使全球贸易增加 6.2%，沿线经济体贸易增加 9.7%，全球收入增加 2.9%。

18 日 教育部研究制定《幼儿园责任督学挂牌督导办法》。办法要求，责任督学应对幼儿园安全管理情况、规范办园情况、师德师风建设情况进行监督指导。发生危及幼儿园安全的重大突发事件或重大事故，责任督学必须第一时间赶赴现场，及时督促处理并报告上级督导部门。

20 日 全国儿童福利工作会议在长沙召开。全国仍有 1381.4 万建档立卡贫困人口，其中儿童 334.3 万人，占总数的 24.2%，是脱贫攻坚需要重点关注的对象。民政部部长黄树贤指出，为推进儿童福利工作深入开展，各地需要持续推进不同层级儿童福利基础设施建设。

21 日 由中国人权研究会和奥中友好协会共同举办的"2019·中欧人权研讨会"在奥地利司法部举行，研讨会主题为"东西方人权价值观比较"。来自中欧人权领域的近 100 位专家学者、政府官员、社会组织代表参会。

22 日至 7 月 6 日 中国人权研究会代表团赴瑞士日内瓦参加联合国人权理事会第 41 届会议。

25 日 在联合国人权理事会第 41 次会议期间，中国人权研究会在日内瓦举行"70 年中国人权事业的发展进步"主题边会，并就新疆打击恐怖主义、极端主义作了大会发言。

26日 第13届中国－东盟社会发展与减贫论坛在广西南宁市举行。来自中国和东盟10国的政府官员、专家学者，以及东盟秘书处、亚洲开发银行等国际机构代表参会。围绕"面向联合国可持续发展目标的中国－东盟减贫合作"主题进行了交流和讨论。

29日 十三届全国人大常委会第十一次会议表决通过了《疫苗管理法》，对疫苗实行最严格的管理制度，坚持安全第一、风险管理、全程管控、科学监管、社会共治的基本管理原则。

7月

2日 联合国人权理事会第41届会议期间，中国人权研究会代表在日内瓦万国宫举办了"中国少数民族人权保护"边会，介绍了藏传佛教活佛转世制度和新疆社会治理与人权保障情况。

3日 中国常驻联合国日内瓦办事处和瑞士其他国际组织代表团在日内瓦万国宫举办"新疆人权事业发展成就"主题会议。包括20余国常驻日内瓦代表在内的各国外交官、国际组织官员、媒体及非政府组织代表160余人与会。

8日 《中共中央 国务院关于深化教育教学改革全面提高义务教育质量的意见》印发，聚焦义务教育阶段教育教学改革，旨在全面提高义务教育质量。

9日 中国常驻日内瓦代表团同非洲国家常驻日内瓦代表团共同举办边会，主题为"发展对享有所有人权的贡献"，倡导"在发展中促进和保护人权"理念，50余个国家及国际组织官员、非政府组织代表及专家学者120余人出席会议。

10日 民政部、教育部、公安部等十二部门联合印发《关于进一步加强事实无人抚养儿童保障工作的意见》，指出要通过强化基本生活保障、加强医疗康复保障、完善教育资助救助等措施，贯彻落实事实无人抚养儿童保障工作。

10 日　国家发展改革委联合国务院扶贫办、教育部、民政部、财政部等十部门印发《关于进一步加大易地扶贫搬迁后续扶持工作力度的指导意见》，明确了做好易地扶贫搬迁后续扶持工作的总体要求、主要目标、重点任务和支持政策。

10 日　中共中央办公厅、国务院办公厅印发《关于加快推进公共法律服务体系建设的意见》。要求均衡配置城乡基本公共法律服务资源，加强欠发达地区公共法律服务建设，保障特殊群体的基本公共法律服务权益。

12 日　俄罗斯、巴基斯坦、沙特阿拉伯、埃及、古巴、阿尔及利亚、阿联酋、卡塔尔、尼日利亚、安哥拉、多哥、塔吉克斯坦、菲律宾、白俄罗斯等 37 个国家常驻日内瓦大使联名致函联合国人权理事会主席和人权高专，积极评价中国新疆人权事业发展成就和反恐、去极端化成果，支持中国在涉疆问题上的立场。

12 日　联合国人权理事会通过中国提交的"发展对享有所有人权的贡献"决议。重申发展对享有所有人权具有重大贡献及实现人民对美好生活的向往是各国的优先任务，呼吁各国实现以人民为中心的发展，在人民中寻找发展动力，依靠人民推动发展，使发展造福人民，呼吁各国推进可持续发展，加强发展和消除贫困的国际合作。

13 日　由中国人民大学法学院、云南大学法学院及中国人民大学人权研究中心主办的第四届两岸人权论坛"老龄化社会的人权：挑战与应对研讨会"在昆明开幕，两岸学者围绕议题展开探讨。

14 ~ 17 日　中国人权发展基金会代表团访问匈牙利，同匈牙利外交与对外经济部官员和匈外交与对外经济研究所、考文纽斯大学、塞格德大学等智库和高校的专家学者进行座谈交流。

15 日　国务院印发《国务院关于实施健康中国行动的意见》，国务院办公厅印发《健康中国行动组织实施和考核方案》，国家层面出台《健康中国行动（2019—2030 年）》。这些文件围绕疾病预防和健康促进两大核心，开展 15 个专项行动。

21 日 国务院新闻办发表《新疆的若干历史问题》白皮书，强调了新疆是中国神圣领土不可分割的一部分，维吾尔族是中华民族的组成部分，新疆各民族文化是在中华文化怀抱中孕育发展的，新疆处于历史上最好的繁荣发展时期。

14～22 日 中外媒体"走进丝绸之路经济带核心区"主题采访活动在新疆举行。来自中国、美国、俄罗斯、意大利、沙特阿拉伯、土耳其、日本、伊朗等 24 个国家的记者赴新疆多地深入采访。

23 日 全国政协在北京召开"加强农村基本公共文化服务建设"专题协商会，110 多位全国政协委员参加会议，28 位委员作了大会发言。

25 日 国务院新闻办公室发表《平等、参与、共享：新中国残疾人权益保障 70 年》白皮书。全面介绍了新中国成立 70 年来，保障残疾人平等参与政治、经济、社会和文化生活的情况。

25 日 全国推进健康中国行动电视电话会议在北京召开。国务院总理李克强作出批示，要求进一步落实大卫生、大健康理念和预防为主方针，加强政策统筹和部门协同，促进"以治病为中心"向"以人民健康为中心"转变。

26 日 中国人权研究会发表《美国根深蒂固的种族歧视问题凸显"美式人权"的虚伪》一文，揭露美国长期存在的种族歧视问题及其反映的"美式人权"的严重虚伪性。

8月

2 日 全国农村留守儿童关爱保护和困境儿童保障部际联席会议联络员会议召开，民政部、教育部、最高人民检察院等部门联合部署关爱保护农村留守儿童和困境儿童的工作。

7 日 中国残联、民政部、国家市场监管总局、中国标准化研究院等共同在北京对《就业年龄段智力、精神及重度肢体残疾人托养服务规范》的有关内容进行了发布。

8 日 最高人民法院公布《最高人民法院关于死刑复核及执行程序中保障当事人合法权益的若干规定》。要求高级人民法院在向被告人送达依法作出的死刑裁判文书时，应当告知其在最高人民法院复核死刑阶段有权委托辩护律师，并将告知情况记入宣判笔录等。

16 日 国务院新闻办公室发表《新疆的职业技能教育培训工作》白皮书。就教培中心设立背景、授课内容、实施成效等问题，进行了详细阐释和说明。

20 日 教育部、最高人民法院、最高人民检察院、公安部、司法部联合印发《关于完善安全事故处理机制维护学校教育教学秩序的意见》。对严厉打击"校闹"行为作出了规定。

24 日 中国人权研究会发表《美国痼疾难除的枪支暴力严重践踏人权》一文，揭露美国在枪支暴力方面长期存在的严重人权问题，指出美国在人权议题上的双重标准和虚伪实质。

28 日至 9 月 1 日 也门、赤道几内亚、莫桑比克、赞比亚、科特迪瓦、南非、埃塞俄比亚、津巴布韦 8 国常驻日内瓦代表团主要官员代表团参观访问新疆，深入乌鲁木齐、和田、喀什的社区、学校、产业园、清真寺、扶贫企业、职业技能教育培训中心等考察并与各族群众互动交流。

29 日 教育部、国务院扶贫办联合印发《关于解决建档立卡贫困家庭适龄子女义务教育有保障突出问题的工作方案》，要求加大保障力度，加快补齐短板，推动教育脱贫攻坚目标任务全面实现。

29 日 由国务院国资委主办，中国社会责任百人论坛、国投集团承办的《中央企业社会责任蓝皮书（2019）》发布会在北京举行，96 家中央企业、地方国资国企代表、主流媒体等各方代表共 280 余人出席了本次活动。

9月

3 日 国务院新闻办发表《中国的核安全》白皮书。

3 日 最高人民法院、最高人民检察院发布关于办理组织考试作弊等刑事案件适用法律若干问题的解释，对考试作弊犯罪的定罪量刑标准和有关法律适用问题作出全面系统的规定。

3~7 日 由中国人权研究会主办，西南政法大学人权研究院、新疆大学政治与公共管理学院承办的"反恐、去极端化与人权保障"国际研讨会在乌鲁木齐召开。来自法国、印度、土耳其、阿富汗、中国等 18 个国家和国际组织的 60 多位专家学者进行了研讨交流。

4 日 公安部、教育部联合召开电视电话会议。要求做好校园安全工作，思想认识和组织领导必须到位、校园安全检查和隐患整改必须到位、矛盾纠纷排查化解和重点管控措施必须到位、校园周边巡逻防控力量必须到位、警校联动和应急处置措施必须到位、责任落实和倒查追究必须到位。

5 日 教育部、中共中央网络安全和信息化委员会办公室等八部门联合印发《关于引导规范教育移动互联网应用有序健康发展的意见》。要求教育移动应用要规范数据管理，收集使用未成年人信息应当取得监护人同意、授权，不得收集与其提供服务无关的个人信息等。

9 日 中国人权研究会在日内瓦万国宫举办"新中国人权事业发展 70 年"主题边会，介绍新中国成立 70 年来将人权的普遍性原则与本国实际相结合、在促进和保护人权方面所取得的历史性成就。

9 日 由国务院新闻办公室、中国常驻联合国日内瓦代表团共同主办的"为人民谋幸福：新中国 70 年人权成就展"在日内瓦万国宫开幕。来自俄罗斯、芬兰、墨西哥、菲律宾、赞比亚、欧盟等国家和国际组织的 40 余位大使和近百个国家的外交官及国际组织官员、记者、学者等 300 余人参加了开幕式。

10 日 中国常驻联合国日内瓦办事处和瑞士其他国际组织代表陈旭在联合国人权理事会第 42 次会议上代表观点相近国家作共同发言，强调国际形势不稳定不确定性更加突出，单边主义、保护主义日益抬头，人类面临的全球性挑战更加严峻，世界比以往更加需要多边主义。

13 日 中国常驻联合国日内瓦办事处和瑞士其他国际组织代表陈旭在

联合国人权理事会第 42 次会议上，代表 139 个国家发表了题为"充分实现发展权，让发展惠及全体人民"的联合声明。

16 日 在联合国人权理事会第 42 次会议期间，中国人权研究会在日内瓦万国宫举办"新疆的去极端化斗争与人权保障"主题边会，介绍了新疆在去极端化斗争方面的措施、经验以及在人权保障方面取得的成果。来自多个国家政府、有关国际组织和非政府组织的代表等 50 余人与会。

18 日 中国常驻日内瓦代表团在万国宫举办"新疆人权事业发展成就"主题研讨会，邀请近期访问新疆的有关国家使节和中国人权研究会专家介绍情况，使节们高度评价新疆发展和人权事业成就及反恐、去极端化成果。40 余国外交官及媒体、学者、非政府组织代表共 100 余人与会。

19 日 国务院新闻办发表《平等 发展 共享：新中国 70 年妇女事业的发展与进步》白皮书。

22 日 国务院新闻办发表《为人民谋幸福：新中国人权事业发展 70 年》白皮书。白皮书指出，人民幸福生活是最大的人权，中国成功地走出了一条符合国情的人权发展道路，丰富了人类文明多样性。

26 日 联合国人权理事会通过了中国等国提出的"纪念《北京宣言》和《行动纲领》通过 25 周年"决议。强调了 1995 年北京第四次世界妇女大会的重要性，决定于 2020 年即第四次世界妇女大会 25 周年之际，在人权理事会举办高级别纪念活动。

27 日 联合国人权理事会第 42 次会议以压倒性多数通过不结盟运动和中国共同提出的发展权决议。决议重申发展权是一项普遍和不可剥夺的权利，消除贫困是促进和实现发展权的关键。呼吁各国坚持多边主义，加强国际合作，全面落实《发展权利宣言》，促进全球发展伙伴关系，消除发展的障碍。

10月

8 日 国务院副总理、全国老龄工作委员会主任孙春兰出席全国"敬老月"主题宣传活动，强调要动员全社会积极参与老龄工作，加强养老保障，完善养老服务，强化健康养老，鼓励老有所为。

11 日 "一带一路"框架下无障碍论坛在北京举行，2016—2018 年，中国共对 30.49 万建档立卡重度残疾人家庭进行了无障碍改造，提升了残疾人的居家生活质量。

14 日 国务院新闻办发表《中国的粮食安全》白皮书，包括中国粮食安全成就、中国特色粮食安全之路、对外开放与国际合作、未来展望与政策主张等部分，全面总结了中国粮食安全取得的历史性成就，并提出了未来中国粮食问题的政策主张。

16 日 生态环境部、国家发改委、工业和信息化部等八个部委及国家市场监督管理总局、国家能源局和北京、天津、河北、山西、山东、河南等北方六省市政府联合发布《京津冀及周边地区 2019—2020 年秋冬季大气污染综合治理攻坚行动方案》。

22 日 中国常驻联合国代表张军在联合国大会第三委员会阐述中方对促进和保护人权的立场主张，介绍新中国成立 70 年来人权事业的历史性成就。

24 日 最高人民检察院联合最高人民法院、公安部、国家安全部、司法部共同发布《关于适用认罪认罚从宽制度的指导意见》。意见提出，认罪认罚适用于侦查、起诉、审判各个阶段，所有刑事案件都可以适用。但"可以"适用不是一律适用，认罪认罚后是否从宽，由司法机关根据案件具体情况决定。

24 日 由外交部指导，国务院发展研究中心、联合国经济和社会事务部、联合国南南合作办公室、联合国驻华系统和北京市人民政府共同主办，中国国际发展知识中心承办的首届可持续发展论坛在北京开幕。论坛同时发布《中国落实 2030 年可持续发展议程进展报告（2019）》。

25 日 中国常驻联合国代表团和中国人权研究会在联合国举办发展权主题边会。中国常驻联合国代表张军出席并致辞。俄罗斯、意大利、新加坡、印度、阿尔及利亚等近 40 国约 100 名嘉宾参加了会议。

27 日 第六届全国残疾人职业技能大赛暨第三届全国残疾人展能节在浙江嘉兴开幕。国务院总理李克强作出批示，要求加强职业教育和职业培训，做好就业创业指导帮扶，着力消除残疾人就业创业障碍，推动农村贫困残疾人精准脱贫。

28～29 日 由中国人权发展基金会和美国美中关系全国委员会共同主办的第九届中美司法与人权研讨会在纽约举行，中国人权发展基金会副理事长兼秘书长门立军率中方代表团与会。来自中美司法与人权领域的近 30 位专家学者参加了研讨会。

11月

5 日 国家新闻出版署印发《关于防止未成年人沉迷网络游戏的通知》。要求所有网络游戏用户均需使用有效身份信息方可注册；网络游戏企业每日 22 时到次日 8 时不得为未成年人提供游戏服务；要求网络游戏企业限制未成年人使用与其民事行为能力不符的付费服务等。

5 日 联合国驻华系统和中国商务部国际司在第二届中国国际进口博览会期间联合发布《回顾与展望——中国与联合国减贫合作四十年案例集》，通过分析 34 个在华合作项目，系统回顾了联合国和中国过去 40 年在减贫领域的深度合作，向国际社会分享中国发展经验与故事。

6 日 民政部、公安部、司法部等十三部门出台《关于加强农村留守妇女关爱服务工作的意见》，要求制定完善提升农村留守妇女关爱服务水平的政策措施。

14 日 中国法学会组织撰写的《中国法治建设年度报告（2018）》发布，全方位反映了 2018 年中国社会主义法治建设的实践和取得的成就。

14 日 公安部在北京召开新闻发布会，通报全国公安机关开展"净网2019"专项行动工作情况及典型案例。

17～18 日 中国新疆文化交流团访问卡塔尔，与卡塔尔各界代表进行交流，介绍新疆在维护稳定、发展经济、改善民生、民族团结、宗教和谐，以及反恐、去极端化斗争等方面取得的显著成效。

18 日　"中国儿童政策省级创新指数 2019"在北京发布。指数由北京师范大学中国公益研究院研发、联合国儿童基金会支持，从儿童生活保障、关爱保护、教育发展、医疗健康、服务机构 5 个方面，对 2018 年全国 31 个省（区、市）（不包括港澳台地区）儿童政策创新进行评价和排名。

19～20 日　中国新疆文化交流团访问科威特，与科威特各界人士进行交流，介绍新疆在维护社会稳定、增强民族团结、促进宗教和谐以及反恐、去极端化斗争等方面取得的显著成效。

20～21 日　民族地区基础教育发展经验交流会在海南省陵水黎族自治县召开，来自海南、广西、四川等地民委、教育系统的代表分享了在民族地区开展基础教育的经验。

21 日　中共中央、国务院印发《国家积极应对人口老龄化中长期规划》，明确了积极应对人口老龄化的战略目标，从夯实应对人口老龄化的社会财务储备、改善劳动力有效供给、打造高质量的为老服务和产品供给体系等方面部署了应对人口老龄化的具体工作任务。

21～23 日　中国人权发展基金会代表团访问埃及。代表团在开罗会见了埃及议会人权委员会主席阿比德和埃及外交部亚洲事务部长助理萨利姆、外交部人权事务部长助理丁等人士，并与埃及全国人权委员会主席法耶克举行会谈，就推动中埃在人权等领域交流合作进行了探讨。

24 日　中共中央办公厅、国务院办公厅印发《关于强化知识产权保护的意见》，明确要不断改革完善知识产权保护体系，综合运用法律、行政、经济、技术、社会治理手段强化保护，促进保护能力和水平整体提升。

25 日至 12 月 3 日　应中国政府邀请，联合国人权理事会任命的首位老年人享有所有人权问题独立专家罗莎·科恩菲尔德－玛特女士访华。其间，她到访了北京、上海、常州、深圳等地，并与当地政府、学术机构、私人企业、非政府组织等机构代表及老年人、志愿者等群体进行了交流讨论。

26 日　中国人权研究会发表《美国长期存在的性别歧视问题严重阻碍妇女人权的实现》，指出美国妇女受到长期的、系统的、广泛的、制度性的歧视，各种公开的、隐蔽的性别歧视现象触目惊心，主要表现在经济领域性别不平等、妇女遭受暴力侵害情况严重、少数族裔妇女健康权利缺乏保障等方面。

28 日 中华全国妇女联合会在北京发布依法维护妇女儿童权益的十大案例。为此后涉及妇女儿童权益相关案件的审理和问题的解决提供典型示范，也为更多妇女依法维权指明方向。

28 日 国务院港澳事务办公室发表声明，对美方将"香港人权与民主法案"签署成法表示强烈谴责。

29 日 联合国亚太妇女权益审议会议通过《北京宣言25周年——促进性别平等和妇女赋权亚太部长级宣言》。该会议是亚太地区国家为纪念北京世界妇女大会25周年而举办的区域筹备会议。40多个国家派政府代表团出席。

12月

5 日 中国人权研究会就美国国会众议院通过"2019年维吾尔人权政策法案"发表声明。认为该法案粗暴干涉中国内政，充分暴露了美国的霸权思维和强权逻辑，中国人权研究会对此予以坚决反对和强烈谴责。

6 日 国家统计局对《中国妇女发展纲要（2011—2020年)》及《中国儿童发展纲要（2011—2020年)》》在健康、教育、福利、经济、环境和法律保护等多个领域2018年的实施情况进行综合分析，并发布数据监测报告。

8 日 由中国人权发展基金会、中南大学、武汉大学共同主办的"跨文化视角下的国际人权机制"国际研讨会在长沙举行。来自荷兰、英国、南非等10多个国家和国内有关高校、研究机构的70余位人权专家学者参加了会议。

10~11 日 由国务院新闻办公室和外交部共同举办的"2019·南南人权论坛"在北京举办，主题为"文明多样性与世界人权事业的发展"。来自80多个国家及联合国等国际组织的高级官员、专家学者、驻华使节等300

余人出席。

15 日 中共中央办公厅、国务院办公厅印发《关于减轻中小学教师负担进一步营造教育教学良好环境的若干意见》。

16 日 外交部副部长罗照辉率领中国代表团出席《联合国反腐败公约》第八届缔约国会议并阐述中方立场。

18 日 民政部、国资委、全国工商联、全国总工会、共青团中央、全国妇联六部门联合出台《关于劳动密集型企业进一步加强农村留守儿童和困境儿童关爱服务工作的指导意见》，进一步强化父母的责任意识，推动劳动密集型企业切实做好广大农村留守儿童和困境儿童关爱服务工作。

20 日 由中国友谊促进会和中国社会科学院中国边疆研究所共同举办的"去极端化——对话与合作"国际研讨会在北京召开。近 30 个国家和国际组织的 60 多位前政府官员、外交官、专家学者参会。

24 日 国务院印发《关于进一步做好稳就业工作的意见》，对支持企业稳定岗位、开发更多就业岗位、促进劳动者多渠道就业创业、大规模开展职业技能培训、做实就业创业服务、做好基本生活保障等提出了具体的举措。

25 日 中共中央办公厅、国务院办公厅印发《关于促进劳动力和人才社会性流动体制机制改革的意见》。要求搭建横向流动桥梁、纵向发展阶梯，激发全社会创新创业创造活力，构建合理、公正、畅通、有序的社会性流动格局。

26 日 中国人权研究会发表《金钱政治暴露"美式民主"的虚伪面目》，揭露了金钱政治是美国政治对立尖锐、社会撕裂严重的重要原因。

28 日 十三届全国人大常委会第十五次会议表决通过了《基本医疗卫生与健康促进法》。以法律形式明确了国家建立基本医疗卫生制度，同时在基本医疗卫生服务、医疗卫生机构、医疗卫生人员、监督管理、法律责任等方面对医闹、伤医行为作出了综合性规定。

29 日 《残疾人蓝皮书：中国残疾人事业发展报告（2019）》在南京特殊教育师范学院发布。该报告以无障碍环境建设为主题，计算了中国残疾人事业发展指数及平衡指数。数据显示，残疾人事业发展指数由 2007 年的 42.8 上升到 2017 年的 70.7。残疾人生存保障指数由 38.2 提高到 75.5。

30 日 最高人民检察院发布修订后的《人民检察院刑事诉讼规则》，进一步强化了人权司法保障。

30 日 中国将残疾人就业保障金由单一标准征收调整为分档征收，旨在体现激励约束并重的原则，激发用人单位积极性，允许用人单位以更加灵活的方式履行按比例安排残疾人就业义务。

B.24
2019年制定、修订或修改的与人权直接相关的法律法规（数据库）

班文战

Abstract

This is the tenth Blue Book on China's human rights, which focuses on the latest progress of China's human rights cause in 2019.

The book includes general report, thematic reports, research reports, and case studies, and appendices.

The general report focuses on China's 70 year development of human rights and its contribution to the cause of human rights in the world.

The 18 thematic report focuses on the development of various fields of human rights in China in 2019. There are 2 research reports in the column of the right to subsistence and development, which analyze respectively poverty alleviation and power inclusive services to promote poverty alleviation. The newly established column of digital and human rights protection includes four reports, which respectively analyze the development of human rights protection in the field of Internet in 2019, personal information protection in China, network protection for minors, and the system of intelligent old-age care in China. In terms of economic, social and cultural rights, there are 6 reports on promotion of employment, construction of public rental housing, reproductive health rights, cultural rights, waste classification, and social responsibility of Chinese enterprises respectively. In terms of civil and political rights, there are 1 report which discusses the trust degree of urban residents in the protection of civil rights by judicial organs. There are 3 reports on the protection of human rights of specific groups, including minors suffering sexual assault, setting up child supervisors and directors, and protection of equal employment rights for women. There are 2 reports on human rights legislation and international cooperation, including the China's human rights legislation and the international cooperation and exchange in the field of human right in 2019.

In the part of research reports and the case studies, there are 3 reports, which refer to targeted poverty alleviation in deep poverty areas of Southern Xinjiang, of intelligent education and protection of children's educational rights, and employment security mechanism for women in Tianjin.

2 appendices related respectively to the Chronicle of China's human rights in 2019 and the laws and regulations enacted, amended or modified in 2019 that directly related to human rights.

All the authors have written the above reports in a serious and scientific manner, describing the development of China's human rights cause in 2019 truthfully, summarizing the progress made and analyzing the existing problems. At the same time, on the basis of full study, they look forward to the future development of various human rights fields in China, and put forward suggestions to further promote human rights protection. The book follows the requirements of Blue Book on authority, cutting-edge, original, empirical, forward-looking and timeliness.

Contents

I General Report

Abstract: The 70 years since the founding of the People's Republic of China is not only the 70 years of the development of China's human rights cause, but also the 70 years of China's contribution to the progress of the world's human rights cause. China has greatly improved the human rights protection of the Chinese people, who account for one sixth of the world's population. China's concept, path and experience of human rights development have certain reference significance for many other countries. China has actively made suggestions and promoted the reform of the global human rights governance system, and has taken a series of practical actions to participate in the human rights protection work of United Nations.

Keywords: Global Human Rights Governance; China's Human Rights Development; Global Human Rights Development

II Thematic Reports

Abstract: The focus of poverty alleviation in 2019 is to solve the problems of deep poverty and "Two no worries and three guarantees", so that the rural poor don't worry about food and clothing, and the compulsory education, basic medical care and housing safety are guaranteed. Under the correct leadership of the Party Central Committee and with the efforts of cadres and masses everywhere, the national problem of "Two no worries and three guarantees" has been basically solved, and decisive progress has been made in overcoming poverty in deep poverty areas. However, great efforts still need to be made to finally solve the problem of absolute poverty.

Keyword: Poverty Alleviation; Deep Poverty; "Two No Worries and Three Guarantees"; Supporting the Poor

B. 3　Electricity Inclusive Service Promotes the

Poor out of Poverty　　　　　　　*Wang Hao*, *He Siyuan* / 057

Abstract: Electricity inclusive service is considered as the basic material condition for human survival and development, verious countries have brought whether citizens can acquire energy inclusive serviceinto survival rights system. In 2019, China has issued a series of policies to promote electricity inclusive service and achieve remarkable results. Howevevr, on account of the imperfect electricity inclusive service legal basis, regulation and compensation mechanism, China's inclusive electricity service is not fully realized. As a result, the survival rights of people in many regions of our countrycannot be effectively guaranteed, the economic development of poor areas is restricted, and the development opportunities for the poor are limited. Therefore, lifting electricity inclusive service is the key to realize poverty alleviation. It is needed to improve electricity inclusive service legal system in order to guarantee people's rights, improve the regulation mechanism so that the poor enjoying electricity inclusive service is ensured, establish flexible pricing mechanism to provide the poor with reasonable energy services, possess diversified service quality and service methods to meet the energy needs of different areas, and finally set up the electricity inclusive service fund in order to provide funding guarantees for electricity inclusive service.

Keywords: Inclusive Electricity Service; Poverty Alleviation; Government Regulation

B. 4   Human Rights Protection in the Internet in 2019

Xia Yu, Qi Yanping / 074

Abstract: 2019 is another year of deep integration of the Internet with various industries and fields in society. The Chinese government has fully implemented the "Internet +" development strategy, promoted the innovative application, and fully protected people's basic rights in the new era. With the joint efforts of relevant departments and various industries, China has vigorously promoted Internet legislation, accelerated the construction of smart government affairs and smart justice, and fully protected personal information and data rights, minors' online rights and interests, consumer online rights and rights and online copyrights in key areas.

Keywords: Internet +; Deep Integration; Human Rights Protection

B. 5   China's Personal Information Protection in the

Era of Big Data   *Hua Guoyu, Yang Chenshu* / 098

Abstract: In the era of big data, citizens' personal information security is facing unprecedented challenges. The collection, analysis, and use of personal information of citizens has become simpler as technology has matured. Driven by various interests, the unauthorized collection and malicious use of personal information of citizens have become a problem despite repeated prohibitions. Even some public departments have leaked a large amount of personal information in the process of providing services, causing violations of citizens' rights. China has continuously strengthened the protection of citizens' personal information in terms of legislation, law enforcement and justice, and has achieved remarkable results. In the future, it is necessary to further strengthen the protection of personal information of citizens from the aspects of legislation, justice, supervision and the cultivation of cybersecurity personnel.

Keywords: Big Data; Personal Information; Network Security

B. 6 Current Situation and Prospect of Network Protection

for Minors in China *Lin Wei*, *Liu Xiaochun* / 115

Abstract: The basic rights of minors, such as the right to exist, the right to development, the right to be protected, and the right to participate, present new characteristics and face new challenges in the network era. The key areas of China's minors' network protection include minors' rights to access the Internet, protection from harmful information, prevention of addiction, personal information protection, prevention of online bullying, crime prevention, etc. In terms of legislation, China's minors' network protection has initially formed a system, and will quickly complete the system construction; in terms of administrative supervision, all competent departments will work together, issue regulations in various fields and actively enforce the law; in judicial practice, we will highlight the special protection and priority protection for minors, establish a perfect juvenile justice system, and regard the cases involving the network as the protection of minors Focus areas for adults. Enterprise self-discipline and social co governance also constitute an important force in the network protection of minors. The situation of multi participation and multi governance has taken shape.

Keywords: Network Protection for Minors; Personal Information; Ecological Governance of Network information Content; Network Bullying

B. 7   The Intelligent Endowment and Its New Progress in China

Zhao Shukun, *Li Denglei* / 143

Abstract: Intelligent Endowment is a new type of old-age care mode that responses to population ageing and makes full use of the new technology. It can realize the important role of remote consultation, remote companionship, intelligent security and liberation of manpower, makes the old-age care more comfortable, efficient and convenient, and protect the rights of the elderly more better. In 2019, China has made new progress in various aspects, including: further clarifying development strategies and advancing the implement plans; strengthening macro-design, effectively encouraging enterprises to participate, promoting personnel training and standardization of the industry; and promoting work pilot projects to raise the level of intelligence for the old-age care and provide more diverse services. Nevertheless, the intelligent endowment needs to be further improved, to be more approachable, more humanistic, more standardized and more popular.

Keywords: Intelligent Endowment; Research and Development of Products; Professionals; Urban-rural Balance

B. 8   New Progress and New Challenges in Promoting the

Employment Right   *Zhou Wei*, *Yuan Haoran* / 160

Abstract: It is the first time for the Chinese government to include the employment priority policy in the class of macro policies in 2019. In the policy, the government has stipulated to further stabilize the overall employment situation, reinforce the reduction of enterprises' burdens, deepen the promotion of vocational skills training, and improve safeguard measures, in a bid to form a favorable environment for employment and social harmony. The policy is aimed to tie the economic development with employment expansion harmoniously.

However, China still faces challenges in stabilizing employment. Accordingly, it is necessary to fine-tune existing employment measures in three aspects, including improving regulations and laws related to employment promotion, promoting vocational skills training continuously, and adjusting the employment security system for target groups, to ensure stable employment conditions.

Keywords: Stable Employment; Precise Policy; Skills Training; Social Security

B. 9 Improve the Public Rental Housing System and Protect the Housing Rights of Low-Income Groups   *Shen Qiuhong* / 178

Abstract: Housing right is a basic human right. It is the duty of the government to protect citizens' housing right. Faced with high commodity housing prices, the housing difficulties of low-income groups still exist. Since 2010, China has vigorously developed public rental housing to improve the housing supply system and meet the demand of urban low-income families for basic housing, which has achieved phased results to some extent. However, due to the lack of law and institutional factors, the unbalanced development of public rental housing is still prominent. As the main body of responsibility, the state should actively take measures to improve the development of public rental housing system and effectively protect the housing rights of low-income groups.

Keywords: Housing Rights; Basic Human Right; Low-Income Groups; Public Rental Housing

Contents ↖↗

Absrract: The National Health Commission has issued a series of policies and documents to implement the *Healthy China* strategy, promote the achievement of the Sustainable Development Goals of the United Nations, and ensure the realization of people's right to reproductive health. Nowadays, the rate of prenatal care and hospital delivery remained at a high level, with the maternal mortality rate, neonatal mortality rate and infant mortality rate being the level of developed countries. In addition, mother-to-child transmission of sexually transmitted diseases and the incidence of birth defects have been greatly reduced. However, the unmet need for contraception and the rate of induced abortion rate has increased during the institution reorganization. It is suggested that in the future work, information, education and communication (IEC) and advocacy should be strengthened to pay more attention to the unmet needs for reproductive health. The non-government organizations should play a positive role to further improve the reproductive health service system while the capacity building for the personnel will be reinforced as a way to improve the quality and level of reproductive health services.

Keywords: Reproductive Health; Reproductive Health Rights; Maternal and Child Care; Contraception Service

Abstract: In 2019, the local organs with legislative power have formulated 56 local legislations which include 50 Local Regulations and Separate Regulations and 6 Local Government Rules on protection of historical and cultural heritage. These local legislations have established the citizens' rights to know of the historical and cultural protection, public rights to cultural participation, Public rights to inherit, develop and utilize history and culture, the rights to receive government awards, the rights to acquire material help and compensation, the special rights to Representative Successors for National Intangible Cultural, the public's right to invest in the development of historical culture, the right to income, and the protecting of the intellectual property rights of the holder of cultural achievements. However, the following deficiencies still exist in the protection of citizens' cultural rights in the historical and cultural legislation of various regions. Firstly, the importance to the protection of the material of historic cultural and the intangible cultural heritage are more attached than the protection of cultural citizens' rights. Secondly, the development of the citizens' rights to freedom in cultural is not well organized and well-developed. Thirdly, the stipulation is inadequate about the publicrights of receiving the historical and cultural education. Fourthly, there are many declarative rights, but the protection of substantive procedures is scarce. Therefore, the above historical and cultural local legislation needs to be further improved.

Keyword: Historic Culture; Local Legislation; Cultural Rights of Citizens

B. 12　Garbage Classification and Protection of Residents' Environmental Rights　　　*Zhang Xiaoling, Zhao Mingxia* / 235

Abstract: Garbage classification is an important system design for promoting the construction of ecological civilization and protecting the environmental rights of residents, which lays a good foundation for building a safe, healthy and good ecological settlements environment. China's garbage classification has experienced the development stage of exploration and comprehensive promotion, and has got certain effects and experiences. 2019 is a breakthrough development period for the implementation of garbage classification in China. Through the unified deployment of the central government and the active pilot promotion of local governments, the implementation mode of garbage classification system has basically formed. At the same time, there are still many deficiencies and development potential needing to be improved. The continuous promotion of the garbage classification system in China needs the guidance and popularization of scientific concepts, the rational allocation of rights and responsibilities, and the improvement of the system and mechanism including the participation of the government, the market and the social multiple subjects.

Keywords: Garbage Classification; Environmental Rights; Ecological Civilization

B. 13　Summary and Analysis about the Implementation of CSR in China in 2019　*Wang Xiumei* / 253

Abstract: CSR has become to be an international business language, an important part of the core competitiveness of enterprises, and an important embodiment of the soft power of enterprises. General Secretary Xi Jinping pointed out: "Only wealth with compassion is the true sense wealth, only those who are responsible with social accountability are the most competitive enterprises with viability." The Chinese government attaches great importance to CSR. In 2019, more and more enterprises passed corporate social responsibility certification, strengthened social responsibility management, and disclosed non-financial information by issuing CSR reports and ESG reports. Chinese enterprises have more outstanding performance in labor protection, environment, community, charity, anti-corruption and other fields. In this year, corporate poverty alleviation continued to be a corporate social responsibility topic full of Chinese characteristics, enterprises going abroad continues to fulfill social responsibilities in foreign investment, the combination of CSR and compliance management is very obvious. Of course, problems still exist. For example, some enterprises perform poorly in compliance management, some enterprises only regard corporate social responsibility as a means of public relations, and the phenomenon of "floating green" still existed in 2019. In addition, there are disputes about "996" and some awards about social responsibility are not very convincing. Therefore, Chinese enterprises should continue to implement CSR deeply and sincerely in in the future.

Keywords: CSR; SDGs; Corporate Poverty Alleviation; Compliance Management

B. 14   Survey Research on Judicial Institutes Trust and
Judicial Rights Cognition of Citizens
—Based on the Questionnaire Survey in Some Areas of Tianjin
Wang Yan / 278

Abstract: In the construction of legal city, the trust of citizens to the judicial organs and their cognition of judicial rights are important aspects. People's trust in the judiciary has reached a certain level, but there is still a long way to go. The degree of judicial trust and the cognition of judicial rights have not changed much in the past two years. The degree of judicial trust is at a medium level, and they have basic trust in judicial organs and judges. However, there are also a considerable proportion of people with low judicial trust, lack of sufficient awareness of judicial rights, and low awareness of the rule of law and legal quality. The respondents' cognition of judicial rights is positively correlated with their education and economic conditions. In addition, the trust in professional legal services needs to be further improved. In order to improve citizens' trust in judicial organs and legal services, we need to continue to deepen judicial reform, improve legal practice and improve citizens' legal quality.

Keywords: Judicial Organs; Judicial Rights; Trust Degree; Rights Cognition; Empirical Study

Abstract: The protection of minors is related to the future of the country, and to the development and happiness of minors. In recent years, China has implemented many important measures in the prevention and treatment of sexual assault on minors and has achieved great results. For example, formulate and implement laws and regulations on prevention and treatment of sexual assault on minors, highlight the crackdown on sexual assault on minors, implement a ban on sexual assault on offenders, promote the establishment of a system for disclosing information on sexual offenders, and attach importance to the implementation of a series of measures such as compensation for psychological rehabilitation against minors and the implementation of "one-stop inquiry" for victims of sexual assault. There are also some issues and further improvements are needed to better protect the legitimate rights and interests of minors. The prevention and punishment of sexual assault on minors is directly related to the personal dignity and physical and mental health of minors. It is an important manifestation of the principle of the priority of children and the principle of the child's best interests. It also reflects the continuous progress of human rights protection in our country.

Keywords: Sexual Assault; Minor; One Stop Inquiry

Abstract: In 2019, China continues the efforts to build a community-based child care and protection system. To improve the defects of community-based prevention and intervention mechanisms, China establishes a network of left-behind children and needy children at the county, township, and village levels. Child supervisors and workers are key human resources in the network. The poses have been extended from the pilot to the whole country. Clear job responsibilities have been established and certain capacity training has been carried out. However, still in the pioneering period, this force still faces many challenges. It is necessary to carry out continuous job competence training, improve the policy and regulations system, advance the inter-department joint meeting system, and explore the scientific and feasible job evaluation indicators.

Keywords: Child Supervisor; Child Welfare Worker; Community-based Child Care

B. 17 New Progress and New Measures on the Protection of Women's Right to Equal Employment

Liu Xiaonan, Yang Hui / 343

Abstract: The protection of women's equal employment rights has always been an important part of the protection of women's rights and interests with Chinese characteristics. Since the founding of the People's Republic of China, especially since the reform and opening up, laws and regulations guaranteeing equal employment for women have been formulated and constantly improved. In recent years, eliminating gender discrimination and ensuring equal employment for women have become issues of constant concern to the Party and the government. China has continued to explore mechanisms and measures to promote gender equality and eliminate gender discrimination, and made great progress in the protection of women's equal employment rights. This paper explains and analyzes the development and practice innovation of the protection of women's equal employment right in 2019, and puts forward suggestions for further improvement and reform of legislation, law enforcement and judicatory.

Keywords: Woman; Equal Employment Right; Employment Discrimination

Abstract: The NPC' Standing Committee and the State Council of the PRC continually made obvious improvements in their human rights related legislation in 2019. In the past year, a dozen of laws and regulations on medicine and health, food security, community correction, government information publication, administrative decision, payment for labour, judges, procurators and some other important issues were adopted or amended, the legal provisions and system of education on custody and education was abolished, and the legislative protection of many kinds of personal, economic, social and political rights of Chinese citizens was greatly enhanced.

Keywords: Human Rights; Citizen's Rights; Legislative Protection

Abstract: China made great progress in international human rights cooperation and cooperation in 2019. It is mainly divided into two levels: governmental and non-governmental. At the governmental level, besides those regular multilateral and bilateral cooperation, international human rights cooperation and exchanges have also emerged new forms of cooperation and exchanges, and some existing cooperation and exchanges have also made new progress. At the non-governmental level, international cooperation and exchanges are mainly reflected in the participation of Chinese human rights organizations in international human rights affairs. During the past year, Chinese human rights organizations have been very active, participating in international human rights cooperation and exchanges in various forms, rich contents and fruitful results. Meanwhile, the international human rights challenge facing China in 2019 is also very severe, to which China has adopted a multi-faceted response.

Keywords: International Human Rights Cooperation; International Human Rights Exchange; Social Organizations for Human Rights

III   Research Report and Case Study

B. 20   A Survey of Targeted Poverty Alleviation in Deep Poverty Areas of Southern Xinjiang   *Mamat Osman* / 402

Abstract: In recent years, the local economy in the deep poverty areas of Southern Xinjiang has achieved rapid development, the local financial revenue and expenditure has maintained rapid growth, and the income of rural residents has increased to a certain extent. However, under the influence of such factors as the low level of economic development, the primary stage of industrial structure, the deep level of poverty, the low level of rural residents' income, the poor natural environment, the remote geographical location, the low quality of the population as a whole, and the weak ability of self-development, etc. , it has become the focus and difficulty of poverty alleviation in Xinjiang. At this stage, Xinjiang is facing unprecedented historical opportunities. The deep poverty areas in southern Xinjiang are closely linked to "two no worries, Three guarantees", Solidly Promoting "seven ones in one batch", implementing "three more efforts", deepening factor investment, and achieving phased results in poverty alleviation. However, the task of poverty alleviation in the deep poverty areas of Southern Xinjiang is still very arduous. It is necessary to consolidate and improve the thinking of targeted poverty alleviation.

Keywords: Southern Xinjiang; Deep Poverty Areas; Targeted Poverty Alleviation

B. 21　The Protection of Children's Educational Rights under
the Background of Intelligent Education
—*Based on the Investigation of Chongqing Shuren Jingrui*
Primary School　　　　　　　*Wang Longwen , Mu Rui* / 431

Abstract: By comparing Jingrui school and the practice of other primary and secondary schools to carry out the intelligence education, found that children's education rights guarantee problem urgently to be solved under the big background of our country's current intelligent education are: 1. The fragmentation perception of intelligent education, such as equating intelligent education to intellectual education, disordered relationship between education and protection, education and human rights; 2. Insufficient interaction and cooperation between guarantee bodies. For example, schools and enterprises emphasize the commercial relationship and fail to effectively build a community of mutual cooperation and protection of children's education rights; 3. Application fields of intelligent education and evaluation methods are relatively unitary, such as over-reliance on face recognition technology to ensure classroom discipline, violating children's privacy and personal dignity. Using intelligent education to help guarantee children's right to education, it not only coordinates the relationship between education and security, education and human rights, collective rights and individual rights, but also improves the education and evaluation methods to promote children's all-round development and individual development, and establishes a community of in-depth cooperation between schools, families and enterprises.

Keywords: Intelligent Education; Children's Educational Rights; Jingrui Primary School

B. 22　Practice and Analysis of Women's Employment
　　　　Guarantee Mechanism in Tianjin　　　　　　*Lin Yumin* / 447

Abstract: In addition to continuously improving the legislation on women's employment security in Tianjin, Tianjin also has managed to promote works like creating public welfare jobs and expanding the scope of women's employment, organizing employment training to encourage women to start their own businesses and establish rights protection channels to stop discrimination in employment. So far, Tianjin has achieved some results in promoting women's employment and entrepreneurship, and protecting women's labor rights and interests, including expanding employment scale, expanding employment fields, improving labor security, and increasing entrepreneurial income. Tianjin has formed several mechanisms and systems that can be used for reference. At present, as China enters the second-child age and the economic growth rate is gradually stabilized and slowed down, Tianjin's job security for women still faces challenges and needs more effort.

Keywords: Women; Employment; Entrepreneurship; Employment Security

Ⅳ　Appendices

社会科学文献出版社

皮 书

智库报告的主要形式
同一主题智库报告的聚合

✤ 皮书定义 ✤

皮书是对中国与世界发展状况和热点问题进行年度监测,以专业的角度、专家的视野和实证研究方法,针对某一领域或区域现状与发展态势展开分析和预测,具备前沿性、原创性、实证性、连续性、时效性等特点的公开出版物,由一系列权威研究报告组成。

✤ 皮书作者 ✤

皮书系列报告作者以国内外一流研究机构、知名高校等重点智库的研究人员为主,多为相关领域一流专家学者,他们的观点代表了当下学界对中国与世界的现实和未来最高水平的解读与分析。截至2020年,皮书研创机构有近千家,报告作者累计超过7万人。

✤ 皮书荣誉 ✤

皮书系列已成为社会科学文献出版社的著名图书品牌和中国社会科学院的知名学术品牌。2016年皮书系列正式列入"十三五"国家重点出版规划项目;2013~2020年,重点皮书列入中国社会科学院承担的国家哲学社会科学创新工程项目。

中国皮书网

（网址：www.pishu.cn）

发布皮书研创资讯，传播皮书精彩内容
引领皮书出版潮流，打造皮书服务平台

栏目设置

◆关于皮书

何谓皮书、皮书分类、皮书大事记、
皮书荣誉、皮书出版第一人、皮书编辑部

◆最新资讯

通知公告、新闻动态、媒体聚焦、
网站专题、视频直播、下载专区

◆皮书研创

皮书规范、皮书选题、皮书出版、
皮书研究、研创团队

◆皮书评奖评价

指标体系、皮书评价、皮书评奖

◆互动专区

皮书说、社科数托邦、皮书微博、留言板

所获荣誉

◆2008年、2011年、2014年，中国皮书
网均在全国新闻出版业网站荣誉评选中
获得"最具商业价值网站"称号；
◆2012年，获得"出版业网站百强"称号。

网库合一

2014年，中国皮书网与皮书数据库端口
合一，实现资源共享。

权威报告·一手数据·特色资源

皮书数据库
ANNUAL REPORT(YEARBOOK)
DATABASE

分析解读当下中国发展变迁的高端智库平台

所获荣誉

- 2019年，入围国家新闻出版署数字出版精品遴选推荐计划项目
- 2016年，入选"'十三五'国家重点电子出版物出版规划骨干工程"
- 2015年，荣获"搜索中国正能量 点赞2015""创新中国科技创新奖"
- 2013年，荣获"中国出版政府奖·网络出版物奖"提名奖
- 连续多年荣获中国数字出版博览会"数字出版·优秀品牌"奖

成为会员

通过网址www.pishu.com.cn访问皮书数据库网站或下载皮书数据库APP，进行手机号码验证或邮箱验证即可成为皮书数据库会员。

会员福利

- 已注册用户购书后可免费获赠100元皮书数据库充值卡。刮开充值卡涂层获取充值密码，登录并进入"会员中心"—"在线充值"—"充值卡充值"，充值成功即可购买和查看数据库内容。
- 会员福利最终解释权归社会科学文献出版社所有。

数据库服务热线：400-008-6695
数据库服务QQ：2475522410
数据库服务邮箱：database@ssap.cn
图书销售热线：010-59367070/7028
图书服务QQ：1265056568
图书服务邮箱：duzhe@ssap.cn

社会科学文献出版社 皮书系列
SOCIAL SCIENCES ACADEMIC PRESS (CHINA)

卡号：185528358187
密码：

S 基本子库
UB DATABASE

中国社会发展数据库（下设 12 个子库）

整合国内外中国社会发展研究成果，汇聚独家统计数据、深度分析报告，涉及社会、人口、政治、教育、法律等 12 个领域，为了解中国社会发展动态、跟踪社会核心热点、分析社会发展趋势提供一站式资源搜索和数据服务。

中国经济发展数据库（下设 12 个子库）

围绕国内外中国经济发展主题研究报告、学术资讯、基础数据等资料构建，内容涵盖宏观经济、农业经济、工业经济、产业经济等 12 个重点经济领域，为实时掌控经济运行态势、把握经济发展规律、洞察经济形势、进行经济决策提供参考和依据。

中国行业发展数据库（下设 17 个子库）

以中国国民经济行业分类为依据，覆盖金融业、旅游、医疗卫生、交通运输、能源矿产等 100 多个行业，跟踪分析国民经济相关行业市场运行状况和政策导向，汇集行业发展前沿资讯，为投资、从业及各种经济决策提供理论基础和实践指导。

中国区域发展数据库（下设 6 个子库）

对中国特定区域内的经济、社会、文化等领域现状与发展情况进行深度分析和预测，研究层级至县及县以下行政区，涉及地区、区域经济体、城市、农村等不同维度，为地方经济社会宏观态势研究、发展经验研究、案例分析提供数据服务。

中国文化传媒数据库（下设 18 个子库）

汇聚文化传媒领域专家观点、热点资讯，梳理国内外中国文化发展相关学术研究成果、一手统计数据，涵盖文化产业、新闻传播、电影娱乐、文学艺术、群众文化等 18 个重点研究领域。为文化传媒研究提供相关数据、研究报告和综合分析服务。

世界经济与国际关系数据库（下设 6 个子库）

立足"皮书系列"世界经济、国际关系相关学术资源，整合世界经济、国际政治、世界文化与科技、全球性问题、国际组织与国际法、区域研究 6 大领域研究成果，为世界经济与国际关系研究提供全方位数据分析，为决策和形势研判提供参考。

法律声明

"皮书系列"（含蓝皮书、绿皮书、黄皮书）之品牌由社会科学文献出版社最早使用并持续至今，现已被中国图书市场所熟知。"皮书系列"的相关商标已在中华人民共和国国家工商行政管理总局商标局注册，如LOGO（ ）、皮书、Pishu、经济蓝皮书、社会蓝皮书等。"皮书系列"图书的注册商标专用权及封面设计、版式设计的著作权均为社会科学文献出版社所有。未经社会科学文献出版社书面授权许可，任何使用与"皮书系列"图书注册商标、封面设计、版式设计相同或者近似的文字、图形或其组合的行为均系侵权行为。

经作者授权，本书的专有出版权及信息网络传播权等为社会科学文献出版社享有。未经社会科学文献出版社书面授权许可，任何就本书内容的复制、发行或以数字形式进行网络传播的行为均系侵权行为。

社会科学文献出版社将通过法律途径追究上述侵权行为的法律责任，维护自身合法权益。

欢迎社会各界人士对侵犯社会科学文献出版社上述权利的侵权行为进行举报。电话：010-59367121，电子邮箱：fawubu@ssap.cn。

社会科学文献出版社

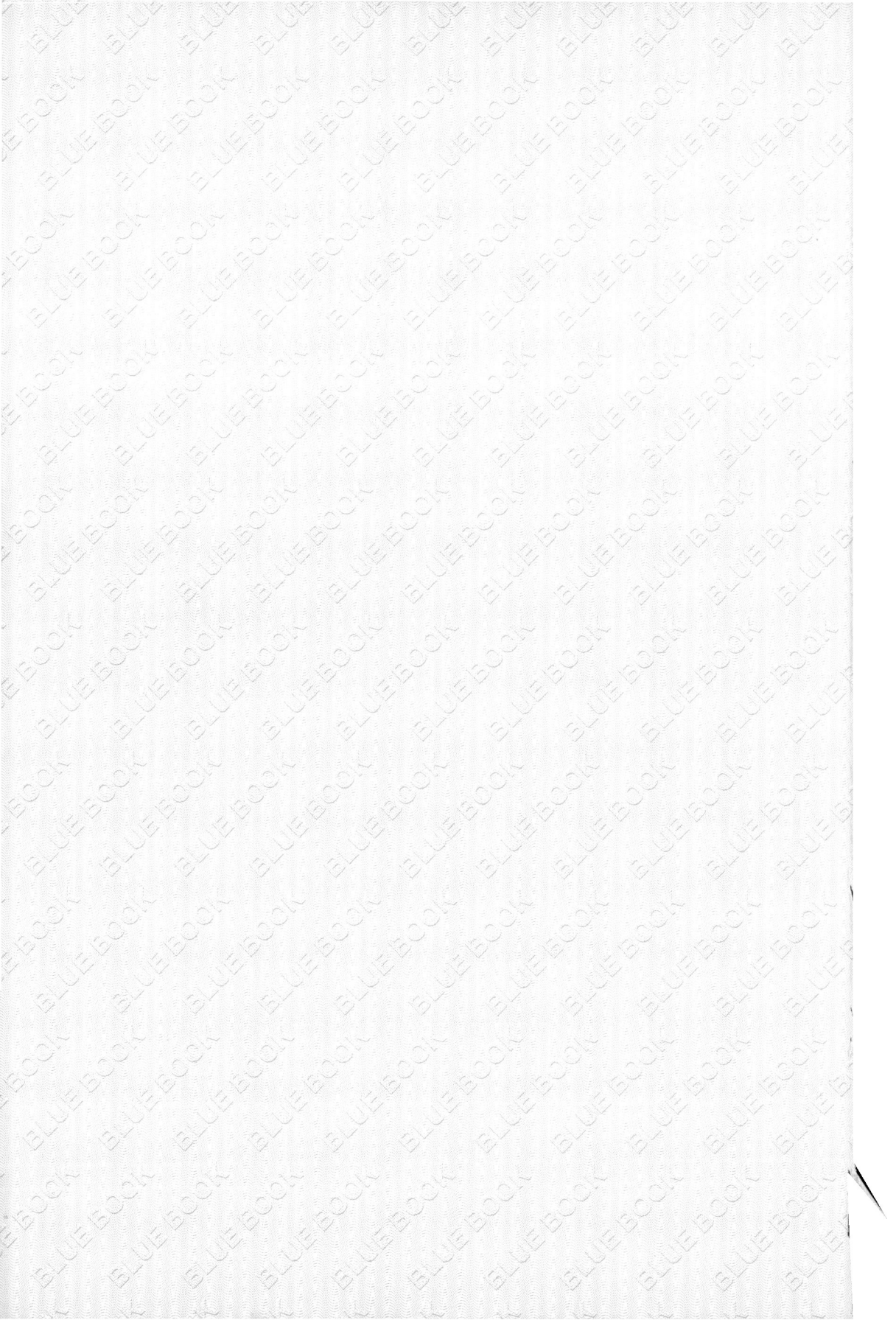